# 通向财务自由之路

Trade Your Way to Financial Freedom 2nd Edition

（原书第2版）

华章经典·金融投资

VAN K. THARP

〔美〕范 K. 撒普 著

董梅 译

Van K. Tharp. Trade Your Way to Financial Freedom, 2nd Edition.
ISBN 0-07-147871-7

Copyright © 2007 by Lake Lucerne Limited Partnership.

This authorized Chinese translation edition is jointly published by McGraw-Hill Education and China Machine Press. This edition is authorized for sale in the Chinese mainland (excluding Hong Kong SAR, Macao SAR and Taiwan).

Copyright © 2011 by McGraw-Hill Education, a division of the Singapore Branch of The McGraw-Hill Companies, Inc. and China Machine Press.

No part of this publication may be reproduced or transmitted in any form or by any means, electronic or mechanical, including without limitation photocopying, recording, taping, or any database, information of retrieval system, without the prior written permission of the publisher.

All rights resereved.

本书中文简体字翻译版由机械工业出版社和麦格劳-希尔教育出版公司合作出版。
版权 © 2011 由麦格劳-希尔教育出版公司与机械工业出版社所有。
此版本经授权仅限在中国大陆地区（不包括香港、澳门特别行政区及台湾地区）销售。
未经出版人事先书面许可，对本出版物的任何部分不得以任何方式或途径复制或传播，包括但不限于复印、录制、录音，或通过任何数据库、信息或可检索的系统。
本书封底贴有 McGraw-Hill 公司防伪标签，无标签者不得销售。

**封底无防伪标均为盗版**
**版权所有，侵权必究**

**北京市版权局著作权合同登记　图字：01-2007-1795号。**

## 图书在版编目（CIP）数据

通向财务自由之路（珍藏版）/（美）撒普（Tharp, V. K.）著；董梅译．—北京：机械工业出版社，2010.12（2025.8重印）
（华章经典·金融投资）
书名原文：Trade Your Way to Financial Freedom
ISBN 978-7-111-30628-3

Ⅰ. 通… Ⅱ. ①撒… ②董… Ⅲ. 投资-研究 Ⅳ. F830.59

中国版本图书馆CIP数据核字（2010）第085148号

机械工业出版社（北京市西城区百万庄大街22号　邮政编码　100037）
责任编辑：王金强　　　　版式设计：刘永青
河北宝昌佳彩印刷有限公司印刷
2025年8月第1版第46次印刷
170mm×242mm · 23.5 印张
标准书号：ISBN 978-7-111-30628-3
定价：89.00元

客服电话：(010) 88361066　68326294

# 导读
Review

## 找寻属于你的"圣杯"

——《通向财务自由之路》导读

这是一本能够帮助你找回自己的书，书里有属于你的"圣杯"。

首先需要说明的是，这个行业大概有两类人能够赚钱：一类人依靠行业本身赚钱，比如大的投资银行、证券公司，各类证券职业精英等等，他们依靠自身或社会一起制定的游戏规则赚钱，这些人往往人数众多并构成了这个行业的主体；另一类人依靠对自我的理解和对游戏规则的理解，理智而巧妙地赚钱，他们人数稀少到犹如皇冠上的珍珠，也因此而神秘，当然，这类人往往会被称为找到了"圣杯"的人。我想说的是：如果您想成为第一类人，那么请您放下这本书，出门左转，那里有大量的从业资格书籍，或许能更好帮助您尽快跻身这个所谓"三高"行业。

圣杯传说起源于西方，投资界对于圣杯的解释类似于某种成功秘诀或方法，世人往往迷恋于成功人士手中的圣杯，殊不知圣杯实际并非在手中而在每个人心里，每个立志于做第二类人的朋友，都应该放下手中的事情，先去寻找属于你的那座"圣杯"。事实上，当出版社朋友约我为这本书写序的时候，我和我的拍档正在埋头忙着做同样的事情。几乎从我们成立投资公司的那一刻起，就在尝试着将我们十多年的经验以及对生活和投资的感悟，糅合成可以为我们所用的一套系统，如何稳定并持续地盈利成为我们的投资信条。正当我盘算着如何推辞这一盛情邀请时，书已寄到。才看了几页，顿生熟悉亲切之感，这个来自大洋彼岸的撒普博士，用他睿智犀利的语调所阐述的，不正是我们这么多年跌跌撞撞摸索出来的东西吗？是因为不谋而合还是真理只有一个？这个不重要，重要的是我想我明白撒普博士所说的"圣杯"的意思，并且正在通向财务自由的道路上悠然行走着。

在决定规划自己的职业人生之前，我也曾是第一类人中的一员，并且一度自我感觉良好，往往因为判断正确或观点前瞻而颇为自得。可当我尝试着做资产管理时，我突然发现所谓判断或观点，在通向成功结果的道路上，被压缩成了微不足道的一个环节。这条道路上，巨大的心理因素、风险控制能力、头寸规模确定、退出方案设计等等，任何一个因素的重要性都远远大于自我感觉良好的判断。经年累月的交易让我更深刻地意识到：无论你选择的交易或是投资，都是一项系统工程，稍有不慎你可能会付出昂贵学费。比较遗憾的是，大部分投资者在经年累月地付出了昂贵学费以后，依然选择看热闹似的追逐别人的观点，而不去考虑究竟是什么妨碍了他们的持续盈利。知易行难或许说的就是这个道理，但如果连问题出在哪里都不清楚，那可能真的需要打印出自己的交割单好好审视一下自己了。

记得去年一次客串给北大 MBA 总裁班讲课的时候，我的第一句话是"认清你自己，是迈向盈利的第一步"；不约而同的，撒普博士的这本书也提到"成功的决定因素：你！"。事实上，我们都很清楚，投资游戏里我们更多时候是在玩着左右互搏，心理因素占据了系统的最关键环节，投资的精髓在于心态管理，对此我们都深信不疑。如何管理好心态，博士虽着墨不多但实际贯穿于每一个细节始终，而"构建一套适合你自己的交易系统"这句忠告里的"适合"二字，应是精髓。当然，系统究竟怎样才适合你自己，就好比鞋好不好只有脚知道一样，这个的确需要一些领悟。

系统的构建绝不仅仅是心理因素那么简单，况且心态稳定还可以通过一些手段来进行辅助。比如第二类人都非常重视的一点：风险控制能力。我们经常给客户或朋友讲到安全垫的概念，又或者建议一些自主投资的朋友注意头寸规模的确定，常常拿"月盈则亏，水满则溢"的自然现象告诫朋友和我们自己，实际都是有关风险的。常常挂在我们嘴边的"市场有风险，投资需谨慎"，好像对大多数人而言也仅仅是挂在嘴边而已，或者写在证券公司的墙上。事实上，任何一个成功或者专业的投资人，都深知"谨慎是美德，保守无大错"的道理。在我们看来，一个好的交易或者投资结果，不过就是大的盈利加上小的盈利再加上小的亏损组成。请注意，这里我们允许有亏损，但不允许有大的亏损。要记住，亏损不过也是交易的组成部分。撒普博士在书中多次描述的交易黄金法则如是说：截断亏损，让利润滚动起来！看起来盈利的确很简单，但大多数人却恰恰相反，对亏损视而不见，就像遇到危险的鸵鸟把头埋进沙堆，而对于盈利则有恐惧，总有落袋为安的念头。于是，大多数人成了：截断利润，让亏损奔跑！这样的例子屡见不鲜。

还有一个同出一辙的实例：在我们培训交易员的时候，第一课就要求他们理解收益风险比的概念，即每一笔交易预期收益与每一笔能承受最大损失的比值，撒普博士把它称为 $R$ 乘数，在我看来这不啻投资领域的一项伟大发明，更精确地阐述了止损获利的黄金交易法则。理解了 $R$ 乘数，我想基本就等于摸到了"圣杯"的边缘。我们或许无法每次都让预期收益与实际收益一致，但关于止损，我想经过适当的心理训练和交易规则适应，是可以做到的。当然，前面我们提及的头寸规模管理也是投资马拉松游戏的关键。我们需要清醒认识的是：我们的投资生涯，不会短暂到仅仅只是一次操作，它更多时候像是一场你不知终点的马拉松。有经验的马拉松选手都知道合理分配体力，做投资也一样；换个比方，若投资是一场丛林战，你的资金就是子弹，尽可能久地生存下来是你制胜的关键，这显然关乎你如何更好地分配子弹（头寸规模管理），而不是上来就是一梭子子弹，打完后就束手待毙。在诸多客户朋友跟我痛诉炒股辛酸史的时候，我发现很多朋友其实压根不明白头寸规模管理的含义，他们天真地以为自己拥有用不完的体力和打不完的子弹。

噢，最后让我们来谈谈退出策略。相比退出策略，似乎大多数人更愿意探讨入市策略。可就像前面我所说的那样，帮助我们确定入市策略的所谓观点或判断，往往并不是构成最终盈利结果的关键。恰恰相反，最终盈利与否，与退出策略息息相关。相信不少朋友都有这样的体会：往往有很漂亮的观点或者入市点，可更多时候结果却是差强人意。仔细回味一下，是否因为我们把过多的精力放到了研究如何选择正确时间、正确市场、正确入市这些看似重要的问题上，而对于如何退出，考虑过于随意简单，最终导致不满意的结果？博士的话一语中的：赚钱并非一定由正确的入市带来，恰恰相反，与退出息息相关。经典！

一本好书会令人爱不释手，尤其是这样一本处处闪耀人生哲理的好书，股市如人生，五味杂陈，个中感悟还需有心人去发现。如果你立志于找寻属于你自己的"圣杯"，那么好好读读撒普博士的这部经典之作。顺带说一句：这本书并不适合初学者，没有一番经历和体会，恐怕很难对其中闪烁的绝妙智慧产生强烈共鸣。

冉兰
深圳市圆融投资管理有限公司执行董事

# 推荐序
Foreword

首先我想说的是,我所有的新交易员都需要阅读本书。在范K. 撒普博士出版的所有书中,这一本为我们展现了他在研讨班和函授课程中从事教学的最高成果。我叫查克·惠特曼,是Infinium资产管理公司(一家位于芝加哥交易所的私人交易公司)的CEO。目前我们有90位雇员,在15个不同的交易所从事所有资产类别的主要工具和期权的交易。这本书我个人买了很多本,但是在谈论该书之前,我想告诉你我和范K. 撒普的交往。

我第一次知道撒普的教学是在1998年,当时我的一位导师布鲁斯得知了他的两门函授课程——交易商和投资者的顶级业绩和开发一个适合你的盈利系统。后来,布鲁斯也参加了撒普的一个系统研讨会,他回来后告诉我,教学资料和参加研讨会的学生的高素质给他留下了深刻的印象。

当时,我正处于交易生涯中最为困难的阶段。具有讽刺意味的是,1997年是我交易最成功的一年,而且在1998年我下定决心一定要成为我能够做到的绝对最优秀的交易商。然而,我所知道的实现这一目标的唯一途径就是"做大",这样我才可以打破我最新的收入目标,不用说,我做得太大了,我在巨额盈利和巨额亏损的摆动中挣扎着。到1998年秋天,我做了一笔大交易,从概念上来说,确实是一笔非常不错的交易。然而,由于我对这笔交易管理不善,结果它很快就急剧上升为我一生当中最大的交易损失之一。现在回想起来,当时犯了很多错误,根据撒普对错误所下的定义,就是"没有遵循我的规则"。我在交易之前没有做任何的情景计划,而且我发现自己处于一个可怕的回报—风险比率的头寸。此外,在我与损失的抗争中,我的反应很情绪化,我尽一切努力阻止它的发生,这就是撒普所说的"损失陷阱"。我不能容忍小额损失,而是竭力挣扎,竭力回避它。结果,我越挣扎,损失就越大,而损失越大,我就越想加以避免,不想承担这笔损失,最终,损失变得难以承受,我结清了这笔交易。在退出交易的那一刻,我发誓要吃一堑,长一智,确保再也不会重复同样的错误。它成了我交易生涯中一个重要的转折点。

我开始进行自我评估,以发现如何能够提高自己作为交易商的业绩。因此,我决定从布鲁斯那里借第一本书《顶级业绩课程》,结果我在里面发现了关于"损失陷阱"的专门的一章。我在故事中看到了自己的影子,我在交易中犯的所有错误以及我如何走进交易在那一章里都有描述。我被深深吸引住了,马上报名参加了这个研讨会。

1999年1月,我做了一个膝盖手术,不得不在轮椅上坐了10个星期。当时,我是一名场内交易员,因此,我计划检验一些"场外"交易的想法。我还开始了《顶级业绩课程》的学习。我很快决定,这段时间不想市场的事,而是集中精力于交易心理学的学习。在课程刚开始时,撒普博士就说,你不想做的那些练习或许就是你最需要做的。因此,我决定每周用4~6个小时,把该课程中的每一个练习都做一遍,这样坚持了10个星期。最后,我的感触是,在结束这门课程后,我变成了一个持有完全不同心理的交易商,这种心理自此以后一直是我交易的基础。

与此同时,我决定参加撒普博士的一个研讨会。这次研讨会是由撒普和著名的《富爸爸、穷爸爸》的作者罗伯特·清崎(Robert Kiyosaki)主办的。这次研讨会彻底改变了我对财富和财富创造的看法,就像《顶级业绩课程》彻底改变了我的心理一样。我非常高兴地看到撒普博士把这次研讨会的资料加入了新版的《通向财务自由之路》,他在序言中对财务自由做了界定。我懂得了财富是一种观念,而不是在经济学课程里所学的它是一种有限的资源。我认识到自己是成功最重要的因素以及时间要比金钱宝贵得多。从那时起,我开始深信不疑地行动起来,决定集中力量提高自己的效率。如果我能花钱提高自己的效率,给自己更多学习的时间,我就会去做。在这次研讨会之后不久,我以对交易和财富新的视角重新回到了交易中。我在接下来的四个月时间里赚的钱比我以前交易生涯中赚到的全部还要多。

在一段时间之后,我放慢了自己的速度,更多地在业余时间做些交易,因为我开始规划曾经的一生的梦想，就是筹建自己的交易公司，成为一名高级交易商。我在接下来的两年时间里一直在学习、调研和规划我将如何交易的计划。在设计计划时，我利用了很多撒普的原则作为基础。我读了这本书，还有当时他出版的其他书，如《通过电子日交易获得财务自由》（*Financial Freedom through Electronic Day Trading*）。我又参加了撒普的几个研讨班，我在筹建公司时采纳了五个关键的原则，其中有四个是从撒普那里学到的。我保持了这些原则的前后连贯性，并遵循撒普所教授的顺序。它们是：

- 心理因素。你也许拥有世界上最好的机会和资源，但是如果你的心理有问题，你还是不会成功。我们在做事的时候应本着这样的观点：我们创造和表达自己的现实。如果我们认为世界是存在问题的，那么我们对所观察到的东西会表明这些观点，但是如果我们认为世界是富裕的，那么我们会找出大量的证据来证明世界就是如此。我们把最大的注意力放在了这个领域，即从如何雇用新员工到如何教导他们以及公司如何成长。在新版《通向财务自由之路》一书中，你会发现这一原则贯穿始终。你对你所得到的结果负有责任，即你对自己的交易要负责。当你得到不想要的结果时，你就犯了某种错误，但你可以改正这一错误。

- 头寸确定。你可以有最佳的交易计划、信息和执行系统，但是如果你赌得太大，你就会完蛋。正如撒普在本书中所指出的一样，低风险的思想是指这样一种思想：交易所处的风险水平可以让你在最坏的不测情况下坚持下来，结果你可以实现该系统的长期期望收益。这是交易成功的真正关键之一，你应该读读这本书，读上几遍，确保自己理解了这一点。你会遭受损失，但是重要的是，你要把这些损失造成的危害限制在一定程度内，以实现最大的综合回报。头寸确定是交易中最为重要的方面之一，但却少有人去教这一点，它是系统中帮助你实现目标的那部分。你要确保在阅读本书时真正理解了这一点。

- 市场选择。这个原则是我加进去的，尽管它是撒普博士在第4章给出的模型的一部分内容。你所交易的市场远比你如何进行交易重要得多。我认为这一原则一直贯穿于我自己交易生涯的始终。在20世纪90年代末至21世纪之初，有些进行股票期权交易的家伙赚了大笔大笔的钱，然而，他们却不知道自己在做什么。短短几年之后，还是这些人，其中有几位找到我，要到我的公司里做职员。相比之下，我见过一些杰出的投资者最终战胜了不利的市场而过着体面的生活。如果是在一些交易繁忙的市场上的话，他们可能已经成为传奇人物了。这证实了我的观点。就像约翰·保罗曾经说过的，"到有油的地方去！"我真的很高兴看到撒普博士在新版中加了一章，分析大环境，然后找到适合这个大环境的市场和策略。

- 退出。在市场中赚钱的关键在于你如何退出市场。你必须知道你什么时候错了并扭转不好的交易从而止住损失，这在第10章中有深入的讨论。你还必须知道如何经营一笔盈利的交易，并让它最好地滚动起来，第11章进行了深入的探讨。我知道的和观察到的有些最杰出的投资者都是了不起的人物，他们敢于承认自己的错误，不带虚荣心地退出头寸，他们以一种甚至没有人知道他们在退出市场的方式完成了这一切。

- 入市。在第9章，你会了解到你可以随机地进入市场而且还能赚到钱，撒普博士甚至谈到了他的随机入市系统，而且向你展示了如何利用这样一个随机入市系统赚钱。如果你有一个健康的心理能让你在交易时不自负，有一个期望收益为正的系统，该系统产生于确保把你的损失控制在最低限度（撒普称之为确保你的损失是 $1R$ 或更低）的想法，交易可以获得非常不错的回报—风险比率（撒普把它称为让你的盈利是你的初始风险的很多倍）以及你是在最好的市场上进行交易，利用头寸确定来实现你的目标，那么，入市就不是很重要的事情。这些都是本书自始至终讨论的原则。

这些原则是我们公司的核心，我向公司所有的新老雇员传授这些原则。这些原则与普通交易公众中大多数人所持有的以下观点形成了鲜明的对照：

- 你必须选对股票，如果你没有赚到任何钱，或许是选错了股票。把此观点和上面第五个原则对照一下。
- 你在任何时候都应该进行充分的投资，在控制风险时包含分散化。把该观点和上面的第二个原则对照一下。
- 当你在市场中赔了钱，这或许是因为你是市场或者你的经纪人或者顾问的牺牲品。把它与第一个原则对比一下。

因此，普通交易公众主要关注于在正确的时间选择正确的股票，而忽视了对成功真正重要的东西。这就是为什么这本书很重要的原因。

读完第2章，你就会知道为什么成功对如此多的人都是可望而不可即的——这要归因于他们在进行决策时所存在的所有倾向。撒普博士将这些倾向称为"判断的捷径"。具有讽刺意义的是,那些了解这些倾向的人利用它们来预测市场。相反,我采纳了撒普的观点,即多数人赔钱是因为他们不是有效率的决策者,因此,为什么不让自己更有效率呢?

正如我在前面提到的一样,我要求我的新交易员都要阅读本书。它可以让你洞悉我所知道的撒普的其他非常有价值的著作。本书将会有助于你学会如何开发一个适合你的看法和帮助你实现目标的交易系统。如果你反复阅读本书,你就会更加理解我用以经营公司的五个关键原则。

如果没有撒普博士教给我的哲理,我就不会有今天的成功和祝福,也不会有机会在发展我的公司的过程中与如此多的人分享这些成功和祝福。我相信遇到撒普博士并有机会向他学习是上天的安排。在公司发展的过程中,我看到这些哲理经受了一次又一次的检验。它们都是我的公司之所以非常成功的主要原因。

我希望你也能从这本书中学习到精彩的内容,并利用它们让你的交易更加有利可图,让你的生活更加富有目的性。

查克·惠特曼

Infinium 资产管理公司 CEO

伊利诺伊州 芝加哥

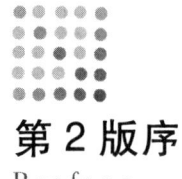

# 第2版序
Preface

## 本书让你获得财务自由

首先,我想对标题做个评论,它提到了"财务自由"。很多人认为"财务自由"这样的词使得题目有点过于商业化。杰克·施瓦格(Jack Schwager)对本书第1版就曾写过这样的评论:"虽然我不能保证你获得财务自由,但是我向你保证,书中到处都是合理的交易建议和大量的你可以用来发展自己的交易方法的思想。如果你认为你的交易方法还不够好,那么你真的需要这本书。"

那么什么是财务自由呢?我的另一本书《财务自由的安全策略》就是来谈这个问题的。我不想在此进行重复,但我想总结一下。

财务自由实际上是看待金钱的一种新的视角。多数人认为他们得拥有最多的钱和最多的消费才能在金钱游戏中获胜。这些都是别人误导你的规则,如果你遵循这一规则,那么你身边别的人就会赢了这个金钱游戏。原因是这个世界上只会有一个人有最多的钱,而即使你认为亿万富翁的身份够资格,你赢这场游戏的机会仍是渺茫的。

如果你认为你有能力进行最昂贵的消费就可以赢,那么你最后可能会负债累累,因为如果首付和月供足够低,你可以买得起任何奢侈品。然而,这样做最终会把你拖入巨额的债务之中,使你过着一种被金钱奴役的生活,财务自由(我所指的意思)继续离你越来越远。

财务自由,对我而言,就是采纳一系列不同的金钱规则而在金钱的游戏中获胜,而且如果你遵循这些规则,坚持自己的目标，从错误中学习，那么我保证你可以通过这本书的学习获得财务自由。财务自由意味着你所运作的金钱能够为你赚取超过你需要支付每个月花销的金额。例如，你每月的花销是 5 000 美元，而你所运作的金钱每个月为你带来 5 000 美元或更多的收入，那么你在经济上就是自由的了。

交易和投资只是你可以运作你的金钱的很多办法中的一种。我相信如果你通过阅读本书发展出一种方法，不需要你太多的投入（每天不会超过几个小时）就可以为你带来足够的钱满足你每月的花销，那么你在经济上就自由了。例如，你账户上有 30 万美元，通过对该账户的交易每年可以挣到 6 万美元（20%），而这只需要你每天花费几个小时，那么你在经济上就是自由的。这并不是说你不会花费几百个小时甚至几千个小时来构建你财务自由的基础，也不意味着你不用提高自己而继续维持这一水平的回报。不过，它确实意味着一旦你建立了这一基础，获得财务自由就是可能的。

## 你只能对自己的观点进行交易

本书最早出版于 1999 年。从那以后，很多人都告诉我这本书完全改变了他们对交易、投资和进入市场的思考。

我一直持有这样的观点，即你无法对市场进行交易，你只能就你对市场的观点进行交易。例如，你相信市场要上涨（或者总体上市场在长期是呈上涨趋势的），而且你认为趋势跟踪是有效的交易方式，那么你或许就会采用趋势跟踪方法买进要上涨的股票。然而，如果你认为市场被高估了，有可能会下跌，那么你就很难买进要上涨的股票，因为这样做与你的看法是相冲突的。

我在本书第 1 版里所讲的一切都反映了在写作本书时我对市场以及对交易成功必备条件的看法。然而，看法毕竟不是现实，它只是对现实的过滤。在很长的时间里，我都认为而且还要重申，我所教的东西都是现在有关市场和交易成功的最为有用的观点。

几年来，我不时地发现一些对大家更有用的观点。从本书第 1 版出版以来的 7 年中，我采纳了很多新的、更有用的观点。因此，尽管第 1 版中的大多数核心概念都没有什么变化，但是在新版中还是有足够多的新变化使得我能够给大家提供更大的帮助。下面就是反映了我目前观点的几个主要的变化：

- 我认为所有的交易系统都应该反映大环境。1999 年是自 1982 年开始的一次长期牛市的结束之际。在 1999 年，你可以买进任何高科技股票，持有 6 个月后或许你就可以将钱翻一倍。然而，长期的牛市之后，随之而来的就是长期的熊市，如开始于 2000 年的长期熊市。这一趋势可能会持续长达 20 年，因此，你应该能够利用这些宏观趋势的策略以赚到不少的利润。熊市并非坏消息，它只是需要一个不同的赚钱的视角。

- 在过去 6 年的时间里，我所建立的开发一个交易系统的模型有一些小的改进，本书包括了这些变化。
- 尽管本书第 1 版中的大多数概念都没有时间限制，但是我对它们的看法并不是没有变化的。因此，我在第 2 版中将重点放在了我认为现在最有效的方面。
- 在本书第 1 版中，我对期望收益的解释有些误导，而且也非常容易混淆。我在其他一些书中都修改了，如《通过电子日交易获得财务自由》和《财务自由的安全策略》，而我同样要确保它在本书中也非常清晰明了。
- 我现在非常相信系统可以被视为是它们所产生的 $R$ 乘数的分布，在你阅读本书时你会有一个更好的理解。当你明白了这一点，你对交易系统的看法就会彻底改变。
- 因为系统可以被看成 $R$ 乘数的分布，所以利用这些分布来模拟你将来的交易结果如何就同样是可能的。更为重要的是，这样的模拟可以告诉你如何对系统进行头寸确定以实现你的目标。在第 2 版中我对这个问题做了特别的强调。

此外，在第 2 版中还有很多小的但却是非常重要的变化可以帮助你成为一位更好的交易商或投资者。我希望你从第 2 版中获得的收获和很多人所说的从第 1 版中所获得的一样多。

范 K. 撒普　博士
2006 年 8 月

# 第1版序
Preface

很多客户都叫我不要把某些部分写到这本书里,他们警告我说:你泄露的东西太多了。然而,我的工作就是训练交易商和投资者以实现最佳的业绩。为了达到这一目标,任何可以利用的工具都是很重要的,因为有些文章中存在的大量的错误信息在不断地误导人们。

大多数错误的信息都不是故意的,是人们自身渴望被引入歧途。他们不断地问一些错误的问题。例如:

- 市场现在想做什么?
- 我现在应该买什么?
- 我现在有XYZ股票,你认为它们会升吗(如果你说不会,那么他们会接着问别人直到有人同意他们的观点为止)?
- 告诉我,我能怎样进入市场,而且在大多数时间又是正确的。

而那些出售信息的人,通过向提出这些问题的人提供他们想要的答案都赚到了钱。

1997年4月,我在德国做了一个为期两天的研讨会。在研讨会结束之际,我让参加者做一个选择,他们可以做一个有关自我破坏的练习(他们都需要做这种练习)或者向我提问题。尽管我认为在自身上下工夫是一个人能够做的最重要的事情,但是他们都选择向我提问题。猜猜他们问我的第一个问题是什么,他们问我:"撒普博士,你认为美国股市在1997年接下来的时间里会怎样?"尽管我在过去的两天里尽了最大的努力来向他们解释这样的问题为什么不重要,但他们还是问了这样的问题。我希望读完本书，你会明白为什么它不重要。

当人们从问"该买进什么"上升到问"该怎样买"时，他们依然是在问一些错误的问题。现在他们问的问题变成了：为了在大多数时间里都是正确的，我应该利用什么样的标准入市呢？

你所问的问题带动了一个非常大的行业的发展。非常热门的有关投资的书都有入市策略的介绍，其作者都声称这些策略80%是可靠的，或者说它们保证会获得大笔收益。一幅图表往往相当于1 000字的价值，因此，每个策略都伴有一张市场马上上涨的图表。这些"最佳情形"的图表能够改变很多人的看法，从而卖出很多书。他们同时还卖出很多业务通讯和大量交易系统。可惜的是，他们帮不了多少人。

在1995年的一次投资会议上，一位在期货市场非常有声望的演讲者谈到了他的获胜概率很高的入市信号。当他认真解释该做什么时，整个房间挤得水泄不通。在他演讲结束时，一位听众举手问道："请问你在市场中如何决定退出？"他的反应很滑稽，他说："你想知道我全部的秘密，不是吗？"

大约一年以后，在另一次会议上，一位重要的演讲者在600人面前做了一个小时的有关获胜概率很高的入市技巧的演讲。每个人都如饥似渴地倾听每一个字。关于市场退出，除了说到应该保持一个紧密的停价以及密切注意资金管理之外，其他的什么也没说。演讲之后，这位演讲者仅仅在大约半个小时的时间里就卖掉了价值10 000美元的书，因为大家是如此激动，他们认为这些获胜概率很高的入市技巧就是答案。

在同一个会议上，我谈到了头寸确定——决定利润的关键因素。有30个人听讲，其中大约只有4个人买了和这个特定的话题有关的书。人们总是围绕着没用的东西转悠。这就是人性。

这样的故事可以在一个又一个会议上重演。所有的人都将涌向有关获胜概率很高的入市信号的演讲，或者相信能够告诉他们当前该买进什么的软件。而只有不到1%的人会学到一些有意义的东西。然而，重点介绍赚钱的最重要的关键，即有关头寸确定的问题以及个人的心理问题的报告，参加的人反倒寥寥无几。

甚至那些有关市场的软件程序也存在同样的内在的倾向。这些产品通常都充斥着一些指标，它们能够帮助你完美地理解为什么市场在过去的行为就是那样的。为什么将来不会呢？这些指标都是在以往数据的基础上来预测价格的，如果你能将其用于预测价格的话，那么软件就太好了。然而，事实是你不能这样来预测价格，但是他还是卖出了大量的软件，而且软件也确实回答了多数人都会问的问题："我现在该买什么？"

  我是在很多了不起的朋友的帮助下才完成本书的写作的。只有关注真正起作用的东西，你才会知晓市场的真正秘密，如果你关注的是别的东西，那么就不可能找到任何秘密。然而，这本书表达的只是我的观点和看法。书中到处都是能够帮助你真正提高你作为一位交易商或投资者的业绩的信息。自己去发现这些信息，你不断赚钱的能力就会实现一个大的飞跃。

范 K. 撒普　博士<br>
1998 年 6 月

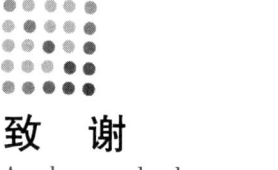

# 致 谢
Acknowledgements

这本书是25年来我对市场进行思考、对几百位杰出的交易商和投资者进行研究和对更多的学员进行培训以帮助他们应用你将在本书中学到的一些原则的结果。本书第1版就已经激发了成千上万的交易商的灵感，如果这次新版能再帮助成千上万的人们，甚至是那些我从未谋面的人们，那么我的努力就是值得的。

在我投身该领域的25年中，很多人对我形成本书的思想提供了帮助。对这些人，我能列名表示感谢的只是寥寥几位。然而，对所有以任何方式曾给予我帮助的人，我都表示深深的感谢。

汤姆·巴索（Tom Basso）对我的思想和生活产生了深远的影响。汤姆在我十几次的研讨会上和我们几个培养职业交易商的学校里都是演讲嘉宾。他还负责了本书几部分的写作。

雷·凯利（Ray Kelly）是我最早的客户之一。他开始是一个爱尔兰场内交易员，当时他最喜欢说的话就是"我的方法还是别人的方法"，他常抽出时间免费为市中心的中学生演讲，说服他们要开始对自己的生活负责。后来他又在加利福尼亚经营一个精神康复中心。雷是我知道的最好的交易商之一，他也是一位了不起的老师。他在我们很多的研讨会上都做过演讲，他写了本书的"套利"部分。在本书第1版出版以后，雷就去世了。他是我的挚友，我非常怀念他。

我还要感谢查克·惠特曼（Chuck Whitman）为本书写了推荐序。惠特曼一直是我超级交易商项目的成员，我过去也经常在电话里与他就系统的思想交换意见。惠特曼不仅是我最好的客户之一,而且他也已成长为一位模范交易商。

查克·勒博(Chuck LeBeau)帮助我在著名的交易商格言"止住你的损失,滚动你的利润"和退出市场的重要性之间建立起了联系。想一想,止住损失说的完全就是把损失截住,即退出市场;让利润滚动起来也完全是关于退出的。所以整个格言说的都是退出的策略。勒博对这一点坚持不懈的阐述对我是非常有价值的。勒博在我的高级系统研讨班上经常作演讲嘉宾。

我还要感谢 D. R. 巴顿(D. R. Barton)。在过去的15年中,我目睹了巴顿把自己从一位工程师转变为一位交易商培训师,他也为我们的研讨班作出了巨大的贡献。巴顿写了"概念"一章的"波段交易"部分,因此他对我通过 McGraw-Hill 出版的三本书都作出了贡献。

凯文·托马斯(Kevin Thomas)、杰里·托普克(Jerry Toepke)和路易斯·门德尔松(Louis Mendelsohn)各自写了"概念"一章的一部分。他们的工作都是非常富有见地和很有帮助的。我对他们所做的工作表示深深的谢意。凯文是最早加入我的超级交易商项目的,他现在在伦敦培训交易商。

我还要感谢查克·布兰斯科姆(Chuck Branscomb)。当布兰斯科姆第一次来到我们的研讨班时,他认为他有一个非常好的系统,而实际上他根本就没有系统——只是一些入市信号而已。在过去几年中,我目睹他变成了一位博学多才的系统交易商。他同时还是一个可以说明对市场扎实的"直觉"是如何来自坚实的系统交易的很好的例子。他以前还是我们业务通讯的编辑,他的业务能力帮助我形成了像本书介绍的 $R$ 乘数这样的概念。

弗兰克·加卢奇(Frank Gallucci)和克里斯·安德森(Chris Anderson)帮助我开发了软件,让我明白了利用模拟来确定合适的头寸确定规模法则以实现交易目标的重要性。此外,我还要感谢约翰·汉弗莱斯(John Humphreys),他把我有关头寸规模确定的建议进行了归纳总结,并让我看到了现在已经存在的各种计算法则的巨大可能性。

我还要感谢在我的 IITM 工作的职员们对本书的完成所给予的支持。凯茜·黑斯蒂(Cathy Hasty)为本书最初的模式、图表提供了巨大的帮助。贝姬·麦凯(Becky Mckay)对本书第2版的校对和章节编排给予了巨大的帮助。我只有短短几个月的时间来完成第2版的写作,没有贝姬的帮助,我是不可能完成的。我也非常感谢安娜·沃里(Ana Walle)和塔米卡·威廉姆斯(Tamika Williams),他们为本书的完成都以各种不同的方式提供了协助与支持。我还要特别感谢梅利塔·亨特（Melita Hunt）激发我写作第2版。梅利塔是这个项目的带头人，他在我与出版商McGraw-Hill的合作中起到了很关键的作用，也使得第2版的出版成为可能。

我还要感谢McGraw-Hill的编辑们，是他们的工作才使得本书的第2版顺利出版。他们包括新来的编辑珍妮·葛莱瑟（Jeanne Glasser）和编辑部主任简·帕米瑞（Jane Palmieri）。此外，我还要感谢马西·纽金特（Marci Nugent），是他改正了手稿中总是避免不了的很多错误。

据我所知，头寸确定在本书第1版出版之前从未有人将它作为一个交易术语来使用。自从本书第1版出版以来，它实际上取代了资金管理的表达，因为这个词能够更好地描述交易系统中最为关键的方面——"多少"这一问题。对于所有采纳这一术语的人，不管你是否从本书获得了这一表达方式，我都要对你表示感谢，因为这样做，你就在很大程度上消除了交易中最为重要的方面的混淆。

我还要感谢很多年来我有幸与之一起工作的所有优秀的交易商。他们当中有很多人通过遵循本书所包含的理念在其交易生涯中赚到了数百万美元的利润。无论他们是帮助我更好地理解了这些理念，还是帮助我向别人证明这些理念是有效的，我都向他们表示最诚挚的感谢。

最后，我还要感谢三个我最爱的人——我的妻子卡拉瓦茜，我的儿子罗伯特和我的侄女南茜妮。他们是我创作的灵感。感谢他们的陪伴。

# 目录
Contents

导　读
推荐序
第2版序
第1版序
致　谢

**第一部分**
**成功的决定因素：你！**

第1章　圣杯传奇　/3
　　1.1　圣杯寓意　/6
　　1.2　交易中真正重要的东西　/8
　　1.3　模拟市场天才　/9

第2章　判断之偏好：掌握市场为
　　　　何对多数人来说如此之难　/14
　　2.1　影响交易系统开发的偏好　/16
　　2.2　影响交易系统测试的偏好　/28
　　2.3　影响交易系统运行的偏好　/30
　　小　结　/33

第3章　设定你的目标　/35
　　3.1　设计目标是系统工作的主要部分　/36

3.2　汤姆·巴索与目标　/37

3.3　设定你自己的目标　/44

# 第二部分
# 把你的系统概念化

## 第4章　系统开发的步骤　/51

4.1　列出清单　/52

4.2　培养开放的观念，收集市场信息　/53

4.3　确定任务和目标　/56

4.4　确定交易观念　/56

4.5　确定大环境　/60

4.6　确定交易的时间架构　/61

4.7　确定交易的实质以及如何客观地加以测试　/63

4.8　确定初始风险 $1R$　/64

4.9　增加见利抛售通道确定系统的 $R$ 乘数分布及其期望收益　/65

4.10　确定 $R$ 乘数分布的准确性　/66

4.11　评价整体系统　/67

4.12　利用头寸规模确定实现目标　/68

4.13　确定如何改进系统　/68

4.14　做好面对最坏情形的精神准备　/69

## 第5章　选择一个有效的理念 /71

5.1　趋势跟踪　/72

5.2　基本面分析　/75

5.3　价值交易　/78

5.4　波段交易　/81

5.5　季节性趋势　/86

5.6　价差交易　/92

5.7　套利　/95

5.8　跨市分析　/101

5.9 万物皆有序 / 105
小　结 / 110

## 第6章　适应大环境的交易策略 / 113

6.1 我眼中的大环境 / 115
6.2 因素1：美国的债务状况 / 116
6.3 因素2：长期的熊市 / 121
6.4 因素3：经济全球化 / 125
6.5 因素4：共同基金的影响 / 128
6.6 因素5：法则、法规和税收的变化 / 131
6.7 因素6：人类在经济游戏中输掉的偏好 / 133
6.8 可能要考虑的其他因素 / 135
6.9 如何监控大环境 / 135
小　结 / 137

## 第7章　成功交易系统的六个关键 / 138

7.1 打雪仗的比喻 / 139
7.2 在放大镜下观察期望值 / 143
7.3 机会与期望值 / 146
7.4 预测：致命的陷阱 / 147
7.5 交易的实际应用 / 148
7.6 确定系统将如何表现 / 152
小　结 / 155

# 第三部分
# 理解系统的关键部分

## 第8章　利用方案设法启动你的系统 / 160

8.1 入市的五个步骤 / 161
8.2 潜步追踪市场的方案 / 168
8.3 滤嘴与方案 / 172

8.4 一些著名的系统使用的方案 /176
小　结　/184

## 第9章　入市或市场时机选择　/186

9.1 努力击败随机入市 /188
9.2 常见的入市技巧 /189
9.3 设计你自己的入市信号 /205
9.4 对一些常用系统采用的入市技巧的评估 /208
小　结　/211

## 第10章　知道何时收手：如何保护你的资本 /213

10.1 停价的作用 /214
10.2 利用合理的停价 /223
10.3 常见系统采用的停价 /226
小　结　/228

## 第11章　如何获利 /230

11.1 获利退出策略背后的目的 /231
11.2 使用停价和利润目标 /237
11.3 简单和多元退出策略 /238
11.4 要避免的方面 /239
11.5 常见系统采用的退出策略 /239
小　结　/241

# 第四部分
# 沉着应对

## 第12章　每个人都有钱赚 /245

12.1 七位交易商如何走进他们的职业 /247
12.2 交易商如何看待五种重要的市场情形 /252

12.3 六周以后的结果 /278

12.4 以 R 乘数表示的结果 /285

小　结 /286

## 第 13 章　评估你的系统 /287

13.1 可以采用的几种途径 /288

13.2 期望总值：影响机会因素 /290

13.3 交易机会的成本 /291

13.4 最大的亏损 /294

13.5 利用业务通讯的推荐作为样本系统 /296

小　结 /301

## 第 14 章　确定头寸规模：实现目标的关键 /302

14.1 基本的头寸规模确定策略 /307

14.2 模型 1：每一固定金额资金交易一个单位 /309

14.3 模型 2：股票交易的等价值交易单位 /313

14.4 模型 3：百分比风险模型 /314

14.5 模型 4：百分比波动幅度模型 /318

14.6 模型小结 /320

14.7 其他系统使用的头寸规模确定法则 /321

小　结 /325

## 第 15 章　结论 /327

15.1 避免错误 /329

15.2 最后的部分：采访撒普博士 /330

## 术语表 /339

# 第一部分 Part 1

# 成功的决定因素：你！

本书要达到的两个目标是：
- 帮助你找到圣杯的秘密；
- 帮助你找到一个适合自己的成功的交易系统。

以上两个目标的实现都基于一个很关键的假定，即在你的业绩表现中你是最重要的因素。杰克·施瓦格在采访了世界上一些顶级交易商后所写的两本书中得出的结论是：他们成功的最关键的因素就是他们每个人都有一个适合自己的交易系统。我想把该假定再推进一步：除非对自己有一定的了解，否则你无法设计一个适合自己的系统。

因此，本书第一部分就是关于如何发现自我以及如何找到一个自己有可能进行市场研究的位置。该部分包括以下三章内容：第1章是有关成功交易应具备的基本心理素质（也就是圣杯的秘密）；第2章是有关判断的捷径；第3章是关于如何设计你的个人目标。

# 第 1 章
## Chapter 1

# 圣 杯 传 奇

> 踏着英雄的足迹,在我们以为会发现邪恶的地方,找到了上帝。在以为杀害了他人的地方,我们杀害了自己。在以为走出去的地方,我们将回到自己存在的中心。在以为一切都完了的地方,我们却与整个世界在一起。
>
> ——约瑟夫·坎贝尔(Joseph Campbell)
> 《神话的力量》(*The Power of Myth*)

让我来告诉你一个关于市场的秘密。你可以通过买进价格波动超过正常的一天的波动幅度的突破点而赚到一大笔钱,这就是所谓的波动幅度突破。一位交易商凭此方法赚取了上百万美元的财富,他也因此而出名。你也可以做到!你也可以赚到一大笔钱。下面让我来告诉你该怎么做。

首先,你要得到昨天的股价波幅。如果昨天和前天的股价波幅存在缺口的话,那么就把这个缺口加到昨天的价格波幅上,这被称为真实波动幅度。现在,在今天的开盘价上分别加减昨天真实波动幅度的40%,那么上限值就是你买进的信号,下限值则是你卖出的信号(卖空的信号)。出现其中任何一个价格,就选择入市,这样你就有80%的把握能够赚钱,照此下去,你将会赚到一大笔钱。

这一方法听起来是不是很有意思?的确,它吸引了成千上万的投机者和投资者。这一方法有它的道理,也完全可以成为在市场上赚大钱的基本法则,但它并非通向成功的魔法。很多人遵循这一方法却破产了,因为它只是一种正确方法的一部分。比如,它不能为你解决以下问题:

- 如果市场走势与你的判断背道而驰，你该怎样保护你的资本？
- 如何或者何时变现你的盈利？
- 在你得到市场信号时，该买入或卖出多少？
- 这一方法是为哪些市场设计的，它是否可以用于所有的市场？
- 这一方法何时有效，何时又会惨败？

最重要的是，当你综合考虑以上所有问题时，你必须问自己：该方法适合你吗？它是你进行交易的方法吗？它与你的投资目标相吻合吗？它符合你的个性吗？你能够忍受它可能造成的亏损甚至接连失败吗？该系统符合你的标准吗？能让你安心用它交易吗？而你的标准又是什么呢？

本书旨在帮助交易商和投资者更多地了解自己，然后设计一个适合自己个性和目标的方法来挣更多的钱。本书对交易商和投资者都适用，因为他们都试图从市场中赚钱。交易商倾向于采取更中性的方法：既愿意买空也愿意卖空。相比之下，投资者是在寻找可以购买并在更长的时期持有的投资。两者都是在寻找能够指引他们决策的魔力系统，也就是所谓的圣杯系统。

从市场中获利的发现之旅往往起始于一条不同的道路。实际上，一个典型的投资者或交易商，一旦着手交易，都会经历一个逐渐演化的过程。起初，他被赚到一大笔钱的想法深深吸引着，或许有些经纪人会告诉他一个在市场上玩一把就可以赚到很多钱的方法。我在北卡罗来纳的广播中就曾听到诸如此类的广告：

> 你知道真正的财富是如何年复一年地被创造出来的吗？它完全是由农业创造的——因为人们必须要有吃的。当你考虑最近的天气变化时，你可能会认为粮食会出现短缺，这就意味着未来的粮食价格会上升。即便是仅仅投资5 000美元，你也能够控制大量的粮食。如果粮食价格朝着对你有利的方向仅仅移动几美分，你就可以发一笔小财。当然，这是有风险的。人们会因此而赔钱，也确实有人赔了钱，但是如果我的话正确，那么想一想你会赚到多少钱呢？⊖

这些天，我曾听到类似的关于其他各种商品的方法，甚至有关于货币交易的。

一旦投资者投出了他最初的5 000美元，那么他便给套住了。即使他全赔进去——大多数情况下会的——他依然会有这样的信念：我仍然能在市场中玩一把而挣到大钱。希拉里·克林顿不是将1 000美元变成了100 000美元吗？如果她能够做

---

⊖ 这些话是我尽最大努力对这一商业广告的回忆，但是可能与原话有些出入。

到，那么我一定也能做到。结果，投资者在寻找热门投资的过程中，花费大量的时间去问别人他该买什么、该卖什么。

我没有见过有人是因为听从了别人的建议而不断赚到钱的，虽然有例外，但是很少。最终，那些听从了他人的建议并因此赔钱的人，倍感挫折进而退出市场。

另外一种看上去确实有诱惑力的方法是公司的业务通讯，其大概的意思一般是："如果你听从了我们专家的建议，你在 XYZ 上就能赚 320%，在 GEF 上就能赚 220%，在 DEC 上就能赚 93%，而且现在也不晚，你可以在接下来的 12 个月中每个月仅花 1 000 美元去买我们专家推荐的股票。"你将从"期望收益"和"确定头寸规模"两章中得知，如果听从了这种专家的建议，你很可能早就破产了，因为我们对他的下降趋势，甚至他的系统的期望收益一无所知。

我曾听到一位期权交易专家说："如果去年你每笔交易都听从了我的建议，你就已经将 10 000 美元变成 40 000 美元了。"现在听起来是否仍打动人心？对大多数人来说，是这样的，但是其真正的意思是，如果你在他推荐的每笔交易上冒 10 000 美元损失的风险，那么到年底你将增加 40 000 美元的收入。换句话说，如果你每笔交易的风险是 $1R$（$R$ 是风险的英文缩写），那么到年底你将增加 $4R$ 的收入。请相信，我要说的是，你开发出的 99% 的交易系统都可能给你带来比这更好的业绩。尽管如此，人们还是愿意听从专家的建议投进去那 10 000 美元，因为这一建议说的是 400% 的回报而不是 $4R$ 的回报，也就是说，在他们决定是否还应该提出更好的问题前，就已经采取行动了。

还是有那么几个人会奇迹般地进入下一个阶段，即"告诉我如何做"的阶段。他们会突然开始疯狂地寻找能让他们赚大钱的魔法，这就是有些人所说的找寻圣杯。交易商总是在寻找任何能为其打开无尽的财富世界的钥匙。一般来说，在这个阶段，他们会参加大量的研讨会，在那里他们学到类似以下的各种各样的方法：

> 下面是我的椅子模式。它由至少 6 根挤在一起的木条构成，第 7 根竖在其后，看上去像是被前面的 6 根挤出去一样。注意，它看上去多么像一把向左倾斜的椅子？当它看上去像把椅子时，注意观察在这张图上发生了什么——市场急剧上涨。这里还有一个例子，很简单，图表显示在过去十年里我用椅子模型赚了多少钱，仅仅由 10 000 美元投资起家，每年赚到 92 000 美元的利润。

---

○ 对前第一夫人的交易评论纯属我个人观点，你可以在阅读本书第 14 章时，来判断她是否真的如此幸运。

然而，当这些投资者真的试图利用椅子模式去赚钱时，结果10 000美元的投资变成了巨大的损失（你到本书后面就会知道其损失的原因）。尽管遭受如此挫败，这些投资者还是会一味地去寻找其他的系统。他们或者继续遭受一连串的失败，直到最后破产，或者获悉了圣杯寓意后面的真正意义。

## 1.1 圣杯寓意

在交易圈里，经常会听到这样的话：他在寻找圣杯。这通常意味着他正在寻找神奇的能够使之发财的市场秘密——所有市场运作的秘密。但是存在这样的秘密吗？是的，的确存在！当你真正理解了圣杯的寓意时，你就掌握在市场中赚钱的秘密了。

有几本书就是论述圣杯寓意的，诸如马尔科姆·古德温（Malcolm Goodwin）的《圣杯》⊖。圣杯寓意已经超越了圣杯传奇本身的意义，而在人类历史中被广泛引用。大多数西方人对一些描述为"寻求圣杯"的事物能够立即认识到其所代表的重要意义。学者赋予其各种意义，从血海深仇到青春长驻之苦苦追寻；有些学者则视"寻求圣杯"为对完美主义、启蒙运动、统一社会，甚至是与上帝直接沟通的一种追求；而投资者则赋予"圣杯之探寻"与此完全不同的意义。

大多数投资者相信市场存在某种神奇的秩序。他们相信有一些人知晓这一秩序，而且正是这些为数不多的人从市场中赚了大钱。因此，这些人为了发财一直坚持不懈地努力探索这一秘密，但是没有人知道该到哪里去寻找这一秘密，因为他们寻找的地方是最不可能找到秘密的地方。

随着你对本书的阅读和领会，你会真正知晓在市场中赚钱的秘密，而且当这些秘密被揭开后，你就会开始明白探寻圣杯的真正意义了。

圣杯有一个有趣的传说。据说上帝和撒旦在天堂进行一场战争，持中立立场的天使们把圣杯放在了冲突的两者中间，因此，圣杯被放在了对立双方（例如利润和亏损）之间的一条精神通道的中间。久而久之，这块重要的土地变成了一片废墟。约瑟夫·坎贝尔认为这块废墟象征着我们大部分人所过的不真实的生活。大多数人通常只是做着别人在做的事情，别人告诉我们该怎么做，我们就怎么做，随波逐流。因此，废墟代表了我们没有勇气去过自己想过的生活，而发现圣杯就代表找到了逃离废墟之路，过我们自己的生活，并由此实现人类灵魂的最大潜能。

---

⊖ 马尔科姆·古德温. 圣杯：起源、秘密及阐释. 纽约：Viking Studio Books, 1994. 这本书讨论了公元1190～1220年跨越30年的九则关于圣杯的神话。

随波逐流的投资者有可能会在长期趋势中赚钱，但总的说来，他们很可能会亏损；而那些独立思考并行动的投资者总是可以挣到钱。是什么阻碍了那些随波逐流的人呢？他们向其他人征求建议（甚至包括邻居），而不是独立思考并设计适合自己的方法。大多数投资者都有一种强烈的愿望，就是希望自己每次交易都是正确的，因此他们希望找到一些非常流行的能够让他们有一种控制市场的感觉的入市技巧。例如，你可以要求市场在你入市前完全执行你的出价。然而真正的财富是通过精明的退出来实现的，因为它允许交易商止住损失、滚动利润。做出精明的退出决策要求其行为要与市场的变化完全协调一致。总之，人们是通过发现自我、实现自我潜能以及与市场步调一致而赚到钱的。

> 人们是通过发现自我、实现自我潜能以及与市场步调一致而赚到钱的。

有效的交易系统或许有成千上万种，但是大多数人就算有了这样一个系统也放着不用。为什么？因为这一系统不适合他们。成功交易的秘密之一就是找到一个适合自己的系统。事实上，杰克·施瓦格为了写两本书，采访了大量的市场奇才，得出的结论是：所有成功的交易商都具备的一个最重要的特点是，他们都找到了一个适合自己的系统或方法。因此，寻求圣杯的部分秘密就是遵循自己独特的方法，并由此找到真正适合自己的东西。当然，圣杯的寓意远不止这些。

人生始于利润和损失之间的中间位置，它既不畏惧亏损又不期望利润。人生如此，正如圣杯所代表的一样。然而，当人类逐渐发展了自我意识后，恐惧和贪婪也就随之而生，但是一旦你摆脱了贪婪（以及由短缺而产生的恐惧）时，你也就达到了一种与万物的独特的统一。伟大的交易商和投资者也正是这样产生的。

约瑟夫·坎贝尔，伟大的学者和神话学方面的著名专家，这样说：

> 假设小草要说："天哪！你这样不停地砍下去有什么用呢？"可是，它们还是会不停地生长。这是内部精神的力量，是圣杯的寓意，也是永不枯竭的源泉。一经产生，它就不在乎会发生什么。

有一则关于圣杯的传说，开头是一首短诗："任何行为都有两面性。"因此，生活中的每一行为都会有正面的和负面的结果，也可以说成是利润和亏损。我们所能做的就是接受两者并追求光明。

作为投资者或交易商，它对你意味着什么？你是在玩一场人生的游戏，有时你会赢，有时你会输，同样也是会有正负两种结果。为了接受正负两种结果，你需要在内心找到一个适合你的特别的位置。在

> 为了接受正负两种结果，你需要在内心找到一个适合你的特别的位置。在这个有利的位置，输和赢机会均等。

这个有利的位置，输和赢机会均等。对我而言，这就是圣杯的真正秘密。

如果你还没有找到心中的这个位置，就很难接受损失。如果你不能接受负面的结果，作为交易商，你就永远不会获得成功。成功的交易商通常只有不到一半的交易会赚钱。如果你不能接受损失，就不可能在知道自己已经错了的时候退出一个头寸。这样，小的损失很可能会演变成巨额损失。更重要的是，如果你不能接受会发生亏损的现实，那么你就无法接受一个在60%的时间里有可能赔钱，而长期来看能赚大钱的好的交易系统。

## 1.2 交易中真正重要的东西

我所遇到的几乎每一位成功的投资者都意识到了圣杯寓意的教训——成功源于自我控制。对于大多数投资者而言这是一个根本性的转变。自我控制并非难以做到，而是大多数人很难意识到它的重要性。比如，大多数投资者认为市场是一个制造牺牲品的活生生的实体。如果你相信这样的说法，它对你来说就是真的，但是市场并没有制造牺牲品，而是投资者把自己变成了牺牲品。每一位交易商都自己掌握着自己的命运。如果不理解这一重要原则，至少应下意识地知道，那么就没有交易商能够成功。

让我们来看下面的一些事实：

- 大多数成功的市场专业人士通过控制风险获得成功。控制风险有悖于我们的自然倾向，它需要高度的自我控制。
- 大多数成功的投机商只有35%~50%的成功率，他们之所以成功并非由于能够很好地预测价格[⊖]，而是因为他们赚钱的交易的规模远远大于赔钱的交易的规模。这需要高度的自我控制。
- 大多数成功的保守投资者是反向操作者。他们做别人不敢做的事情，在别人瞻前顾后时他们买进，在别人贪得无厌时他们卖出。他们有耐心等待正确的投资机会，这同样也需要自我控制。

成功的投资需要自我控制甚于其他，这是通向成功之路的第一步。那些致力于发展自我控制能力的投资者最终会取得成功。

让我们从另一个角度来探究成功交易的关键要素：自我控制。当谈论对交易而言什么最重要时，我一般认为它涉及三个领域：心理状态、资金管理（头寸规模确

---

⊖ 原文为："They are not successful because they predict prices well." 直译应该是：他们不成功是因为他们很好地预测了价格。有可能是笔误或排版错误。结合上下文，应该是：They are successful not because they predict prices well. ——译者注

定）以及系统开发。大多数人都强调系统开发，而忽视了其他两个领域。成熟的投资者认为这三个方面都重要，但是心理状态是最重要的（大概占60%），其次是头寸规模确定（大概占30%），而系统开发是最不重要的（只占约10%）。如图1-1所示。这些人认为自我控制只是属于心理状态的范畴。

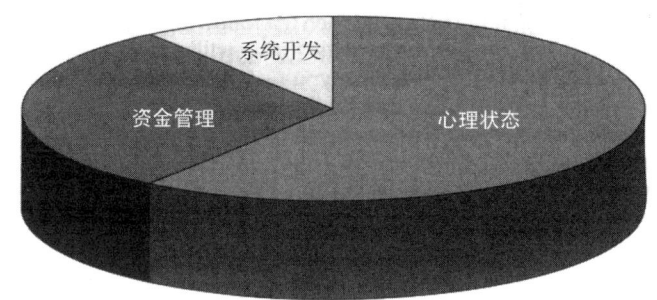

图1-1 交易组成元素

曾有一位成功的交易商对我说，他在交易时丝毫不受个人心理的影响，因为他所做的一切都是自动完成的。那么我问他："这挺有意思，但如果你决定不执行其中一个信号，会怎样呢？"他回答说："这种事情从不会发生。"大约六年后，这位职业交易商因为有一笔交易他的搭档没有做而破产，这笔交易本可以让他们当年大赚一笔，因为它是一笔大额的成功的交易，可是他们在这一领域已经多次失利，所以他的那位搭档决定不做了。

还有一位杰出的交易商曾告诉我，他在20世纪70年代末教过一门为期10周的关于交易的大学课程。第一周他给学生讲关于交易的基本信息，第二周他在课上讲了唐奇安（Donchian）的10~20天移动平均交叉系统。然而，剩下的8周时间他都用来说服学生使用他所讲的系统——让他们在亲自大量实践这一系统后，接受它（或任何其他好的交易系统）可能产生的损失。

长期以来，我一直坚持交易百分之百属于心理问题，而且这个心理还包括头寸确定和系统开发。道理很简单：我们是有血有肉的人，不是机器人。为完成任何行为，我们必须用大脑进行信息处理。行为对设计和执行一个交易系统来说都是必需的，如果想要复制任何一种行为，就必须要知道构成这一行为的元素。因此，建模科学便应运而生。

## 1.3 模拟市场天才

你也许有过参加由投资专家介绍其成功秘诀的研讨会的经历。比如，上面提到的那位杰出的交易商在20世纪70年代末讲的关于市场交易的课程。他花了两周时间教学生一个可以让他们变得十分富有的方法（在当时），然后又花了8周时间说服学生应用这一方法。

就像这些课堂上的学生一样，你也可能被一些研讨会上专家的演讲及技巧所折服。在你离开时，可能会信心百倍地认为你也可以用他的方法赚到钱。不幸的是，当你试图将别人的成功秘诀付诸实践时，可能会发现自己并不比参加那个研讨会之前英明多少。有些东西并不起作用，或者你就是无法将学到的应用于实践中。

为什么会这样呢？原因在于你构建自己想法的方式和那位专家是不一样的。他的心智结构即他的思维方式，是他成功的关键因素之一。

当别人告诉你他们是如何进行市场运作的时候，可能只是肤浅地告诉你他们实际上做了什么。他们并非有意要欺骗你，只是他们确实不明白构成其行为的本质到底是什么。即使他们知道，在将信息传递给别人时也会存在困难。这就导致了大家认为：要想在市场中成功，你就必须具备某种天赋或天分。结果很多人因此灰心丧气而退出市场，因为他们认为自己并不具备这种天分。但是天分是可以教的！

我相信，如果某件事情至少有两个人可以做好，那么这个技巧就可以教给其他更多的人。教的关键是对这一技巧首先进行模拟。在过去的20年里，模拟科学几乎像地下运动一样出现了。这一运动是由理查德·班德勒（Richard Bandler）和约翰·格林德（John Grinder）一起开发的一项称为神经语言程序（neuro-linguistic programming，NLP）的技术引发的。

> 如果某件事情至少有两个人可以做好，那么这个技巧就可以教给其他更多的人。

关于NLP的专题研讨会通常正是讨论蕴涵于模拟过程的技术发展的轨迹。比如，如果我要做一个专题研讨会，一般只讲自己开发的对顶级交易商和投资者模拟的模型。然而，如果你参加足够多的有关NLP的课程，你就会慢慢地开始了解模拟过程本身是什么。

我对交易的三要素和创造财富的过程进行了模拟。所做的第一个模拟是关于如何成为杰出的交易商或投资者以及如何掌控市场。从本质上讲，进行这样一项模拟必然要与许多杰出的交易商和投资者一起工作，以发现他们做事的共同之处。如果你试图模拟一个人，你会发现很多只属于他自身的个性的东西，但是如果你模拟大量优秀的交易商和投资者的共性，你就会发现在他们所有人的成功中，什么是真正重要的。

例如，在我第一次询问我的模拟对象做了什么时，他们都告诉我他们的方法。

在询问了大约 50 个交易商后，我发现他们的方法没有一个是相同的。因此，我得出结论：方法不是他们成功的秘密，除了这些方法都体现了低风险的想法这一点之外。因此，所有这些交易商都具备的共同点之一就是，他们都有能力找到低风险的想法。我将在下一章解释低风险观点。

一旦发现了他们行为的共性之后，你就可以发现其每一共同任务所包含的真正要素。是什么信念使他们能够掌控市场？他们如何思考因而能够有效地完成这些任务？为完成这些任务所必需的思想战略（也就是他们的思维序列）、所必备的心理状态是什么（比如是否信守承诺，是否开诚布公）？这些因素都属于心理的范畴，也是我之所以认为交易（或为了交易而进行的任何行为）都是百分之百的心理活动的又一理由。

决定你能否成功地完成一项准确模拟的最后一个环节，是将这一模拟教给他人，并确定他们是否获得了同样的结果。我所开发的交易模式是我的顶级业绩交易函授课程㊀的一部分。我在这个课程上讲授该模式，并且已经成功地训练出了一些非常成功的交易商，从而验证了这一模式。

我开发的第二个模式是杰出的交易商和投资者是如何掌握技巧以及如何进行研究的。这也是本书的主题。大多数人认为这是交易的非心理部分。令人吃惊的是，找到并开发一个适合自身的系统的任务纯粹是心理工作。你必须发掘自己对市场的看法，以便使你的系统符合这些观点。你必须充分了解自己，才能发展个人目标和符合这些目标的系统。你还必须应用这一系统直到交易起来感到轻松自如。你必须了解让你轻松自如的标准。大多数人对做好这一切都持有偏见，为了克服这些偏见，需要采取一些步骤进行个性化的发展。我发现，一个人治疗性的工作做得越多，就越容易开发出一个能让他成功交易的系统。

在你着手寻找正确的交易系统时，任务之一就是深入发掘你自己，这样才能设计出一个对你有用的系统。可是怎样才能做到这点呢？并且一旦深入了解自己后，又怎样才能知道什么是对自己有用的呢？

我所开发的第三个模式是有关那些杰出的交易商在交易的整个过程中是怎样确定头寸大小的。每一位杰出的交易商都会谈到资金管理的问题，有关资金管理的书也有几本，但大多只是讨论资金管理的一个或几个结果，而不是主题本身。从本质上来说，资金管理是系统中决定头寸大小的那部分——回答整个交易过程中"多少"

---

㊀ 范 K. 撒普. 交易商和投资者顶级业绩课程. Cary, N.C.：国际交易大师研讨培训公司，1988～2006. 致电 919-466-0343 获得更多信息，或登录网址：www.iitm.com。这是我的交易过程的模式，以这种方式呈现给你便于你自己实施这一模式。

的问题。为了消除可能产生的混淆,我在本书的以后章节将称其为"确定头寸规模"。自从本书第1版问世以来,大多数读者都已经接受了这一术语。

正像在交易的其他领域一样,大多数人由于其持有的心理倾向,在确定头寸规模方面也必然做着错误的事情。比如,1997年在写本书第1版时,我正在亚洲的八个城市进行巡回演讲,每一个城市的大多数听众都不理解确定头寸规模的重要性。他们大多数是机构交易商,其中很多人甚至都不知道自己在做着多少钱的交易,甚至对亏多少钱会让他们丢掉饭碗也稀里糊涂。因此,他们不可能正确地决定资金头寸的规模。

为了帮助这些听众理解这一概念,我让他们做了一个游戏来说明确定头寸规模的重要性,但是在我结束演讲时,没有一个人问我:"撒普博士,就我的状况而言,在确定头寸规模方面我应该做什么?"然而,如果他们问了这样的问题并得到了正确的答案,几乎每个人都能够在交易中前进一大步。

你将会在本书中学到确定头寸规模的关键因素,因为它是系统开发的基本环节。然而,对这一模式的完整阐述是在我的另一本书里,即《期望收益与头寸规模确定重要指南》。㊀

我开发的第四个模式是关于财富的。正如我在本章开头提到的,在金钱的游戏里大多数人都输掉了,因为他们听从了别人所说的如何赢的规则,他们相信能赢的是那些最有钱或消费最多的人。也许在你成为百万富翁甚至亿万富翁时你可以赢,但果真如此,那么输的是大多数。

也许你消费得最多就可以赢,而且如果你游戏玩得正确,分期付款的首付和月付足够少的话,你现在就可以买得起任何奢侈品。然而,如果你这样做,你将成为金钱的奴隶,因为你会背负越来越多的债务。今天,自大萧条以来,一般的美国人第一次出现了花销大于收入的现象,这些都是靠借债来维持的,因此,我们显然正在做输掉金钱的游戏。

对此,我的解决方案是采纳新的规则。如果你的潜在收入(当你把资金运作起来时可以得到的收入)超过了你的月支出,你就进入了财务自由的王国。因此,如果你每月生活需要5 000美元,当你每月的潜在收入超过了5 000美元时,你就获得了财务上的自由。就是这样简单,任何具有足够的欲望和抱负的人都能做到。在我的第三本书《实现财务自由的安全策略》(*Safe Strategies for Financial Freedom*)里,对该方案的详细步骤进行了描述。

---

㊀ 范 K. 撒普. 期望收益与头寸规模确定重要指南. Cary, N.C.:国际交易大师研讨培训公司. 详情致电919-466-0043获得更多信息,或登录网址:www.iitm.com。

在本书里，我着重将交易作为一种实现潜在收入的方法进行分析。如果你能通过交易或投资实现足够的收入以满足你每月的开销，且这一过程每天只花费你几个小时的时间，那么这种收入就称为潜在收入。通过这种方式，你就能够获得财务上的自由。㊀尽管你不得不用几年的时间学习交易方法、开发交易计划以及适合该计划的系统，但是一旦你完成这些，你将获得我所说的财务自由。我目睹很多人已经开始着手了，如果你有抱负和欲望在成功的关键因素——你自身上下工夫，那么你同样可以做到。

我把本书分为三个主要部分。第一部分的第 1 章是有关自我发现以及找到一个自己有可能进行市场研究的位置；第 2 章是关于判断的捷径；第 3 章是有关个人目标的设定。我之所以把自我发现的内容放在了最前面，是因为它是系统开发成功的至关重要的因素。

第二部分是关于系统开发的模式。它概括了市场体系背后的一些概念，我邀请了很多专家来写这些概念背后的内容。此外，还分析了期望收益——每个人都应该理解的重要概念之一。在市场中忙得不亦乐乎的参与者中，很少有人知道什么是期望收益，能够理解围绕期望收益设计一个系统的意义的人就更少了。因此，你会发现认真学习这一部分内容非常重要。我还新加了关于理解大环境的一章，因为理解大环境对你开发系统至关重要。

第三部分涵盖了系统的各种组成部分，包括拟订方案、入市与时机选择技巧、止损退出市场决策、获利退出决策以及关键要素之一的头寸规模确定。

第四部分是有关如何沉着应对的内容。它包括七位不同的投资者如何进入市场的一章内容，还包括如何利用一些业务通讯作为例子来评估你的系统的一章内容，还有一章是关于头寸规模确定的，最后一章是对全书的总结，包括要成为优秀的交易商，你必须考虑的其他所有的问题。

---

㊀ 只有对你是持续的收入才能将其视为潜在收入。假如，你这个月收入增加了 30%，下个月增加了 20%，再下个月减少了 25%，之后，一个月又减少了 15%，再之后一个月又增加了 60%，其中任何一项都不能将其视为潜在收入，因为它是不连贯的，你不能依赖它。

# 第 2 章
Chapter 2

# 判断之偏好：掌握市场为何对多数人来说如此之难

> 通常我们是在对市场的看法进行交易，而且一旦形成了这些看法，就不太可能有所改变。在进行市场运作时，我们想当然地认为自己已经考虑到了所有可能的信息。其实不然，我们有可能通过选择性的感知而排除了最有用的信息。
>
> ——范 K. 撒普博士

你现在已经明白了对圣杯系统的寻找其实是一种内在的寻找。本章将帮助你走出寻找的第一步，即知道是什么在妨碍你。当你清楚了是什么在妨碍你，并接受了你要对自己的人生负责的观点后，你就有了改变的能力。

总的来说，所有问题的根源是我们必须经常处理大量的信息。法国经济学家乔治·安德拉（George Anderla）对人类必须应对的信息流速度的变化进行过测算，得出的结论是：从耶稣时代到达·芬奇时代的 1 500 年的时间里，信息流翻了一倍；到1750 年（大约 250 年之后），信息流又翻了一倍；接下来到 19 世纪末 20 世纪初的一次翻倍只花了 150 年的时间；计算机时代将信息流翻倍的时间缩短到了约 5 年。由于计算机提供电子公告板、DVDs、光纤以及互联网等，当前面临的信息流大约 1 年甚至在更短的时间里就会翻一番。

研究者估计，人类利用当前的大脑潜能，每次只能摄取所有视觉信息的1%～2%，对于交易商和投资者来说，这种情形就是一个极端了。交易商或投资者同时关注着世界上所有的市场，每一秒钟都要面对上百万字节的信息流。很多交易商同时开着 2～4 台电脑，由于一天 24 小时世界上总有一些市场是开放着的，因此信息流是永不停止的。一些被误导的交易商也就目不转睛地盯着交易屏幕，试图竭尽全力处理尽可能多的信息。

而大脑处理信息的能力是非常有限的，即使是在理想的情形下，一次也只能吸收5~9个信息集。一个信息集可以是1个字节，也可以是成千上万个字节（比如，一个信息集可以是数字2，也可以是数字687941）。比如，看完以下一串数字，合上书，然后努力把它们都写下来。

    6 38 57 19 121 83 41 917 64 817 24

你能记住所有的数字吗？或许不能，因为我们只能有意识地处理7±2个信息集。然而每秒钟都有上百万字节的信息涌向我们，而且当前我们可获得的信息流的速度每年都在翻倍。我们该如何应付？

答案是：对所面临的信息进行归纳、剔除和曲解。我们归纳及剔除大部分的信息，比如"噢，我对股市不感兴趣"，这一句话就概括了可获得的有关市场信息的大约90%，将其概括为"股市信息"而不予考虑。

我们对自己确实很关注的信息进行选择性的归纳，如"我只想浏览一下符合以下标准的每日行情柱状图"，然后按照这些标准利用计算机对数据进行分类，结果，多得令人难以置信的信息突然间就缩减成了计算机屏幕上的几条线，而这几条线是我们的大脑能够处理的。

然后，大多数交易商和投资者就通过把留下来的信息表示成指数的形式对这些归纳出来的信息加以曲解。比如，我们不是只看最近的条形图，相反，我们认为以10天的指数移动平均，或者14天的 $RSI$（相对强弱指标），或者一个随机数，或者一个波段或趋势线等形式表示的信息更有意义。所有这些指标都是信息歪曲失真的例子，而人们交易的是基于他们对失真信息的评价，这些看法可能是有用的，也可能是没有用的。

心理学家总结了大量的信息剔除和曲解，并汇总标以"判定捷径"。之所以称其为"判定"，是因为它们影响我们的决策过程；称其为"捷径"，是因其简便易行，使得我们能够在短时间内对大量的信息进行筛选和整理。没有它们，我们就不可能做出市场决策，但是对于那些没有意识到信息的存在，以及没有意识到已经对信息在加以利用的人来说，这些信息也是非常危险的，它们影响我们进行交易系统开发和市场决策的方式。

大多数人使用判定捷径的基本方式是维持现状。通常我们是在对市场的看法进行交易，而且一旦形成了这些看法，就不太可能有所改变。在进行市场运作时，我们想当然地认为自己已经考虑到了所有可能的信息。其实不然，我们有可能通过选择性的感知而排除了最有用的信息。

很有意思的是,卡尔·波普(Karl Popper)指出:认知的进步更多地来自我们对理论进行的挑剔,而不是对它进行的证明。如果这一理论正确,那么我们越是能认识到自己的看法和判析(尤其是对市场的判析),并加以推翻,就越有可能在市场上成功地赚钱。

本章旨在探究这种判断捷径或者倾向如何影响交易或投资的过程。首先,我们将概括那些扭曲系统开发过程的倾向,本章所涉及的大多数倾向都属于此类。然而,其中有些倾向也会影响交易的其他方面。例如,赌徒谬论会影响交易系统的开发,因为投资者想要的是不会产生一连串亏损的系统,但系统一经开发出来,这一倾向也会影响我们利用系统进行交易的方式。

其次,我们将概括那些会影响你如何检测系统的倾向。例如,一位绅士在面对本书中的一些内容时,声称这些内容到处都是矛盾而且遗漏了关键部分,事实上,这些评价只是他自己的认识而已。本书中所展示的内容并无冲突,它们只是信息,因此,如果你察觉了某种矛盾,那是因为这些矛盾来自你自己。另外,本书将很多人进行系统开发的某些步骤给略去了,它们是被有意略去的,因为研究表明它们并不重要,对于一个良好系统的开发,与其说它们是帮助还不如说是障碍。

最后,我们归纳了那些可能会影响你就已开发出来的系统如何进行交易的倾向。尽管这是一本研究交易系统的书,但其所归纳的倾向仍是很重要的,因为在你实际开始交易之前进行调研时必须对此加以考虑。然而,我特意把本章这一部分压缩到最小篇幅,因为在我为交易商和投资者开设的函授课程里对这些倾向有更详细的论述。

## 2.1 影响交易系统开发的偏好

在考虑交易系统之前,你必须将可获得的市场信息以你的大脑能够处理信息的方式表述出来。如图2-1,它是一个典型的条形图,也是大多数人分析市场活动的方式。日条形图概括了一天的数据,包含四个信息:开盘价、收盘价、最高价和最低价。

**蜡烛图**给出的信息更直观一些,并且从中也可以直观地看出市场总体上是上涨还是下跌。如图2-2所示,图中较粗的部分(蜡烛)代表开盘价与收盘价之差,而两头(烛芯)代表最高价和最低价。实芯烛形表示市场下跌,空芯的表示市场上涨,市场变化看起来就更容易了。

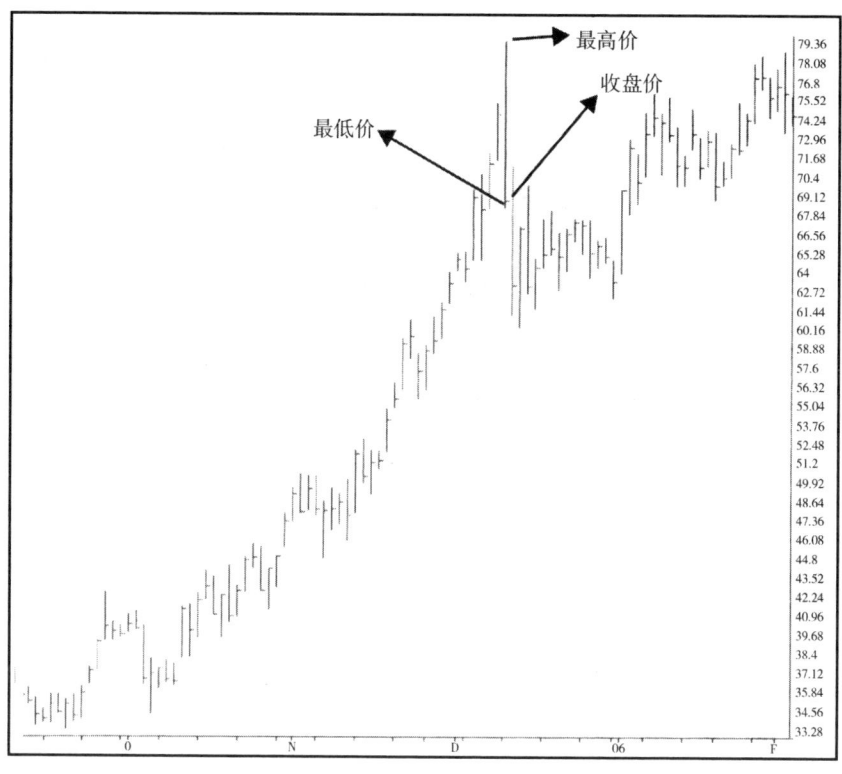

图 2-1 简单的条形图

## 1. 表述偏好

图 2-1 和图 2-2 所示的两种日条形图就是我们每个人都用的第一种判定捷径的很好的例子，称为**表述定律**，意思是当人们认为某事物被指定用来代表另一事物时，它就是它应该代表的那件事物。因此，我们大多数人都只看日条形图，并认为它代表了一天的交易。事实上，它只不过是纸上的一条线罢了——仅此而已，但你却认为它富有意义，因为：

- 在你第一次开始研究市场时，别人就告诉你它是有意义的；
- 其他人都用日条形图来代表市场；
- 在你购买或免费获得数据时，它们一般都是以日条形图的形式表示的；
- 在考虑一天的交易时，你一般也是将其设想成日条形图。

图 2-1 的条形图和图 2-2 的蜡烛图都只向你展示了三个信息：第一，它表明一天之内发生的价格波动范围；第二，它表明了价格是如何变动的——如何从开盘价变化到收盘价（加上一些最高价和最低价的变化）；第三，蜡烛图通过蜡烛实芯和空芯

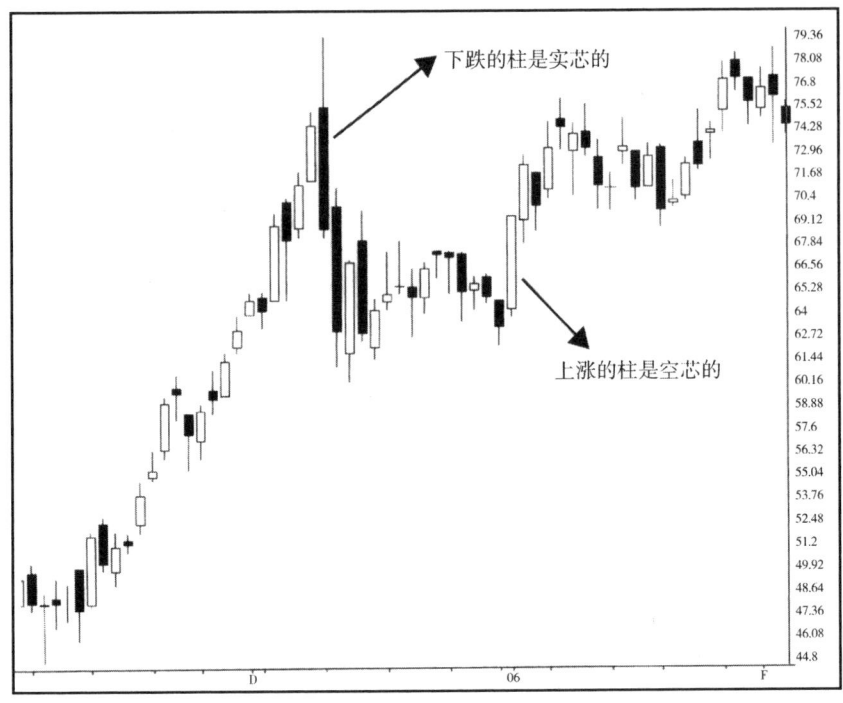

图 2-2 蜡烛图

的使用使得一天的整体变化更直观。

日条形图没有告诉你什么呢？它没有告诉你发生了多少交易；没有告诉你在什么价位成交了多少交易；它不能告诉你一天中商品或股票是何时按给出的价格成交的（除了在开始或结束时）。而这些信息对交易商和投资者来说都是有用的。你可以通过缩小时间范围并查看5分钟条形图或最小波动点图来获取这些信息，但是使用日条形图不就是为了减少信息流量以免得我们招架不住吗？

还有一些对交易商可能有用的其他信息也没有在日条形图中显示出来。比如对期货来说，这些交易是否包括新合同的签订和原有合同的交割？在进行交易的都是些什么人？是不是少数几个场内交易商整天在彼此交易，竭力算计和彼此操纵？有多少交易是一手合约（如100股股票或者一手商品合约）？有多少交易是大宗的？有多少是由大头寸交易商买进或抛出的？有多少是由共同基金资产组合经理或大头寸商品基金经理买进或抛出的？又有多少是被套期保值者或大公司买进或抛出的？

还有第三类信息也没有在日条形图中显示出来，就是谁在市场中。比如，有多少人当前是多头或空头？他们的头寸分别是多少？这类信息是可以获得的，但一般不容易得到。在计算机的支持下，各种交易每天都可以存储和报道如下信息：

> 价格从 83 点升到 85 点。共有 4 718 位投资者持有多头头寸，头寸平均规模是 200 个单位，一天内，多头头寸增加了共 50 600 个单位。有 298 位投资者持有空头头寸，头寸平均规模为 450 个单位，空头头寸增加了 5 个单位。前 100 个头寸由以下人持有，他们的头寸分别是……（接下去就是一串列表）。

也许你会说，是的，我就想知道谁持有以及他们的头寸是多少。难道你获得了这些信息，就知道该怎样加以利用了吗？它就会对你更有意义了吗？也许不会，除非你已经具备了某些可以让你交易的决定。

而且日条形图也没有给你提供任何统计意义上的概率，比如，假如 $X$ 发生了，那么 $Y$ 发生的概率是多少？你可以利用历史数据来确定 $Y$ 发生的概率，但变量 $X$（以及本例中的变量 $Y$）必须包括在你的数据里面，但是如果 $X$ 或 $Y$ 很有意义却没有包括在你的数据里又会怎样呢？

还有另一类至关重要的信息也没有包含在一个简单的日条形图中——心理信息。这类信息涉及多头和空头持有信心的强度。各类交易商可能会在什么时间什么价位清盘？他们对各类信息或价格变化会如何反应？有多少人置身市场之外观望，并相信市场会上涨或下跌呢？他们是否会将对市场的预期转变为行动从而进入市场？他们会在什么情况下实现这种转变？如果进入市场，他们会在什么价位进入，背后可能会有多大的资金实力支撑其头寸？即使拥有了这些信息，你是否已形成能帮助你从中赚钱的结论了呢？

直到现在，你可能都一直认为日条形图就是真正的市场。记住，你所看到的只是计算机或书上的一条简单的线而已。你设想它代表了市场，可以把它看成给定某一天市场活动的概括，你也只能这么看。可怕的是，充其量只是概括性信息的日条形图，却正是你决策时要处理的原始数据。

> 可怕的是，充其量只是概括性信息的日条形图，却正是你决策时要处理的原始数据。

我希望你已经开始理解为什么判定捷径对你作为一个投资者来说如此重要。然而我讲述的只不过是判定捷径偏好的一个例子罢了，我们不得不认为一幅条形图真的代表了一天的市场活动的倾向。

你可能仅凭条形图进行交易，但是大多数人在进行交易前希望对数据做些加工，因此他们会使用指标。然而不幸的是，人们在使用市场指标时会犯同样的错误，认为这些指标就是事实，而不是只尝试着用来代表可能发生的事情模拟。*RSI*、随机数据、移动平均、*MACD* 等——似乎是呈现了事实，但是它们只不过是一些被假定用来代表某些事物的对原始数据的曲解罢了。

考虑一下图上支撑位的技术概念。最初，技术分析师发现，一旦价格跌到图中某一区域时就好像会反弹，这一区域就被认为是很多买家都愿意买进的价位，因此而"支撑"了股票的价格水平。不幸的是，很多人视诸如支撑位和阻力位这样的词语为真实的现象，而其实它们只是代表了人们过去所观察到的现象的新的推断而已。

人们在判断一些事情时，倾向于"它看上去什么样"，而不是"它的可能概率是多少"，前面已在此基础上讨论了表述的偏好。这在使用交易系统或交易信号时尤其重要。在开发交易系统或评估信号的有效性时，你是否考虑过信息的可能性概率？就是说，你有没有考虑过你预计的结果符合真实交易信号的可能性是多少？很可能没有，因为我在1 000个交易者中没有见过一位是这样做的——尽管我对他们一再强调这一点。这就意味着大多数人都不检查他们的系统，或者不知道系统的期望收益（见第7章）。

下面讨论一些其他的倾向，我确定这些倾向对你考虑市场和交易系统开发会有影响。

## 2. 可靠性偏好

与表述偏好相关的另一个偏好是我们假定数据是可靠的——它们真的就是被期望的那样。就日条形图而言，我们设想它代表了一天的数据，看上去也像是一天的数据，因此就应该是。然而，很多数据销售商通常把白天的数据和晚上的数据进行合并，那么它还是一天的数据吗？而且这些数据的准确性又如何呢？

经验丰富的交易商和投资者都知道，判定数据的可靠性可能是他们遇到的最糟糕的问题之一。大多数数据销售商提供的数据就日条形图而言还是相当准确的，但是当你开始使用最小波动点数据、5分钟条形图、30分钟条形图等时，准确性就不复存在了。因此，如果你测试一个基于5分钟条形图的系统时，大部分结果（不管是好还是坏）更多的是与不准确的数据有关，而不是真正期望的结果。

下面新闻特写中的故事就是有关在数据方面会遇到的问题。这是在一份业务通讯中报道的查克·布兰斯科姆（Chuck Branscomb）的真实故事。

### 查克·布兰斯科姆的真实故事

我用自己设计的系统对16个期货市场的资产组合进行交易。我每晚利用资产组合交易系统软件根据白天的数据来运行我的系统代码以生成指令。基本的入市/退出规则编入了一个实时软件程序，这样当我在某一市场中建立头寸时就会被告知。

> 1995年7月10日，在开盘前，我准确无误地发出了我所有资产组合的入市和退出指令。芝加哥货币市场刚刚开盘，实时软件就警示我进入了加拿大元多头头寸。我大吃一惊，因为那天我根本没有发出加拿大元的指令。我只是怀疑地盯着屏幕看了几秒钟。因为受过在遭遇市场突发事件时的心理训练，我自动地进入了演习状态：做深呼吸，从头到脚全身放松，对错误原因按照可能性从大到小进行系统检查。
>
> 仅仅花了几分钟时间，我就发现为运行资产组合交易软件而下载的数据和我的实时软件收集到的数据，有关前一天的最低价是不同的。我对前一天最小波动点数据进行快速检查后，证实了我的怀疑：资产组合系统中使用的数据是无效的。我很快对数据库进行手工编辑并再次运行了程序，结果生成了一个入市指令。我看了一眼屏幕，结果发现市场现在跌停回升远远在我的入市点之上。我非常沮丧，但还是平静地将信息从程序输入到我的资产组合经理的空白表格上以确定头寸规模。盯着屏幕，我发现市场又上升了5个最小波动点，我也做好了发出指令的准备。那一刻我的反应完全是下意识和集中的：给我的交易员打电话，发出指令进入市场。
>
> 整个过程大约花了10分钟时间，在这一过程中，加拿大元的价格继续回升，离我入市时的价位越来越远。幸运的是，心理训练使我不去揣测行为的结果。我的交易目标是不能错过任何一次入市机会，因为我不知道市场什么时候就会出现一次巨大的移动。错过一次大笔的成功交易要比做了一笔少有亏损的交易糟糕得多。当我意识到应该入市时，打电话成了一个下意识和专注的反应。就我所做的交易类型而言，这是正确的做法。希望市场回到入市时的价位或者揣测是否应该坚持下去是没有用的。
>
> 这件事情的发生表明我需要创建一个程序，迫使我对每一个期货合约的日数据进行严格的检查。直到那一刻，我还以为自己对日数据的检查已经足够充分的了。过去我也发现过很多错误，但是现在我才知道每天还需要做更多的工作以确保我能够按照预计的方案进行交易。
>
> 资料来源：*Market Mastery*, July 1996. Vol1 (2), pp 2-3.

读完这个故事，你就能明白市场远不是大多数人想象的那样，一切都并非如你所期望的那样。在你以为拥有了一个很好的系统时，也许只是因为糟糕的数据使系统看上去很好；反之，在你以为系统很差时，也许正是糟糕的数据使系统看上去很差。

但是假定你已经接受了日条形图确实代表了市场这一事实，你想接受这些概括性的信息并进行交易，那我要告诉你，还有很多其他的倾向有可能渐渐地潜入你的思维中。

## 3. 彩票偏好

彩票偏好和人们在以某种方式操纵数据时信心倍增有关——就好像操纵数据是有意义的，能让他们控制市场。既然你已经把日条形图作为表述市场的方式，那么就必须按照条形图进行交易。或者以某种方式加以处理，直到你能信心百倍地利用它进行交易。其实，对数据进行处理本身就能够并且也将给你增强信心。

产生控制错觉的一个很好的例子就是州政府经营的一种博彩游戏，即抽数字。在玩抽数字时，要挑出一些数字，通常是6或7个数字，如果全部命中，你立刻就会成为百万富翁。人们真的喜欢玩这种游戏，即使那些清楚投注赔率、富有逻辑性的人也是如此。为什么呢？因为中彩回报是如此丰厚，而风险是如此之小（1美元的彩票比起巨额的中彩回报是微不足道的），使得人们趋之若鹜。即使运气差到买100万张彩票（每张上面的数字都不相同）都不能中彩，他们也不在乎。你在州政府发行的彩票中赢得100万美元的概率是1/13 000 000（如果你想赢得更多，概率更小）。

以区区小钱去赌巨彩也是一种判断捷径，但还不是彩票偏好。彩票偏好指的是人们在做游戏时产生的控制错觉，因为自己可以挑选数字，因此他们就认为成功的概率会增大，于是有些人就料想如果他们选择生日或周年纪念日的数字，可能会增加成功的概率。比如，几年前，一名男子赢得了西班牙国家彩票头奖，之所以中奖，是因为他对梦的解释。他连续7个晚上都梦见了7这个数字，错误地认为7乘以7等于48，于是他就选择了上面有数字4和8的彩票。

其他有些人不是靠梦，而是与心理学家或占星家交换意见。事实上，你可以通过购买各种各样的点子来帮助自己赢得彩票，那些分析了数字就认为自己能够预测随后出现的数字的人非常愿意把点子卖给你。还有一些人有自己的彩票机，他们相信彩票机摇出的一系列随机数字，也许正好和州政府控制的彩票机挑出的数字一样。如果有些"大师"或占星家声称他有几个大奖赢家时（如果他有足够多的信徒的话，当然是有这种可能的），那么会有更多的人跟在他后面。人们会千方百计地寻找那些神奇的数字。

如果这些看起来有些熟悉，就对了！这正是投机市场上发生的事情。人们相信通过选择正确的数字，可以一下子挣到1美元。选择正确的数字，对投机商和投资者而言，就是指他们想知道该买什么以及什么时候买。一般人关心的最重要的问题就是，我眼下买什么会让我大发一笔。大多数人宁愿让别人告诉他们该做什么。

人们会千方百计地想出眼下该做什么，他们购买软件来选取数字和分析趋势。经纪人发现，如果他们在收音机和电视节目上快速解读入市点来帮助人们选取数字，成千上万的人会需要他们的主意。如果大家都知道你在公开地给人出谋划策，不管你的主意多么准确（或不准确），别人都会把你当做专家。除此之外，还有许多"大师"擅长鼓动并乐此不疲地在他们的业务通讯中告诉别人该买什么以及何时买。当然，占星家在这个过程中同样扮演着某种角色。

也有些人认为自己可以改善自己的境况，结果，他们开始沉迷于入市信号，在他们看来，入市信号等同于一套完整的交易系统。你会有一种控制了入市信号的感觉，因为你选择入市的那一点正是你希望市场这样做的。结果，你觉得自己好像可以进行某些控制了——不只是控制你的入市，还可以控制市场。不幸的是，一旦你持有头寸，市场便开始按照自身的方式运行，除了可以决定退出之外，你再也无法控制别的任何事情。

我对人们如何看待一个交易系统大为震惊！几年前，一位绅士从澳大利亚来见我，此人已经与美国各地的很多专家就什么样的交易系统有效进行过探讨。在一次晚宴上，他跟我谈起他学到的东西，还向我展示了他发现的各种系统的"精华"，希望得到我的认可。他有一些很不错的思想，然而他向我展示的所有交易系统都与入市技巧有关。事实上，他对每一个交易系统的描述都只有一点，那就是入市。我的评价是他的方向是正确的，但是如果他能花同样的工夫去研究一下市场退出和头寸规模确定，那么他就真的会有一个好的交易系统。

很多人认为如果有某一入市点能够让他们赚钱，他们就有了交易系统。读到本书的后面，你会知道一个专业的交易系统由多达 10 个部分组成，而入市信号可能是最不重要的。然而很多人就只想知道什么时候进入市场。

1995 年，我在马来西亚召开的期货与股票技术分析国际会议上发过言。来自美国的演讲者大约有 15 人，听众对我们的发言都打了分。那些得分最高的演讲者讲得最多的就是入市信号。有一位讲的是交易系统的各个组成要素，其实他的演讲是非常有价值的，但得分却最低。

我参加了其中一个得分较高的演讲。演讲人是一个非常聪明的交易商，1994 年他的账户金额增加了 76%，只有一个 10% 的亏损。然而他讲的主要是捕捉趋势的变化信号，一共展示了 6~8 个这样的信号，当人们问他问题时，他才略微提及一些关于市场退出和资金管理的问题。后来，我问他那些信号都用得上吗？他的回答是"当然不是！我用的是趋势跟踪信号，但是他们就想听这些，我当然就给他们讲这些了。"

我的一位客户读了这些资料后,做了如下记录:"一直以来,我认为'彩票偏好'是一种因为缺乏控制感而感到焦虑时进行交易的一种方式。许多人宁愿假装市场尽在掌控之中(尽管有时是错误的),也不愿因不能控制自己必须身处的环境而感到焦虑。意识到'我可以控制自己的行为'是跨越性的一步,这也就足够了!"

这种偏好如此强大,以至于人们总是得不到能让他们在市场中赚钱的信息,相反,得到的只是他们想听到的。毕竟,一般来说,人们是通过给他人想要的而不是给其所需要的而挣到大部分钱的。本书对此是一个例外,并且,希望将来会有很多这样的例外。

## 4. 小数定律偏好

图2-3所示的模式可以描述一些人的另一种倾向。市场有4天时间没有任何移动(在图示的前5天里),随后便是大涨。如果仔细阅读过一些图表书,你会发现四五个这样的例子。小数定律指的是你没有用很多此类的案例就得出了结论。例如,当市场在4天的窄幅波动后随之出现了价格大涨,我们就在此时入市。

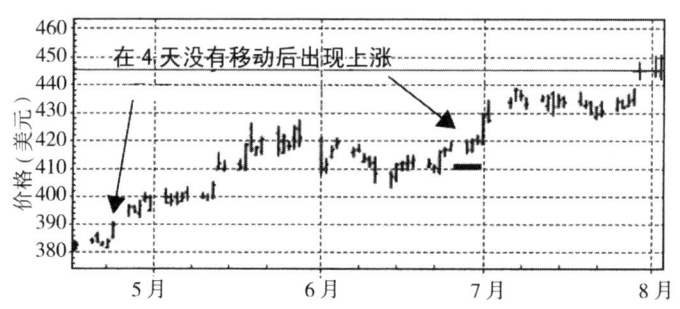

图2-3 倾向于吸引人们入市和获得入市信号的实例

实际上,大多数人是依据他们从几个精选的例子中观察到的模式进行交易的。如果你看到一个如图2-3所示的模式,其后有一个较大的波动,那么你就会认为这个模式是一个很好的入市信号。请注意,到目前为止我们所讨论过的四种偏好都进入了你的入市决策。

威廉·埃克哈特(William Eckhardt)下面的一段话很好地阐述了小数定律偏好:

我们不是中性地看待数据,也就是说,当我们的眼睛浏览一张图表时,并不是对所有的数据点等量观之,给以同等的关注,而是会集中于某些突出的情形,并倾向于基于这些特殊的情形而形成我们的观点。选出一个取得惊人成功的案例,而忽视其日复一日惨败的情形,是人类的本性。因此,即使相当认真地阅读图表,你也会倾向于认为该系统比其本身真实的情况好得多。[1]

科学研究是清楚这种偏好的。即使最认真的研究者也会倾向于使其结果符合原先的假定,这就是为什么科学家要进行双盲试验的原因,即在试验结束之前,试验者并不知道哪一组是测试组,哪一组是控制组。

## 5. 保守主义偏好

一旦脑海中有了交易的概念,保守主义偏好又会左右我们:我们认识不到,甚至看不见相互矛盾的例证。人类的大脑总是一下子就能看到寥寥几个很显眼的有效波动的例子,而回避或忽视那些系统无效的例子。例如,看到许多数据,你可能会发现图2-3中的模式随后有20%的时间出现了较大的波动,而其他时间没什么重大的变化。

大多数人完全忽视相互矛盾的例证,尽管它是非常显著的。然而,连续亏损七八次后,他们会突然开始关注交易系统的有效性,而从来都不确定会发生多少次亏损。

如果在20%的时间里出现的移动足够大的话,仍然是可以交易的,但是你必须在其他80%的时间里谨慎地止损,而这正好也说明了彩票偏好的重要性。如果只是关注模式,你也许就不会赚到钱。

这种偏好的含义是指人们在市场中搜寻他们想要的和期望看到的东西,结果,大多数人都不是中性地看待市场,因此无法把握走势。相反,他们总是在搜寻他们期望看到的。

## 6. 随机性偏好

接下来的偏好以两种方式影响交易系统的开发。首先,经济学家以及很多投资者倾向于认为市场是随机的——价格是按照随机的可能而变动的;其次,如果这种随机性存在的话,人们对它可能的含义做出的假定是错误的。

人们喜欢选择最高点和最低点的原因之一是,他们认为市场能够并将会在任何时刻扭转走势。从根本上说,他们认为市场是随机的。的确,许多学者仍然持有市场是随机的这样的看法,[2]但这种设想正确吗?即使是正确的,人们能够在这样一个

---

[1] Jack Schwager, "William Eckhardt: The Mathematician," *The New Market Wizards: Conversations with America's Top Traders* (New York: HarperCollins, 1992), p. 114.

[2] 例如,Burton G. Malkiel, *A Random Walk Down Wall Street*, 8th ed. (New York: Norton, 2004).

市场中交易吗？

市场可能有随机性的特征，但这并不表明它就是随机的。例如，你可以利用随机数字生成器软件产生一系列的条形图。当你观察这些条形图时，它看起来就像条形图，但这正是一个表述偏好的例子，看起来像是随机的并不等于就是随机的。这种数据不像是市场数据，因为市场价格的分布有两个极端的尾部，这是你无法根据呈正态随机分布的价格预测出来的。为什么呢？你观察一下市场数据，会发现样本的波动性随着数据的增加变得越来越大。在标准普尔指数期货合约问世后的 10 年间，1987 年 10 月 19 日标准普尔指数下跌了 80 点，这是很难根据一个随机数字系列预测到的。这种事情可能 10 000 年才出现一次，但它就在现实生活中发生了，而且，它还发生了第二次。1997 年 10 月 27 日，标准普尔指数又下跌了 70 点，第二天，它的变化幅度是 87 点。类似地，在 2000 年和 2002 年间，纳斯达克也出现了几次在一天内大幅度下跌的情形。

市场价格分布的方差往往会无穷大，或几近无穷大，这一事实表明：超乎你想象力的更极端的情形可能行将发生。因此，任何由此推出的风险都将被大大地低估，而且不幸的是，大多数人在市场中承受了太多的风险。像汤姆·巴索这样的市场奇才声称：在一个头寸上承担的风险高达资本的 3%，你简直就是一个"枪手"。可见大多数人就其承担的风险而言，的确是太疯狂了。

即使市场是随机的，人们也没有理解随机的含义。如果在一个随机序列中出现了一个长期趋势，人们就认为它不是随机的。他们发明了一些理论，说它不是一个随机序列中的一个长期趋势，而是别的什么东西，这种现象来自我们认为世界万物都是可以预测和理解的自然偏好。因此，人们总是寻找那些根本不存在的模式，并认为那些未经证实的因果关系是存在的。

随机性偏好（以及彩票偏好）的一个后果是人们往往想选取最高点和最低点。我们希望自己是正确的并且能够掌控市场，同时将自己的想法贯彻到市场中去，结果就会产生一个看法，即我们能够找到最高点以及最低点。试图这样做的那些人注定要面临许多失败。

## 7. 理解需要偏好

许多人在开发交易系统的方法上会产生理解需要偏好，他们完全忽略随机因素，甚至未将头寸规模确定视为交易系统的一部分。

我的一个客户，乔，声称他在进入一个头寸时会存在很大的困难，他很困惑。因此，我问了他几个问题。"你的头寸多长时间获利一次？"他的回答是大约 60% 的时间都是正确的。"在对市场感到困惑时，你有多少次退出一笔盈利的交易？"这次他的回答是几乎一次都没有。然后我说："你的系统给你带来的机会比碰运气好不到哪儿去，可见你可能对市场不甚了解，但当你不知所措时，就应该退出市场。"他也认为这可能是一个好主意。

仔细想想乔的交易系统，会发现实际上他并没有一个系统。为什么？因为乔过于专注去理解市场的每一个方面，以至于他不能清楚地界定市场退出信号，这些信号告诉他何时应该退出市场以保护资金以及何时应该实现收益。

大多数人仍然需要构建一个关于市场上究竟在发生什么的详细理论。媒体总是想向人们解释市场，尽管它们对市场一无所知。例如，当道琼斯工业平均指数下降超过 100 点时，第二天各大报纸会充斥各种各样的解释。下面就是你有可能会在当地报纸上看到的东西：

> 周三来自美联储有可能提高利率的最新消息会令投资者在周四紧张不安。因害怕整个行业范围的盈利下滑，股票，尤其是建筑公司的股票会大跌。在今天的市场氛围下，无论什么时候只要投资者认为利率可能提高，他们看起来就会异常紧张。他们也会对中东局势的影响非常关注。任何异常的迹象都会令投资者紧张不安。

第二天道琼斯工业平均指数可能会上升 100 点之多，你可能就会看到类似下面一段的报道：

> 华尔街走出了因利率可能大幅提高的谣言带来的恐慌再次投身市场，道琼斯工业平均指数上涨了 100 点以上。H. P. Mor 证券公司的 R. P. 吉尼如此评论说："盈利是如此之高，以至于投资者似乎很容易摆脱潜在灾难性信息的影响。"⊖

在交易系统设计中，理解需要偏好变得更加复杂。人们用各种各样奇怪的方式操控日条形图，并且据此发明一些奇怪的理论来解释市场。这样形成的理论可能有其自身的道理，但几乎没有现实的依据。比如，艾略特波浪理论的合理依据是什么？为什么市场有时三条腿移动，有时又两条腿移动呢？

现在你理解交易系统开发的任务为什么包含了如此多的心理偏好了吗？我的经验是，大多数人如果没有解决因恐惧或生气造成的一些心理问题，那么他们就无力处理交易系统设计中出现的问题。此外，有些人甚至不想解决这些问题——实际上，

---

⊖ 这些故事都是编出来的，但都是你可能看到的解释市场行为的典型例子。

这些人很可能略过这一部分，直接进入系统开发的实质阶段。

 ## 2.2 影响交易系统测试的偏好

以下是影响交易系统测试的一组偏好。很多人从未显露过这些偏好，因为他们从未达到过进行系统测试这一步。事实上，本章前面讨论的保守主义偏好会阻止大多数人对系统进行测试。更重要的是，很多人从未拥有过一个可测试的系统。对于那些确实达到系统测试这一步的人而言，潜伏着下列偏好的影响。

### 1. 自由度偏好

自由度是一个参数，对每一个允许的数值都会产生一个不同的系统。例如，一个基于10天的移动平均产生的结果会不同于一个基于24天的移动平均产生的结果，因此，移动平均的长度代表一个自由度。人们往往希望在自己的交易系统中有尽可能多的自由度。加进的指标越多，就越能更好地描述市场历史价格。系统中的自由度越大，系统本身就越有可能与一个价格系列相吻合。不幸的是，一个系统与其开发所依据的数据越吻合，它就越不可能在将来产生利润。

系统开发软件（大多数）的确诱导自由度偏好。给一位系统开发商充足的自由空间，他将会有一个能够完美预测市场走向并在纸面上赚到成千上万美元的系统，也就是说在某些历史市场上多数软件能让人达到心理最大满足的程度。最终，他们得到的是一个毫无意义的系统，这一系统只能靠它赖以产生的数据赚钱，而在实际交易中却表现极差。

大多数系统开发软件正是迎合这一偏好而设计的。人们想知道有关市场的准确信息，希望能够完美地预测市场。你现在就可以花几百美元买个软件，它能让你对过去的市场数据进行大量的研究。几分钟后，你就会认为市场是可以被精确预测的，你会一直持有这样的看法，直到你试图在真实的市场上而不是在根据历史数据优化了的市场上交易为止。

对于这一偏好无论我说多少，大多数人还是会陷进去。你还是希望尽可能地优化自己的系统，所以，我还是就这些优化给你提出一些警告。首先，要很好地理解你所使用的概念，这样你就不会觉得需要优化你的系统了。你对自己所交易的概念理解得越好，就越不需要进行历史测试。

其次，我强烈建议你想象一下市场中有可能会发生的各种情形。例如，你可以想象下一场战争、核恐怖袭击、欧元被当做世界储备货币、亚洲共同货币的采用或失业率升至120%的报道等。有些想法可能看上去很荒唐，但是如果你能够明白，万一真的发生，你的系统将会怎样处理这些事件，那么你就非常好地理解了你的概念。

不管交易商和投资者多么清楚过度优化所产生的危险，他们还是想优化。因此，我强烈建议你在系统中使用的自由度最多不要超过四五个。在你的整个系统中，如果使用两个指标（每一个都表示一个自由度）以及两个滤嘴，这就是你能忍受的极限了。你要考虑的滤嘴和指标，将在本书后面进行深入的探讨。

## 2. 事后错误偏好

人们在使用那些只有在事后才能得到的信息进行测试时就会犯事后错误。在系统测试中，这种错误非常普遍，而且很容易犯。例如，有些软件，如果不够小心，你就会使用今天的数据进行系统测试，通常就会产生事后错误——你可以设想一下用今天的收盘价格来预测今天的价格会有什么意义，这就是一个事后错误。

有时候这些错误是难以察觉的。例如，因为你的数据中最高价位后几乎总是伴随着一些较低的价格，所以就将高价引入到一个交易规则中，结果这个规则运行得非常好是很有可能的——但这只是事后性的。

当测试数据时，如果你的结果看上去特别好，可能就是事后性的。或许你是由于事后性的错误才得到这些结果的。

## 3. 缺乏自我保护不够偏好

在你设计一个系统时，你的目标应该是设计一个产生低风险的系统，我对低风险的定义是：

> 它是一种方法，它产生的是长期的正的期望收益和你可以赖以生存的回报（总体回报）与风险（最高点到最低点的账户价值亏损）的比率。这种方法必须在这样一种确定头寸规模的水平（通常是按照资本的一个百分比）上交易，即在短期内，它能够保护你免遭最坏的可能情形的冲击，而在长期，又可以让你获得系统的期望收益。

大多数人的偏好是，他们并不选择在一个风险小到能够保护其在短期内免遭这些最坏情形的冲击的头寸规模确定水平上进行交易。很多人不能，也没有预见到所有的可能会影响其交易系统的事件。因此，对于任何有价值的交易和投资方法，你都必须有各种各样的辅助手段，当你处于一个对你不利的交易时，它能够给你提供保护。

随便问一个人:"如果处于一个不利的交易,你如何脱身?"他或许根本没有想法,大多数人真的没有应备的辅助手段。更重要的是,他们在一个过高的水平上进行交易。如果你有 50 000 美元,同时交易五个甚至更多的期货合约,那么交易所处的风险水平可能就过高了。如果你是个日交易商,被通知追加保证金,那么面对的风险就太高了。这么高的风险水平可能会给你带来较高的回报,但是它最终会让你破产。请想一想保护偏好,仅仅是注意这一偏好就可以保护你目前账户中已有的大部分资本。

## 2.3 影响交易系统运行的偏好

假定你已经检查了系统,也对它进行了全面的测试,认为它能够进行交易了。但即便如此,仍存在一些其他的偏好会导致你推翻这一系统。

你想实现最大的业绩,因此总是存在一些诱惑,让你推翻交易系统,你脑海中总是会浮现偶尔几次你来执行你的系统操作但提高了你的业绩的记忆。然而,你往往忘了那些系统不管用的时候,以及那些曾威胁到你的盈亏底线的日复一日的价格差异(交易成本)。

如果没有一个交易系统,那么就会有许多偏好影响你的交易。然而,即使有了最好的交易系统,你仍然会受到许多关键偏好的影响。让我们来看一下那些会导致人们推翻其交易系统的偏好。

### 1. 赌徒谬论偏好

赌徒谬论偏好是随机性偏好的一个自然结果。赌徒谬论是这样一种看法,即它认为如果某一趋势是建立在一个随机序列中的(在这里是建立在市场中),那么这一趋势随时都可以改变。因此,在市场连续 4 天上涨之后,会预测后面出现下跌,就是那些深受尊敬的市场研究者同样也会有这种偏好。例如,在我看来,拉里·威廉姆斯(Larry Williams)在下面的一句话中就展示了这种偏好:

> "在你连续三四次交易受挫之后,下一笔交易你不仅可能成功,而且会是一个大成功。"⊖

---

⊖ Larry Williams, *The Definitive Guide to Future Trading*, Vol. Ⅱ (Brightwaters, N. Y.: Windsor Books, 1989), p. 202.

如果能像职业赌徒那样，理解赢意味着什么，你就会在连续获胜之后下更大的赌注，而在连续失败之后减少赌注。然而，一般人的做法却恰恰相反：在连续失败后下的赌注更大，而在连续成功后下的赌注更少。

有一次拉尔夫·文斯（Ralph Vince）给40位博士做了一个试验。[⊖] 要求他们玩100次简单的计算机游戏，有60%的获胜机会。给他们每人1 000美元，并告诉他们每次玩时下多少赌注都可以。结果，这些博士们没有一人懂得头寸规模确定（也就是说，赌注大小对这个游戏的结果产生的影响）。

他们中有多少人赚到钱了呢？40位参加者中只有2位在游戏结束后手里的钱比最初的1 000美元多，即占5%。然而如果每次都下注10美元，游戏结束时他们就会拥有大约1 200美元。如果为了实现最好的收益，而做出最优的下注组合（每次拿出新资本的20%去冒险，这是作者不提倡的），他们最后能够获得7 490美元（平均）。

到底是怎么回事呢？原来这些参加者倾向于在上次游戏结果不利时下更多的赌注，而在有利时下更少的赌注。假如前三局每次都下了100美元的赌注，最后都输了，结果你的赌本就减到了700美元。你就会想，既然我已经连续输了3次，而获胜的概率是60%，因此下一次一定会赢。结果，你下了400美元的赌注。可是你又输了，现在你的赌本只有300美元，想将它赢回来的机会几乎没有了。

赌徒谬论偏好会影响很多人如何开发一个交易系统、如何确定头寸规模以及如何进行交易。他们完全忽略了随机因素。他们寻找确定的事情，对自己的系统进行交易，好像真的拥有一个系统一样，不为自己提供足够的保护。因此，他们甚至不认为确定头寸规模是系统的一部分。

## 2. 获利时保守与损失时冒险的偏好

交易的首要准则就是止损获利。那些遵循这一简单原则的人会在市场中获取巨额财富。然而，大多数人都有一种偏好使得他们要么无法止损，要么无法获利。

> 考虑下面的例子，有两种选择，你会选择哪一个：① 9 000美元确定的损失；② 5%不赔的可能加上95%的输掉10 000美元的可能。

你选哪一个？是确定的损失还是冒险去赌？在这个例子中，大约有80%的人会

---

⊖ Ralph Vince, "The Ralph Vince Experiment," in *Technical Trader's Bulletin*, eds. David W. Lucas and Charles LeBeau (March 1992), pp. 1-2.

选择冒险赌博。然而，冒险赌博计算出来的损失更大（10 000 美元 × 0.95 + 0 美元 × 0.05 = 9 500 美元——大于 9 000 美元确定的损失）。冒险赌一把违反了交易的关键原则：止损。然而，很多人仍然愿意选择赌博，因为他们认为市场会止跌回升。事实通常并非如此，结果损失变大，变得更加令人难以承受。接着这个过程就会再一次开始，最后，损失巨大，赌的人不得不接受它。许多小的投资者因为无法承受损失而最后破产。

> 下面这个例子，你选择哪一个：① 9 000 美元确定的收益；② 95%赢得10 000 美元的可能和5%什么也不赚的可能。

你选的是确定的收益还是冒险赌博？约有80%的人选择确定的收益。然而，风险赌博算出的收益更大（10 000 美元 × 0.95 + 0 美元 × 0.05 = 9 500 美元——大于 9 000美元的确定收益）。选择确定的收益违反了交易的关键原则的第二个方面：获利。

一旦盈利在手，人们就会非常害怕失去这些盈利，以至于不管市场出现何种反弹信号，都倾向于守住确定的收益。即使其系统没有显示市场退出的信号，也不愿意失去手中的利润，以至于很多投资者和交易商不停地后悔为了少量的确定收益而失去赚大钱的机会。

一个古老的谚语很好地诠释了这两种常见的偏好：抓住机会，并在逆境中坚守阵地。优秀的交易商最好记住下面的格言：仔细留意可以获利的机会，若一旦有不利的迹象要像鹿一样快跑。

## 3. 当前交易或投资必须成功的偏好

造成所有这些问题非常突出的原因是人们要兑现当前头寸（眼下手中持有的头寸）之结果的强烈欲望。怎么理解？一方面，如果现在的头寸在赔钱，你会慢慢地耗下去，希望它能有所转机，结果，赔钱的交易往往越做越大；另一方面，为了确保盈利能成为事实，又总是过早地变现当前盈利。

为什么？人们强烈追求做事准确无误。交易商和投资者一次又一次对我说，在他们进行市场预测时准确无误如何重要，更严重的是，他们认为投资市场也是如此。

我曾经和一位客户一起工作，他每天传真发布某一特定商品的行情预测，世界各地的大商人都订购了他的传真，因为其信息的准确性非常突出，他也因此名扬世界。然而，尽管其准确性令人瞩目，但他进行交易的能力相当差。为什么？正是因为他对正确的需求。人一旦对事物进行预测，虚荣心就会体现其中，使得他很难去接受在交易过程中出现的看起来与他的预测相异的任何事情。因此，对自己以任何方式进行公开预测的东西进行交易就变得非常困难。

## 小　结

一般人面对的信息量每年都在翻倍，然而，在信息流失前，只能有意识地处理 7 个信息集。因此，我们发展了许多捷径来帮助应对及处理所面临的大量信息。这些捷径在大多数情况下是有用的，但是，对交易商和投资者而言，这些捷径的暗示作用极其强烈，因此我认为一般人是不可能在市场上赚到钱的，除非他们能够克服这些暗示。我将这些捷径分为三类偏好，归纳如下：

1. 影响交易系统开发的偏好

**（1）表述偏好**。人们认为当某件事物被指定用来代表另一件事物时，它就是其应该代表的那件事物。因此，我们认为日条形图就是市场，或者说我们喜欢的指标就是市场。相反，我们需要记住，表述只是展示大量信息的一个捷径，而更糟糕的是，它是对信息的曲解。

**（2）可靠性偏好**。也许并非正确的事情而人们认为它是正确的。比如，你在进行历史测试时所使用的市场数据，或者你收到的即时数据，经常充斥着错误。除非你认为会有错误，而且的确存在错误，否则你就可能在进行交易和投资决策时犯很多错误。

**（3）彩票偏好**。人们总是想掌控市场，因此在入市前，往往专注于入市，这样就能够"迫使"市场做很多事情。不幸的是，一旦他们入市，市场将做市场该做的事。交易的黄金法则是止损获利，与入市无关，而与市场退出关系重大。

**（4）小数定律偏好**。人们喜欢看到那些并不存在的模式，只需几个精选的事例就足以说服人们这一模式是有意义的。当你将这种偏好和保守主义偏好结合起来时，你就会处于非常危险的处境。

**（5）保守主义偏好**。一旦你相信自己已经找到了一种模式，并相信它有效（通过几个精选的事例），你就会尽一切可能回避它无效的事实。

**（6）随机性偏好**。人们愿意认为市场是随机的，有很多最高点和最低点，他们能够轻易地进行交易。然而市场并非随机的。价格分布表明，长期来看，市场变化的方差无穷大，或统计学家所称的钟形曲线尾部的"长尾"。此外，人们没有理解，即使是一个随机市场也会有一个长期趋势，结果，抓住最高点或最低点成了最困难的交易类型。

**（7）理解需要偏好**。我们试图理出市场的规则并且为任何事情找到理由。这种寻找规则的尝试会影响人们跟随市场的能力，因为我们看到的只是我们希望看到的事情，而并非真正发生的事情。

2. 影响交易系统测试的偏好

**（1）自由度偏好**。我们希望优化自己的系统，而且相信操控的数据越是与历史吻合，就能越好地了解交易。其实不然，如果你理解了用来交易或投资的概念是如何运作的，并只做最少量的历史测试，你的状况就会大为改观。

**（2）事后错误偏好**。我们会在系统开发中无意识地使用在现实交易中根本没有出现的数据。比如，如果把今天的收盘价考虑进去，那么你的测试结果可能非常好——尤其是当你在收盘前正要退出时。

**（3）缺乏自我保护偏好**。人们没有考虑到头寸规模确定和退出市场策略是交易的关键组成部分，因此，在给定的交易中，他们经常将自己太多的资本置于风险之中。

3. 影响交易系统运行的偏好

**（1）赌徒谬论偏好**。人们认为在一连串的失败之后，成功的可能性会上升；或在一连串的成功之后，失败的可能性会上升。

**（2）获利时保守与损失时冒险的偏好**。人们想很快变现利润，而给亏损留些余地，这给了他们一个错觉，以为自己做的是对的，但实际上他们恰恰是在"停止获利，继续亏损"。

**（3）当前交易或投资必须成功的偏好**。这一偏好可能是其他倾向产生的基础，然而，事实上，准确无误与赚钱无关。

第 3 章
Chapter 3

# 设定你的目标

> 一个有目标的人，众人、世界，有时甚至是坟墓都会为他让路，而那些漫无目的的随波漂流者则只会被唾弃。
>
> ——古罗马谚语

现在你明白了寻找圣杯就是内在的寻找，另外，你应该知道什么有可能会妨碍你。现在该你决定想要什么了。萨姆与我交换了 10 分钟的意见，因为他看起来似乎无法得到令他满意的结果。因此，我在一次商务旅行结束之际，在芝加哥的奥黑尔菲尔德机场见了他一面。我们的谈话大致如下：

> 我能帮你些什么吗，萨姆？
> 哦，我只是觉得我的交易结果没有上路。
> "没有上路"指什么？
> 我对结果不满意。
> 你今年在市场中的交易目标是什么？
> 哦，我真还没什么目标。
> 你今年想在市场中实现什么？
> （停顿了好一会儿）我想用赚到的钱为我妻子买一辆汽车。
> 好，那么是什么款式的汽车？劳斯莱斯？奔驰？凌志？还是小载货卡车？你想给你妻子买辆什么样的车？

就是一辆美国车，一辆大概15 000美元的车。

**很好，你想什么时候买？**

9月份，就是大概三个月后。

**好的。你的交易账户中有多少钱？**

大约10 000美元。

**这么说来，你想用大概三个月的时间让你的账户获利150%？**

是的，我想是的。

**你有没有意识到三个月盈利150%相当于一年差不多1 000%的回报率？**

没有想过。

**为了赚到那么多钱，你愿意亏多少？**

不知道，我真的没有想过这些。

**你愿意亏5 000美元吗？**

不会，那可不行，亏的太多了。

**那你愿意亏2 500美元吗？就是25%。**

不行，还是太多。也许10%还行。

**也就是说，你想三个月从市场中获利150%，同时只愿意承受10%的风险？**

是的。

**你听说过有哪种交易方法可以让你连续获得15:1的回报—风险率？**

没有。

**我也从来没听说过，3:1通常都很好了。**

虽然有很多交易和投资方法可以赚到大钱，但我从未听说哪种方法可以满足那种要求的。可是，大多数只用一点钱着手投资的交易商和投资者却都怀有类似这样的期望——都是一些他们不可能达到的期望。

## 3.1 设计目标是系统工作的主要部分

我曾经与某人一起工作，他出钱给那些成长型的商品交易顾问（CTA），其部分工作是评估这些CTA所开发的各种各样的系统，所以很多人认为他是系统开发的世界级专家之一。

有一天我对他说："如果你能给那些正在试图提出一个新系统的交易商某些具体的建议，那会是什么？"他的回答是："至少要把系统开发50%的时间用在制定目标上。"他说目标是任何系统的关键部分，然而却很少有人情愿在这上面花时间。如果你打算开发一个用于市场交易或投资的系统，那么在开始之前，先仔细考虑好你想要达到的目标。

目标是系统的关键部分。如果你都不知道要系统做什么，又怎能开发出一个交易系统来呢？同样，当你都不知道自己想去哪儿时，又怎能到那儿呢？因此，你需要首先确定想要实现的目标，然后才能判定该目标是否现实。如果能，那么你才能开发一个交易系统来实现这些目标。

我将第一次做研讨会时朋友的建议牢记在心中，"怎样开发一个适合你的成功的交易系统呢？"那次研讨会的主要内容就是关于目标。然而，相当多的人对我把目标作为研讨会的一部分而怨声载道，所以我现在要求研讨会的参加者在会前要先完成目标设计。

具有代表性的抱怨有："这和在市场上交易有什么关系？""这是私人信息，我不想在课上花时间谈论我的资产或任何诸如此类的问题。"他们当中好像没有一个人认识到，如果不花时间在目标设计上，就无法真正开发出一个适合他们的系统。他们需要评估自己的优势和劣势；评估时间、资源、资本和技能以及想要实现的目标。我们想实现什么样的回报？为实现这些回报，我们愿意承受什么样的亏损？这是我们寻找圣杯的真正答案之一。

## 3.2 汤姆·巴索与目标

汤姆·巴索是我们所举办的前三次关于系统开发研讨会上的嘉宾演讲者。在研讨会期间，为了向大家展示应该如何着手设计目标，我曾数次就他在目标设计方面的工作对他进行了采访。汤姆·巴索非常热情，乐意为本书再接受一次采访。㊀

汤姆·巴索是位于亚利桑那州斯科茨代尔（Scottsdale）的 Trendstat 公司的总裁。他是一位专业资金管理专家，不仅是资深的 CTA，还是注册投资顾问（registered investment advisor，RIA）。他也是一个私人投资者，因为他也投资于他所经营的基金。

在我的推荐下，杰克·施瓦格在他的书《股市奇才：美国股市精英访谈实录》（*The New Market Wizards*: *Conversations with America's Top Traders*）中采访了

---

㊀ 这次采访结束之后，Trendstat 公司管理的资产增长到了 5 亿美元以上，而汤姆也作为专业基金经理退了休，他正享受自己的退休生活。

汤姆。之后，施瓦格就把他称为"平静先生"，并认为汤姆是他采访过的所有市场奇才中最好的典型个体角色。汤姆也是我所见过的最有逻辑性与组织性的人之一。因此，我想你可能也想知道汤姆是如何考虑交易系统开发的。

目标练习的第一部分是：你要清点一下自己的时间、资本、技能以及其他资源。

> 汤姆，你有多少资本？
> 我们目前管理的资本大约有9 500万美元。
> 你每年生活需要多少钱？
> 大约80 000美元。
> 其中有多少必须出自你的交易利润？
> 一点不用。我从Trendstat领取工资。

我问这个问题是为了确定一个人若仅仅为了生存需要赚到其交易资本的百分比，这对确定其目标是否合理是很重要的。比如，那些仅仅为了生存必须赚到30%或者更多的人，就将自己置于了难以为继的境地，而且其交易资本也难以获得增长的机会。

我经常遇到一些人，他们的交易或投资资本大概只有10万美元，可是每年生活就需要5万美元。在我看来，他们把自己置于了非常困难的境地。他们可能相信自己能实现每年100%的回报率，也许他们真的能，但是如果一开始就亏损30%（这是很有可能的），那么他们就会变得不堪一击。这就是为什么在你身陷其中之前最好先考虑一下这些情形。显然，这些对汤姆·巴索来说都不是问题。

## 1. 自我评估

> 汤姆，你每天必须在交易上花多少时间？（这很重要，因为有多少时间可以利用几乎决定了你必须开发什么样的交易系统。那些有全职工作，只是每晚看一下市场的人，显然必须找到一个相当长期的系统来使用。）
> 我每天大约花6个小时，但这些时间大都是用来管理我们的交易的。
> 在你交易时，你能料到会有多少分心的事情？
> 很多。
> 那么显然，你需要一种能让你克服这些分心事的方法。

是的。

**你预计要多少时间来开发你的交易系统，处理个人心理工作以及制订进行交易的业务计划？**

对于我来说，在过去的20年中我已经投入了很多时间，然而，我们还是一直在计划、研究，需要多少时间我就投入多少时间。

**你的电脑技能怎么样？在你开始从事交易事业之前需要什么样的技能？**

我非常精于电脑。我自己把Trendstat所有的早期模型都编制成了程序，而现在我的办公室是全自动化的，有全职的编程员。我的工作只是查找无效之处，并确保程序员加以解决。

**你对统计学了解多少？**

我懂且能运用一些简单的统计，另外，我还熟悉一些多元统计。

**你对自己的市场知识如何评价？（这里的市场知识应该包括交易机制，是什么在推动市场，如何低成本有效地执行订单以及你可能需要哪些交易指标等方面的知识。）**

我在期权、期货、股票、债券、共同基金和外汇交易方面有丰富的经验。我对交易机制和低成本执行订单非常熟悉。对市场如何运作我也有自己的看法。

**你的心理优势和弱势是什么？尤其是在交易系统开发方面。**

我非常有战略眼光并富有耐心，而且我相信这些品质对于开发长期的交易策略是非常有用的。我很自信，这就在心理上给了我很大的力量信任我们自己开发的系统。说到弱点，我总是想一下子做很多工作，也许太多了，这应该是我的弱点，有时候这会分散我作为一个交易商去完成自己的主要任务的精力。

**你在自我约束方面的优势和弱势是什么？**

我在自我约束方面非常好，持续执行一个系统对我毫无问题。

**你会不会很容易冲动（就是说被交易的兴奋情绪所左右）？你是否有个人方面的冲突（就是说在你的家庭生活、工作或过去的交易经历中，是否遇到过冲突）？你是否经常会突然出现情绪上的问题，比如恐惧或气愤？**

我当然不认为自己是很容易冲动的。我一点也不觉得交易是很令人兴奋的，它对我来说只是一份工作，我仅仅是把交易当做一种有趣的大脑运动。

我想自己没有过什么冲突，我的家庭生活非常稳定，另外，我也很少生气或有挫败感。我过去会时不时地非常紧张，但是我在你的一次研讨会上明白了，紧张之前的征兆是什么。就我来说，我的手指会首先变得紧张，一旦我清醒地意识到了这一点，就会自动进入一种放松状态。现在对我来说这已经非常自然，以至于我甚至注意不到。

**根据你的个人资源状况，你需要在着手交易之前学习什么，完成什么或解决什么？你会怎样去做？**

我认为我的资源过去是，现在也是非常雄厚的。我能够交易得很好。

我希望对于那些有很多问题要解决的人来说，这种资源列举对你会有所启迪。在着手开发一个交易系统之前，你确实需要先仔细想想所有这些方面。为什么？因为一个好的交易系统的精髓就是找到一个最适合你的系统！

## 2. 界定你的目标

这一部分可能是交易系统开发中最重要的了。只有知道自己想去哪儿，你才能到达那里，因此，开发交易系统的大部分时间都应该用来开发你的目标。

个人投资者与资金管理者的目标应该区别对待。由于汤姆身兼两职，所以两方面的问题我都问了他，先是有关个人投资者的问题。

### (1) 个人投资者的目标

**你在交易方面的优势是什么？在交易时，你能给出一些优势的具体例子是什么？（如果你不知道，第5章会详细讨论各种概念。）**

战略思考是我们的优势，因为很多人不这么做。在耐心和公正方面我们也有优势，很多人既不耐心也不公正。计算机编程也是我们的优势之一，大多数人还不能达到我们的水平。长期自动趋势跟踪是我们这一优势的成果。

**你个人有多少资产？其中有多少你能输得起？比如，大多数基金在亏损50%时会停止交易。你呢？在一次交易中你能承受多少风险？**

我有几百万美元，输掉其中的25%不会对我构成任何威胁。我所有的钱都在交易里，而且我们每次交易只承担0.8%~1.0%的风险。如果我是在为我个人交易的话，我会冒1%~1.5%的风险。我认为2%~3%的风险就会捆住我的手脚，一部分原因是我可能同时在20个市场上进行交易。

**你每年需要赚多少钱？你需要靠那些钱生活吗？如果你赚的钱不够生活怎么办？你能赚到超过你生活所需的钱，从而使得你的交易资本有所增长吗？你能经受为支付每月的账单而从你的交易资本中定期取钱吗？**

我的收入来自 Trendstat 付给我的工资，因此我不指望我的交易收入。它只是我的第二收入。

我知道这个问题不适合你，但我还是想问一下，因为它是有关目标的标准问题之一。你很现实吗，或者说你期望像世界上最好的交易商那样进行交易吗？比方说，假如你有一个非常好的系统，它有一半时间是对的，并且给你带来的盈利是亏损的两倍。在这一系统下，你也可能轻易地连亏 10 次。你的系统仍然按照预期的那样工作，可是你可能很轻易地连亏了 10 次，你能忍受这样的系统吗？

我想我对回报和风险是非常现实的。我也知道什么是连亏 10 次，我以前也曾经历过，因此我知道这是意料之中的事。

你有没有时间进行短期交易？

我每天有 6 个小时的时间花在交易上，其余的时间我用在特定的事情和个人事务上。我不打算进行短期交易，因此这对我不是一个问题。

你需要多少社会交往？

不需要很多，但我确实很喜欢。

你可以日复一日地一个人工作吗？你需要有一两个人在身边，或者需要一大堆人在身边吗？那些人对你的影响有多大？

我在 Trendstat 有全体的职员，但我并不需要他们非得在我身边。我可以轻松地独自工作，就交易模式早期开发方面而言，他们对我没有任何影响。

总的说来，你每年期望赚到交易资本的百分之多少？

大约 20%~40%。

为了达到这个目标，你愿意承受什么样的风险水平？

大约一半的潜在收入，因此一年中最多亏损大约 20%。

你愿意忍受的从最高点到最低点的最大跌幅是多少？

25% 左右。

你是怎样知道自己的计划是有效的，怎样知道它什么时候是无效的？在各种市场上，你对系统的期望是什么？是有趋势型的，巩固型的，还是高度可变型的？

我对任何事情都做计划。我先设定最坏的情形，然后把它当做练习来演练一遍。我对每一情形最好和最坏的情况都做了明确界定，因此，当有情况出现时，我通常已经为之做好了计划，对其结果有一个期望范围。如果结果在这一范围，那么我知道一切都在按计划运行；如果结果是在这一范围之外，那么就需要做些调整。我就会介入系统，研究问题出在哪儿。

一般来说，我期望的最高回报率是 40%，最低是 10%，平均是 15%~25%；

我预计的最坏的损失是25%。

我记得有一年回报率超过了40%。我很高兴,因为这超出了我的期望极限,但它也告诉我风险太大了,这意味着我在亏损的方向上也有可能超出期望范围。因此,我就介入系统减少风险,以使最坏的亏损情形不会发生。

(2) 交易顾问的目标

现在我想知道你作为一个交易经理的目标。你想要什么样的客户?散户、几个好朋友、几个把钱投到你们这儿的联合经营人还是非常老练的交易员?

我们想要的是有合理目标的客户。我们的目标是保持在规模上居世界前100位公司的位置,因此我们会接受那些能让我们实现这个目标的各类客户。我们既有散户,也有机构客户。他们在有些方面有所不同,在其他方面又是相同的,但两种客户对我们来说都不错。

你的客户怎么样?他们的目标是什么?你们为他们提供什么样的服务?比如,他们把钱投到你们这儿,是否是在努力实现某种特别的分散化?

客户当然是在寻求分散化,我们以四种不同的项目来满足其分散化的需求,这些项目努力为他们实现10%~20%的回报和较低的亏损。我们现在正在寻找一种有20%的回报率但只有10%的亏损率的项目。客户知道这一计划,这也正是他们要实现的目标。

既然你是在用客户的钱进行交易,那么他们能够承受多大的风险?他们什么时候有可能会撤资?

他们希望风险在5%~10%的范围内。任何超过15%或者持续一年的亏损都是致命的,那样,很多客户都会炒我们的鱿鱼。

那么,赚多少钱会令他们兴奋不已呢?

超过25%的收益肯定会引人注目,但我们不希望太高,否则客户就会以为可以一步登天,他们会指望这种情形继续下去。

你们都收取什么费用?换句话说,每个季度或每个月你们从客户的账户中一共扣掉多少钱?为了能让付出这些费用的客户满意,你们必须实现怎样的回报?

我们收取2%的管理费和20%的激励费。只要在扣除这些费用之后能实现15%~20%的回报,或者损失不会令他们过于难受,他们就乐于付出这些费用。

你们的交易能力有多大?你们期望如何去实现这一能力?在实现之后你们期望做什么?它将如何改变你们的交易?

我们的交易能力在10亿~20亿美元左右。我们希望通过对银行、大公共基金经营人和具有高净值的个人的营销来实现这一目标，在达到交易能力之后，就不会再接受新的资金注入。随着我们的成长，交易需要在少数几个交易市场上持续地加以巩固。

**在与客户关系方面可能发生的最坏情形是什么？你们如何防备这种最坏情形的发生？**

对客户来说，可能发生的最坏的事情就是让他大吃一惊。我们通过培养客户来确保不会发生类似事件。为此，我甚至还写过一本书，即《防恐慌投资》(Panic Proof Investing)。

**你如何处理大量新的资金注入或者大规模的撤资？**

大量新的资金注入已在我们的程序中给予考虑了，对大规模的撤资，我们开发的软件可以轻松地加以处理。

正如你所看到的，汤姆·巴索对其交易程序的每一个细节都进行了精心筹划，这就是为什么此类练习如此重要的原因，它会让你考虑一些如果不做此类练习你就根本不可能想到的问题。

## 3. 交易观念

最后一部分具体分析你想怎样进行交易，这和有关市场、入市、撤市以及资金管理的观念有关，也就是交易计划的具体细节。

**汤姆，你想在什么样的市场上交易？进行专业化操作合适吗？你是只想在流动市场上交易呢，还是愿意在一些固定市场上交易？**

我不是一个专业化的交易商，而是一个多面手。我在20个期货市场、15个外汇市场和30个共同基金市场上都有交易。所有这些市场流动性都很强，因为我只专注于流动市场。如果我不专注于这些流动市场，交易能力就会非常有限，就不会是我们现在瞄准的几十亿美元。

**你对入市有什么信念？你认为入市有多重要？**

入市可能是我的交易系统中最不重要的部分。在市场有趋势变化时，我就想入市。也就是在趋势有所变化的那短短一瞬间，回报—风险比率在之后的交易中会是最好的。

**在回报与亏损方面给定目标之后，你想要什么样的初始风险停价信号？如果现在收盘，你是否能够及时返回市场从而不会错过任何一次移动？**

> 在我看来，停止交易应该是对我最初之所以想进入市场交易的违背。不过，我总会有办法返回市场的。
>
> 我停止交易的决定完全根据市场的表现，看市场怎样变化。它只是间接地与风险有关——风险太大以至不能持有头寸。我把风险控制当做确定头寸规模的一部分，我想你一会儿就会问到这个问题。
>
> **你如何计划实现盈利？是反转止损、跟踪止损、技术止损还是设定价格目标？与流行的观念相反，你的重点应该是放在止损和市场退出方面。**
>
> 我并不限制自己在一笔交易中可以获利的界限，我的交易哲学是让盈利滚动起来。如果我能找到一笔交易一直朝着我设想的方向前进，以至于我根本不需要退出，那就太棒了！
>
> **你在确定头寸规模方面如何把握？**
>
> 我设置了一组工具，用来在设定的风险和相当于资本的一定百分比的波动限度内进行交易。我对起始风险和波动幅度进行监控，以确保它们被控制在设定的限度内。另外，我将当前的风险和波动幅度保持在资本的一个固定百分比水平上。因此，我始终能够了解资产组合在一夜之间可能发生多大的波动，它不会大到令我无法安然入睡。

现在也许你能够理解，为什么设定目标对开发一个交易系统来说是那么重要。如果你真的理解了，那么这一章的目的就达到了，本章下面的内容就是给你机会来回答以上相同的问题。

你花几分钟时间很容易回答这些问题，有些人甚至不用回答，但关键在于花点时间认真考虑一下这些题目所提出来的观点。这就是为什么这一部分应该占交易准备任务50%的原因。

## 3.3 设定你自己的目标

### 1. 自我评估

> 你每天必须在交易上花多少时间？（这很重要，因为有多少时间可以利用几乎决定了你必须开发什么样的交易系统。那些有全职工作，只是每晚看一下市场的人，显然必须找到一个相当长期的系统来使用。）
>
> 在你交易时，你能料到会有多少分心的事情？

你预计要多少时间来开发你的交易系统，处理个人心理工作以及制订进行交易的业务计划？

你的电脑技能怎么样？在你开始从事交易事业之前需要什么样的技能？

你对统计学了解多少？

你对自己的市场知识如何评价？（这里的市场知识应该包括交易机制，是什么在推动市场，如何低成本有效地执行订单以及你可能需要哪些交易指标等方面的知识。）

你的心理优势和弱势是什么？尤其是在交易系统开发方面。

你在自我约束方面的优势和弱势是什么？

你会不会很容易冲动（就是说被交易的兴奋情绪所左右），你是否有个人方面的冲突（就是说在你的家庭生活、工作或过去的交易经历中，是否遇到过冲突），你是否经常会突然出现情绪上的问题，比如恐惧或气愤？

根据你的个人资源状况，你需要在着手交易之前学习什么，完成什么或解决什么？你会怎样去做？

在着手开发一个交易系统之前，你真的需要先仔细想想所有这些方面。记住，一个好的交易系统的精髓就是找到一个最适合你的系统！

## 2. 界定你的目标

这一部分可能是交易系统开发中最重要的了。只有知道自己想去哪儿，你才能到达那里，因此，开发交易系统的大部分时间应该是用来开发目标。

### （1）个人投资者的目标

你在交易方面的优势是什么？在交易时，你能给出一些优势的具体例子是什么？（如果你不知道，第5章会详细讨论各种的概念。想想所提出的问题并回答。）

你个人有多少资产？其中有多少你能输得起？比如，大多数基金在亏损50%时会停止交易。你呢？在一次交易中你能承受多少风险？

你每年需要赚多少钱？你需要靠那些钱生活吗？

如果你赚的钱不够生活怎么办？你能赚到超过你生活所需的钱，从而使得你的交易资本有所增长吗？你能经受为支付每月的账单而从交易资本中定期取钱吗？

你很现实吗，或者说你期望像世界上最好的交易商那样进行交易吗？比方说，假如你有一个非常好的系统，它有一半时间是对的，并且给你带来的盈利是亏损的两倍。在这一系统下，你也可能轻易地连亏10次。你的系统仍然按照预期的那样工作，可是你可能很轻易地连亏了10次，你能忍受这样的系统吗？

你有没有时间进行短期交易？

你需要多少社会交往？

你可以日复一日地一个人工作吗？你需要有一两个人在身边，或者需要一大堆人在身边吗？那些人对你的影响有多大？

总的说来，你每年期望赚到交易资本的百分之多少？

为了达到这个目标，你愿意承受什么样的风险水平？

你愿意忍受的从最高点到最低点的最大跌幅是多少？

你是怎样知道自己的计划是有效的，怎样知道它什么时候是无效的？在各种市场上，你对系统的期望是什么？是有趋势型的，巩固型的，还是高度可变型的？

### (2) 交易顾问的目标

下面是那些想成为交易经理的目标问题。

你想要什么样的客户？散户、几个好朋友、几个把钱投到你们这儿的联合经营人，非常老练的交易员还是机构客户？

你的客户怎么样？他们的目标是什么？你为他们提供什么样的服务？比如，他们把钱投到你这儿，是否是在努力实现某种特别的分散化？

既然你是在用客户的钱进行交易，那么他们能够承受多大的风险？他们什么时候有可能会撤资？

那么，赚多少钱会令他们兴奋不已呢？

你都收取什么费用？换句话说，每个季度或每个月你从客户的账户中一共扣掉多少钱？为了能让付出这些费用的客户满意，你必须实现怎样的回报？

你的交易能力有多大？你期望如何去实现这一能力？在实现之后你期望做什么？它将如何改变你的交易？

在与客户关系方面可能发生的最坏情形是什么？你会如何防备这种最坏情形的发生？你会如何处理客户的问题或问题客户？

你如何处理大量新的资金注入或者大规模的撤资？

## 3. 交易观念

最后一部分具体分析你想怎样进行交易。这和有关市场、入市、撤市以及资金管理的观念有关，也就是交易计划的具体细节。

> 你想在什么样的市场上交易？专业化合适吗？你是只想在流动市场上交易呢，还是愿意在一些固定市场上交易？
>
> 在入市前你需要准备什么条件吗？如果需要，你需要什么条件？（汤姆没有回答这个问题，但这个问题对你是有用的。）
>
> 你对入市有什么信念？你认为入市有多重要？
>
> 在回报与亏损方面给定目标之后，你想要什么样的初始风险停价信号？如果现在收盘，你是否能够及时返回市场从而不会错过任何一次移动？（换句话说，就是讨论一下你打算设定什么样的止损方式。）
>
> 你如何计划实现盈利？是反转止损、跟踪止损、技术止损还是设定价格目标？与流行的观念相反，你的重点应该放在止损和市场退出方面。
>
> 你在确定头寸规模方面如何把握？（给出你对这个问题可能会有的任何具体想法。）

这些都是需要你认真考虑的最重要的问题。

# 第二部分
Part 2

# 把你的系统概念化

第二部分的目的是帮你把系统概念化，然后打好构建系统的基础性工作。第二部分由四章构成。第 4 章介绍开发一个适合你的系统所必需的关键步骤。它展示的是多年来对世界上最优秀的交易商和投资者进行研究以确定其如何从事调研的成果。

第 5 章简单介绍了在交易系统中有可能会用到的各种概念。我邀请了知识渊博的专家帮我写这一章，同时我也加了一部分自己的内容。通读各种不同的概念，确定哪一种对你最有吸引力。你甚至可以采用它们中的几种。

第 6 章介绍我对大环境的理解。我相信无论开发什么样的系统，都必须把大环境考虑进去，系统也一定要适应大环境的变化。比如，1998 年你可能已有一种趋势跟踪型的系统，只买进高科技股票，你以为自己就会变得非常富有和成功，然而，如果这真是你的系统，那么到 2000 年你的一切都会彻底改变。

第 7 章介绍期望收益的概念。期望收益指的是通过交易系统，每承担一美元的风险能带来的盈利。几乎没有几位交易商或投资者能真正理解期望收益，然而它却是全书最重要的问题之一。

第 4 章
Chapter 4

# 系统开发的步骤

> 肯定会有一张数据图或一种数据模型向我们展示可以达到的目标以及通往目标的最佳路线。
>
> ——大卫·福斯特（David Foster）博士

如果有几个人能把某件事情做得很好，那么这种技能就可以被模仿或者模拟，并传授给其他人，相信这一点非常有用。这就是神经语言程序（NLP），或叫做模拟科学研究。为了开发一个好的模型，需要找到能完成你要模拟的事情的几个人，然后去采访这些人，以找出他们行为的共性，这些都是进行模拟的关键工作。[○] 找出他们行为的共性非常重要，如果没有找到共性，则只会发现其各自的特性，而特性通常都不那么重要。

在过去的 25 年里，我以教练的身份，与成百上千位杰出的交易商和投资者一起工作。期间，我有机会向这些专家学习怎样从事交易研究，步骤非常清楚也很容易做到。本章是我通过这些接触所开发的模型的提要，另外，自本书第 1 次出版以来我还对模型进行了改进。

---

[○] 优秀的模型有许多工作要做，而不仅仅是找出最关键的任务。你需要找到每一任务的组成要素，还需要有能力把模型用于别的人身上。我们已经能够用系统开发模型完成这些工作，然而，模型开发这个问题本身就是一本书的内容。

## 4.1 列出清单

第一个关键步骤是进行一下盘点，列出自己的优势和劣势。为了获得成功，必须开发出一个适合你的系统。要做到这点，就必须对自己做一次认真的盘点——清点你的技能、性情、时间、资源、优势以及劣势。如果没有这样的盘点，你就不太可能开发出一个适合自己的系统来。

你需要考虑的问题有：

- 你是否有过硬的计算机技能？如果没有，你是否有资源去雇用有这些技能或者能够帮你成为计算机专家的人？
- 你有多少资本？其中有多少是风险资本？你必须要有足够的资金供你开发的系统进行交易和投资。缺少充裕的资金是很多交易商和投资者所面临的主要问题，如果没有充裕的资金，就不能适当地确定头寸规模，这是大多数人忽视的一个成功系统的基本要素。
- 你对亏损的承受能力如何？
- 你的数学功底如何？你对统计学和概率的理解水平如何？

还有很多重要的问题应该仔细考虑。比如，你要想一想有没有时间限制，如果你有一份全职工作，可以考虑使用一个长期的系统，这种系统只需要每晚花半个小时看一下收盘数据就行，而止损指令会在第二天送到你的经纪人手中。使用这样一种系统交易不需要占用太多时间，因此如果你没有很多时间，使用这种系统就比较合适。事实上，很多整天扑在市场上的专业人员也仍然依赖只需使用收盘数据的长期系统。

看另外一个应该考虑的问题。你进入市场用的是自己的钱还是别人的钱？如果是为别人交易，就必须克服其心理状态对你的交易的影响，这种影响可能会是相当大的。比如，你在整天面对一些发牢骚的客户的情况下，你的交易会是什么样子？

假设你是一个资金管理者，在两个月的亏损之后，客户撤走了资金。之后你有了三个月的盈利，这个客户又决定把钱投到你这儿；在你又亏损了两个月之后，她再次撤资；她决定一直等到你在市场上变得真正很热门的时候再来，接着在你五个月的盈利之后，她又把钱放了进来，之后你又有了两个月的亏损。最终的结果是这个客户连续不断地亏损，而你作为资金管理者却赚了一大笔钱，但她所经历的损失同样会对你以及你的交易产生影响，尤其是当她抱怨时。

我建议你对自己的个人心理进行一次彻底的清点。你需要花大量的时间思考一下在第 3 章"自我评价"部分提出的有关经营客户资金的问题并想想自己的答案。你是很快给出答案，还是对你相信的和感觉到的做一次精确的评估？另外，你是否会在将答案写在纸上之前，对每一个回答都进行深入的思考？把你的答案与汤姆·巴索的答案对比一下，你就可以将自己与一个顶级资金管理专家进行对比了。

除第 3 章的问题之外，作为自我评价的一部分，请你问自己一个非常重要的问题：我是谁？对这个问题的回答是所有其他问题的基础，因此你要认真思考一下。

我曾在一个大的交易公司工作，2006 年年初，公司总裁取消了他与我每月一次的交流。他说他正在改变所做的工作，需要整理一些重要的事情。看完他的电子邮件，我一下子就明白他是在重申这一问题：我是谁。具体到他的情况，他曾是公司的 CEO，交易集团的一把手以及集团最优秀的交易员之一。他思考的结果最终导致他解散了集团，以便集中更多的精力在他自己的交易上，因为他的自我评价帮助他做出决定，即第二的角色不适合他。

为了正确地回答"我是谁"这个问题，我强烈建议你写下对自己的所有看法，坐下来，拿出几张纸，着手写出关于你自己的所有评价。你是谁？你相信什么？当你写出大约 100 个看法时，你就会有一个很好的想法。

下面是我的一位客户写下的几点认识：

- 我是一个职业交易员，每天有几个小时确保我成为我能做到的最好的交易员；
- 在以后的 12 个月里，我完全可以承诺成为全职的交易员；
- 我对自己的账户做短期交易，对退休金账户做非常长期的交易；
- 我相信在短期交易账户上，能实现 50% 甚至更多的盈利，而对退休金账户，我只想努力胜过市场。

这些只是他自己写下的几点认识，但是希望你能举一反三。现在该写你对自己的认识了。

## 4.2 培养开放的观念，收集市场信息

开发一个适合你的盈利系统是我们举办为期 3 天的研讨会的目的之一，并且我们还有前一次研讨会有关这一专题的系列录音资料。大多数人从这次研讨会或是录音资料中学到了很多东西，但是只有首先处理好自己的一些心理问题，才能学到足够多的东西。比如，有些人好像对我们努力传授的东西充耳不闻，他们对想要的东西有自己的想法，不仅不接纳可以改善其方法的一般模型，还对应如何改变的具体建议持排斥态度。有趣的是，那些对我们所提出的方法最为排斥的人通常是最需要

这些方法的人。

因此,系统开发模型第二步的第一部分就是培养一种完全开放的观念。下面是有关如何培养开放观念的一些建议。

你要理解别人教给你的几乎所有的东西都是由一些观点形成的,包括你在这本书中读到的每一句话。地球是平的是一种观点,地球是圆的同样是一种观点。你可能会说:不,第二句话陈述的是一个事实。可能是事实,但它也是一种观点,每一个词都有很多重要的意义。例如,圆是什么意思或者地球是什么意思?

任何看上去是事实的东西仍然是相对的,它依赖于所处情形的语义,也依赖于你对所处情形所做的一些假定和看法,所有这些也都是观点。如果你把事实看做自己归纳的一些有用的观点,你的思维就会少些僵化,而变得更加灵活与开放。

记住下面的话:你不是在市场中交易或投资,而是根据你对市场的看法进行交易或投资。

我们所知道的事实仅仅是由一些观点构成的,一旦你改变了观点,事实也将改变。当然,我刚才说的这句话也是一种观点。然而,如果你接受这一观点的话,你就会承认自己其实并不知道到底什么是真的。事实上,你只有有关你赖以生存的这个世界的模型而已,因此,你就可以从效用方面来评价每一条新的观点。如果有些事情与你的知识或信仰相冲突,你可以想一想:这是否有可能是一个更有用的观点呢?你会惊讶于突然间对新观点和新东西变得这么开放。我最喜欢爱因斯坦的一句话:"事物的本质我们永远不会知道,永远不会。"

因此,拥有一个开放的观念的必要条件之一就是你要确定自己对市场的观点。如果你不够开放,它们看起来就不像是"观点",而只像是"是什么"。用你的错觉进行交易,这正是每个人都在做的事,在你没有意识到的时候特别危险。你可能正在彻底地被自己的观点所欺骗。

查尔斯·勒博(Charles LeBeau)是一个有40年交易经验的老手。他说在他刚开始为计算机设计交易系统时,对市场有成百上千条观点,而其中大多数在精准的计算机测试中都站不住脚。

如果你的观念是开放的,就可以开始阅读一些有关市场的书。我极力向大家推荐杰克·施瓦格写的几乎每一本书,可以从《市场奇才》(Market Wizards)和《股市奇才:美国股市精英访谈实录》两本书开始,它们是现有的有关交易和投资的最好的书中的两本。他的另外两本书《基本面分析》(Fundamental Analysis)和《技术分析》(Technical Analysis)也很棒。

由查尔斯·勒博和大卫·卢卡斯合写的《期货市场的计算机分析》(Computer

*Analysis of the Futures Market*）是现有的有关交易系统开发过程最好的书之一。我从这本书以及与查克举办的定期研讨班中学到了很多东西。我还想推荐一下佩里·考夫曼的《精明交易者》（*Smarter Trading*），辛西娅·凯思的《利用概率做交易》（*Trading with the Odds*）以及威廉·欧奈尔的《笑傲股市》（*How to Make Money in Stocks*）。此外，图莎尔·钱德的《超越技术分析》（*Beyond Technical Analysis*）[⊖]也非常好，因为它可以引领读者思考这些书没有涉及的概念。

以上推荐的读物可以提供给你发展有关市场的有用的观点所需的背景知识，这些背景知识对你要进入的游戏会有所帮助，它们可以回答许多可能正在困扰你的有关交易的紧迫问题。

读完这些书之后，写下你对市场的看法。本书的每一句话都代表了我一条或更多的看法。你可能想找到那些你所认同的与市场有关的观点，这为你找到有关市场的观点提供了良好的开端，它将为你进行市场探索和系统开发所必须完成的任务做好准备。你将完成的对市场的研究以及你的研究将会产生的一系列观点（你应该至少写出其中100条）很可能会成为适合你的交易系统的基础。最起码，这一系列观点会成为很好的起点。阅读本书所描述的每一交易系统的每一部分，一定要对每一部分都列出你的观点。

阅读本书时，记下赞同的和不赞同的。没有对和错，只是一些你对它们持有的观点、认识的意义和你所花费的精力。做这种练习可以告诉你很多关于观点的东西，例如，我把这本书的书稿给了10位交易员，让他们给出评价，我收到的反馈反映了他们各自的观点。下面是其中一些例子：

- 我认为头寸规模确定是你的系统的一部分，而不是一个独立的系统。
- 指标不是数据图的歪曲，而是其衍生物。
- 期望收益部分有很多瑕疵，这是由于像曲线拟合、数据挖掘等判断捷径和长期数据存在的问题造成的。
- 我认为灾害性事件除了有可能增加或减少市场的流动性和/或市场价值外，本身是不可预测的，因此，设计适应市场流动性变化的系统才是关键。
- 一笔坏的交易并非输了的交易，而是没有满足我的入市标准而我又做了的交易。
- 我认为可靠度（赢的比率）和你的入市没有关系，恰恰相反，它和你的市场退出有关。

---

[⊖] 钱德的书很好，但是我并不赞同他所有的结论，尤其是在他开始测试资产组合并得出有关头寸确定的结论时。

- 如果你说我们正处于一个长期的熊市，就会给读者造成心理倾向，你没有一个水晶球（意思是你没有一个预言未来的方法）。
- 你说市场在85%的时间里做横向移动，我认为这一估计有点偏高——或许在50%~75%的时间里是这样。

持有以上观点的每一个人都希望我对本书做些修改以反映他们的观点，然而，我还是选择保留自己的观点，但要提醒你，你的观点可能会和我的相冲突。你一定要确保你的观点对你是有用的，真正重要的是你要认识到自己的观点，因为你只能利用一个适合你的观点的系统进行交易。

## 4.3 确定任务和目标

除非你完全明白自己想在市场上实现什么目标，否则就无法开发出一个能让你在市场上赚到钱的成功的系统。认真思考你的目标，并清晰地整理出来，是你开发一个系统的首要任务。事实上，它在你的系统设计中应该占20%~50%的时间。不幸的是，大多数人完全忽视了这一工作，或者只花几分钟时间。你是否给予目标足够的重视？可以回忆一下你在做第3章的练习时花了多少时间。

请认真阅读和思考第3章，它包括了要求你回答得非常详细的问题。如果你只花了15~30分钟来回答我问汤姆·巴索的同样的问题，这是不够的。确立目标是很多人想回避的任务之一，但是如果你想开发一个非常好的交易或投资系统，那么就必须对此给予足够的重视。保持开放的观念非常重要，为你的目标做充分的工作是观念开放的一部分。

## 4.4 确定交易观念

根据我作为一个交易教练的经验，只是某些观念有用。你下一步就是要熟悉各种有用的观念，并决定你希望专注于哪一个。我用了整整一章来解释这些观念，现在我再简要地概括一下。

### 1. 趋势跟踪

这一观念认为市场在某一时期往往是有趋势的（也就是说在相当长的一段时间里，市场是上涨或下跌的）。如果趋势一开始，你就能发觉，并且捕捉到了很大幅度的市场移动，那么作为交易商你就会赚到很多钱。然而，作为一个趋势跟踪者，必须买涨卖跌，而且如果市场已经上涨了一段时间，你想按照这一特定的观念进行交易，就必须依然能够买进。所有的趋势跟踪者都必须问自己以下问题：

- 我将如何发现趋势？我将如何知道市场是有趋势的？
- 我将在上涨的趋势和下跌的趋势中交易吗？
- 当市场做横向移动时（根据很多估计，85%的时间里会做横向移动），那我该怎么办？
- 我的入市标准是什么？
- 我将如何进行纠正？
- 我将如何知道趋势在什么时候结束？

图4-1给出了一个完美的趋势的例子。你可以看到，如果能足够早地发现这一趋势，你就会有一个挣到一大笔钱的绝好的机会。在第5章，汤姆·巴索精彩地分析了趋势跟踪这一观念。

图4-1　一只呈明显上升趋势的股票

## 2. 波段交易

人们可以成功交易的第二个观念是波段交易。这一观念认为交易市场大致在一定范围内波动，市场在有限的时段内是上升的，然后达到范围的最高点，接着就是在有限的时段内呈下降趋势，直到达到该范围的最低点。图4-2给出了一个你可以用来进行交易的在一定范围波动的市场的例子。

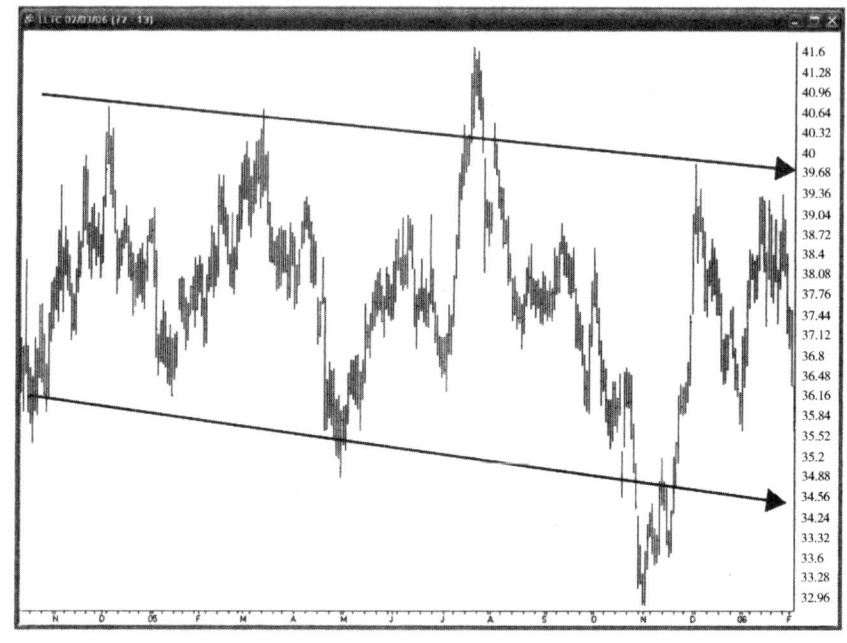

图4-2 在一定范围内波动的市场

注意就这里所选的特定的股票，即 Linear 技术公司的股票，只要在价格触到并由此进入上升段时卖出股票，你就干得很漂亮；同样只要在价格触到并由此进入下降段时买进，你同样干得很漂亮。不过，总是存在同样的问题，你如何确定这些波段？我只是在事后把它们给画出来，但也有数学方法可以将其做得更为客观。你如何结清一个头寸，尤其是价格总是不会进入相反的波段时？如果你正在使用的波段范围失效，你该怎么办？

如果能觉察这样一个在一定范围内波动的市场，那么你的目标将是在价格到达该范围最高点时卖出，在最低点时买进。如果你喜欢这一特定的交易观念，那么你必须问自己的主要问题如下：

- 我如何发现在一定范围内波动的市场并在这样的市场上买进？
- 波段在一个有趋势的市场上也会有效吗？
- 我如何界定这个范围？比如，我应该用固定的或者是静止的波段？
- 我的入市标准是什么？
- 波段如果失效，我该怎么办？我如何退出市场？
- 我要在波段的另一端退出市场吗，是在什么标准下？

D. R. 巴顿在第 5 章对波段交易进行了精彩的分析。

## 3. 价值交易

价值交易集中在价值的某种确定上。采用这种观念，买进的是那些价值被低估的股票或商品，卖出的是那些价值被高估的股票或商品。在采用这种方法时，你要问自己以下一些关键问题：

- 我如何确定价值？
- 股票或商品的价值何时被低估了？
- 我判析买进价值被低估的股票或商品的标准是什么？
- 我判析卖出价值被高估的股票或商品的标准是什么？

很多基本面分析者和资产组合经理也都使用某种形式的价值交易。

## 4. 套利

套利（Arbitrage）是指在某地以低价买进某一商品而在另一地高价卖出。这种价格差异的出现通常是由于法律或市场运作方式出现了某些暂时的漏洞。比如，我有一位客户最近发现他可以花 300 万美元买到芝加哥交易所（CBOT）的一个席位，然后把这个席位拆卖到 380 万美元，这笔交易就有 27% 的潜在收益，是稳操胜券来钱快的买卖，但来钱快的买卖通常都很容易完蛋。在这个例子中，你要买 CBOT 的席位，就得买 CBOT 的股票，而且要求你持有这一股票 6 个月才能卖出。如果你买的股票，在要求持有的 6 个月期间跌了 27%，那么你所有的利润都会被抵消殆尽。所以，像大多数套利交易一样，这一套利也有风险。

如果套利是适合你的方法，你也必须问问自己以下关键问题：

- 我需要在什么市场范围内寻找和发现漏洞？
- 准确的漏洞是什么，我如何最好地利用漏洞？
- 风险是什么？
- 漏洞会持续多长时间，我如何知道它已经消失？

很多场内经纪人，尤其是从事期权交易的经纪人，都在利用各种形式的套利。另外，那些自 2000 年幸存下来的屈指可数的几个日交易商都是因为发现了有利的套利机会才得以幸存下来的。已故的雷·凯利在第 5 章对套利进行了精彩的分析。

## 5. 价差交易

做市商和期权交易商所使用的另一种交易技巧就是价差交易（Spread）。价差交易与套利是相关的，因为它们通常都要求买进一种商品而卖出另一种商品，要求买卖顺序是对的。比如，很多外汇交易就是一种价差交易，因为你在一种货币中成为多头（也就是说，你拥有这种货币并从其汇率上涨中获利）；而在另一种货币中你成为空头（就是说你从这种货币的汇率下跌中获利）。

作为价差交易商，必须问自己如下关键问题：

- 我认为什么商品的价格会移动？
- 对这种移动，我应该卖出什么以防范我面临的风险？
- 我的利润封顶吗（就像有些期权交易那样）？
- 如果我判断错误，我将如何发现？
- 如果判断准确，我又如何知道移动已经结束？

第一位加入我的顶级交易人项目的凯文·托马斯写了第 5 章价差交易这一部分。

第 5 章所讲到的你可以从中进行选择的其他交易观念还有季节性概念（在一个最适合市场变化的某些特定的时间段进行交易）和认为万物都存在着某种神秘的秩序的观点。除了以上所说的这些观念以外，我不知道是否还有其他的交易观念，但是这些观念已经很多了，你可以从中选择一两种。

## 4.5 确定大环境

我自 1982 年以来就从事交易商的教练工作，在此期间，目睹了很多市场周期。在我刚开始做教练时，很多客户都是期货交易商和期权交易商。这很有意思，因为我正是在股票市场呈严重的长期熊市之初开始教练工作的。

20 世纪 80 年代，我的很多客户继续做期货交易，尽管期货交易有一种被大的 CTA 主宰的趋势。到 80 年代末，期货市场趋于萎缩（因为通货膨胀已结束），慢慢地，所有这些交易商都转向了外汇交易。

到 20 世纪 90 年代，我的客户中开始有了很多股票交易商。到 2000 年 3 月达到顶峰，那时有 70 多个人参加了我的股票市场研讨班。当时，在举办这些研讨班的旅馆，一个酒店伙计说："也许我们应该参加撒普博士的股票市场研讨班。"但是，另外一个伙计却这样回答："不会吧，我都能去教这样的研讨班。"

类似的事情通常发生在市场出现极端情形时，你知道 2000 年发生了什么事情。现在，到 2006 年，我又发现大约一半的客户是期货交易商，可见我的客户明显地进行周期性的转移，他们被吸引到热门市场上——不过也许转向的时机不对。因此，我现在认为把对大环境的评估作为系统开发的一部分是至关重要的。适合大环境的几个互不相关的系统有可能构成一个非常不错的交易计划,另外,如果大环境有所改变,应该多开发几个系统来使用。

我相信这一步是至关重要的,因此在这本书中,我特意加了整整一章的内容来帮助你评估大环境。另外,我对大环境的分析放在了我的免费电子邮件通讯——《撒普思想》(Tharp's Thoughts)中并每月进行更新。

 ## 4.6 确定交易的时间架构

第六个任务是决定你想在市场上的活跃程度。你交易的时间架构是怎样的?你是否想进行非常长期的观望,也许一个季度只改变一次资产组合?你是否想成为一个持有头寸一年或更长时间的股票商?你是否想成为持有头寸1~6个月的长期期货商?你是否想成为一个每天都有可能做几笔交易,每次持有头寸都不会超过几天的摆动交易商?还是想选择最后一种——成为一个日交易商,每天做3~10笔交易,在每天收盘前结清所有的交易,不承受隔夜风险?

表4-1列出了长期交易的优点和缺点。长期交易和投资是很简单的,每天只需花一点时间,也只需承受很小的心理压力——尤其是你想利用空闲时间来做或者作为一个业余爱好时。如果能适当地调整头寸,使用一个相当简单的系统,你也可以赚到很多钱。

表4-1 长期交易的优点和缺点

| 优 点 | 缺 点 |
| --- | --- |
| 不需要整天盯着市场,可以利用止损和期权来保护自己 | 每天可能遭到一天内市场变动的双重打击 |
| 在这类系统中市场的心理压力是最小的 | 在一个头寸上会面对很大的资产波动 |
| 交易成本低 | 必须有耐心 |
| 只需进行一两次交易就可以全年有利可图 | 可靠度(盈利的交易次数)一般小于50% |
| 每一风险美元的期望收益可以在一美元以上(见第7章) | 交易往往不频繁,因此必须在很多市场中交易以转化股本 |
| 可以使用一种简单的方法赚到很多钱 | 如果想在大的流动期货市场上交易,就必须投入大量的资金 |
| 从理论上说,每笔交易或投资都有无限的利润空间 | 错失一次好的交易机会就可能把盈利的一年变成亏损的一年 |
| 数据和设施的成本是最小的 | |

我认为长期交易或者投资的主要优点是,市场中的每一个头寸都给你带来无限的利润空间(至少从理论上说是这样的)。在研究了很多通过投资致富的那些人后,你会发现在很多情况下,财富都是因为人们买了很多股票并且一直持有而逐渐积累

起来的，○其中一只股票最后变成了一座金矿：它在10～20年时间内，把几千块钱的投资变成了上百万。

长期交易或投资的主要缺点是你必须要有耐心。例如，你不可能有很多机会，因此必须等待它的出现。另外，一旦你进入了一个头寸，就必定会经历非常剧烈的资本变动（尽管你可以进行某些设计以使其最小化），你必须耐心地等待这些变动结束。长期交易的另一个缺点是一般需要投入较多的钱，如果没有足够的钱，那么就不能适当地调整资产组合的头寸。实际上，很多人在市场上赔钱，仅仅是因为他们没有足够的钱来实践其正在做的交易或者投资类型。

短期交易（可以是任何形式的短期交易，从日交易到1～5天的摆动交易）具有不同的优点和缺点，这些都列在了表4-2中。将其与表4-1对比一下，你就可以决定哪一种交易适合自己的个性。

表4-2 短期交易的优点和缺点

| 优 点 | 缺 点 |
| --- | --- |
| 大多数日交易商每天都可以获得很多机会 | 交易成本依然很高，而且还会上升。例如，在我收支频繁的账户，去年的交易成本占初始账户额度的20% |
| 这类交易令人兴奋并很刺激 | |
| 如果有一个方法，每一美元都能实现50美分或者更多的期望收益，那么可能永远都不会有一个月是赔钱的，甚至一周都不会 | 激动一般与赚钱无关，这是一种心理需要 |
| | 利润受时间限制，因此，也许只有可靠性超过50%，才能赚钱。当然，也有一些显著地突破这一经验法则的例外 |
| 日交易不会有隔夜风险，因此即使是在大的市场上交易，也只需要很少的，甚至不需要任何保证金 | 数据成本非常高，因为大多数短期交易商需要实况报价 |
| 短期交易一般具有大多数人都想拥有的概率很高的进入系统 | 很多概率很高的进入系统，其亏损也可能高于收益 |
| 总有别的赚钱的机会 | 短期系统会受到市场的随机干扰 |
| 交易成本已经大幅下降，交易不再是禁止性的 | 短期的心理压力很大 |

一次我遇到一位短期外汇交易商，他每天大约完成6笔交易，且没有一笔交易会持续一两天以上。最有意思的是他的收益和亏损大致相等，而他75%的交易是赚钱的。这是一种绝妙的交易方法。他自己拿出50万美元来交易，又从银行获得1 000万美元的信贷额度。在你理解了本书后面即将讨论的头寸规模确定的概念后，就会认识到这一系统和任何存在的事物一样接近圣杯。他利用这一系统和所拥有的资本

---

○ 这些人有可能买了一打低股本的股票，可能有11种是毫无价值的，而有一个却变成了新的大股。因为他们根本就没把股票当回事，结果买股票的人既没有在垃圾股变得一钱不值前甩掉它，也没有发现哪些是绩优股，直到它变得非常值钱。

每年可以轻而易举地赚到上亿美元。⊖

然而，大多数短期系统并非如此，其中大多数的可靠度都不会高于60%，其收益通常还不及亏损，甚至会带来负的期望收益。⊖有时，一笔大额亏损就有可能摧毁整个系统，从心理上打垮交易商。另外，短期交易的心理压力非常大。曾经有一个人打电话对我这样说：

> 我几乎每天都赚钱，在两年的时间里几乎从未有一个星期是赔钱的，至少到目前为止是这样的，但昨天，我把过去两年赚到的钱全给赔进去了。

在确定短期交易适合你之前，记住这一点：利润是有限的，而交易成本是非常高的。最为重要的是，短期交易产生的心理压力有可能把你击垮。尽管如此，我还是认为最大的利润百分比是由具备与交易系统和谐一致的心理并频繁进行交易的短期交易商实现的。我曾见过一些短期交易商，在其与市场及其自身非常协调一致时，能够实现每月50%甚至更高的利润（利用像50 000美元这样的小额账户）。

## 4.7 确定交易的实质以及如何客观地加以测试

你奉行的主要理念是什么？你的理念的首要内容应该告诉你这些变动发生的条件。你如何才能客观地测试这一首要内容呢？一般地，对这个问题的回答会给出系统的两个要素：你可能想用的方案条件和时机选择或入市信号。这两个问题会在本书后面给以深入的分析。

方案和时机选择信号对系统的可靠度非常重要——在这种移动发生时，你多长时间会赚到一次钱？对它们的测试应该独立于系统中的所有其他要素。

前面提到过的勒博和卢卡斯有非常好的测试这类信号的方法。他们的做法是确定在各种时段之后信号的可靠度（在百分之多少的时间，系统是盈利的）。你可以尝试一个小时、一天中的最后时刻，或者1天、2天、5天、10天和20天之后。一个随机系统平均应该有大约50%的可靠度（也就是说，一般会在45%~55%之间）。如果你的观念比随机系统要好，那么它就应该达到55%的可靠度或者更好，特别是

---

⊖ 然而，命运对拥有这样一个极好的系统的人却是残酷的。在这个例子中，这个人不能交易持仓量，也不可能从心理上解决他的问题，因为他不相信他和问题会有任何关联。实际上，到这一步他根本不可能进行交易，因为他很紧张，而且认为是他的胃在妨碍他进行交易。因此，在我看来，他并没有理解圣杯系统背后的真正含义，即在市场中找寻自我。

⊖ 我的一位客户基于显著大于亏损的收益开发了一个日交易系统，其系统的可靠度不到50%，但还是给他带来了巨额的回报。这表明仍有其他方法来构筑短期交易系统。

在1~5天的时间段内。如果达不到，就说明你的观念并不比随机系统好，无论这一观念看上去多么合理。

在进行入市检验时，如果入市可靠度是你的目标，那么唯一要注意的就是在选定的时间段后获利的频率是多少。因为没有止损，所以这不是问题。如果加入止损，系统的可靠度就会降低，因为有些可以获利的交易有可能亏本出售。在确定系统的可靠度时没有考虑交易成本（如价格差异和佣金），一旦你把交易成本加进去，可靠度也会降低。你想知道的是在这些要素加进去之前，入市可靠度是否显著高于碰运气。

有些理念在刚开始奉行时看上去是非常高超的。你可能会发现自己有100次有利的移动的例子，而且你的想法与它们都是吻合的。因此，你变得非常兴奋，然而，你还必须考虑到因为你的测试方法或步骤有缺陷而得出你希望的结果的比率。在没有好的移动时你的观念出现的频率又如何？如果错误地得出希望的结果的比率非常高，那么你就并未拥有一个很好的理念，而且可能不比碰运气好多少。

> 我认为应该尽最大努力去理解理念，对自己的优势理解得越多，你必须去做的历史性测试就越少。

在使用这类测试时应该记住的是，可靠性并不是系统唯一需要考虑的方面。如果入市理念帮你捕捉了大量的获利移动，那么它也可能是非常有价值的。

有些人可能会说我忽略了系统开发中很重要的一环：优化。然而，优化只是让你的观念与历史吻合，优化做得越多，将来系统的有效性就越差。相反，我认为应该尽最大努力去理解理念，对自己的优势理解得越多，你必须去做的历史性测试就越少。

## 4.8 确定初始风险1R

理念的另一重要内容就是要知道它什么时候失效，因此，下一步就是理解保护性止损的作用。⊖保护性止损是系统告诉你，为了保护资金，什么时候该退出交易的那一部分。它是任何系统的关键部分，是你为了保住资金而应该退出市场的那个点，因为你的理念看上去并不起作用。如何知道理念不起作用取决于理念的本质。

比如，假设你知道某一理论这样说：通往市场完全是有规律可循的。你可以确定一天中市场的转折点——有时甚至是一小时的转折点。在这种情况下，理念将告

---

⊖ 止损用在这里，是因为在市场上大多数人通过提交一个停价指令来实现这种止损。意思是一旦市场达到这个价位，把我的指令当做一个市场指令来执行。

诉你市场应该移动的时点。入市信号应该是一个价格确认，即市场确实在移动，如波动幅度突破点（见第9章）。此时，你需要有一个止损点来告诉你，你的理念没起作用。你会选择什么作为止损点呢？如果还没有实现很大的盈利，市场就突破了时间的窗口，你该怎么办？你可能就想退出来，因为你没有预测到让你入市的市场的转折点。或者你可能会把最近10天的日平均价格波动幅度（比如平均真实波幅）看做市场的干扰。如果价格以此干扰幅度（或者几倍于此的干扰幅度）向着背离你的方向移动，你可能就想退出来。

第10章会对保护性止损的例子给予深入的讨论。仔细阅读那一章，选择最适合你理念的一种（或更多种）做法。也许你的理念会产生一种第10章没有谈到的合理的止损点，如果是这样，那么就去用吧。

想一想你入市想实现的目标是什么。它是不是相当武断？你认为一个大的走势应该出现吗？如果是这样的话，那么你很有可能是想留给市场很大的空间，以便这个趋势能够发展。结果，你将会使用一个非常宽的止损。

也许你的理念很严谨。你预计很多时候会是错的，但是如果你对了，交易就不会赔钱。如果是这样，那么你可以确立一些非常接近的止损，在得到执行时不会损失很多钱。

一旦你决定了止损的本质，就可以把止损和交易费用（估计的价格差异和佣金）加到先前的步骤中，再重新计算一次。你可能会发现，在加进这些因素后，入市信号的可靠度显著下降。比如，如果初始可靠度是60%，在把止损和交易成本加到每一笔交易之后，它可能就会降到50%～55%之间了。

在这个阶段，你已经确定了你所做的每笔交易的初始风险（或$R$）是多少，这对你来说很重要，因为你现在可以把利润设定成初始风险的几倍（或$R$的倍数）。例如，大多数优秀的交易商坚持认为，除非能给他们带来至少3倍于其潜在风险的潜在收益（$3R$），否则他们绝不会做这笔交易。在本书后面，你将会明白每一个系统其实都是由它所产生的利润和损失的$R$乘数的分布来表示的。

## 4.9 增加见利抛售通道确定系统的 $R$ 乘数分布及其期望收益

系统的第三部分内容就是应该告诉你移动何时结束，因此，下一步就是要确定你怎样实现利润。第11章对市场退出进行了广泛的讨论，到时你将知道什么样的市场退出是最有效的，认真阅读第11章并确定什么样的市场退出最适合你的理念。在你退出市场之前，想一想自己的情形：你想努力实现什么？你交易的时间架构如何以及你的观念是什么。

一般来说，如果你是一个长期的交易商或者投资者，试图捕捉大的走势或获得长期基本价值的回报，那么就需要一个非常宽的止损区间。如果你不想频繁进出市场，就只能在30%～50%的头寸上赚钱，因此你期望收益是大额的——大到平均风险的20倍。如果属于这种情况，那么你的市场退出应该旨在捕捉一些大的利润。

如果你是一个频繁进出市场的日交易商或转手倒卖者，就会青睐一个相当窄的止损区间。你期望50%以上的头寸是正确的——事实上也必须如此，因为你在市场上停留的时间不够长，难以捕捉巨额的回报。事实上，你在寻找一些回报—风险比率为1的小亏损。50%～60%的时间赚钱，将损失保持在最低的水平以及仍然能捕捉几次可以带来高额利润的交易都是有可能的。

总的来说，当你考虑市场退出时，需要让系统的期望收益尽可能高。期望收益是交易系统的 R 乘数的平均数，换一种说法，就是在系统中，经过很多次交易之后，平均每笔交易每一美元可以赚到的钱。计算期望收益的精确公式以及影响它的一些因素，将在第7章中进行深入讨论。不过，模型到此为止，你的目标就是获得尽可能高的期望收益。你也在寻找尽可能多的交易机会（在有限的时间架构范围内）以实现这一较高的期望收益。

在我看来，期望收益是由市场退出控制的，因此，最好的系统要有3个或者4个不同的市场退出选择，你需要一个一个地检验所选择的退出策略。你可能需要根据自己的交易和/或投资理念合理地进行选择。不过，你需要利用（到目前为止）一切可利用的手段来测试它，从而确定它对你的期望收益有何影响。

一旦确定了期望收益，就可以逐一查看系统交易的结果。期望收益是由什么形成的？它是否主要由很多回报—风险比率为1:1或2:1的交易构成？还是你发现期望收益主要是由一两笔大额交易形成的？如果是长期交易，而期望收益中大宗交易并没有占到多大的份额，那么你可能就需要调整市场退出策略，以捕捉到一些大宗交易。⊖

## 4.10 确定 R 乘数分布的准确性

现在你已经清楚了交易系统的实质，因为你应该能够确定系统的 R 乘数分布。

---

⊖ 如果你是根据真实交易的结果（你在市场上正在做的交易）来看待期望收益的，那么如果它比较低（比如说每美元15美分或更少），这有可能是由你的心理问题造成的，比如，你没有遵循系统或由于恐慌而过早地将盈利实现。

换句话说，回顾所有历史交易的盈亏结果，看看你的系统分布是怎样的。亏损是 $1R$，还是小于 $1R$，还是大于 $1R$？利润作为初始风险的函数，看上去如何？是否偶尔会有些交易达到 $20R$，甚至达到 $30R$？有很多 $2R$ 或 $3R$ 的收益吗？得出的 $R$ 乘数分布的特点是什么？

在初次确定期望收益时，你可能受到很多偏见的影响，因此，现在需要通过进行小额的实时交易来确定 $R$ 乘数分布的准确性。如果交易 1～10 股股票或一手商品合约会怎样？你会得到什么样的 $R$ 乘数分布？它是否和你通过理论推导出来的或通过历史测试得出来的结果类似？它的期望收益是否不错？

你还需要知道交易系统在各种市场上会产生什么样的 $R$ 乘数分布。例如，市场可能上涨，可能下跌，也可能做横向移动。它们在这样移动时，有可能是在不知不觉中进行，也有可能是以剧烈的方式进行。如果把所有这些因素综合起来考虑，我们就有以下六种不同类型的市场：

- 平缓的上涨；
- 剧烈的上涨；
- 平缓的横向移动；
- 剧烈的横向移动；
- 平缓的下跌；
- 剧烈的下跌。

你应该知道在以上每一种类型的市场上，系统都会出现什么样的结果，这意味着对以上每一种类型的市场进行完整交易的结果应该至少是 $R$ 的 30 倍即 $30R$，如果得不到这样的结果，至少需要在进行交易之前，从理论上理解你的系统在以上每一种类型的市场上是如何表现的。系统在剧烈下跌的市场上有效吗？除少数期权系统以外，很多系统在平缓横向移动的市场上是不起作用的。你需要确切地进行了解。

## 4.11 评价整体系统

在有了一个系统之后，你需要对它的效果进行评价。有几种方法可以用以对系统进行评价。

通过成功率来评价系统如何之好是最幼稚的方法，因为你会认为大多数时间都能赚钱的系统将是最好的系统。然而，在第 1 章有关判断捷径部分，我就已经阐明，你的系统可能在 90% 的时间里都是对的，但是如果用它来进行足够的交易，最后还是会让你赔钱。因此，成功率并非最优的度量标准。

你可以有很多更好的方法用来确定系统的优劣:
- 系统的期望收益。难道一个平均每笔交易能带来2.3R收益的系统不比一个平均每笔交易仅能带来0.4R的系统好吗?答案是未必。
- 在一个固定的时间段结束之际,系统的预期收益是R的多少倍?如果系统1在一个月末带来20R的收益,而系统2带来30R的收益又怎样呢?答案依然是:产生30R收益的系统有时不比20R的好。因为它还取决于系统的可变性。比如,一个能平均产生30R收益的系统有可能在30%的时间里带来负的期望收益,而一个平均能带来20R收益的系统很可能从不会产生负的期望收益。

一旦确定了系统的准确性,了解了它在各种市场上的表现以及通过和其他可能的系统相比较其表现如何,你就该努力实现你的目标了。实现目标的方法是确定头寸规模。

## 4.12 利用头寸规模确定实现目标

期望收益是对系统真正潜能的粗略估计。你已开发出了一个合适的系统,接下来就需要决定你将用什么计算方法来确定头寸规模。确定头寸规模在任何系统中都是最重要的部分,因为只有通过头寸规模的确定你才能达到目标。确定头寸规模就是交易系统中帮助你实现目标的那一部分。

在每一个头寸上你的规模是多少?你能否承受只建立一个头寸(就是说一股股票或者一份期货合约)?这些问题是能否实现目标的关键——无论你是渴望三位数的回报率还是平稳的收益曲线。如果确定头寸规模的计算方法不适当,你就会破产,不管你对破产如何定义(是赔掉资金的50%,还是全搭上)。但是,如果你确定头寸规模的技巧对资金、系统和目标都进行了很好的设计的话,那么一般情况下就能达到目标。

本书第14章讨论了很多用来确定头寸规模的模型,都是你在设计系统时需要给予考虑的。在确立了自己的目标,开发了一个具有高期望收益的系统后,你就可以利用这些模型去实现目标。然而,你需要应用和测试各种不同的头寸规模确定模型,直到找到那种可以完美地与你渴望实现的目标相匹配的模型。

## 4.13 确定如何改进系统

开发系统的下一个任务是确定如何改进它。市场研究是一个持续进行的过程,市场往往会根据在其中运作的人的特点而改变。比如，眼下股票市场是由专业的共同基金经理控制的，然而，在这 7 000 多位经理当中，在市场中工作了足够长的时间且目睹了 20 世纪 70 年代长期熊市的不到 10 位。另外，期货市场是由一些专业的期货顾问控制的，他们中的大多数都使用趋势跟踪战略操纵着大量的资金，而在另一个 10~20 年之间，可能是截然不同的参与者，因此市场会呈现出另一种不同的特点。

任何一个具有不错的正的期望收益的系统，只要在给定的时间段内进行更多的交易，其效果都会有所改进。因此，可以通过加入独立的市场来改进系统的效果。事实上，一个好的系统可以在很多不同的市场中都表现良好，因此增加更多的市场仅仅是给了你更多的机会。

另外，系统的效果还可以通过增加毫无关联的其他系统来改进——每一个系统都有自己独特的头寸规模确定模型。例如，如果你有一个主要的趋势跟踪系统和一个非常短期的利用市场盘整的系统，那么把两者结合起来效果就可能非常好，在市场趋势不明朗时，短期系统可以为你赚钱。它还可以减轻在此期间趋势跟踪系统产生的任何账户价值的亏损所带来的冲击，或者从总体上看，你也许还能赚到钱。无论哪一种情况，你的收益都会更好，因为你可以以较大的资金基础进入趋势。

## 4.14 做好面对最坏情形的精神准备

想一想系统在各种不同的情形下可能的表现很重要。你期望系统在所有的市场情形下——包括剧烈变动的市场、盘整的市场、趋势很强的市场以及缺乏信心的萧条的市场——将如何表现？除非你了解在每一种可能的市场情形下，系统有可能会如何表现，否则你不会真正知道它的表现会如何。

汤姆·巴索很乐意在我们的系统研讨班中告诉学生们，他们应该这样思考其系统：

> 设想一下如果每次交易你都采取了相反的做法，那将如何？假装你恰恰是买进（而不是卖出）或假装你恰恰是卖出（而不是买进），你的感觉如何？你会怎么想？

这一练习是你可以做的最重要的练习之一。我强烈建议你认真去做。

你也需要为每一种有可能发生的大灾难做好准备。例如，如果市场出现了对你不利的 1~2 天的价格冲击（非常大的移动），你的系统将会如何表现？想一想你如何忍受意料之外的一辈子只会碰到一次的剧烈市场波动，比如道琼斯指数下降500点（其实在过去10年中已经发生过两次了）或者在海湾战争期间科威特发生的原油灾难。由于目前商品行情暴涨，目前原油价格涨到了每桶70美元，如果需求将其推至每桶150美元又会怎样？这将如何影响你和你的交易？如果又出现了剧烈的通货膨胀而把我们的债务一笔勾销了又会怎样？如果货币与黄金挂钩而被稳定下来，而你又是一个货币交易商，这会如何影响你的系统？或者如果一颗流星在大西洋中央坠落，摧毁了欧洲和美国一半的人口，又会怎样？或者发生了诸如通信被中断或计算机被盗这样很平常的事情，那又会怎样？

你必须考虑有可能发生的最坏的情形以及你将如何应对。充分考虑并确定你能想到的每一种可能给系统造成灾难的情形，在列出这些灾难之后，针对每一项灾难，设计出可以执行的几个方案来，在头脑中想象一下你的反应并进行演练。一旦你计划好了在意料之外的灾难性事件发生时应如何行动，那么你的系统就是完备的了。

第 5 章
Chapter 5

# 选择一个有效的理念

> 你对所交易的理念理解得越深,对它在各种市场条件下将如何表现了解得越多,你需要做的历史性测试就越少。
>
> ——汤姆·巴索

我估计,在市场中交易的人群中,只有不到20%的人有一个指导他们进行交易或投资的系统。而对于那些有系统指导的人来说,大多数也仅仅是在使用预先确定的指标,他们并不理解系统背后包含的理念。因此,我请了一些专家将他们交易的理念写下来,但这并非是一个你可以进行交易的各种理念的详尽讨论,它只是一个样本分析。你阅读本章的目的应该是思考每一个理念,并确定它是否适合你的个性和观点。适合你的理念能让你获得最多的成功交易,但是在你利用这一理念开发你的系统之前,你必须透彻地理解它。

在写这本书的第 1 版时,我收到了一个来自混沌理论专家的电话。他说,他对我的工作跟踪了多年,他认为我人很正直,但是我有关系统的看法却是错误的。他认为,假定任何类型的系统都是可能的这一观点很荒谬——相反,这些都跟运气和个人的心理有关。我说如果仅仅是把系统定义成一种入市技巧的话,我非常同意他的观点。而事实上,我告诉他,为了使心理因素和头寸规模确定富有意义,必须通过止损和市场退出来开发一个期望收益为正的方法。⊖

---

⊖ 期望收益将在第 7 章详细讨论。它是作为一个交易商或投资者需要理解的重要内容之一。

大多数人都试图找到一个盈利概率很高的入市信号作为他们的系统。他们一般都没有市场退出或适当的头寸规模确定的概念，这通常会导致一个期望收益为负的交易方法。相反，那些理解了市场退出和头寸规模确定在系统中的作用的人，会对一个只能带来40%的盈利机会的入市系统感到十分满意。打电话给我的那个人可能有点昏了头了，但他仍然坚持说我是错的，他说人们不可能根据过去的数据得出任何的期望收益。⊖但有趣的是，这个人还写过一本关于怎样通过理解混沌理论从市场中赚大钱的书。

我发现这次对话很有意思。我以为自己是周围最开放的人之一，因为我坚持以下观点：**只要你有一个期望收益为正的系统，你就可以利用任何理念进行交易**。我由此了解到，即使是这个关于你能够利用任何可带来正的期望收益的理念进行交易的假设，也还只是一个假设——一个形成了我对系统进行思考的基础的假设。正像我前面说过的，我们只能通过我们的观点进行交易。记住这个假设，让我们来看一下很多交易商和投资者使用的一些交易理念。

## 5.1 趋势跟踪

我联系了一些优秀的交易商（和很好的朋友），请他们写出各种各样的理念。你已经知道汤姆·巴索了，因为第 3 章介绍了我对他的采访。汤姆·巴索和我一起举办过大约 20 次研讨会，我可以依我的个人经验来证实他是我所遇到过的最平稳的交易商。汤姆现在虽然已经退休，但在他做交易的时候，他是我所见过的最机械的交易商。他办公室里的一切都是计算机化的，甚至交易指令都是通过计算机控制的传真发送到经纪人那里的，汤姆·巴索利用两种计算机化的趋势跟踪系统进行交易，因此我认为，他是写趋势跟踪这一部分的最佳人选。⊖

### 1. 汤姆·巴索：趋势跟踪的哲学

很多成功的投资者都被纳入**趋势跟踪者**这一群体。在后面的讨论中，我会努力描述什么是趋势跟踪以及投资者为什么应该在其投资活动中对使用这些普遍的准则感兴趣。

---

⊖ CFTC（商品期货贸易管理委员会）要求 CTA 在其广告和公开性文件中包括一份说明过去的结果并不反映将来的结果的声明。

⊖ 汤姆·巴索现在已经退休，不再从事交易，正享受自己的晚年生活，但在他写这一部分的 1996 年，是一位活跃的资金经理。你仍可以通过电子邮件与他联系：tom@trendstat.com。

让我们把**趋势跟踪**这个术语进行分解。它的第一部分是**趋势**。每个交易商都需要一个趋势来赚钱。想一想,不管你使用什么技巧,如果在你买进之后没有一个增长趋势的话,你就不可能在更高的价位抛出,你这笔交易就会赔钱。为了能在更高的价位抛出,在你买进之后必须有一个上涨的趋势。相反,如果你抛出在先,那么随后必须有一个下跌的趋势,你才可以在更低的价位买回来。

这个术语的第二部分是**跟踪**。我们使用这个词,是因为趋势跟踪者总是先等待趋势的转变,然后再跟踪这个趋势。如果市场处于下跌的趋势,接着预示了一个上涨的反弹,这些趋势跟踪者就会立即买进。这样做,交易商就是在跟踪趋势。

"滚动你的利润,止住你的亏损",这句古老的交易商格言完美地描述了趋势跟踪。趋势跟踪指标告诉投资者,市场何时由上涨转向了下跌,或由下跌转向了上涨。各种市场的图表或数学方法都是用来测度市场当前的位置以及观察其转变的。一旦进入趋势,只要这一趋势是朝着交易商希望的方向行进,那么他就会停下来享受这一趋势继续的过程,这就是"让利润滚动起来"。

有一次我听到一个投资新手与一位非常成功的趋势跟踪交易商的对话。这位交易商刚好买了一些外汇合约,新手问他:"你这笔交易的目标是什么?"交易商很聪明地答道:"到达月球。我还没有一笔交易到达过那里,但也许有一天……"这个回答告诉了我们很多有关趋势跟踪的哲学。只要市场满足趋势的标准,趋势跟踪者就会马上进场交易,并且可能一生都待在其中。

遗憾的是,趋势通常会在某一点结束。因此,在市场趋势转变时,交易格言的另一面"止住亏损"就开始起作用了。交易商在感觉市场向着对他的头寸不利的方向转变时,就会立即清算。清算时,如果该头寸在这一转折点之前,那么这位交易商就能获取利润;如果该头寸在这一转折点之后,那么这位交易商就会中止这次交易,以防止亏损的失控。不论是哪一种方式,交易商都会退出一个眼下正不利于他的头寸。

(1) **趋势跟踪的优点**。趋势跟踪的优点很简单,即你绝不会错过市场中任何一次较大的移动。如果你正在观望的市场从一个下跌的方向转变成上涨的方向,任何一个趋势跟踪指标都会亮出一个"买进"的信号,问题只是何时买进。如果是一次较大的移动,你就会得到这一信号。趋势跟踪指标的期限越长,交易成本就越低,这显然是趋势跟踪的一个优点。

从战略意义上来讲,投资者必须认识到如果能在几乎任何一个市场上赶上一次较大的移动,仅仅一次交易的利润都是巨大的。本质上,一次交易可以赚到一整年的钱。因此,策略的可靠度可以远远低于50%,但你仍然可以赚到钱,因为盈利交易的平均规模要比亏损交易的规模大得多。

(2) **趋势跟踪的缺点**。趋势跟踪的缺点是，你的指标不能分辨出一次较大的有利可图的移动与一次稍纵即逝的无利可图的移动之间的区别。因此，在趋势跟踪信号立即变得不利时，这些趋势跟踪者就经常会遭遇一些小的损失。大量的损失累计起来，就会使趋势跟踪者产生忧虑，并导致他们放弃这个战略。

大多数市场在大部分时间里是没有趋势的，可能只有在15%~25%的时间里是有趋势的。然而，为了不至于错过一次大的趋势，趋势跟踪者必须乐意在这些不太有利的市场中进行交易。

(3) **趋势跟踪仍然有用吗**？绝对有用！首先，如果没有趋势，就不需要有组织的市场。生产商可以到市场上进行销售，而无须担心必须要用套期保值来保护自己。终端用户将知道他们可以按照一个合理的价格来获得他们想要的产品以及人们买公司股票也只是为了获得红利部分的收入。因此，如果市场在任何时间段都没有了趋势，那么这些市场将很可能不复存在。

其次，如果没有趋势，你就可能预测价格变化会是一个相当随机的分布。然而，如果你观察一下几乎任何一个市场上价格随时间变化的分布，就会发现在大的价格变化的方向上有一条非常长的尾部。这是因为在给定的时间内，总会有一些你也许永远都预料不到的异常大的价格变化。例如，标准普尔的期货市场于1982年开放，5年之内就发生了一次你可能以为100年才会发生一次的价格移动。这些短期内异常大的价格变化就是趋势跟踪得以起作用的力量，而且你总能看到这种现象。

(4) **趋势跟踪对每个人都适用吗**？趋势跟踪可能是交易和投资新手最容易理解和使用的技巧之一。指标的期限越长，总交易成本对利润的影响就越小，短期模型往往很难克服很多交易带来的成本。成本不仅包括佣金，还包括交易的价格估计差异。只要有耐心，你的交易做得越少，交易成本就越低，获得利润就越容易。

然而有大量实例说明趋势跟踪并不总是合适的。转手倒卖股票只获取微利的场内交易商就不太可能使用趋势跟踪。套期保值投资者可能会发现，使用趋势跟踪指标进行套期保值要比通过选择某种形式的无息经济套期保值方法的风险更大。日交易商也可能发现使用趋势跟踪模型很困难，在进行日交易时，由于时间限制，不可能让利润滚动起来，一天很快就会结束，交易商只好清算他们的头寸。

如果趋势跟踪适合你的个性和需要，那么就试一试。因为不乏很多成功的交易商和投资者的例子，他们不断地在市场中使用这个久经考验的方法。随着经济世界变得越来越不稳定，很多不断涌现的新趋势需要趋势跟踪交易商去发掘和利用。

## 2. 编者的评论

趋势跟踪可能是这里讨论的所有概念中最成功的交易或投资技巧了。事实上，本书后面所展示的几乎所有的系统模型都是因为趋势跟踪才有效的。正如汤姆·巴索指出的，趋势跟踪最大的问题是，市场并不总是有趋势的。然而，这对投资股票的人来说都不是问题。因为有成千上万种股票可以进行交易——你既可做多又可做空。如果你乐意同时做多和做空，那么总是会有好的、有趋势的市场。

很多人在股票市场中遇到的困难是：①很多时候，只有极少数的股票呈上涨趋势，因此最好的机会只在空头这一边；②人们不理解卖空，因此总是避开它；③交易管理者使卖空变得困难（比如你必须有能力借入股票来卖空，又必须在高点市场卖空）；④退休金账户一般禁止卖空。不过，如果你打算卖空，那么在合适的市场条件下也是非常有利可图的。

## 5.2 基本面分析

我请了另一个朋友查克·勒博来写基本面分析这一部分。查克是一本非常好的时事通讯《技术交易者公告》（*Technical Traders Bullettin*）的前任编辑，也是《期货市场的计算机分析》这本精彩之作的合著者之一。查克还是一位非常有天赋的演说家，他经常在一些投资会议上发表演讲，而且还是我们很多"如何开发一个适合你的盈利交易系统"研讨班的特邀发言人。查克现在已退休，住在亚利桑那州的塞多纳（Sedona）附近。在他还是一位活跃的交易员的时候，他同时是一位商品交易顾问（CTA），后来他建立了自己的套期保值基金。[⊖]

你可能很想知道，我为什么要请查克这么一位有如此广泛的技术背景的交易商来写基本面分析这一部分。他曾在一所重点大学里讲授基本面分析课程，他曾经为Island View金融集团管理一个全权的基本面交易系统。查克·勒博说："我宁愿把自己看做一位乐意使用最好的工具完成工作的交易商。"

### 1. 查克·勒博：基本面交易介绍

基本面分析，应用到期货交易，就是使用真实的和/或预计的供求关系来预测期货价格变化的方向和程度。也许会有更加精确和详细的定义，但这里的简要概述旨

---

⊖ 查克·勒博现在已退休。你可以通过电子邮件与他联系：clebeau@ cableone. net。

在介绍基本面分析的好处和实际应用。

几乎所有的交易商都错误地认为，他们要么是只依赖供求分析的基本面分析者，要么就是完全忽略基本面分析，而只基于价格行为进行决策的技术分析者。关于如何最好地进行交易，是谁强迫我们做这种不必要也不合逻辑的要么这样、要么那样的决定的呢？假设你有两种或者更多的好的想法，如果你对它们都加以利用，你几乎肯定要比陷入要么这样、要么那样的陷阱做得更好。㊀

基本面分析在确定价格目标方面明显地优于技术分析。正确的解释是，技术指标可以给你指明方向和时机的选择，但是它在对预期价格移动的程度的指示方面是存在不足的。一些技术分析师称他们的方法为其指明了价格目标，但是在40年的交易之后，我还是不得不寻找能有效地预测价格目标的技术方法。然而，好的基本面分析帮你确定大致的利润目标是毫无问题的。在使用基础价格目标时，你应该对自己是想获取一笔快速的小额利润，还是想持有一个大额的长期价格目标有一个大体的想法。利润目标和基础价格目标的准确性一样，都有一定的局限性，但是，对你的预期利润大小能有一个即使是大体的了解，也是成功交易的一大优势。

基本面分析确实有一定的局限性。能够做到的最优的基本面分析，其结果也会令人痛心地不精确。如果你一切都做得很好，或者做得更好，那么依靠一位真正的基本面分析专家的资深分析，你也许能推断出某一特定的市场可能会在将来不确定的时间出现一个大幅度的上涨。基本面分析充其量只能告诉你未来价格移动的方向和大致的程度。它很少告诉你价格移动什么时候开始或者确切地会走多远。然而，即便是知道未来价格变化的方向和大致程度，对交易商来说也是十分珍贵的关键信息。基本面分析和技术分析的合理结合为交易难题提供了一个解决方案——确定头寸规模是我们暂不考虑的另外一个解决方案（这在本书的其他章节加以讨论）。

## 如何使用基本面分析

让我们分析一下成功使用基本面分析的应用方面。以下这些建议都是建立在多年使用基本面分析进行实际交易的基础上的，但它们并非就是按照重要性的顺序排列的。

（1）**即使你受过高度专业化的训练也要避免自己做基本面分析** 我已经从事期货交易40年，并且经常在一所重点大学里给研究生讲授基本面分析课程，然而我从来不会想到要自己做基本面分析。比你和我都更有资历的真正的基本面分析专家，

---

㊀ 我不想离题讨论如何做出人生的抉择，那更适于撒普博士举办的愉快的研讨班的话题。这里的意思是你能够把基本面分析和技术分析很简单也很成功地结合到你的交易中。

他们把全部的时间都投入在这方面，而他们的结论是随时可以免费获得的。

在周围找到那些其基本面分析可以被公众利用的资深专家；打电话给大的经纪人公司，让他们给你邮寄资料；试着订阅《舆论》（*Consensus*）并阅读其所有的分析，选出你喜欢的那些分析，淘汰那些较差的；寻找那些乐于给出有用的预测，而不是总绕圈子的分析家。记住，对于每个市场你只需要一个好的基本面信息来源，如果信息来源太多，你就会收到自相矛盾的信息，从而变得很困惑并且犹豫不决。

（2）**消息和基本面分析不是同一回事** 基本面分析**预测**价格走向，而消息则是**追随**价格走向的。当我还是一个大的商品公司的高级经理时，媒体经常会在市场收盘后打电话问我，那天某一市场为什么会上涨或是下跌。如果那天市场是上涨的，我就会给他们一些引起我关注的看涨消息；如果市场是下跌的，我就会给他们一些看跌消息。每天总会有很多看涨或看跌的消息在市场中传播着。报纸上报道的都是一些与当天价格走向碰巧有关的"消息"。

你会注意到，即将发生的消息要比实际报道的消息对市场的推动更长远、更深入。对看涨消息的预测可以支持市场几周甚至几个月，而当看涨消息最终被报道以后，市场很可能往相反的方向移动了。这就是为什么"买谣传，卖事实"这句古老的格言似乎很有用的原因（当然，应用到看跌消息也是同样的逻辑）。

（3）**对基本面报告的反应要小心** 例如，假定有一则刚刚发布的关于农作物的报道指出，大豆将会比去年减产10%。第一眼看上去这很像是看涨消息，因为大豆的供给量将大幅下降，但是如果这个市场中的交易商和分析员已经预期这个报道会显示大豆15%的减产，那么价格对这个"看涨"报道的反应可能就是剧烈的下降。在你能够分析一个看涨或者看跌报道之前，你必须知道预期是怎样的，并将这个报道与预期结合起来理解。同样，也不要从对报道的初始反应来判断其是看涨还是看跌的，给市场一些时间来消化这些消息。你经常会发现对一个报道的最初反应要么是过头了，要么就是不正确的。

（4）**寻找需求上升的市场** 需求是推动市场呈现长期持续上涨趋势的动力，在这样一个长期持续上涨的趋势中交易是很容易获取大额利润的。你可以在需求推动的市场上做长期交易，获取非常高的利润水平。当然，市场也会因为供应短缺而上涨，但你会发现由供应短缺推动的价格回升往往都是短暂的，对这些供应短缺市场的长期价格预测一般都会高估。寻找由需求驱动的市场来交易。

（5）**时机选择是很重要的，因此对基本面情况要有耐心** 最好的基本面分析师似乎能比大多数市场参与者更容易地预测价格趋势。当然，如果你对时机选择很小心的话，就是你的优势。然而，如果你很冲动，过早进入市场，那么在短期内你可能就会亏损一大笔钱。要有耐心，让技术指标告诉你市场何时开始朝着它应该走的方向挺进。记住，你的目标并不是第一个获得准确的预测，而是要赚钱和控制风险。你可能必须等上几周甚至几个月来利用一个准确的基本面预测。行动太快可能会轻易地把一个正确的预测变成一次亏损的交易。

（6）**很多对价格重大变化的预测都由于种种原因而未能实现**　如果你能出色地找到关于市场的很多准确的基本面信息来源，那么，一年中你可以期望获悉8~10次有关重大价格变化的预测。在这些预测中，只有6个或7个有可能发生，但是，如果你能及时抓住其中一半的机会确立头寸，并且能很好地让利润滚动起来，你这一年就会获得可观的利润。

（7）**要果断并且乐于承担损失**　不要害怕去追随正以巨大的基础潜能移动的市场。很多交易商，不论是基本面分析者还是技术分析者，在市场开始运行后，就缺乏进入市场的勇气或者克制。想在更有利的价位进入和等待一个可能永远都不会来的回调而推迟入市是人类的本性。你必须要有自信和迅速采取行动的勇气。最好的分析，不论是基本面的，还是技术性的，在一个优柔寡断的交易商手里都是毫无价值的。如果你有疑虑，那么就以一个小的头寸开始，然后再逐渐增加。

我希望这里对基本面分析的简要介绍激起了你一两个思想火花，并且能够说服你，让基本面分析在你的交易计划中占有一席之地。如果真是这样，那么我迫切要求你对它进行更多的了解。在我看来，有关这一专题，最好的书是杰克·施瓦格著的《施瓦格期货基本面分析》（*Schwager on Futures：Fundamental Analysis*）。每一位在交易中有意使用基本面分析的交易商都会发现这本写得很精彩的书大有裨益。

## 2. 编者的评论

查克·勒博的评论主要应用在期货交易方面，也可以用在本书后面讲到的由加拉赫（Gallacher）开发的方法中。如果你是一位股票交易商或者投资者，请看下面所讲的价值交易部分。另外，涉及基本面分析的两个系统——威廉·欧奈尔（William O'Neil）的CAN SLIM系统和沃伦·巴菲特（Warren Buffett）的公司模型将在后面介绍以供考虑。巴菲特的模型几乎全是关于基本面分析的，而欧奈尔的模型只是在方案阶段依赖于基本面分析。

## 5.3　价值交易

价值交易是资产组合经理用来进行股票市场交易的主要方法之一。从根本上来说，你的目标是在某种东西的价值被低估时买进，并当其价值公平或被高估时卖出。如果你愿意卖空股票，同样可以在其价值被高估时卖空，并在其接近公平价值或被低估时再将其买回。很多人做前者，只有很少的人做后者。我决定自己来写这一部分，因为我在为自己公司经营的退休基金中做了多年的"价值观念"的交易。

## 1. 决定价值投资的因素

在股市的历史上，很多出色的投资者都会认为自己就是"价值投资者"，包括沃伦·巴菲特及其老师本杰明·格雷厄姆，还有像约翰·马克·坦普尔顿爵士这样的名人和杰出的投资家，像迈克尔·普赖斯、马里奥·加贝里奥、约翰·内夫、拉里·蒂施、马蒂·惠特曼、大卫·爵曼、吉姆·罗杰和迈克尔·斯坦哈特——这里只是提及几位。这些大师们在强调价值方面是相同的，而在价值界定方面又稍有不同。这一部分将简要介绍价值投资，会论及我认为有用和无用的观点，同时还会加进一些我认为会令任何形式的价值投资更成功的一些注意事项。

我们先来看有用的。假如你有一些耐性，去买那些对其价值而言，打了很大折扣的东西，在价值投资中总是管用的。当然，关键的问题是，你必须问自己价值如何确定。在我的《实现财务自由的安全策略》一书中，我深入探讨了本杰明·格雷厄姆著名的赚钱技巧——格雷厄姆数字技巧。在这种情形中，价值很简单——一个公司的清算价值是多少？如果你打算下一年内变卖公司所有的资产，能卖多少钱？你可以在雅虎网站或《商业周刊》(*Bussiness Week*) 上查到有关某一公司这方面的信息，即该公司的当前资产。你把该公司的当前资产减去其全部债务，就会很清楚如果明年变现该公司，它会值多少钱。

现在，假设你确定某公司的清算价值是每股 10 美元，同时发现该公司的股票目前每股卖 7 美元，会怎样呢？这就是我认为的价值游戏。你实际上可以用 70 美分买到按照公司的清算价值应该值 1 美元的股票，这才是真正的价值，在市场不景气时，这些股票很容易找到。比如，在 2003 年 4 月，我正在写《实现财务自由的安全策略》一书，当时我发现有四只股票进入了屏幕，市场正开始反弹，因此我能够在九周后，也就是 6 月 20 日，在该书出版前夕，看到这些股票的表现。九周以后这四只股票上涨了 86.25%，而同期标准普尔 500 指数仅仅上涨了 15%。然而，我要指出的是，这发生在一个熊市的结束之际，自那之后，再也没有很多股票达到这些标准。

寻找相对于其清算价值打了很大折扣出售的股票是价值交易的极端形式，除此之外，还有一些其他的方法。例如，可以通过列明其资产的公司账簿对股票进行甄别，看其价格是否在其真实价值基础上打了很大的折扣。土地价值就很有可能出现这种情况，如果一个公司的土地资产列出的价值是每亩 1 000 美元，而其实际价值却是每亩 50 000 美元，那会怎样？如果你能发现如此高的折扣，那么同样会买到价值被大大低估的股票。例如，拥有大量土地的几家公司，其土地资产在其账簿的价值都是打了折扣的，包括圣·乔（拥有佛罗里达 3% 的土地，其账簿上的价值是每亩 2 美元），亚历山大和鲍德温（拥有夏威夷的土地，其账簿上的价值是每亩 150 美元）以及特瑞·兰奇（拥有大量土地，其账簿价值是每亩 25 美元）。从根本上说，如果你买了这些公司的股票，与其实际价值相比，等于几乎不花钱买了它们的土地。⊖

## 2. 如何改进决定成效的因素

对任何投资者来说，遵循以下的注意事项都是进一步改善价值交易的明显的方法，即永远不要在行情跌落时买进价值被低估的股票。例如，如果你发现一只股票的卖价只是其清算价值的 70%，你不一定在第二天就买进。是的，它是很便宜，但是之所以便宜，是因为人们由于各种各样的原因在抛售它。这种争相抛售的局面将有可能持续一段时间，而且其价值今天被低估了，并不意味着在 2～3 个月后，它不会被低估得更厉害。

正确的做法是，让股票自己证明自己。从市场中得到的信息要表明下跌趋势已经结束。除非这种股票向我证明它是值得买的，否则我永远不会买一只价值股票。最起码，我要等它打下至少两个月的基础，也就是说它已经在同一价格范围内持续了两个月之久。最好是在我决定买之前，它已经在至少两个月的时间里都呈上涨趋势。对此，一位纯粹的价值投资者也许会感到困惑，他会说："你本来可以以更便宜的价格得到它。"没错，但是我在 2003 年 4 月买这样的价值股票时，正是用了我所说的观念。如果提前买了，就很可能被套牢一年甚至更长的时间，一分钱赚不到。选择在于你自己，但是要记住，你交易的仅仅是你有关市场的观点，必须确定你的观点是否有用。

另外，如果采用让市场证明自己的观念，相对于那些做价值投资的大多数资产组合经理，你就会拥有巨大的优势。大头寸的资产组合经理可能会买进价值数百万美元的股票，他的大手笔会给股票价格带来深远的影响，因此，他不敢等到股票价格开始上涨。而如果只是买进少量的股票（10 000 股以内），那么你就等得起，直到其价格开始上扬。实际上，在大机构投资者开始买进你已经发现的股票时，你的机

---

⊖ 《极点价值》（*Extreme Value*）就是一份集中关注发现这种价值推荐的业务通讯，你可以由以下网址获得：www.stansberryresearch.com。这里并非推荐这份业务通讯，但它是本书后面部分要作为系统给予分析的业务通讯之一。

## 3. 价值投资中无效的做法

华尔街高薪聘请股票分析员来确定股票价值何时被低估了，这些分析员分析诸如公司将要推出的新产品，这些新产品的潜在市场以及这种产品的销售对公司下一年价格的影响等问题。他们对一摞摞的基本面数据进行筛选，以对未来收益进行预测。根据预测，他们可能就会说"这只股票的价值被低估了"或者"这只股票的价值被高估了"。

以我作为交易教练多年的经验，我还未曾听说这种方法被证明是有效的。大多数分析员只是就其分析的很多变量进行猜测，他们说是公司的官员对其撒了谎，但是即使公司官员没有撒谎，也仍然没有证据证明（在我看来）他们有关未来收益的预测就股票将来的表现而言，是多么有意义。因此如果你要我给出建议，我的建议是不要玩这种价值投资的游戏，它不是衡量价值的真正标准。

## 5.4 波段交易

市场只在大概15%的时间里是有涨跌趋势的，那么在其他85%的时间你做什么呢？你要么没法交易，要么得找出一个在大多数市场上、大多数时间里管用的策略，波段交易就是这样的策略之一。D. R. 巴顿给我们的短期交易研讨班上课（摆动交易和日交易），而且他使用波段交易也有一段时间了，甚至还根据他所开发和测试的波段交易技巧写了一些这方面的通讯报道。⊖所以我认为他是写作这一部分的最佳人选。

### 1. D. R. 巴顿：波段交易

交易商和投资者经常对在大多数市场条件下都有效的方法感兴趣。波段交易（也叫范围交易）就是一种适用于绝大多数市场环境的策略。我们会对这些条件进行详细描述，但是，首先让我们给波段交易下个定义，并了解一下使得波段交易有效的市场观点。

波段交易策略试图在一个交易范围的底部买进而在其顶部卖出，它基于对市场的以下观点：市场的移动非常像一个橡胶带或弹簧，伸展到一定程度后就会缩回。这在一个横向移动的市场上很容易看到和理解。图5-1的第二部分显示，价格在一个

---

⊖ D. R. 巴顿的联系电话为302-731-1551，电子邮件为drbarton@ilovetotrade.com。在本书该版出版之前我无法对这份业务通讯的 R 乘数进行评估。

明显的横向的管道里移动。价格上升到这一管道的顶部（点1），然后又回落到其底部（点2），其后又重复这一周期（从点1到点2然后再到点1的过程）。

虽然将波段交易用于横向移动的市场广为人知，但是很少有人知道波段交易用于有涨落趋势的市场也同样是很有效的。即使在市场有涨落趋势时，它也很少是一路上扬或一路下跌的，更为普遍的是，大多数涨落趋势表现为"走三步，退两步"的特点。下面再看图5-1，可以看到在刚开始时，价格明显呈下跌趋势，然而，我们从中仍然可以观察到在横向移动的市场上看到的同样的价格移动模式，即价格上扬到上波段（点1），又回落到下波段（点2），然后又重复这一回落的过程，到下波段点2处。市场上这一伸展折回伸展折回的价格重复移动行为，是可以加以利用的。

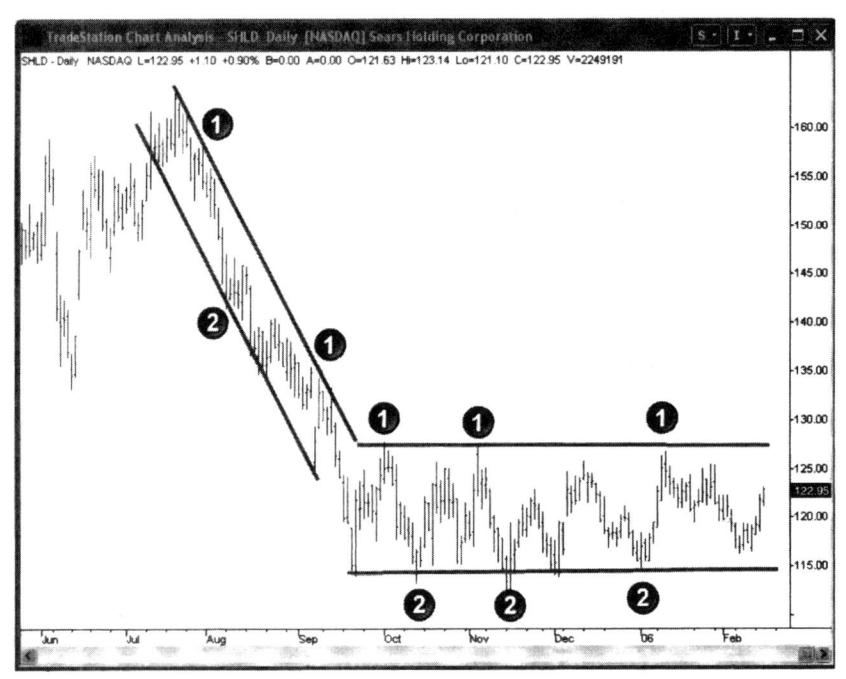

图5-1　趋势波段和盘整波段图示

（1）进入波段：**波段如何定义**。交易范围可以用直观的方式和数学方式表示为三大类：管道式、稳定波段和动态波段。典型的管道式，是指在上端的管道有一个价格水平，而下端的管道则是另一价格水平，这两个管道直到被重新定义之前都是保持不变的。众所周知的 Donchian 管道就是一例，它以最近 $x$ 天的最高价为上端管道，以最近 $x$ 天的最低价为下端管道。只有在价格形成新高或新低时，管道才会发生变化。

稳定波段由上下波段构成，上下波段与中心线（或基准线）各有一个特定的距离,这种形状的波段也叫做包络线。图5-2显示了最常见的稳定波段或包络线:基准线是根据简单移动平均值确定的,在基准线的上下确定一定百分比的距离就可以画出上下波段(图中显示的是20天的简单移动平均值即SMA,距离SMA各5%的价格波幅就可以得出上下波段)。

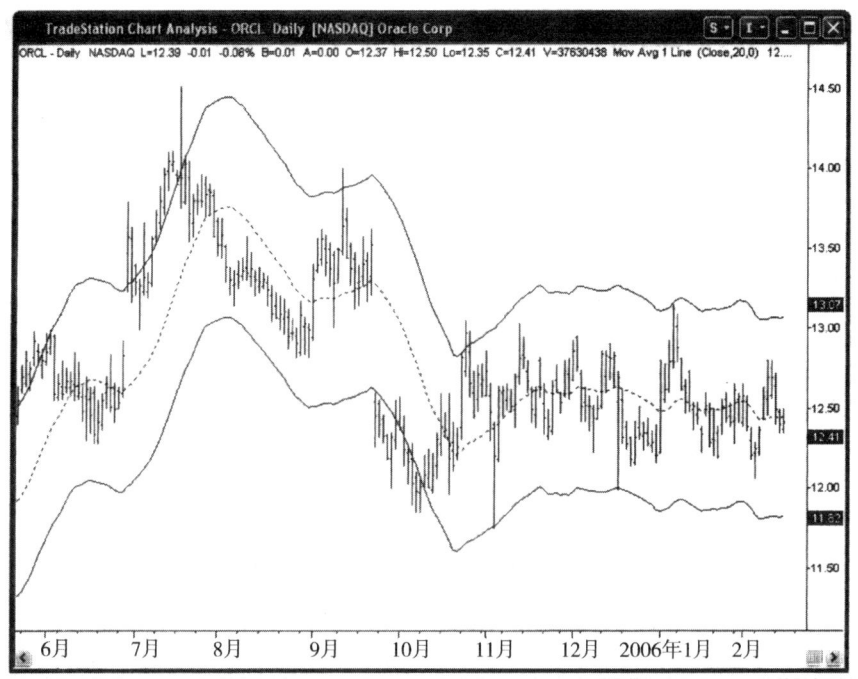

图5-2 一个稳定移动平均波段的例子:上下相距5%的20天的简单移动平均波段

动态波段刚开始时和稳定波段一样,都有一个基准线(一般就是一个SMA)。在动态波段中,上下波段和基准线之间的距离是在变化的——大多数情况下,这一距离是当前价格波动幅度的函数。最常见的动态波段类型是Bollinger波段,根据其提出者约翰·布林格(John Bollinger)的名字命名。图5-3给出了一系列上下波段距离基准线不断变化的Bollinger波段,基准线代表一个20天的简单移动平均,上下波段距离基准线各2个标准差(标准差是广泛用于度量波动幅度的统计指标)。另一种常见的动态波段使用平均真实波幅(ATR)作为上下波段与基准线的距离。

图5-3显示了Bollinger波段是如何随着价格波动幅度的扩大或缩小而进行调整的。请注意观察在价格波幅很小时(点1)上下波段是如何靠近的,以及在价格波幅变大时它们又是如何相互远离的。

(2)如何使用波段进行交易。以上三种类型的波段我都见过它们在交易系统中被有效地使用,我个人也曾基于适应性动态波段(虽然不是Bollinger波段)的使用写过一篇通讯，在测试和实时交易中效果良好。下面是一些使用波段进行交易的指南。

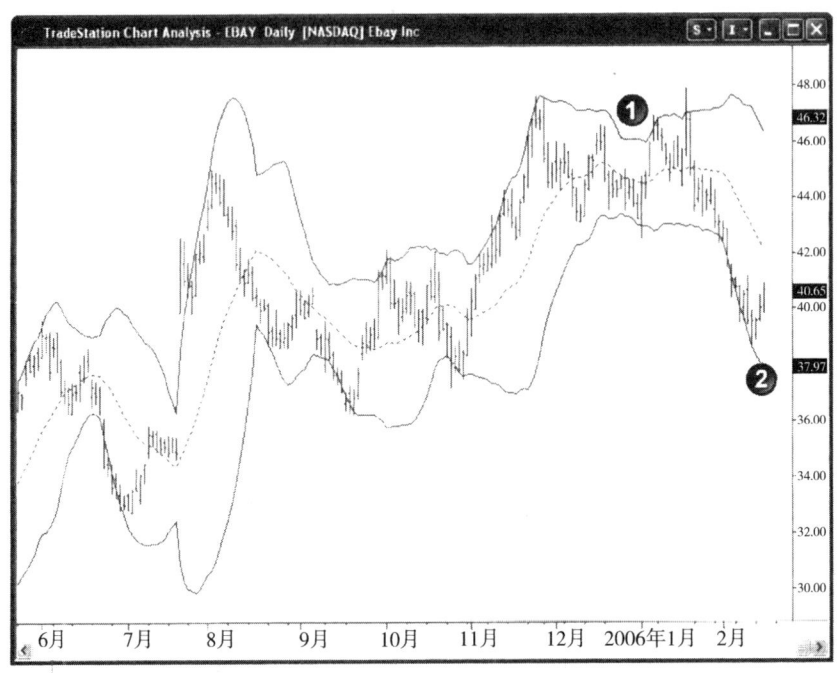

图 5-3　动态波段的例子：Bollinger 波段

无论你是使用稳定波段还是动态波段，确定上下波段的宽度都是波段交易的主要工作。在选择波段宽度时存在着一种平衡：选择一个对任何条件都一样的参数，如 5% 的移动平均包络线，就避免了针对不同的曲线使用不同的参数进行测试。但是，对波动较大和较小的工具都使用一个百分比来确定其宽度，会导致在波动较大的市场上交易过度，而在波动较小的市场上交易不足。而对每一个市场，使用一个优化的波段宽度几乎必然会导致参数的过度优化，而在实时交易中并不显著。一个可能有用的折中办法是，为波动幅度接近的一组股票或商品找出一个最优值。

可以以两种方式进入波段交易：纯逆势入市或折回入市。采取纯逆势入市，要在价格首次触到上波段时卖出（卖空）股票或商品，或者在价格触到下波段后买进。选择折回入市时，得等到价格触到或穿过一个波段后，又折回到上下波段之间的管道里事先确定的幅度后再入市。这里你要问自己一个关键的问题：在进入波段交易之前，我需要该头寸向着对我有利的方向移动吗？

一旦进入波段交易，最理想的是一直持有头寸直到价格移动到另一波段，那么，到时你必会反转你的头寸。在一个理想的状态下，你会观察到价格上涨，在其到达上波段时卖出，然后价格会回落，又在其到达下波段时买进。在做一笔赚钱的多头交易之后，跟着的是一笔赚钱的空头交易，然后又是一笔赚钱的多头交易，以此类推。你会实现一系列不间断的赚钱交易。

然而，世界并非理想化的，波段交易商必须问自己以下所有的问题：
- 如果价格从未触及波段该怎么办？
- 如果波段失效或是不再准确怎么办？
- 如果在入市后价格朝着我希望的方向移动，但是没有靠近另一波段怎么办？
- 如果价格突破波段并沿着远离波段的方向继续移动该怎么办？

精明的波段交易商必须解决所有这些问题，他们通过彻底理解所交易的概念来解决以上问题。你要明白你的概念应该怎样工作以及什么时候你是错的；你要明白波段的本质以及在你所交易的波段概念不再有效时该怎么做；在进行波段交易时，你还要想到有可能发生的所有最坏的情形。如果这些你都明白了，就可以利用这一概念，并将其发展成为真正适合你的一种方法。

(3) **波段交易的优缺点**。波段交易可以作为交易工具的基础或是其他策略有用的补充。让我们看看支持与反对波段交易的两种观点，以结束这一部分的分析。

①波段交易的优点。与趋势跟踪策略相比，波段交易在更多的市场环境下有效。只要价格的波动幅度足够大且能产生一个有用的波段，那么波段交易在上涨、下跌和横向移动的市场上都是有效的。加上波段交易所提供的更频繁的交易机会，使得成功的波段交易商的账户资产曲线要比趋势跟踪者的更平缓、更稳定。因此，波段交易商经常能够采用更具魄力的头寸规模确定策略，只需较低的账户资本就可以成功地实施他们的交易策略。

②波段交易的缺点。波段交易要求入市在本质上是逆势的，在价格上涨后卖出，在价格下跌后买进，这对很多趋势跟踪者来说是很难的。有些股票和商品行情并无明显的趋势，使得它们不能成为趋势跟踪者的交易对象。同样，有些股票和商品的波动范围过于狭窄，不适合进行波段交易，或者在波动范围里无法进行满意的交易（例如，它们经常延伸到波段以外很远）。这些只能通过经验和/或回头检验才能识别。

## 2. 编者的评论

波段交易通常能提供大量的交易机会，对短线投资者来说尤其适用。因此，如果你喜欢大量的交易机会，喜欢卖高和买低，那么，某种形式的波段交易也许是适合你的。

查看一下图表，你会发现大量非常成功的例子，但很多是根本无效的。作为一位波段交易商，你的任务应该是最大化成功的交易和最小化失利的交易。你可以通过将它们剔除，或者通过市场退出的方式降低其后果，但这些是本书后面要讨论的话题，它们对你可能开发的任何系统都是至关重要的。

## 5.5 季节性趋势

在我看来，位于俄勒冈州尤金的摩尔研究中心是研究市场季节性趋势的领头羊，它专门致力于期货、货币和股票价格的计算机分析工作。自1989年以来，该中心对世界范围内的特定的综合期货进行了研究，并每月出版一次报告。在有关市场的或然性趋势研究方面它也做得很出色，因此，我联系史蒂夫·摩尔（Steve Moore）来写这一章的内容。史蒂夫说他们中心的杰里·托普克是专门负责与公众联系的专家，他是摩尔研究中心刊物的编辑。杰里写过很多文章并且在一些会议中发表过演讲。⊖ 这一部分有些图表有点陈旧，但是它们所要阐明的观点仍然是有效的。

### 1. 杰里·托普克：季节性因素为什么会起作用

季节性方法旨在预测价格未来的移动，而不是对没完没了的经常相互矛盾的消息做出反应。尽管影响市场的因素有很多，但某些条件和事件每年都会周而复始地再现，最明显的就是每年天气从温暖到寒冷又到温暖的周期了。我们也可以从日历上看出每年一些重大事件的周而复始，比如每年4月15日是美国征收所得税的截止日期。这些每年都会周而复始发生的事件就导致了供求的年周期性。收获时节的大量谷物供应在一年中会逐渐减少；在寒冷天气来临时，对取暖用油的需求一般会增加，但在补充库存后就会平缓下来；货币的流动性在人们交完税后可能会下降，但在联储再发行基金时又会上升。

供求每年的周期性变化会引起价格的季节性变化——程度或大或小，多少有些时间性。条件每年周而复始的变化模式可能造成价格多多少少每年同样周而复始的反应模式。因此，价格变动的季节性就可以定义为市场变化的自然节奏，即在每年的同一时点，价格以相同的方向变化。这样，只要对每一市场进行客观分析，价格变动的季节性就可成为有效的原则。

在一个受每年周而复始的周期性因素强烈影响的市场中，价格的季节性变动就可能不只是季节性原因影响的结果。它有时变得如此根深蒂固，以至于季节性几乎

---

⊖ 摩尔研究中心的联系电话为1-800-927-7257，网址为www.mrci.com。

就是它本身的基础情形——好像市场自身就有一种记忆似的。为什么？一旦消费者和生产者形成了一种消费和生产的模式，他们就倾向于依靠这一模式，几乎到了依赖的程度，然后就会维持这个模式。

模式意味着一定程度的可预测性。在预期到变化时，未来的价格会移动，而在这一变化实现后，价格又会进行调整。如果这些变化在本质上是每年周而复始的，那么变化的预期与实现也就会演化成循环往复的周期。这种循环往复的现象是交易的季节性方法之本，因为它旨在预测与进入周期性趋势，并在其出现时捕捉到它，在其实现后退出市场。

当然，第一步就是要发现市场价格的季节性特点。过去，人们用每周或每月的最高价和最低价来进行相对粗略的研究。比如，这样的分析可能表明，4月份牛的价格在67%的时间里要比3月份的价格高，在80%的时间里要比5月份的价格高。如今，计算机可以从几年的综合日价格变动中得出价格季节性变动的日模式。根据所得出的模式适当地作图，由此可以看出这一市场上价格年复一年的变化周期。

构成任何周期的四个主要元素是：最低点、上升部分、最高点和下降部分。如果解释成价格的季节性周期模式，这些元素就变成了价格的季节性最低点、季节性上升、季节性最高点以及季节性下跌。因此，价格变化的季节性模式描述了市场价格预期到的市场情形，即最大的供应量—最小的需求量，需求上涨—供应减少，最大的需求量—最小的供应量以及需求下降—供应增加每年都会再现，循环往复。由价格的季节性变化模式，我们可以更好地预测价格的未来变化。

图5-4所示为1月份可供应的取暖用油的季节性变化模式（1982～1996年）。7月份对取暖用油的需求一般很低，因为这通常是一年中最热的月份，因此价格也就很低。当该行业开始预期较凉爽的天气将来临时，市场上就会增加对未来存货的需求，从而给价格施加了上涨的压力。结果，在预期的需求将要实现，炼油厂开足马力生产以满足需求，市场忙于库存的未来变现的最冷天气到来之前，取暖用油的价格就往往会上涨到最高点。

另外一种主要的石油产品却蕴涵了不同的需求周期，虽然也是受天气驱动的。见图5-5所描述的8月份汽油价格的季节性变化模式（1986～1995年），其价格往往在驾驶条件比较差的冬天较低。然而，当石油行业开始预期驾驶条件改善的夏季到来时，对汽油未来存货的需求就会上涨，从而对价格施加了上涨的压力。在官方开放驾驶季节（纪念日）⊖，炼油厂就有了足够的动机进行生产以满足需求的增长。

---

⊖ 指美国阵亡将士纪念日，原定为5月30日，现为每年5月份最后一个星期一，大多数州将其作为法定假日。——译者注

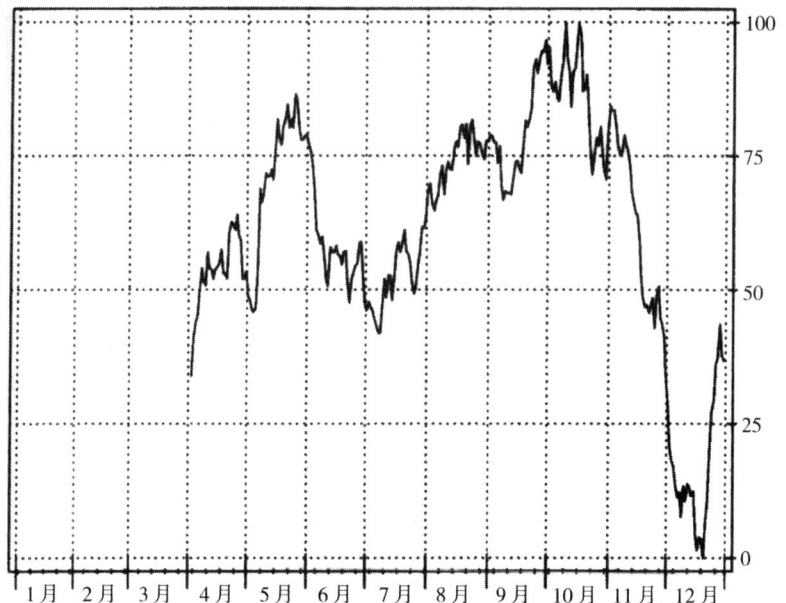

图 5-4　1 月份 2 号取暖用油（NYM）15 年的季节性变化（1982～1996 年）

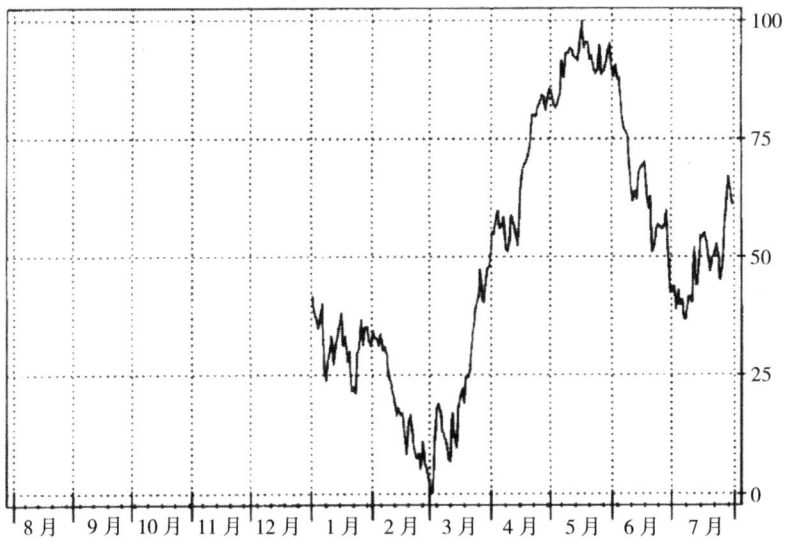

图 5-5　8 月份无铅普通汽油（NYM）10 年的季节性变化（1986～1995 年）

由日价格数据描绘出的季节性模式很少以完美的周期形式出现。即使是有明显的季节性最高点和最低点的模式，介乎其间的季节性趋势在完全实现前也会受到各种力量，有时是相互冲突的力量的影响。在一个季节性的价格下跌趋势中可能通常会穿插着一些短暂的跌停回升。例如，尽管自三四月份到六七月份期间，牛的价格通常呈现下跌的趋势，但是由于零售店在纪念日的烧烤中会卖出很多牛肉库存，因此牛的价格在5月初会呈现一个强劲跌停回升的势头。自六七月份到十月份的丰收时节，大豆的价格下跌，但是到劳工节时<sup>⊖</sup>，市场通常会预测到人们对霜冻的恐慌，因此价格又会有所回升。

相反，一个季节性的价格上涨趋势也通常可能会时不时地被一些短暂的微幅下调所打断。例如，未来的上涨趋势经常会因为近期合同很快到期的履约通知带来的一笔笔人为的抛售压力而中断。这种为了避免实际交货而采取的清偿行为，既可以为交易商提供实现利润的机会，又可以令其再次入市建仓。

因此，由日价格数据所构造的季节性模式不仅能够描绘出季节性价格移动的四个主要元素，而且包括了更大的季节性趋势中尤其可靠的部分。认识到与这些打断季节性模式的行为相吻合的基本事件能够让我们对价格的季节性模式更有信心。

让我们看看图5-6描述的9月份国库券价格的季节性模式（1981~1995年）。美国政府的财政年度始于每年的10月1日，它提高了货币的流动性，而且多少缓解了美国政府的借款需求。自此开始的债券价格呈现的上涨趋势往往随着这一年个人所得税的征收而达到顶点，这难道仅仅是巧合吗？

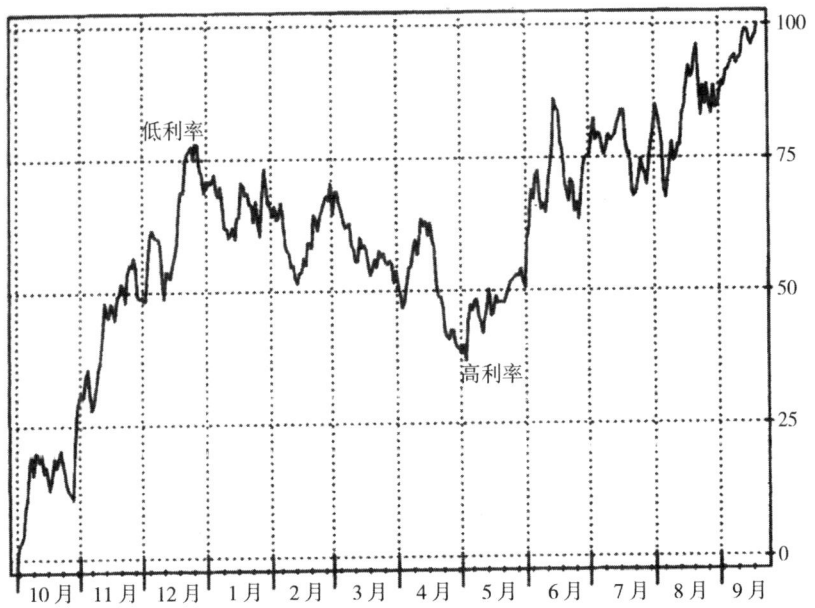

图5-6　9月份30年期国库券（CBT）15年的季节性变化（1981~1995年）

---

⊖　美国、加拿大的劳工节，在9月的第一个星期一。——译者注

一直持续到 5 月份的季节性下跌趋势是否反映了因为税收的支付，市场预期货币流动性会收紧呢？请注意最后一次剧烈的下跌开始于 4 月 15 日，也就是美国所得税支付的截止日期。货币流动性是否在 6 月 1 日，也就是美联储最终有能力再发行基金后倾向于急剧增加呢？

请仔细看看 12 月 1 日、3 月 1 日、6 月 1 日和 9 月 1 日附近市场的典型表现——这些都是芝加哥交易所债务工具期货合约的首次交割日。最后，请留意每季度的第二个月份——也就是 11、2、5 和 8 月的第一或第二个星期价格出现的明显的微幅下调。债券交易商知道价格一般至少会一直下降到每个季度国库券以新换旧，进行再融资的第二天——此时，在三天的债券拍卖中，市场会有所恢复。

我们再来看图 5-7，它给出的是自巴西成为一个主要的大豆生产国以来的 15 年（1981～1995 年）所形成的 11 月份大豆的价格变化模式，巴西的农作物周期与北半球完全相反。注意大豆价格开始做横向移动的趋势，然后到 2 月份出现暴跌，因为美国的生产商在销售它们刚刚收获的大豆，而巴西的大豆又在快速地成长。到 3 月份合约交割的初次通告张贴出来，春季价格回升的基础动力开始起作用——巴西的大豆已经预卖；美国生产商的销售压力达到极点的时候，由于河流运输很便宜，运输变得很容易，因此市场预期需求会重新上升，同时开始集中力量旨在鼓励美国大豆播种面积增加以及为天气风险提供溢价。

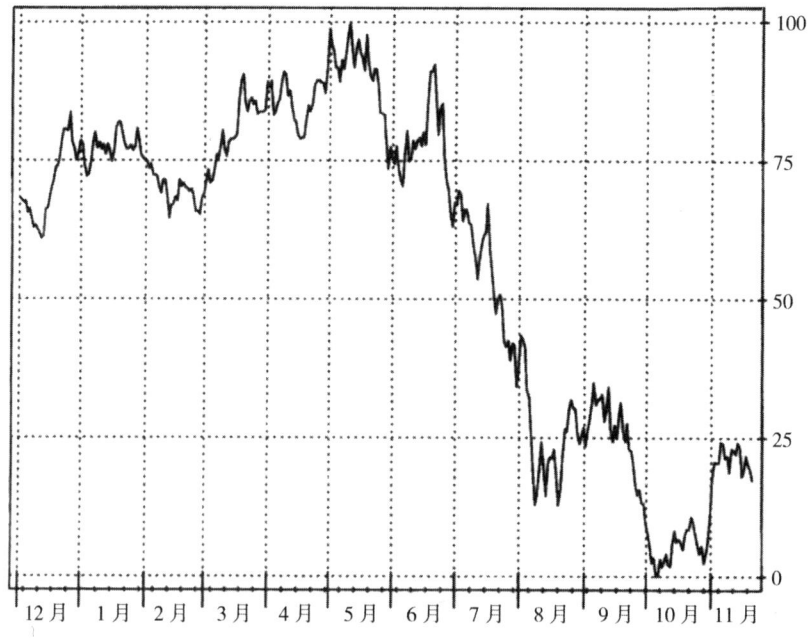

图 5-7　11 月份大豆（CBT）15 年的季节性变化（1981～1995 年）

然而，到 5 月中旬，美国中西部主要可供大豆耕种的土地面积已经基本上确定，播种也已经着手。与此同时，巴西开始销售其刚刚收获的大豆。这些新收获的大豆供应来源以及美国新大豆的生产供应潜力通常联合起来共同对市场价格施加了下跌的压力。6 月下旬和 7 月中旬出现的一些小的价格高峰反映的是人们时不时地对收成可能不好感到恐慌的倾向。

到了 8 月中旬，美国新的大豆作物已经预卖，并且期货有时可以较早地导致季节性最低价。然而，价格多半会进一步下跌，但在跌至 10 月份收获时节的最低点之前，在 9 月份，往往会因为对首批新的大豆作物的商业需求和/或由于担心较早出现霜冻损害庄稼，价格会在这时出现止跌回升。还请注意一些小的价格趋势中断（价格的下跌与回升）与 7 月、8 月、9 月以及 11 月合约的首次公告日有关。

当然，这些交易模式并非一定会重复出现。季节性交易方法与其他方法一样，也有其内在的局限性。对交易商来说，目前最实际的担忧就是时机的选择和反季节性价格移动的问题。每天或更长期的一些基础规律，都不可避免地会出现此起彼伏的现象。例如，有些夏天会更炎热、更干燥，也就比其他夏天处于更严峻的时刻。即使是对一些非常具备季节性一致的趋势进行交易，最好也要利用你的常识、简单的技术指标和/或你对目前的基础关系的基本了解，以提高交易的选择性和时机。

一个有效的统计样本必须要有多大呢？一般来说，越大越好。然而从某些用处来讲，"现代"历史的数据可能更具实用性。比如，巴西在 1980 年作为一个主要的大豆生产国地位的上升，是 20 世纪 70 年代以来该市场交易模式发生几乎 180 度大转变的一个主要因素。相反，如果单纯依赖 1985～1991 年期间普遍盛行的通货紧缩模式在通货膨胀的情形下会是有害的。

在此类历史性的转变时期，近期模式在其相关性上就可能出现时滞。分析现金市场可以帮助抵消这种影响，但是期货所特有的某些模式（比如那些由交割或者到期日所驱动的模式）在现金市场的结论用来解释期货市场时就会失去意义。因此，样本大小和样本本身都必须适合于它们特定的用处。这些可以任意地确定，但是使用者要对自己选择的后果有充分的认识。

相关的问题还涉及用这些证实了过去但其本身并未进行预测的统计资料来预测未来。超级保龄球赢家/股票市场走向"现象"就是一个统计巧合的例子，因为其中不存在任何因果关系。然而，这的确提出了一个有效的问题：在计算机只对原始数据进行筛选时，哪些发现是有意义的呢？例如，一个模式在过去的 15 年中重复出现了 14 次，就必然是有效的吗？

当然，由基本规律驱动的模式能够激发我们更多的信心，但是要想知道每一市场中所有相关的基本规律又是不现实的。在正确地构建季节性模式时，你可能会发现一些在过去以很高的可靠度在一些特定的日期之间以同一方向反复出现的一些趋势。诸如此类的一系列历史性可靠的趋势，再加上相似的入市和/或退出的日期，不仅降低了发生统计偏差的概率，而且还意味着这些趋势在将来可能还会存在并在某种程度上和几乎及时的方式影响市场基础情形的再现。

一个季节性模式仅仅描述了市场本身在过去所遵循的路线。正是市场本身的前后一致性为季节性因素发挥作用奠定了基础。

## 2. 编者的评论

有些人总是大肆兜售一些在我看来毫无意义的季节性信息，如某某商品在4月13日这一天的价格在过去14年中有13年都是上涨的。计算机总是能够发现这种相关性，而有些人就想根据这种相关性进行交易。然而，对一个背后毫无逻辑上的因果关系做支撑的季节性模式进行交易，你只是在冒险，如果用季节性模式交易的背后并没有合理的因果关系的话，就是让自己处于很冒险的情形了。例如，2006年1月超级保龄球比赛的结果预示股票市场在2006年要上涨？⊖你想凭此进行交易吗？

## 5.6 价差交易

在伦敦国际金融期货期权交易所（LIFFE）转向电子交易之前，凯文·托马斯是这里的一位非常成功的场内交易商，他也是完成了我们为期两年的顶级交易商项目的第一人。在写这一部分时，凯文主要在场内从事价差交易。最初我为了完成一份时事通讯采访凯文时，他就深入地谈论过价差交易。因此，我认为他是为本书写作价差交易这一概念的理所当然的最佳人选。凯文使用了欧洲美元和欧洲马克这些概念，因为这些都是他以前曾经交易过的合约，欧洲美元和欧洲马克分别指在伦敦进行交易的美元和马克。在这一部分有些图表反映的是凯文在该交易所（LIFFE）做场内交易商时，曾经做过的交易，但是我决定还是加以保留，即使它们所代表的是现在已经不再使用的交易工具，因为它们仍然可以对价差交易给出富有指导性的阐释。

---

⊖ 以前的一种相关性的说法，其正确率在80%以上，就是说，如果以前的一支AFL队（丹佛队是其中之一）赢了超级保龄球比赛，那么市场就会下跌。如果以前的一支NFL队赢了，那么市场就会上涨。显然，这一预测在1998年彻底成为了无稽之谈。一支以前的AFL队赢了1998年的超级保龄球比赛，然而你也知道在1998~1999年期间市场上涨了多少。在2000年和2001年，一支以前的NFL队赢了比赛，你知道在那些年里市场下跌了多少。

# 1. 凯文·托马斯：价差交易介绍

价差交易可用于在期货市场上建立像多头和空头一样的头寸，这些虚构的头寸是值得认真考虑的。相对于单笔的期货交易，它具有一些优势——较低的风险水平和低得多的保证金要求。另外，像其他市场一样，一些价差交易可以做成图表。

例如，在欧洲美元市场上，你可以买进一手近期合约，卖空一年后的期货合约，而这种虚构的头寸只有对价差保证金比率才具有空头头寸的特点，这类价差被称为合约间价差，可用于具有可流动的远期合约的市场上。

在利率期货市场上，交易日历价差（在一个近期合约和远期合约之间赚取价差）是一种普遍的策略，它取决于你对短期利率的判断。如果你认为利率将上涨，那么就买进近期合约，而卖出远期合约。两份合约之间相隔的合约月份越多，意味着价差变化就越具有敏感性和波动性。同一年的6月份和9月份期货合约之间价差的波动性就很可能小于当年9月份和来年9月份期货合约之间价差的波动性。图5-8的例子对此做出了解释。

图5-8给出的是1996年9月的欧洲马克和1997年9月的欧洲马克之间的价差移动，我描出了趋势线并在价差中包括了一个14天的RSI。你可以注意到在点A处出现了一个背离，在点B处发生了一次突变，这是短期利率将要上涨的信号。通过在价差上做多头，你可以进入市场即将来临的下跌移动。你可以注意到其后价差从该移动的最低点到最高点移动了76个最小波动点。

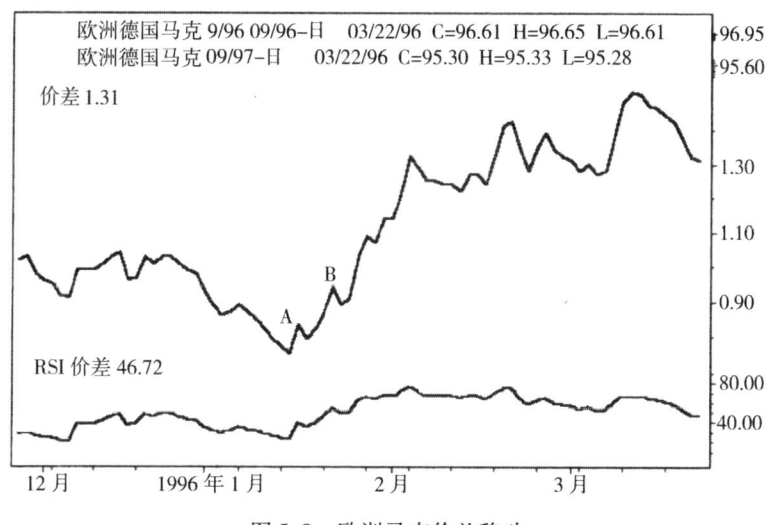

图5-8 欧洲马克价差移动

图5-9显示了同期每个月的变化模式。你可以注意到价差的移动实际上是每个月

将要发生什么的一个很好的领先指标。此外，价差的移动幅度要大于1996年9月的下跌幅度，是1997年9月份下跌幅度的75%左右。价差交易的保证金是每单位600欧洲马克，而一个纯粹的期货头寸是1 500欧洲马克。

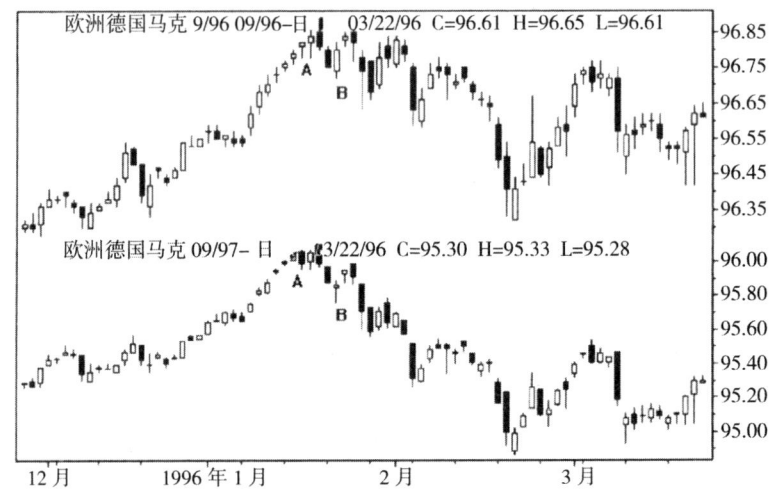

图5-9　欧洲马克每个月的变化模式

此类价差交易在场内交易商中很流行，因为它可以让交易商建立的头寸比单笔期货头寸的风险要小，而且有更好的获利潜力。价差头寸一旦建立，你就可以像对待持有的其他头寸一样对待它，趋势跟踪和头寸规模确定模型都可以加以应用。

利用价差你可以建立以其他方法无法得到的关系。例如，货币的交叉汇率，就是利用国际货币市场（IMM）货币如马克兑日元计算出来的价差。这样就产生了世界上最活跃的交易关系之一，但是，如果只从美元或者英镑的角度考虑，你就不会想到这种关系。另一个被广泛交易的例子是用现金债券交易债券期货，这被称为基差交易。

蝴蝶价差交易是又一种用于这些市场的普通的价差交易策略，蝴蝶价差指的是一个共同的月份两个价差之间的差（比如，买进1996年9月1日的期货合约，卖出1996年12月2日期货合约，买进1997年3月1日期货合约）。蝴蝶价差交易对于一个场外交易商来说，由于存在佣金成本，因此交易起来是很昂贵的。然而，在欧洲美元或者欧洲马克这类市场上的场内交易商就可以利用这种策略，因为其佣金较低而且他们还有作为做市商的优势。蝴蝶价差交易风险一般非常低，而赚取利润的希望却很高。场内交易商因为是在交易两个价差，因此，他们经常能够抹平一个价差（也就是说做到盈亏平衡），而在另一个上获利，或者干脆抹平全部蝴蝶价差。

也可以做商品的合约间价差交易。假定你预测铜价会由于供给短缺而上涨，如果的确如此，你就会买进近期合约而卖出远期合约。这是由于在短缺时期，近期价格的上涨会超过远期，这就形成了一种被称为现货溢价的现象。

在进行商品交易时，永远要记住实际交割是合约规定的一部分。在金属交易中，无论是普通金属还是稀有金属，在其供应势头良好时，付现即提货方式是一种可以利用的策略。其做法是从仓库中提出金属货物，如果收益（价格上涨）高于在此期间的利率，就在将来某日再将其交割出去。如果利率高于这笔收益，或者收益最后为负，那么这种策略就不值得一试。

跨市价差交易是又一种值得一试的价差交易思想。它是对不同的市场进行相互交易，比如标准普尔和国库券、货币交叉汇率、黄金和白银等。实际上，撒普在本章中新加了有关跨市分析的一部分，约翰·墨菲（John Murphy）写了一整本书《跨市技术分析》（Intermarket Technical Analysis）来讨论这个专题。其基本思想是，因为你相信两个市场的相对变动可能是你最好的交易思想，所以你就打算对其价差进行交易。

还有很多其他形式的价差交易，可以了解一下，包括期权合约价差交易和套利，本章随后就将给予分析。这两者都是完整的交易艺术形式。价差交易可以很简单，也可以很复杂，完全随你的喜好而定，但是它确实值得研究。

## 2. 编者的评论

前面讨论过的所有的交易理念都可用于价差交易。价差交易的优点就是你可以对以前不可交易的一种关系进行交易。比如，你买黄金，实际上是在买黄金和货币之间的关系。如果货币价值相对于黄金下跌了，或者说黄金的价值相对于货币而言上涨了，那么你所买的它们之间的这种关系就上涨了。例如，在2003年，黄金的价格好像就上涨了，然而，黄金在2003年的价格上涨仅仅是因为美元贬值了，我们看的是黄金的美元价格。相比之下，在2006年黄金的价格用所有的货币衡量都上涨了，尽管美元升值了，黄金的美元价格实际上也还是上涨的。

价差就这样建立起了另外一种你可以交易的关系，它可以是以美元或欧元标价的股票，甚至可以是黄金价格和石油价格之间的关系。

## 5.7 套利

雷·凯利曾是我一位很亲密的朋友，也是我最早的客户之一。他曾是一个很优秀的老师，也是我所知道的最成功的交易商之一。自 1987 年我完成了与他的合作直到 1994 年年初，雷每年的回报率平均都在 40%~60% 之间。在此期间，他仅有一个月是亏损的，也仅仅是 2% 的亏损。雷后来退休成为一名交易商教练，并在南加利福尼亚经营一个精神疗养中心。他已经去世，我现在还经常会想起他。雷所写的这一部分到处洋溢着他了不起的幽默以及他对市场运作实质的透彻理解，那么请大家像我一样微笑着来怀念他，来看他写的这一部分吧。

## 1. 雷·凯利：套利是什么以及如何做

当有人问我以什么谋生时，我回答说：套利。于是我就会从他们脸上看到在我揭开汽车发动机罩或有人说到微积分这个词时，我自己经常会有的那种茫然的凝视。母亲们会赶紧把她们的孩子拉到身边，而男人们则会以怀疑的眼神看着我。

如果你能在大约 10 分钟之内克服对套利这个词的恐惧感的话，我保证你不仅能够理解套利的实质，也能理解它是如何影响你每天的生活的。如果你现在就开始采用套利思维，你会发现生活的每一个层面都存在着很多你以前忽略了的机会。你对套利的理解会让你放心地去参加下一次鸡尾酒会，在有人说到"那些做套利的家伙"时，不用再为打翻了大酒杯而说对不起。在酒会上，别人会把你当成智商很高的人之一，他们会以钦佩的眼光看着你——所有这些都是因为你花了 10 分钟的时间读了本书的这一部分。

几乎每一个行业的企业家都会做套利。在字典里，套利的定义是在一个市场中买入汇票，并在另一个市场中卖出。在字典里，对妇女的定义是雌性人类。这些定义都是对的，但是它们没有从整体上抓住这些词的本质。套利是一种发现的魔术，它是把每分钟的细节探究到令人讨厌的地步的艺术和科学。它是观察一种情形的每一方面的过程，就好像它是一颗钻石，在台上慢慢滚动，因此你可以观察到它的每一面，你看到的每一面都是独特的。它属于那些热爱探寻解决别人认为不可能解开的谜题的人。

> 套利是一种发现的魔术，它是把每分钟的细节探究到令人讨厌的地步的艺术和科学。它是观察一种情形的每一方面的过程，就好像它是一颗钻石，在台上慢慢滚动，因此你可以观察到它的每一面，你看到的每一面都是独特的。它属于那些热爱探寻解决别人认为不可能解开的谜题的人。

埃德温·勒弗（Edwin Lefevre）在《一个股票操作者的追忆录》（*Reminiscence of Stock Operator*）中描述了随着电话的出现，20 世纪 20 年代初所发生的事情。纽约股票交易所的所有股票报价都是由电传打字机发出的，就是我们今天所说的进行证券买空卖空的投机商号。这非常像场外赛马赌博，投机商号可以让你知道报价，然后发出买入还是卖出的指令。但不同的是投机商号的老板就是赌注登记经纪人或当地的专家，他会把这笔交易记录到自己的名下，而不是打电话给交易所，马上成交。例如，股票自动行情显示装置显示，伊士曼·柯达（Eastman Kodak）在 $66\frac{1}{2}$ 点上成交。客户会说：买进 500 股。然后投机商号的老板就会确认购买并成为这笔交易的买方。

一个有电话的聪明家伙最终想到电话比纽约股票交易所场内的电传打字机还要快。他与投机商号做一些小笔的交易以示他在场，但在有波动的时候他总是与其同伙用电话保持着联系。如果有坏消息传出来，他就可能已经发现伊士曼·柯达在自动行情显示装置上显示的还是 $66\frac{1}{2}$ 点，而实际上在纽约交易所的公告中却是 65 点。因此，他就会以 $66\frac{1}{2}$ 的点卖给投机商号老板，能卖多少卖多少，并通过他在纽约交易所场内的朋友再以 65 点买回。这样，他每 100 股股票就稳赚 150 美元。不久之后，这个聪明的家伙就雇用了一些人在这些商号里交易，结果很多投机商号被迫歇业。终于，剩下的投机商号也都有了自己的电话。

这是一种不道德的行为，还是一种让市场定价更有效的方法？投机商号的老板把这笔交易记录到自己的名下，而不是记录到实际买进股票的人的名下的行为也是可耻的吗？重要的是你要记住：经济本身是没有道德准则可言的。就是如此。人们把各种做法归于"好的"和"坏的"或是"对的"和"错的"。投机商号的老板认为套利玩家的行为是错误的，而纽约的经纪人却喜欢这不断增加的佣金业务，也就喜欢这些套利玩家。

套利玩家自己则认为，既然电话对每个人都是开放的，他们只是在做任何聪明人都能够想到的事情。他们认为没有义务去向那些最终会自己想明白的人解释一切，来抹杀他们的聪明。随着时间的推移，总是会有一些人采取行动来阻止套利者，或者加入其中，使得这些机会越来越无利可图。经济学对于局中人的情感是中性的，有一句话这样说：如果桌上有钱，谁捡就是谁的。

> 重要的是你要记住：经济本身是没有道德准则可言的。就是如此……经济学对于局中人的情感是中性的，有一句话这样说：如果桌上有钱，谁捡就是谁的。

在我还是个少年时，我做了第一笔套利。尽管我一个子儿都没有，而我的邻居却都是有钱人。我父亲的邮件中总是会有一些"免费的"信用卡。在 20 世纪 60 年代的一天，我们遇上了一场暴风雪，就像我们今天在中西部时而会遇上的一样。我住在一家五金店的对面，我知道它有一个扫雪机待售，价格是 265 美元。它可是一个特大的扫雪机呢！我知道就是扫雪机这种东西也不会进入富人的家里。

我还注意到在我父亲的桌上有一封未开启的信，里边装有一张 Towne & Country 的信用卡。我的名字和父亲的一样，结果我就拿走了它（这就是风险套利）。在那家五金店早上 7 点开门时，我就用这张信用卡买下了那个扫雪机。那天我一直干到晚上 8 点钟，扫出了 11 条长长的私人车道，赚了 550 美元。第二天早上 7 点，我把这个扫雪机以 200 美元的价格又卖给了五金店的那个伙计。他把信用卡的收条还给我，我把那个稍微用过的扫雪机还给他，这时扫雪机的需求还是很大的。我净赚了 485 美元，感觉自己就像是吃到了金丝雀的猫一样！

几年前，有一个持有 3 000 股股票的人来向我征求意见。他说他有一个机会可以通过一家公司买到更多打折的股票，就是一个能以 19 美元买进价格为 25 美元的股票的机会。尽管他可以买到的股票并不是很多，但看上去仍不失为一次很好的机会。

我在芝加哥期权交易所（CBOE）工作了 25 年，还从没见过能与之相比的投资。因此，我告诉他这是一桩很不错的交易，并打电话给这家公司，让它找出更多的红利再投资计划。我还发现其他一些公司也有类似的计划，并且经纪公司也开始参与到这些计划中。

我想：他们是如何做的？如果买进 100 万股，他们只能对红利进行再投资，购买股票所损失的利息会让利润所剩无几。他们还会冒巨大的市场风险。然而我还是看到其他人在做这种交易，就一门心思想搞明白他们是怎么做的。有些人很显然在赚钱。我查阅档案，与保证金部门的职员交谈，并观察在红利发放日之前发生的交易。慢慢地，一切变得清晰起来。我最终解决了这个看起来是一个确定无疑的输家的问题。然而，我没有足够的资金自己来做，因此，我费尽千辛万苦，在证券行业中找到一家公司，这家公司当时还没有开展这样的业务，而且在我跟他们解释了这一做法后，他们也不会从我这里偷走。这是一个很长的过程。

套利者必须找到一家愿意透过现象看本质的公司——这正是机会之所在。律师通常是横在我们面前的一堵难以逾越的防御之墙。他们受雇于公共机构进行调查，而现状一般都难以改变。如果出了什么差错，他们就会受到责备。然而，如果他们把事情拖着，反而会拿到钱。如果事情有一点曲折，不会有人付钱给他们去寻找别的办法，他们只会告诉你：你的方法不行。他们不喜欢被强迫给出问题的细节，也不喜欢很快答复。这正是他们的魅力所在。另一方面，一旦你越过了这一过程，你也就成了现状的一部分（至少在一小段时间里是）。

套利通常对时间是很敏感的。一旦有些机会被发现，竞争通常就会降低其利润，而且监管者最终也会堵上他们曾一度忽略的漏洞。这个时间框架通常被称为"窗口"。比如，一个有红利再投资计划的公司可能会说：我们这一计划的初衷只是针对小的投资者。套利者的反应是，公司的意图并不是其计划的法律文本的一部分。反过来，公司一般会通过法律或改变其计划以寻求弥补。不管是哪种情况，套利机会都是指向公司意图的经济学中的瑕疵。套利者从这些瑕疵中赚到钱。

我向其展示自己的想法的那些投资机构这些年来存在一个我们称之为基础结构的问题。大公司都被划分为很多部门，分别负责管理具体的业务。在证券行业中，一个部门可能负责处理客户账目，另一部门会处理股票债权，另一部门处理不动产交易等。每个部门都有各自的利润目标和必要收益率的要求。必要收益率是指一项投资方案能够为部门主管所接受而必须达到的最低的收益率。

公司的 CEO 一般都会把管理权交给各部门主管。这里的问题是经济状况（和机会）并不关心公司的结构。从公司的角度来看也许是有效的方面，但它也可以造成无效率的方面，而被认为是做生意的成本。既然公司的一个部门主管去窥视其他经理的管辖范围是令人不齿的，那么这些无效率的方面也就很少会得到较快的纠正，即使不是一点都不纠正。

有一个具体的实际的例子。我曾经给一家大的经纪行介绍一种策略，这个策略在扣除我应得的部分后，他们还可以实现 67% 的净资本回报率。不幸的是，我需要公司的三个部门共同配合来实现这一策略。每一部门的必要收益率要求都是 30%。没有一个部门愿意接受更低的必要收益率，因为那会削弱该部门的整体形象，尽管这样可以大大提高整个公司的回报率。在将近两年的协商中，回报率从 67% 下降到了 35%，不夸张地说，数千万美元的潜在利润就这样被做了赌注。公司没有做一笔生意，而就我所知，原来的几个部门经理都依然还在那里工作。

一旦你超越了这些基础结构，并且赢得了公司的信任，也还会有其他问题。一个战壕里的战友会被你激怒，因为你所做的事情没有一件是符合常规的。我总是要求他们为我做一些与他们为老客户所做的稍有不同的事情。我坚持对那些微不足道的、看似无关紧要的程序时刻给予关注。

例如，如果一笔交易在纽约股票交易所进行，我就可以和他们协商一个固定的比如说 150 美元的交割费用，而不管交易量的大小。但我无法帮助客户与证券交易委员会就其规定的 0.003% 的股票交易费用讨价还价。虽然看上去这只是一个小数目，但对于 1 亿美元的交易来说，就是 3 333.33 美元。对我来说，这可是一大笔钱。

一家经纪行不可能向美国政府收费，它只会把这些费用转嫁给客户，而且这类费用一般也不会受到质疑。但是如果我的客户每年打算做 1 000 笔 1 亿美元的交易，上缴政府的费用就会超过 300 万美元。机会经济还是不会向政策妥协，即使这一政策是来自美国政府。而如果我建议客户，假如他是在多伦多而不是在美国交易的话，就可以省去这笔费用，并且能够合理地逃脱政府当局的盘问，还不会在国内搞得名声很坏，那么这个客户就会喜欢我。然而，必须处理此类交易的职员就绝对不会喜欢我了，这些在他看来仅仅是小打小闹的琐事搅乱了他的生活。如果我把所省费用的10%给他，事情很快就可以搞定，但是我向人们揭示的信息越多，我失去这些优势的速度就更快。

最终，其他人也会知道我在干什么，并想方设法进来分一杯羹，这就叫做反向操纵。有些公司所有的部门都盯住华尔街，以揭开这些策略。我认为这一过程在经济体系的价格发现中起着至关重要的作用。套利者在一定程度上指出了不容政府当局忽视或者拖延的某些判断错误或认识错误。在很多情况下，它迫使一些公共机构去留意那些他们很可能忽略的情形。

我依然惊讶于证券公司和银行看来采取了所有的防范措施，结果还是会遭遇上亿美元的损失。策略的批准过程是如此苛刻，以至于那些从事交易的套利玩家没有动机来帮助自己的公司进行风险评估。由于工作的本质使然，套利者几乎总是以公司对立面的角色收场。交易商的诚实应该综合其生活的全方面来加以考虑。诚实似乎是大多数交易公司的最后一道防线。

你的任务就是通过套利交易去纠正那些无效的方面，无论别人是否想让你去纠正。通过纠正错误你会得到报酬。你的工作就是把别人的策略或理念一点一点地批得体无完肤。如果你没找出什么可以批驳的，这是常有的事，那么你就转向下一个策略或理念。

总之，结论就是套利生涯与稳定无缘，因为一切都在变化之中——漏洞会被堵住，利润会渐渐变薄。同时，你会认识到，生命中的一切皆在不断变化之中，而接受这种变化就是经历人生愉快的冒险。你还会认识到犯错误是人性的一部分，我们正是这样学习和成长的。你的任务就是通过套利交易去纠正那些无效的方面，无论别人是否想让你去纠正。通过纠正错误你会得到报酬。你的工作就是把别人的策略或理念一点一点地批得体无完肤。如果你没找出什么可以批驳的，这是常有的事，那么你就转向下一个策略或理念。你看问题的方式、提及问题的方式都决定了你对套利的看法。

套利交易的成功取决于你愿意比别人多付出多少。套利是社会经济无效的清除剂，它使我不会成为一个观众。毕竟，人生只有两个地方可选，要么是竞赛场，要么是看台，而我宁愿选择搏击在竞赛场上。

## 2. 编者的评论

从本质上来说，大多数交易和投资都是套利的一种形式——寻找市场中存在的无效率之处。套利使得市场价格保持一致，而且也的确让市场在某种程度上是有序的。而雷·凯利的套利模式是套利最完美的应用。它几乎简直就是获得了印刷钞票的许可证，当然这只是在有限的一段时间里。如果你真的想成为一位专业的交易商，那么我极其赞成你继续寻找此类机会。每一个机会一经发现并很好地利用，都会给你带来数以百万美元的回报。

## 5.8 跨市分析

我在《通向财务自由之路》的第 1 版中介绍了卢·门德尔松（Lou Mendelsohn）关于神经网络系统的一部分。神经网络系统实际上不是一个交易理念，只是一个进行市场分析的方法，因此，在新版中我决定将其舍弃。神经网络系统能干什么，只有具备用来展示市场之间的关系的功能才可能是一种理念。再者，我认为经济正在走向全球化，因此理解市场之间的关系变得越来越重要。路易斯·门德尔松（Louis Mendelsohn）同样也是一位跨市分析的专家，所以我请他对这个有意义的问题另写新的一部分。㊀

### 1. 路易斯·门德尔松：跨市分析

如果你走进一家饭店看一下菜谱，想吃煎里脊小牛排，结果发现其价格是 27.95 美元，你可能会觉得太贵。所以你选择 21.95 美元的小羊排，或者选择 15.95 美元的鸡。

欢迎加入跨市分析的世界。无论你是否认识到，每天你可能做着和公司的总裁在决定是用天然气还是石油给办公室或是工厂取暖一样的选择（如果他们有这种选择的灵活性的话）；或是农民在了解了投入成本和市场价格后，对是种玉米还是大豆所做出的选择一样；或是投资者在分析大盘投资相对于小盘投资，或是一个市场部门相对于另一个市场部门，或是国际股票相对于本国股票的回报时所做的选择一样。

（1）**没有孤立的市场**。没有一个市场是在真空中运作的，尤其是在今天全球的、

---

㊀ 路易斯·门德尔松是位于佛罗里达韦斯利查珀尔的市场技术公司的总裁和首席执行官，以及 VantagePoint 跨市分析软件的开发人。他还参与建立了免费的教育网站：www.TradingEducation.com。他的 e-mail：www.Tradertech.com。

24小时运转的电子化交易市场上。在这样的市场上，一个市场会很快受到其他相关市场上所发生的事情的影响。虽然很多交易商会回顾一个市场的历史价格，以判断该市场过去的表现将可能如何预示其将来的最终走向，但是他们同样需要横向关注其他市场，判断其他市场上的价格变动对其正在交易的市场上的价格会有何影响。

从直觉上来说，大多数交易商都明白市场是相互联系的，影响一个市场的事情有可能会在其他市场上产生影响。然而，自20世纪70年代当我首次进入这个行业以来，很多交易商仍然只限于使用单个市场分析工具以及身边的信息来源。

虽然人们很早就对市场间的相互关系有了一个大致的了解，但问题是，如何以交易商在进行决策时可以使用的方式对这些关系进行量化。自20世纪80年代中期以来我的研究就主要集中于开发可以进行跨市分析的量化方法。它既不是对传统的单一市场技术分析的彻底背离，也不是要试图取而代之。

在我看来，跨市分析只是在今天经济和金融市场相互依赖的全球背景下对传统的单一市场技术分析的一种扩展。尤其是在为其他市场提供定价基础的外汇市场上，你必须采用一种以某种方式体现跨市分析的方法。我目前正在进行的研究的一个重要方面就涉及分析哪些市场在彼此之间最具影响力，以及确定这些市场彼此相互影响的程度。

飓风经济学是我于2005年发明的一个概念，它描述的是世界上的重大事件和市场之间的相互联系，以及任何事情都不能孤立地来看待的完美的例子。2005年袭击了太平洋沿岸地区和佛罗里达的飓风不仅仅是对当地经济造成了破坏，实际上，还影响了即将到来的数月甚至数年的时间里整个世界的经济，它会影响到能源市场、农产品市场、建筑产业、联邦赤字、利率，当然还包括外汇市场。在我们看待诸如自然灾害这样的重大事件以及它们对全球金融市场的影响时，飓风经济分析和跨市分析是一回事。

（2）**发现市场的影响**。我目前正在进行的VantagePoint跨市分析软件的开发研究开始于1991年。这项研究表明，比如，如果你打算分析欧元相对于美元的价值（EUR/USD），不仅需要查看欧元的数据，还需要查看其他相关市场的数据以发现背后隐藏的模式以及会影响到EUR/USD关系的关系：

- 澳大利亚元/美元（AUD/USD）；
- 澳大利亚元/日元（AUD/JPY）；
- 英镑；
- 欧元/加拿大元（EUR/CAD）；
- 黄金；

- 纳斯达克 100 指数；
- 英镑/日元（GBP/JPY）；
- 英镑/美元（GBP/USD）；
- 日元。

各种货币市场之间的关系也许是显而易见的，但是股票指数、美国国库券或原油价格对两种外汇的关系的影响可能就不是那么好理解了。但是研究已经表明，这些相关的市场确实对一个目标外汇市场有非常重要的影响，而且通过这些研究也能够事先洞悉外汇市场将来的价格走向。

一些分析人员喜欢对两个相关的市场做相关分析，以度量一个市场的价格变动与另一个市场价格变动的相关程度。如果第二个市场的价格变化能够由第一个市场的价格变化准确地预测出来，那么这两个市场就被认为是完全相关的。如果两个市场的变化方向一致，它们就是完全正相关的；如果两个市场的变化方向相反，它们就是完全负相关的。

这种分析方法有其局限性，因为它只把一个市场上的价格与另一个市场上的价格进行比较，而没有将其他市场对目标市场的影响考虑进去。在金融市场，尤其是在外汇市场上，在进行分析时需要将很多相关的市场包括进去，而不能认为仅仅只存在两个市场之间的一对一的因果关系。

相关分析也没有考虑经济活动中可能存在的领先因素和滞后因素或其他影响市场的因素，如外汇。这些计算只是基于目前的价值，可能没有考虑需要一些时间才能充分显示其对市场影响的中央银行干预或政策变化的更长期的影响。

（3）反向因素。在有些情况下，反向关系是最有意义的，尤其是对于在国际贸易中以美元标价的黄金或石油市场。对黄金的价格和美元的价值进行比较的图 5-10 就表明，当美元的价值下跌时，不仅外国货币会升值，黄金的价格也会上涨。对最近几年的数据进行的研究表明，黄金和美元之间存在着负相关关系，相关系数为 -0.90 以上，也就是说，它们的变动方向几乎从未一致过，几乎总是以相反的方向进行变动。

另一方面，EUR/USD 的价值和黄金价格展示了高度的正相关关系，也就是说，欧元的价值和黄金的价格经常是肩并肩一起变动的，这就告诉我们当资金撤离美元市场时，欧元市场和黄金市场两者都从中受益，见图 5-11。

如果你从黄金的价格走势图上注意到了一个趋势或价格信号，这也许就是你可以在价格移动可能尚未开始的外汇市场上建立头寸的一个很好的信号；或者相反，外汇市场的价格变动也可能向我们透露，黄金价格的变动即将拉开序幕。

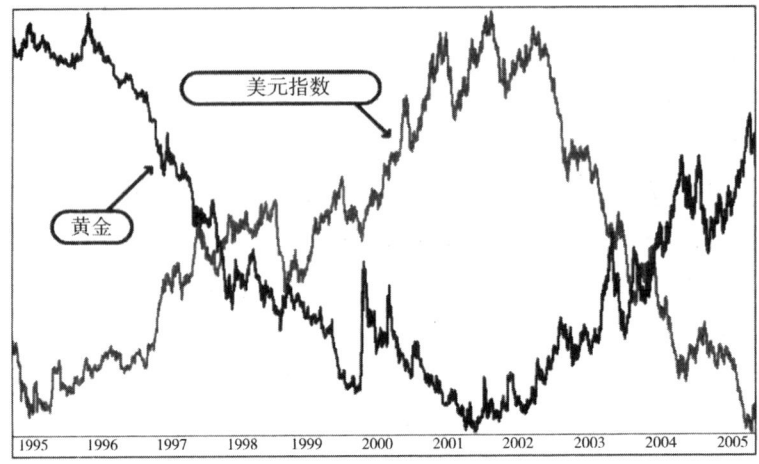

图 5-10 黄金和美元的反向关系

图 5-11 黄金和欧元的直接关系

由于原油在世界商业经济中占有重要的地位，所以这也是一个要密切关注的关键市场，因为任何影响到其供给和销售的因素都有可能在其他市场产生影响。这就是为什么会威胁到石油正常供给渠道的恐怖袭击事件或像卡特里娜飓风这样的自然灾害经常会引起外汇和其他市场的即刻反应。

虽然这些都是令交易商的市场分析变得困难的各种各样的冲击，然而更典型的情况通常包括发生在市场之间的暗示着一个价格变化即将开始的更为微妙的变化。如果你不做某种形式的跨市分析，可能就不会理解这些关系以及它们对相关市场的影响，因为这些线索都不是显而易见，而是隐藏于其中的。

**（4）多个市场的影响**。市场是动态、不断转移和演变的。当你追溯 5 年或 10 年的数据以找出反复出现、可以预测的模式，以试图考察 5 个或 10 个相关市场同时对一个目标市场的多重影响时，像线性相关分析和主观性的图表分析这些方法作为趋势和价格预测的工具都是不够的。

单一市场分析工具是无法弄清市场之间的相互关系的。所有认真对待交易的人，都需要从一开始就确保获得正确的工具。当然，无论你付出了什么或使用了什么工具，都没有 100% 正确的。即使最好的工具也只能给你数学意义上的概率，而不是确定性，但是仅仅为了获得交易的优势，你的工具无须达到完美的地步。

如果分析工具可以帮助你发现各单个市场之内和全球相互关联的市场之间反复出现的模式，你就拥有了比其他交易商胜出一筹所必需的一切。对以后几个交易日价格动向的洞察为你坚持交易策略增强了信心和约束，并使你在恰当的时候毫不怀疑、毫不犹豫地开始行动。

当然，市场分析不能仅限于市场之间的关系，在今天通讯便捷快速、交易技巧很成熟的世界，你应该使用我称之为协同市场分析的方法，它集技术分析、跨市分析和基本面分析于一体。既包括适合你的交易风格的传统工具，又包括了对今天可以在互联网上获得的信息的利用。

## 2. 编者的评论

在下一章，将讨论精神层面的交易，它意味着你要理解大环境对你的交易思想的影响，我们将讨论大环境以及你如何利用大环境来帮助你交易。市场是相互联系的观念从根本上来说是一回事。如果你不了解欧元、黄金、石油和利率对美元的影响——这里我们只是列举几个重要的变量——你怎能对美元进行交易呢？当然，你也可以仅凭看看价格，就利用价值交易、波段交易和趋势交易等进行交易。但是，如果你清楚其他市场上所发生的事情将会如何影响到你所交易的市场，这不是对你更有利吗？这就是跨市分析的优势。

## 5.9 万物皆有序

万物皆有序是极其流行的观点。人们想明白市场是如何运作的，因此对他们来说，找到事物的一些基本结构是最有吸引力的。当然，他们相信，一旦了解了事物的基本结构，就能够预测市场的变动。在很多情形下，这种理论还会更精确，因为它试图预测市场变动的转折点，这对大多数人具有的追求正确和控制市场的心理倾向自然很有吸引力，因此，他们希望抓住市场的转折点。另外，这一观点对公众而言，也是一个极有价值的卖点。关于市场秩序的理论有很多，包括甘氏理论、艾略特波浪理论、占星术理论等。

我决定自己来写这一部分，因为一个人在某一市场秩序理论方面是专家，在另一个市场中不一定也是专家；专家们似乎关心如何证明或者反驳其理论，胜过关心该理念是否可交易的问题。因为我相信，几乎任何一个理念都是可交易的，所以我认为让我来概括性地讨论这些理念，然后指出你可以怎样利用这些理念进行交易更为容易。

从根本上说，有三种理念认为市场是存在一定的秩序的，所有这些理念都是用来预测市场转折点的。在讨论这些理念时，我在整体上做了一些过度简化，所以我请求所讨论的各种理念的每一位专家对此给以谅解。

## 1. 人的行为有其周期性

第一个理念认为市场是人的行为的产物，而人的动机可以用某种结构来概括，其中最著名的理论是艾略特波浪理论。这一理论认为恐惧和贪婪的冲动遵循明显的波浪模式，从本质上来说，该理论认为市场是由五个上升的波浪和随后三个修正性波浪组成的。例如，一次大的市场上涨趋势是由五次上升的波浪（波浪 2 和波浪 4 的方向是相反的，即是向下的）和随后三次下降的波浪（中间一个波浪的方向是相反的，即向上的）组成的。每个波浪都有其显著的特点，五个波浪系列中的第三个大波浪是最具有交易价值的。然而，这个理论会因为波浪中还有波浪而变得非常复杂，换句话说，市场上存在着大小不同的艾略特波浪。比如，一个大的市场变动的第一个波浪有可能是由另一个也有着五个波浪和随后的三个修正性波浪组成的完整序列构成的。实际上，艾略特认为有各种不同程度的波浪，从庞大的超周期波浪到非常非常小的波浪。

在做市场决策时，某些规则对应用艾略特波浪理论会有所帮助。因为波浪可以伸缩，而且模式也会有所变化，所以规则也会有所变化。这些规则及其变化的性质超出了本书讨论的范围，**但是这些规则确实能让你达到可交易的市场变化的转折点**。换句话说，这里的任务就是确定是哪些波浪系列导致了任何给定的转折点。

## 2. 物质系统以可预知的模式影响人的行为

有关市场秩序的第二个理念是建立在宇宙中物质系统的各个方面之上的。看待物质系统的逻辑是基于以下一些假定的：市场移动是建立在人类的行为之上的；人类无论在物质上还是情感上都会受到各种物质系统及其所释放出的能量的影响；如果这些物质能量是有一些模式可言的，那么其对市场的影响也应该是强烈的和可预见的。

例如，科学家已经证明太阳黑子的运动是有固定周期的。太阳黑子实际上是太阳释放出来的电磁能，它会对地球产生很深刻的影响。

大量的太阳黑子活动会造成大量的带电粒子集中于地球的磁气层，这样好像保护了地球免遭来自太阳的一些有害影响。如果这个理论是正确的话，正如人们所期待的那样，太阳黑子活动最剧烈的时期好像与人类文明的制高点是相关的。我们目前正处于其中之一！相反，太阳黑子活动微弱的时期则好像与我们可以称之为人类文明的退化相关。显然，如果这样一个理论是有效的，而且太阳黑子活动是可预见的话，那么我们就将预料到太阳黑子活动对市场行为会有强烈的影响。

人们多次试图把诸如太阳活动这样大的物质系统与市场联系起来并基于此进行市场预测。把足够多的最佳情形的事例收集起来，向别人或向自己证明这些理论是正确的，这是很容易做到的。我已经目睹它成百上千次地发生了，因为人们存在着一种简单的知觉倾向，仅仅通过几个精心挑选的例子就可以说服他们相信某些关系的存在。然而，理论和现实之间存在着非常大的差别。

约翰·纳尔逊（John Nelson）是一位无线电传播方面的专家，他能够以88%的准确率预测间隔6小时的无线电传播质量，他是利用行星的校准系统做到的。几位市场研究人员把1940～1964年期间所有出现最恶劣的暴风雨的日子收集起来，并对暴风雨开始前后各10天的道琼斯工业平均指数（DJIA）变化的百分比进行了统计，结果他们发现从暴风雨开始前的2天一直到暴风雨结束后的3天，DJIA在统计上显示出显著的下降趋势，而且在新月和满月期间，这一趋势更大。然而，在这期间的大部分时间里，股票市场是在已经有下跌倾向的情况下处于熊市的。⊖

1989年3月5日，一次巨大的X射线太阳耀斑在太阳的表面爆发，持续了137分钟，使得对其进行监控的设备的传感器超负荷运转，在它爆发的地区，一团太阳黑子清晰可见。到3月8日，太阳质子的流动开始了，大量的离子开始以太阳风的形式流向地球，一直持续到3月13日。设在设得兰群岛（Shetland Islands）的地球磁性监控器记录了每小时高达8度的磁性变化（而正常的偏差只有0.2度）。电源线、电话线和电缆网络都发生了巨大的波动，无线电和卫星通讯也被严重破坏。造成加拿

---

⊖ 这一消息的来源是格雷格·米多尔（Greg Meadors）和埃里克·盖提（Eric Gatey）发布于互联网上的帖子。最恶劣的暴风雨发生在1940年3月23日、1941年8月4日、1941年9月18日、1942年10月2日、1944年2月7日、1945年3月27日、1957年9月23日、1960年4月24日、1960年7月15日、1960年8月30日、1960年11月12日、1961年4月14日和1963年9月22日。见www.mindspring.com/edge/home.html。

大的变压器超负荷运转，导致100多万人突然间断电。然而，这一次太阳耀斑的爆发从太阳活动的意义上来说，无论如何都不是什么大事。

1989年3月5日～3月13日之间爆发的太阳耀斑相对于太阳的能量而言是很小的，但是，它是20世纪所记录的最大的一次太阳活动——要比纳尔逊所记录的任何一次暴风雨都要强烈。因此问题是它对市场有什么影响？我能给你的最好的回答是，它对市场根本没有影响。

在弗朗索瓦·马森（Francois Masson）1979年写的名为《世纪之末》的书中，⊖ 作者预测在2000年将会有一次太阳黑子活动和股市的高峰。2000年4月的确出现过太阳黑子活动的一次高峰。然而，马森认为太阳黑子活动的周期是16年，而科学家相信现在的周期将是11年。此外，我们预计到2006年将会出现太阳黑子活动的低潮，那么这是否是一次经济高涨的开始呢？我个人并不这么看。然而，如果你真想更多地了解太阳活动的周期，你可以看一下斯特恩·奥登沃尔德（Sten Odenwald）写的《第23次周期》。这一现象可见由（美国）国家航空航天管理局（NASA）提供的图5-12。

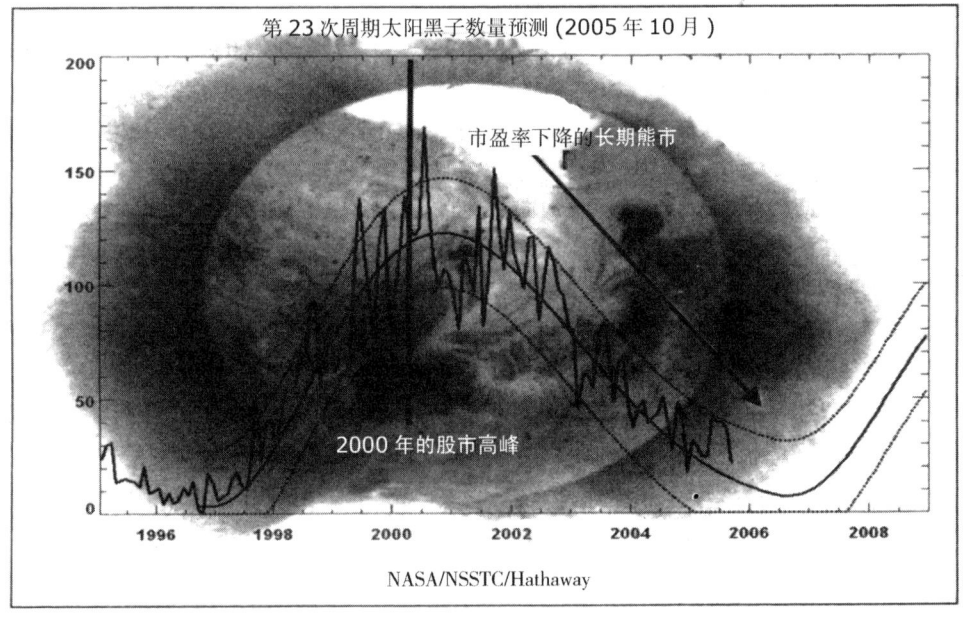

图 5-12　太阳黑子活动图

---

⊖ 查阅该理论有关的参考文献，请登录 www.divinecosmos.com/index.php？option＝com_content&task＝category&sectionid＝6&id＝26&Itemid＝36。

尽管存在着一些相反的例子，但我们还是假定这些物质实体的活动有一些规律可循，并且它们确实对市场会有轻微的影响。例如，也许它能把我们正确认识市场变化的概率从48%提高到52%，这大约与拉斯韦加斯的纸牌计数器得到21点，而卡西诺赌场不再使用纸牌计数器的概率相同。因此，利用物质系统来解释市场秩序也是一个可交易的理念。

## 3. 宇宙中有一种神秘的数学秩序

第三个有关市场的秩序性的概念是通过数学方法寻找答案，它断言某些神奇的数字以及这些数字之间的关系会影响市场。例如，据说毕达哥拉斯曾在一所古代的神秘学校里讲授宇宙的一切原理都是建立在数学和几何学的基础上的。此外，某些神秘的社会和宗派好像将这一观念更推进了一步。当前正被他的很多追随者所推崇的 W. D. 甘恩（W. D. Gann）的工作，就是建立在数学的秩序之上的。

数学的秩序理论有两个主要的假定：某些数字在预测市场转折点方面要比其他数字更为重要；这些数字无论是在价格水平方面还是时间方面（什么时候预测到市场中发生的变化）都是很重要的。比如，假设你相信45、50、60、66、90、100、120、135、144、618等都是些神奇的数字，你所要做的就是找到那些"重要的"顶点和低谷，并把这些数字应用到其中——观察时间和价格。例如，你可能会预期市场会出现 0.50、0.618 或 0.667 这样的修正。此外，你还可能会预测你的目标价格会在 45 天后或 144 天后或者其他神奇的数字时间之后实现。

如果有足够多的神奇数字，就可以在事后对你的预测进行计算和验证，然后就可以将这些预测应用到对未来的估计上，说不定其中有一些还真会应验。如果你有足够多的神奇数字可用的话，这通常是会发生的。比如，如果有一个房间里至少有33个人，那么找出两个生日相同的人的概率是相当大的。然而，这并不是说这个共同的日子就是一个神奇的数字，尽管有些人可能会很快得出那样的结论。

就让我们假定这些数字确实是存在的吧，同时假定它们是不完美的，但是它们确实能把你预测的可靠度提高到仅靠运气以上。例如，有了神奇数字，你可能会预测道琼斯工业平均指数在7月23日应该会有一个大的转折。你估计这个预测的可靠度是55%，如果真有这样的优势，那么你就会有可交易的事件了。

这些神奇的数字有些被称为斐波纳契数列。我见过当把斐波纳契折回放在图表上时，可以看到非常惊人的相关性。比如，0.667、0.618 和 0.5 在预测转折点时似乎的确很"神奇"。然而，对此同样也有非数学的解释。如果有足够多的人相信这些神奇数字的魔力，那么这些数字也将会从人们对它们的信念中达到神奇的效果。记住你只能根据自己对市场的观点来进行交易。

## 4. 结论

以上三个有关市场的秩序性的理念有什么共同之处呢？它们都预测市场变化的转折点。在大多数情形下，转折点往往给交易商提供关于何时进入市场的信息，在某些情况下，它们还能给出利润目标和关于何时退出市场的信号。到第9章你就会明白，利用一个完全随机入市的交易系统赚钱是有可能的。因此，如果任何一种预测方法能够让你在预测市场方面比仅仅靠运气的结果要好，那么你在这笔交易中就有一些优势。

我们应该如何利用这些预测来进行交易呢？首先，你可以利用期望的目标日期（在此基础上你可以加减任意的时间差）作为入市的滤嘴。因此，如果你的方法预测到7月23日会发生一次市场转折，你给出的可能的时间偏差是1天，那么你就应该在7月22日和7月24日之间寻找入市信号。

其次，在入市前，你必须从市场中发现它正在发生你所预期的市场变动。市场变动本身才是你交易的信号，而不是你预测变动发生的时间。最简单的交易方法就是在你预期变动的窗口中寻找一个波动突破发生的信号。例如，假设过去10天的平均日价格波幅（以平均真实波幅计量）是4个点，你的信号可能是这个波幅的1.5倍，也就是6个点。那么，在昨天的收盘价基础上上下波动6个点，就是入市的信号。然后利用适当的停价、退出和头寸规模确定来控制交易。这些在随后的章节里会有讨论。

利用这些有关市场秩序的理念进行交易获得利润的关键和利用任何理念进行适当交易的关键是一样的。首先，在理念不起作用时，你需要合适的退出来保住你的资本，而在它有效时创造较高的回报。其次，你需要适当地确定各种头寸以实现交易目标，因此，即使这些理念只能帮你提高1%的准确率，仍然能够利用它们进行交易进而获利。然而，如果不强调这些系统的预测功能（因此放弃控制市场和追求正确的需要），而集中关注市场退出和头寸规模确定，你会做得相当好。

## 小　结

本章旨在介绍众多不同理念中的几个，你可以根据自己的观点利用这些理念在市场上进行交易或投资。每一个理念都可以给你带来优势，但是没有一个能帮你赚钱，除非你把它们与本书所介绍的其他重要的因素结合起来，诸如有一个初始停价标准，有一个退出策略，把你的系统理解为一个 $R$ 乘数的分布，或利用确定头寸规模来实现你的目标。这些内容在本书后面都会涉及，它们都必须与你所选定的作为主要的投资风格的交易理念融为一体。

依我看，这些理念没有哪一个比另一个更有效（或更有价值）。此外，我对任何一个理念也不会表达任何个人偏向。本章的目的只是向你展示多种不同的观点。⊖

讨论以汤姆·巴索对趋势跟踪的介绍开始，他简单地发表了自己的看法，认为市场偶尔会长时间地朝一个方向变动或市场是有趋势的，这些趋势是可以捕捉到的，并形成一种交易的基础。其基本思想是要找到一个标准来确定市场何时变得有趋势，沿着市场趋势的方向入市，然后在趋势结束或者信号被证明是错误的时退出市场。这是一种很容易遵循的技巧，如果你理解了其后的理念并始终如一地追随就能赚到不少钱。

查克·勒博讨论了第二个理念：基本面分析。这实际上是对市场供求关系的分析，很多学者认为这是可用于交易的唯一的方法。这个理念一般确实给你一个价格目标，但分析（或者一些专家的分析）可能与价格的实际变化没有任何关系。不管怎样，有些人利用基础数据进行交易，结果很不错，所以这也是一个你可以选择的方案。如果你想遵循这个理念，查尔斯给出了七条可以遵循的建议。一般来说，有基础关系做支撑的趋势要比背后没有基础原因的趋势可靠得多。他主要讨论了基本面分析在期货市场中的应用，而未讨论其在股票方面的应用，这在价值交易部分进行了论述。

接下来，我提出了价值投资的观点，也就是可以通过买进你认为价值被低估了的资产和卖出你认为价值被高估了的资产进行投资。这是一个非常简单的理念，很多被认为是市场天才的人都利用这一理念。然而，这里的关键问题是：你如何确定价值。这一部分讨论了那些有效的以及无效的方法，如果你喜欢价值投资，这里也给你提出了提高业绩的一些小建议。

D. R. 巴顿分析了波段交易。如果你相信市场往往会在一定的范围内活动，而且这个范围足够宽，可以进行交易，那么波段交易就为你提供了完美的选择。这一理念特别适合短期交易商和那些不喜欢买高和卖低的人。巴顿讨论了波段交易的优缺点，并对所交易的各种波段进行了简要的描述。

杰里·托普克讨论了季节性趋势的理念。季节性分析是建立在某些商品在一年中的某些时期价格会较高，而在另一些时期价格会较低的基础特质之上的。结果就形成了一个新的理念，结合了基本面分析中的供需分析和趋势跟踪的时机选择价值。如果你确信你所发现的任何季节性趋势都有其合理的理由，那么季节性分析是你在市场中跌打滚爬的又一可选策略。

凯文·托马斯是 LIFFE 的场内交易员，他讨论了价差交易。价差交易的优势在于，你是在对商品之间的关系进行交易而不是商品本身。因此，你可以获得那些通过其他方法不

---

⊖ 有很多理念我在本章里没有提及，诸如抢帽子、统计交易、套期保值等，因为如果都包括进来，本章就会比预计的多很多。本章所涉及的只是大多数人交易的大多数理念中主要的一部分。

可能得到的新机会。凯文在他的讨论中给出了一些价差交易的非常好的实例。

雷·凯利以一种非常幽默和巧妙的方式介绍了套利交易，套利交易就是从非常狭小的机会窗口里寻找机会。当这个窗口开着的时候，机会就像是天上掉下的馅饼。然而，这扇窗口迟早是要关闭的，套利交易者必须寻找新的机会。雷给出了很多这种窗口的例子，还讲了一些他在寻找这类窗口时经受挫折的幽默故事。

路易斯·门德尔松讨论了跨市分析的话题，即一个市场可能受到很多其他市场的影响。如果你能开始明白这些市场是如何相互关联的，那么在理解你有兴趣进行交易的市场上的价格变化方面你就比别人胜出一筹。

最后对主张市场中存在某种神奇的秩序的几个理论进行了概括介绍。这里有三种有关市场秩序的理念：基于人类情感波浪的理念；基于影响人类行为的重大的物质事件；基于数学的秩序。这些理念中有很多也许只有那么一点点甚至根本没有效果，但是人们仍然利用它们进行交易，因为他们相信这些理念是起作用的。另外，如果足够多的人相信某些东西是起作用的，那么这个观点就变成"真的"了，而且真的就有效了。因此，这些理念就可以用来交易并从中获利——正如你将在"入市"一章所了解的一样，随机入市同样可以交易并获利。在最后这一部分的讨论中，你了解到了如何从这些有关市场秩序的理念中选择一个（如果你对其中一个感兴趣）并加以利用。这些理念对那些在入市交易前，感觉他们必须知道市场是如何运作的人而言或许是非常好的。

第 6 章
Chapter 6

# 适应大环境的交易策略

> （美国的）GDP 每增长 1 美元，其目前的债务就要增加 4 美元，就历史性的信用扩张和与任何其他国家相比而言，这是最差的表现。
>
> ——库尔特·里歇巴赫尔（Kurt Richebächer）
> 博士《经济学讲义》，2005 年 11 月

在写本书第 1 版时，遗漏了一种我称之为心理场景交易的交易模式。我的经验是，心理场景交易是一些最成功的投资者和交易商使用的一种艺术形式。比如，我会把市场奇才布鲁斯·科夫纳（Bruce Kovner）和吉姆·罗杰斯（Jim Rogers）描述为心理场景交易商。我对他们交易最好的描述方式就是，他们跟踪世界上所发生的一切，并利用这种知识开发了最了不起的交易理念。吉姆·罗杰斯曾这样评价心理场景交易："如果你不知道马来西亚的棕榈油发生了什么事情，那么你怎么能投资美国的钢铁呢？……这是一个总在变化的、大的三维难题的一部分。"

我还从未模仿过心理场景交易员，因此在我的书里和课程里涉及的也不多，但是自本书第 1 版出版以来，我对心理场景交易的看法发生了变化。我认为每个人，至少应该跟踪大环境，根据看起来要出现的模式开发出两三个系统并据此进行交易。下面就是我对大环境的几点认识，当然你要认识到这只是我对现实情况的看法，是我对现实的筛选，而你的看法很可能是不同的。

- 我认为新兴的国家将会消耗越来越多的原材料。

- 我认为美国一个长期的熊市即将开始，在此期间，像我们的巨额债务问题和生育高峰期出生的人⊖的退休养老问题都将最终显现出来。
- 我认为美国作为一个世界大国可能已经达到了顶峰，在长期内将会衰落下去。这里我只是比较现实，因为纵观整个历史，这是发生在每一个大国身上的命运。
- 考虑到这一点，我认为美国必将至少要经历美元的全面贬值（这是最好的情形），可能会经历相当严重的通货膨胀，这都将削弱美元的购买力。我们可能会看到 40 000 点道·琼斯指数下的美元按今天的购买力只值大约 5 美分。为了不让你以为我是在预测股市的繁荣，我按照 2006 年的美元将其折合成 2000 点的道琼斯指数。

以上一些认识驱使我想强调以下一些交易思想：

- 长期里要小心美元和美国股市。
- 长期里要预测到在全球股市里会有更大的交易机会。
- 长期里要从总体上预测到在黄金、石油和普通商品上会有更大的交易机会。
- 关注消费性资产（如木材）要多于实体（如通用汽车）。在今后的 10~15 年，收藏品也非常不错。

其中有些思想（以及其他的）我将在本章详述，之所以对其进行论述是想为你设计自己的大环境交易场景提供实例。我的大环境很可能和你的不一样，但是了解一下我的，你可能会知道在设计自己的大环境时有可能要关注和思考的问题以及思想。另外，在你筹划自己的大环境时，你应该有一种方法来衡量和更新你的进程。

我现在建议我所有的客户都开发一个业务计划，以此来完成他们自己的长期交易场景。在这一计划中，你必须问自己："以后的 5~20 年里，大环境会是怎样的？"对这一问题的回答将有助于你重点关注你要交易的市场以及可能选择的交易类型。

我要给的建议就是每个人都要将某种形式的心理场景思考作为交易的基础。

因为我正在向你展示我的大环境，我突然明白，我要给的建议就是每个人都要将某种形式的心理场景思考作为交易的基础。一方面，你可以像我刚才所做的那样集中思考大环境并找到你想集中关注的市场，并从中期望你想得到的某种结果。或者，你也可以在一般的基础之上对大环境做更深一步的挖掘而成为越来越专业的心理场景交易商或投资者。

从根本上来说，你是可以进行选择的：如果你想成为一个好的交易商或投资者，

---

⊖ 指美国第二次世界大战以后 1947~1961 年间出生的人。——译者注

那么我建议你比较宽泛地关注大环境以了解你想集中注意力的那些类型的市场以及你想如何在这些市场上进行交易。如果这是你的选择，那么可能需要每周（或至少每月）收集一些数据来更新你的大环境场景。这样做将会有助于你了解：你的观点是否需要改变；你的大环境的某一个方面甚至所有的方面是否完全错了。

另一方面，你可能想收集有关大环境方面的越来越多的想法和信息，以至于这样做成了你日常工作的一部分。如果这样做，你就会发展出你想尝试的具体的交易思想。如果这是你做事的风格，那么在我看来，你已经成为了一个心理场景交易商或投资者。

让我们看看在作为一个交易商或投资者的成长过程中你所处的位置。在这一点上，你应该列出关于你自己和市场的看法。从第 5 章开始，你就应该对最吸引你的那些理念和优势有所了解。现在，我想鼓励你思考开发能够适应你所认识的大环境的系统，并发展一些将有助于你跟踪大环境中可能会发生的变化的月度指标。

正像其他所有的章节一样，本章反映的也是我的看法，它反映的是，在我的交易中或者在帮助我成为最优秀的交易教练方面我发现的非常有用的看法。我将阐述在 2006 年后期我对大环境的认识，这只是给你一个大环境思维的例子，你对大环境的看法可能完全不同。另外，我将来的看法很可能会随着新情况的出现而完全改变。如果情况发生变化，我有监控市场并获得数据的办法，这使得我可以对世界有可能发生的情况做不同的思考。你同样需要有这样一个监控体系。你还要明白在大环境的某些方面预示着危机的同时，每一次危机也是一次经济机会。

## 6.1 我眼中的大环境

在考察今天的大环境时，我认为有几个主要的因素必须得考虑。第一，美国的债务状况绝对是可怕的，平均每人负有 125 000 美元的政府债务。第二，我认为我们目前正处于一个长期的熊市中，它开始于 2000 年而且会轻易地持续到 2020 年。这并非意味着股市会下跌，但是它确实意味着以市盈率（P/E）衡量的股票价值会下跌。第三，经济正在步入全球化，像中国和印度这样的国家现在正成为重要的经济体。第四，至少对美国人来说，主要是资产组合经理对股市的影响。眼下他们支撑着主要的股市平均价格，如标准普尔（S&P）500 指数，但是到 2010 年当生育高峰期出生的人开始退休时，很多年里都将是净的资金偿还，这将对主要的股票平均价格带来负面影响。第五，可能会改变整体经济环境的税收、政策、管制等方面的变化。政府一般会采取短期办法力所能及地解决目前的问题，但是这种短期方案的采纳通常是以牺牲下一代利益为代价的。第六，人们在进行经济方面的决策时是非常无效率的，但是这对你来说是好消息，实际上你可以变得很有效率。也许在你进行心理场景筹划时，还会考虑其他的关键因素，上述这些只是我想到的一些主要的因素。

我之所以回顾自己对大环境的认识只是想为你提供一个起点。你能想到的主要因素可能完全不同。

## 6.2　因素1：美国的债务状况

1983年美国是世界上最大的债权国；两年后，自1914年以来第一次变成了债务国；而现在，到2006年成为了世界历史上最大的债务国。1993年，议员小詹姆斯·特拉菲坎特（James Traficant, Jr.）（俄亥俄州）向众议院议会做出这样的评价：

> 议长先生，我们现在在第11分会会场。国会议员是主持世界历史上最大的一次实体——美国政府破产重组的官方受托人。我们正在满怀希望地为我们的未来规划宏伟蓝图。有些人说这将是把我们引向毁灭的财产管理者的报告。⊖

我还能记得在1980年美国债务突破1万亿美元大关时，我在想"它还能怎样再高呢？"结果，现在它已经高很多了，而我们的生活水平似乎并没有下降，所以它可能会永远继续增加下去，但是真的可以吗？我决定对过去100年间美国的债务情况做一图示，用图6-1表示出来。这可不是一幅好看的图。

1900年，美国的债务大约是21亿美元，在1920年联邦储备系统形成后债务从26亿美元升到了160亿美元。由于第二次世界大战的战争支出以及美元成为世界储备货币，1950年美国债务开始大幅度上升。1980年由于越战的支出以及美国拒绝以美元兑换黄金，债务再次激增，自此时起，债务完全失去了控制。到2006年，即自2000年起，在不到10年的时间，官方债务达到了85 000亿美元。我们很容易看到，到2010年美国的官方债务将达到15万亿美元。另外，图6-1中没有包括将来的政府津贴计划资金如社会保障，如果政府加上社会保障，估计美国今天的总债务应是67万亿美元。实际上，圣路易斯联邦储备资助的由劳伦斯·科特里科

---

⊖ 美国国会报告，1993年3月17日，Vol. 33, p. H-1303 议长、议员小詹姆士·特拉菲坎特（James Traficant, Jr.）（俄亥俄州）在众议院议会上发表的演讲。

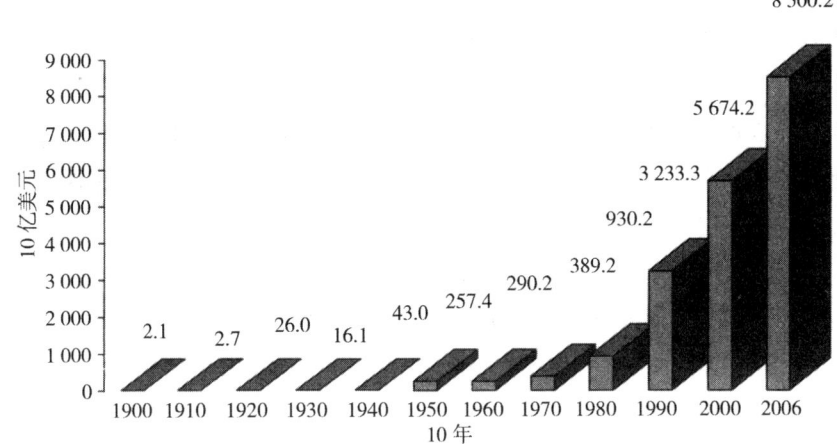

图 6-1 自 1900 年以来每 10 年美国的官方债务

夫博士（Laurence J. Kotlikoff）主持的一项研究表明，现在美国政府已经破产。[一]

美国目前还面临着国际收支差额很大的问题，贸易逆差每年高达 7 500 亿美元，其中大约有 2 000 亿美元直接流向了中国。这就意味着与向其他国家的出口相比，美国每年从其他国家多进口消费了约 7 500 亿美元。外国已经持有大约 3 万亿美元的美国债务凭证。它们似乎很愿意这样做，因为美国的消费者在 20 世纪 90 年代拉动了世界经济的增长，但是外国政府积累的这 3 万亿美元的美国债务用了数十年，而考虑到目前美国每年 7 500 亿美元的国际收支逆差，外国政府持有的美国债务只需 4 年时间就可以翻一番。如果它们决定不再想要美国的债务，那会发生什么呢？它们将会左右为难。如果它们决定不要美国的债务，那么美元的价值将会急剧缩水，其持有的债务将会更不值钱。而且如果美元急剧贬值，它们几乎就不可能再把更多的产品卖给患有"消费饥渴症"的美国消费者。意大利政府就已经甩卖了美国的债务凭证，并换成了英镑，作为政府官方储备的一部分。

## 1. 美国公司债务

此外，债务问题的产生也不仅仅是美国政府的原因，美国的公司这些年来也积攒了巨额的债务。我的朋友斯蒂夫·斯加格瑞德（Steve Sjuggerud）在 2002 年 5 月发现，当纳斯达克由其历史最高点下跌 70% 时，所有在纳斯达克上市的美国公司的债务高达 2.3 万亿美元。如果不考虑两只最大的股票（微软和英特尔），那么你就会看到这样一幅图景：全部的纳斯达克总价值是 2 万亿美元，而其债务却高达 2.3 万亿美

---

[一] John F. Wasik 评论，www.bloomberg.com，2006 年 1 月 17 日。

元。这就有点像用23万美元的按揭买到了一栋价值20万美元的房子。在斯蒂夫第一次报道后,纳斯达克决定停止出版这些数据。这里主要的意思是说美国的公司债务状况不容乐观。

在上一章我曾提到如何看待美国公司的价值。我们用其目前的资产(在下一年度变现其所有的资产所得出的公司的价值)减去其所有的债务,就是公司的价值。你为什么不拿美国10~15家大公司来试试呢?拿一些家喻户晓的大公司像通用电气、波音、微软或IBM再加上从报纸上随便看到的一些股票,用这种办法试试。你会发现,对于其中70%或更多的公司来说,这个数字是负的。意味着什么呢?意味着美国公司背上了太多的债务而处于麻烦之中。

## 2. 美国消费者债务

现在让我们来看看美国的消费者债务,免得你以为美国的消费者与美国政府和美国公司有什么不同。美国的消费者债务达到了惊人的水平,1998年是1.3万亿美元,到了2006年已远远高于2.2万亿美元,如果把按揭计算在内,就会高达10万亿美元。根据为彭博社写稿的约翰·沃斯科的研究,在21世纪第一个10年里,<sup>⊖</sup>美国消费者债务的增长以年均4.5%的速度超过了可支配收入的增长。美联储给出的结果是个人储蓄在2003年年初下跌到了税后收入的区区2%。到2006年,这一比率自20世纪30年代大萧条以来第一次下跌到了负值。图6-2是美国经济分析局所做的有关图示,从中可以清楚地看出这一趋势。

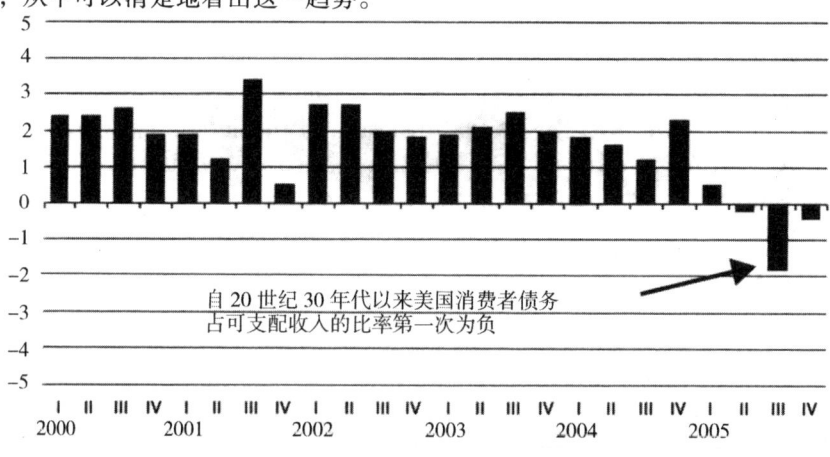

图6-2　占可支配收入百分比的个人储蓄率

资料来源:U. S. Bureau of Economic Analysis

---

⊖ 你可以通过以下网址查阅这项研究:research. stlouisfed. org/publications/review/06/07/Kotlikoff. pdf。

## 3. 债务解决方案

那么如何解决债务问题呢？有几种方案。第一，我们可以富有逻辑性地思考问题，让政客停止花费。政府可以甩卖其资产，像一些政府掌握的大量的公共土地，这样可能就能够走出债务危机。科特里科夫博士在他给出的有关美国政府已经破产的报告中建议政府征收33%的销售税，削减50%的政府可支配支出，社会保障私有化以及实行在全球范围内进行预算的健康保障体系。你认为这些会发生吗？如果你认为会，那么你所了解的政府和我所知道的肯定不同。因为美国人自己在债务问题上都不是富有逻辑性的，怎么能期待其选出的代表是有逻辑的呢？

第二种方案很简单，就是干脆拖欠债务。这样做结果会怎样呢？短期国库券将不再被看做是"无风险"的而变得毫无价值，而长期国库券也将变得一钱不值。美元也会一钱不值，国家就会破产。美国将不会得到任何信贷，因为没人愿意借钱给我们。所以，这不是一个可行的办法。

第三种解决方案是美国陷入一场大规模的经济崩溃和衰退之中。在这种情形下，美元就会比现在值钱得多，而东西变得很不值钱。如果美元更值钱，那么37万亿美元的债务可能看起来就像是370万亿美元，按期偿还是不可能的。这种通货紧缩的情形一点都不可能。现任联储主席本·伯南克（Ben Bernanke）在2002年11月国家经济学家俱乐部发表了以下讲话：

> 美国应对通货紧缩的第二道防线……就是联邦储备系统本身。国会赋予联储维持价格稳定的责任（和其他目标一起），这就极其明确地意味着联储既要避免通货膨胀，也要避免通货紧缩。我相信联储会采取一切必需的手段防范在美国出现严重的通货紧缩，另外，美国央行在与其他所需的政府部门的通力合作下，有足够的政策工具来确保可能发生的通货紧缩将会是轻微和短暂的。

第四种方案就是让债务膨胀到几近不存在。伯南克在讲完联储会不惜一切代价防止通货紧缩后，他又接着说：

> 美国政府有一项技术，被称为货币印刷术（或者今天的电子货币），它使得美国政府能够几乎无成本地想印刷多少美元就印刷多少。通过增加流通中的美元数量，甚至确实有效地威胁要这么做，美国政府就可以降低以货物或服务衡量的美元的价值，这就等价于提高以美元表示的货物或服务的价格。我们的结论是，在纸币制度下，如果政府决意这样做，它就总是会产生很高的支出，由此产生通货膨胀。

因此，伯南克直接指出了最有逻辑性的方案——膨胀债务，让其不存在。通货膨胀确实意味着美元会变得越来越不值钱。

我母亲如果还活着，现在有100多岁了，她会回忆她去看电影只花5美分。我记得在我还是个孩子时，去看连映电影（就是放映两部电影实际上只收一部电影的钱）只花50美分。通宵的免下车电影就更值了——车里坐满人，花上几美元就可以看上4~6部电影。今天一张电影票可能得花8~10美元，而电影院的大部分收入是靠其他的经营特许权挣到的，而不是票价。结果，每个人很容易就花掉20美元来看一部电影，买爆米花和饮料。这就是通货膨胀。

然而，在整个美国历史中，大部分时间看到的只是相对轻微的通货膨胀。联储的目标实际上是大约2%的通货膨胀率。但是如果每年的通货膨胀率高达100%，就像中南美洲的一些国家那样，又会怎样呢？如果真是这样，美国的债务很快就会变得毫无价值，美元也会变得毫无价值，但是我们总得重新开始使用一种新的货币。这种通货膨胀的做法是最有可能解决不断增长的美国债务问题的方案。债务被膨胀到几近不存在，在这种情形下，物价会急剧上涨。

在这种通货膨胀的情形下，股市会发生什么？在1966~1982年的熊市期间，我们经历了相对较高的通货膨胀。股市从根本上说，经历了较大的波动，但其波动是有范围的，道琼斯指数大部分时间里在500~1 000点之间成交。在整个期间，股价有少许上升，但是股票的价值下跌很多，人们总体上是赔钱的。这是很容易发生的。到1982年，主要的股票平均价格的市盈率都在一位数范围内。

第五种方案就是美元相对于其他货币贬值。这一方案将会使得美国的国际收支差额缩小为零甚至变为顺差——假定美国人因为外国产品变得越来越贵而不再消费它们。因此，这应该被认为是一种可能的方案。随着美国利率水平的提高，这通常是可以发生的，因为资金总是流向回报最高的地方。然而，高利率意味着偿还债务的成本也越来越高，因此，在这种情形下，将如何摆脱目前已经积累起来的债务或者如何应付？

还有第六种方案，就是政府不兑现它所承诺的社会保障和医疗方面的政府津贴计划资金。政府支付的短期和长期国库券是一种政府承诺，而不是合同义务。仅仅通过改变法律从根本上消除这些政府津贴计划资金，对政府而言将是轻而易举的事情。

## 4. 你个人对美国债务状况的评价是什么

- 你认为美国政府、企业和消费者能够继续以目前的速度进行消费而不带来严重的后果吗？
- 即使现在就停止这种赤字消费，你认为我们能够走出目前的巨额债务而不产生严重的经济后果吗？
- 如果对前两个问题的回答都是否定的，那么你认为将会产生怎样的经济后果？你的回答应该是大环境筹划工作的一部分。
- 如果对前两个问题的回答都是肯定的，那么你将如何应对联邦利息毛支出现在占到了政府支出的14%（尽管里面有弄虚作假，其中有约一半都打入了社会保障账户）这一现实？如果赤字继续增长，将会发生什么？

## 6.3 因素2：长期的熊市

美国股市往往呈现出大的、长的周期，持续达15～20年。在牛市周期里，股票价值上升，意味着市盈率（P/E）会提高。在熊市周期里，股票价值下跌（市盈率下降），通常意味着价格会下跌。⊖表6-1和表6-2描述了过去200年里影响美国股市的主要周期。

表6-1 主要的牛市

| 牛市 | 大致时间（年份） | 真实年回报（%） | 牛市 | 大致时间（年份） | 真实年回报（%） |
| --- | --- | --- | --- | --- | --- |
| 感觉良好的年代 | 1815～1835 | 9.6 | 兴旺的20世纪20年代 | 1921～1929 | 24.8 |
| 铁路繁荣的年代 | 1843～1853 | 12.5 | 第二次世界大战后生育高峰 | 1949～1966 | 14.1 |
| 内战及以后 | 1861～1881 | 11.5 | 高科技繁荣时期 | 1982～2000 | 14.8 |
| 第一次世界大战以前 | 1896～1906 | 11.5 | | | |

---

⊖ 我这一部分的资料主要来源于迈克尔·亚历山大的《股票周期：在未来的20年股票为何赢不了货币市场》（Lincoln, Neb.: Writers Club Press, 2000）和埃德·伊斯特林精彩的研究，见 www.crestmontresearch.com 和他的书《意外的回报：了解长期股市周期》（Fort Bragg: Califf.: Cypress House, 2005), pp. 49-52; 再加上我多年阅读理查德·罗素（Richard Russell）对道·琼斯理论的电子邮件评论，见 www.dowtheoryletters.com。

表6-2 主要的熊市

| 熊市 | 大致时间（年份） | 真实年回报（%） | 熊市 | 大致时间（年份） | 真实年回报（%） |
|---|---|---|---|---|---|
| 1812年战争以前 | 1802~1815 | 2.8 | 第二次银行危机期间 | 1906~1921 | -1.9 |
| 第一次经济大危机 | 1835~1843 | -1.1 | 第二次经济大危机期间 | 1929~1949 | 1.2 |
| 内战前夕 | 1853~1861 | -2.8 | 通货膨胀时期 | 1966~1982 | -1.5 |
| 第一次银行危机期间 | 1881~1896 | | 反恐战争期间 | 2000年至今 | — |

根据市场历史学家迈克尔·亚历山大（Michael Alexander）的研究，在过去的200年中经历了很多这样的周期。表6-1描述了主要的牛市。平均来看，这些牛市往往会持续大约15年，买进并持有主要的平均股指的投资者每年的收益在13.2%左右。在这200年里，牛市持续的时间是103年。

不幸的是，对买进和持有股票的人来说，主要的牛市之后往往紧接着就是主要的熊市，这是股市比较大的震动，是对过度牛市的一种纠正。美国现在就处于这样一个主要的熊市之中，它开始于2000年年初。表6-2描述了主要的熊市。

这些主要的熊市平均持续18年，每年的真实回报为0.3%。⊖因此，接下来我们可能要面临一个长期的股市下跌的趋势。

在这一点上，你也许会想："这只是某个人的理论，你可以回到过去对所有各种周期进行辩论；再说，这些周期在过去发生并不意味着现在它们还会继续。"但是如果你理解了埃德·伊斯特林（Ed Easterling）的"金融物理学"，也许你的想法会有所改变。

下面是你要考虑的一些要点：

- 一个长期的熊市周期并不意味着股市会在18年里都下跌，相反，它只是指出了一个主要的周期的整体方向，其间会有一些可能会持续数年的其他牛市和熊市周期。例如，在2005年，亚历山大评论说到2007年我们可能会进入一个牛市周期。
- 一个长期的周期并不预测股票价格，相反，它预测股票价值。例如，在一个通货膨胀的环境下，股价可能会急剧上涨，但是赶不上通货膨胀的幅度，那么这意味着你将在股市上实际受损。另外，股票收益可能会大幅度上涨，而股价上涨却相对较慢，这样最终会出现较低的市盈率而股市继续上涨的局面。

---

⊖ 真实回报是剔除了通货膨胀因素后的回报。根据亚历山大所著的《股票周期》，自1802年以来，所有股票的真实回报为6.8%。其中有2/3的回报来自股息。

在 1966～1982 年的熊市周期里，道琼斯工业股票平均价格（DJIA）几次冲破 1 000 点，而市盈率持续下降。在长期牛市和熊市周期里，股价上涨和下跌的天数差别并不大，只是投资的结果发生了变化，因为长期的熊市和出现较高百分比的大的股市下跌的年份相关，而长期牛市和出现较高百分比的大的上涨年份相关。

- 长期牛市和熊市与经济无关。例如，1966～1981 年，经济以平均每年 9.6% 的速度增长，而股市依然是下跌的。自 1982 年一直到 1999 年，经济以平均每年 6.2% 的速度增长，而在此期间股市以平均每年 15.4% 的速度上涨。而且具有讽刺意味的是，在过去的 100 年里，在股市疲软的长期熊市期间，经济增长实际上反倒更为强劲。

如果你以前从未见到过，那么我强烈建议你看一看 Crestmont 研究的矩阵，它给出了 20 年期间股市的真实回报。在查看这个矩阵时，给你印象最深刻的是，如果你在市盈率很高时进行长达 20 年的投资，最后你从股市中得到的回报会是负的。而且在上一次长期牛市结束时，股市的市盈率达到了历史性的最高点，甚至在 2006 年，它们还远远高于你可以期望合理回报的平均水平。什么意思呢？就是说如果你只投资和持有股票，股市是个危险的地方。

目前的情形如何呢？2006 年 2 月 1 日，标准普尔 500 指数的市盈率是 19.26，这还排在 10 年组预期回报最低的 10% 里。此外，这仍然远远高于过去 100 年里的历史平均值 15.8。

在标准普尔 500 指数的市盈率是 19 或更高时，10 年后的平均市盈率通常在 9 左右。图 6-3 给出了自 2000 年开始的长期熊市里标准普尔 500 指数的市盈率的变化。注意自 2003 年一直到 2006 年中期，尽管股市并未出现大的下跌，但是自 2002 年以来，市盈率还是出现了大幅度的下降。而且，如果伊斯特林的理论是正确的，那么我们还会面临更多的下跌年份。

埃德观察到的第二个规律是，长期熊市开始于股息收益较低的时候。在过去 100 年里，标准普尔 500 指数的平均股息率大约是 4.4%。牛市往往开始于股息率较高的时候，而熊市往往开始于股息率较低的时候。虽然今天标准普尔 500 指数的股息率在上升（也许是因为对股息有利的税收政策带来的影响），但它依然处于历史性的最低点 1.48%。熊市就开始于这样低的股息率。

在我看来，在埃德的研究中，最关键的内容是他关于市盈率为何会变化的理论，它完全与通货膨胀或通货紧缩相关。从根本上说，在通货膨胀比较低和比较平稳时，股市会将标准普尔 500 指数的市盈率支撑到 20 甚至更高，但是在通货膨胀开始严重或开始出现通货紧缩时，市盈率就会骤然下降，而且在长期熊市结束之际，市盈率通常都是在一位数的范围内。此外，根据埃德的研究，最差的投资时间是在市盈率很高而通货膨胀相对较平稳时。因此，尽管图6-3显示出市盈率总体上是不断下降的，但是从历史的观点来看，它们仍是较高的，而且通货膨胀也正开始显现。

图6-3　自2002年以来的市盈率变化

资料来源：联邦储备局

埃德认为美国长期的经济增长（真实GDP）是比较稳定的，美国的公司收益也会和GDP一起增长，所以，他认为投资者只要认识到关于通货膨胀-通货紧缩的情况就可以确定公司未来的价值。在比较温和的通货膨胀水平下，比如1%~2%，就可以支撑市盈率高达20甚至更高；但是当通货膨胀率升至3%~4%时，市盈率将会直降到15左右；在4%~5%时，市盈率会降至约13；而到7%或更高时，市盈率会降至10或更低。在任何水平的通货紧缩条件下（如-3%），市盈率都会降至一位数的范围内。

## 你个人对长期熊市的评价是什么？

这对你意味着什么？以下是从长期的观点思考股市时，你必须问问自己的一些问题：

- 你认为股票的市盈率会经历周期变化吗？
- 你认为在市盈率水平很高的期间（超过19%），股市长期的回报有可能等于零吗？
- 你认为在通货膨胀加剧或通货紧缩显现时，市盈率有可能下降吗？

- 你认为这适合你的投资系统吗？在我看来，你的时间框架越短，它和你的关系就越小。但是如果你说"我是一个日交易商，这和我没关系"，就是错误的，因为大多数日交易商不能取得成功，是由于在这个长期熊市的初始阶段股市的涨落不停止就消失了。一般来说，随着股市的下跌，股市的收益会消失，而市场的波动幅度也会下降。

## 6.4 因素3：经济全球化

见多识广的投资者或交易商不会只把眼睛盯在美国市场而不关注全球市场上在发生什么。例如，2003年看来是美国股市很好的一年，标准普尔500指数上涨了大约25%，但是即使你在美国股市赚到了25%，从世界范围的股市来看，你还是赔了钱，因为美元下跌了40%左右，而美国股市又是全世界表现最差的股市之一。比如，在2003年，你本来可以在欧洲股市赚到50%，在亚洲赚到50%，在拉丁美洲赚到38%，甚至可以在已经进入严重的经济衰退—萧条达10年之久的日本股市上赚到39%。一个精明的投资者必须从全球经济的角度来考察全局的投资环境。

那么让我们来看看影响全球大环境的一些因素，依我看，有三个主要的因素：第一，新兴国家的经济正在开始崛起；第二，这些新兴国家需要原材料，因此将会带动商品价格的暴涨；第三，世界上很多国家目前在支撑着美元，因为20世纪90年代世界经济的大部分增长是靠美国的消费者拉动的。这一现象已经被一些经济评论家称为"布雷顿森林体系Ⅱ"。⊖

第一个主要方面是新兴国家的增长。比如，中国和印度正在崛起为全球的主要经济体。很多美国公司正在中国进行巨额投资，带动了中国经济的增长。美国公司渴望进入拥有10多亿人口的中国市场，这些公司为了进入这一市场都做出了很大让步。

在制造业转向中国的同时，服务领域正在转向印度。印度每年培养了很多在商务和工程方面训练有素的专业人员，他们的薪水只相当于其美国同行的一小部分，所以很多公司正开始把它们的服务向印度外包。例如，如果你打电话给微软或戴尔的技术支持，结果你很可能会与印度的技术人员通话。根据Forrester的研究，到2015年美国高科技和服务业将会有330万个就业机会转向海外，主要是转向印度，

---

⊖ 我在John Mauldin的每周电子邮件（www.JohnMauldin.com）和William（"Bill"）Gross的市场评论里都见到过"布雷顿森林体系Ⅱ"这个术语。你可以在PIMCO债券的网站（www.pimco.com）上查到。

这代表了约1 360亿美元的美国的工资损失。⊖另外，国际商务界也正在把它们最高级的美国经理调整为来自印度的经理，因为他们要便宜得多，但他们与美国经理受过一样好的教育，甚至更好。⊜

第二个主要方面是新兴国家的经济增长正在引起原材料价格的暴涨。《经济学家》杂志曾这样说："如果中国对原材料和能源的消费上涨到富裕国家的水平，世界将没有原材料可供应给它。"⊜慢慢地，但是确定无疑的，中国会从世界范围内获取原材料。这就告诉我们即使没有通货膨胀，我们在未来10~15年里也会经历商品价格的上涨。

你知道为什么在这10年里石油的成本已经上涨到了每桶70美元吗？这并不是因为石油正在变得稀缺，而是因为世界范围内的需求正在上涨。

回顾一下最近几年的商品价格，你会发现它们都是呈现一个主要的上涨趋势的。商品价格的上涨往往是通货膨胀率上涨的信号，但它们同样预示着对有限商品资源的巨额世界需求也是在增长的。图6-4描述了CRB（商品指数）基本上涨趋势。注意这一趋势是明显上升的，价格从280上涨到约360——在一年的跨度里几乎是31%的上涨幅度。

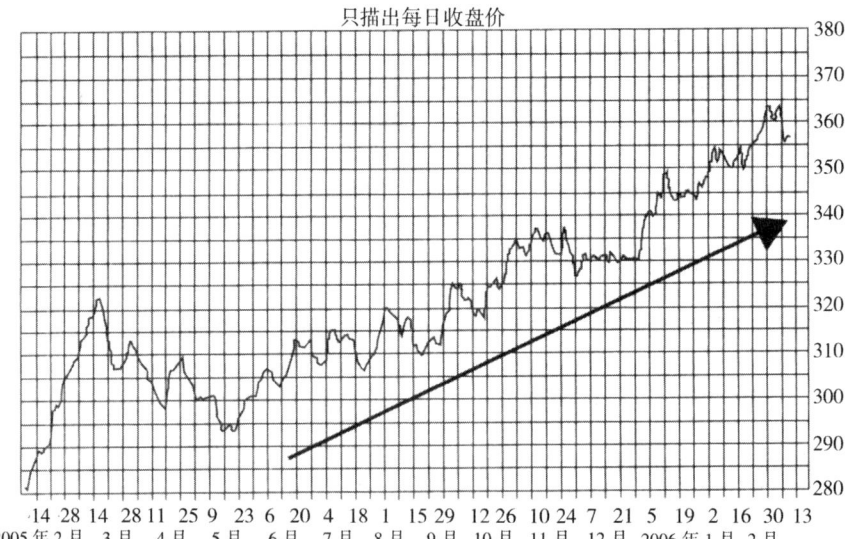

图6-4　商品价格的上涨（自2006年2月9日以来）

资料来源：Barchart.com

---

⊖ 见 *Christian Science Monitor*，July 23，2003.
⊜ 我与一个朋友交往，他曾经分管世界上最大的公司之一的亚洲部。
⊜ *Economist*，August 19，2004.

全球视角的第三个主要特点是外国，尤其是亚洲国家对美元的支撑，这样它们就能够继续把产品卖给美国消费者。据估计，20世纪90年代世界经济的大部分增长是由美国消费者对商品永不满足的需求拉动的。其他国家渴望继续把产品卖给美国消费者，而只有其货币相对于美元保持低成本，才可能做到这一点。结果，一个被大家称为"布雷顿森林体系Ⅱ"的非官方协议诞生了，在这个体系下，外国倾向于通过购买美国债务来支撑美元，防止其下跌（尽管美国的国际收支存在巨额逆差）。外国现在持有大约3万亿美元的美国债务，它们购买短期国库券、现钞和债券。这些债务的积累用了10多年，然而，如果美国的国际收支状况不改变的话，在接下来的3年内债务就会翻一番。

那么外国怎么打算呢？如果它们不继续通过购买债务票据来支撑美国的债务，那么美元将会暴跌，这会造成它们不愿意看见的后果：美国消费者将再也买不起它们的商品；它们将损失很多钱，因为它们以美国债务票据的形式持有美元。

很多国家已经采纳的应对这一问题的解决办法是，慢慢地进行转移而不再支撑美国债务和美元。另外，它们正在世界范围内利用其持有的美元购买商品和产业，而不是积累美国债务。

## 你个人对经济全球化的评价是什么

在我看来，在查看投资结果时，你必须要有全球视角。如果投资上升了，那当然很好，但是你所有投资的主要计价基础货币又怎样变化呢？比如，你在美国股市的投资赚了25%，而美元相对于其他货币却跌了40%，从根本上来说，你还是赔了。如果你的投资赚了25%，但是如果投资于美国以外的股市，你可能可以赚50%，那么你的业绩相对来说还是较差的。

所以，在你审视自己的投资方式时，应该问问自己以下这些问题，考虑全球经济状况：

- 在我所考虑的期间，我的基础货币表现如何（相对于其他货币）？
- 通货膨胀对基础货币的价值有何影响？
- 与在同时期投资的世界其他市场相比，我的回报是否合适？
- 在此期间全球经济动向如何以及它将对我的投资策略有何影响？例如，如果商品继续以每年30%的增幅一路上扬会怎样？如果我主要投资的国家的经济（比如美国）相对于世界上其他国家的经济收缩了，结果会怎样？
- 如果布雷顿森林体系Ⅱ不复存在以及其他国家不再支撑美国债务和美元，结果会怎样？

## 6.5 因素4：共同基金的影响

在大多数牛市里，人们都是以直接购买股票的方式参与其中的。上一个牛市却截然不同，大多数人是通过共同基金参与的。这些基金据称是由专职的职业经理经营的，他们能够把风险进行分散并为你提供专职的调研。事实上，到2000年市场达到顶峰的时候，共同基金几乎和上市的股票一样多。另外，这些基金大多数是由一批相当年轻的人经营的，他们仅有的市场经验都是在1982~2000年这18年间的牛市中积累的，他们从未见过任何重大的熊市。

在这一次主要的熊市开始的头30个月里，566只基金就被其他基金吞并了，此外，另有414只基金也给变现了。这意味着在熊市的头30个月里，980只基金就这样消失了。

根据格雷戈里·贝尔（Gregory Baer）和加里·根斯勒（Gary Gensler）所著的书《共同基金大陷阱》（*The Great Mutual Fund Trap*），大多数人投资于消极经营的指数基金要比积极经营的共同基金收益更多。下面就是原因分析：

- 积极经营的共同基金一般不会胜过没有专业人士经营的指数基金。根据贝尔和根斯勒的研究，至少存在了5年的积极经营的共同基金年平均业绩每年要比标准普尔500指数落后1.9个百分点，这一数字还不包括那些彻底失败的基金。
- 金融媒体主要是由经纪行和共同基金行业资助的，所以，通过这一渠道传递给你的信息是偏向于支撑媒体生计的信息。结果，你所听到的一般不是最能为你的利益盘算的信息，相反，这些信息旨在把你留在市场上让你频繁地进行交易。
- 人们倾向投资于热门的共同基金，然而，一旦这些"热门"基金向公众做广告进行宣传，其业绩通常比其他基金要差。
- 最好的基金往往规模比较小而且自其诞生之日起不会超过三年。这是因为共同基金家族能够给新的小基金优惠待遇，给它发行新股票的优惠（它们可以以很大的折扣进行IPO），而且允许它在家族里的大基金之前进行交易。当它变成热门基金时，基金家族就可以对它进行大肆的广告宣传直到它变大。贝尔和根斯勒报告说，做广告的基金过去都有很好的业绩，但是一旦它们被推销给大众，其良好的业绩就少有能持续的。
- 虽然可能有几只基金的业绩会胜过市场平均水平，但是其表现通常是反复无常的。一只基金今年可能获利40%，下一年可能损失15%，再下一年可能又上涨了35%，而再下一年又可能下跌30%。从总体上来看它可能是业绩最好的，但是其表现蕴涵着巨大的变数。你也许不喜欢这种表现，尤其是在你能够通过购买指数基金而收益更高时。

- 在共同基金出售股票而获利时，它必定将其税收收益转移给其股东。因此，你可能在11月份买了一只共同基金，眼瞅着它的价值下跌，却还要为这只共同基金在你投资之前出售股票所得的收益交税。这一税赋不同于你因出售共同基金获得收益必须交的税，但它仍然是你的责任。

- 共同基金不只是包括转嫁给你的管理费、行政费和营销费，还包括交易成本和不得不以现金持有一定资产的成本。在你买卖基金时，很多共同基金还向你收取销售附加费，这些费用都由你来承担。因此，投资于积极经营的共同基金的成本是巨大的。根据贝尔和根斯勒的说法，这些费用是积极经营的共同基金不能胜过只是买进并持有一个主要的股指的消极基金的主要原因。

共同基金还存在几个贝尔和根斯勒没有指出的缺陷。

- 第一，共同基金通过其所有权控制了股市的大部分。它们中的大多数往往投资于华尔街最赚钱的蓝筹股大公司，部分原因是这些公司流动性最高。另外，如果基金价值下跌，公众手中若持有像通用电气和微软这样的大牌公司的股票，也就不可能对它们指责太多。然而，在出现前面所描述的熊市时，这种策略就存在巨大的市场风险。在恐慌抛售开始时，这在大的市场暴跌的情况下几乎是确定无疑的，共同基金能够筹集现金的唯一办法就是抛售其最具流动性的股票，即这些蓝筹股大公司的股票。在这种情形下，我们将看到主要的股指出现暴跌。⊖

- 第二，积极的共同基金的业绩不会胜过市场指数，是因为它们本身就是按照并不期望有出色的业绩的模式进行交易的。相反，一般共同基金的目标就是超过市场平均业绩和其他共同基金。这就意味着如果市场总体下跌了15%，大多数基金跌了20%或更多，那么只下跌了5%的基金经理就会被认为是交易明星。然而，赔钱就是赔钱！

- 第三，大多数共同基金都有一个指导其投资的章程，这一章程通常要求其维持一定数量的股票。例如，一只共同基金的章程可能会要求其至少90%的资金要投资于标准普尔500指数股票，哪怕是熊市。不同的共同基金会有不同

---

⊖ 自2000年一直到2002年年底，大多数市场下跌是由于个人抛售股票造成的。共同基金赎回还不是那么多。如果巨额的共同基金赎回不发生，那么我就不会预测本书前面描述的市场暴跌的情形。

的章程，但是它们大多数都不会给你提供我一段时间以来一直向客户灌输的最普通的风险控制技巧所需要的灵活性。换句话说，它们都不能贯彻你将在本书后面了解到的适当的风险控制和确定头寸规模的技巧。所以，到这一次长期熊市结束之时，如果只剩下1 000只甚至更少的共同基金也就不足为奇了。

- 第四，大多数退休人员被迫把他们的退休基金投向了共同基金，因为401（K）计划⊖不允许进行任何别的形式的投资。因此，到2008～2011年之间在生育高峰期出生的人开始退休时，我们将会看到共同基金出现大规模的清偿。因为这些基金从根本上支撑了主要的平均股指，所以随着退休基金退出市场，我们将会看到主要的平均股指出现暴跌。

最后一点也许是最重要的一点，仔细想想你是否相信。如果的确如此，它就是目前的长期熊市结束之前要显现出来的主要因素之一。

然而，共同基金有一个方面对长期股市是有所帮助的，就是交易所交易基金（ETFs）。你几乎可以就任何东西做交易所交易基金，包括国家、一部分市场、投资方式甚至像黄金和能源这些商品。这从根本上意味着即使股市可能不是长期待下去的最好的地方，你也可以找到代表世界经济表现很好的某些方面的交易所交易基金。在我看来，这真是柳暗花明。所以说，哪里蕴涵着危机，哪里也就蕴涵着机会。

## 你个人对共同基金影响的评价是什么？

在我看来，在考察大环境时，你必须关注机构资金在做什么。对共同基金如何影响市场，我基本上已经表明了我的观点。现在它们到处大量转移资金以寻求更好的回报，但是并没有离开市场，所以还能够支撑主要的平均股指。但是你现在必须开始考虑在退休基金退出市场时将会发生什么。

此外，我并没有讨论机构资金的其他方面。我相信机构投资者是世界上最没有效率的投资者之一，虽然它们在各种市场上控制了庞大的资金。银行为外汇交易提供市场，但是银行交易商（在我看来）大部分都是极其没有效率的，经营也是很差的。如果你是个外汇交易商，这对你有什么影响呢？

至少，我认为你应该问问自己以下问题：

- 我将在哪些市场上交易，在这些市场上都是些什么人在交易大部分的资金？

---

⊖ 美国401（K）计划是美国《国内税收法规》的一个条款，它允许员工把不超过总收入10%的款项存入公司基金的退休计划。该基金投资于股票、债券或是货币市场，其获得的收入是免税的。——译者注

- 在我的市场上，大牌玩家使用的是什么系统？他们的系统有没有可能完全失效？在什么情况下以及如何有可能失效？
- 我如何对大牌交易商的所作所为进行监控？
- 大牌交易商的所作所为将如何影响我的策略和业绩？

## 6.6 因素 5：法则、法规和税收的变化

另一个对交易大环境有强烈影响的是影响到你打算交易的市场的法则、法规和法律（尤其是税法）的任何变化。这些都是要跟踪的尤其重要的信息，尽管确定它将来对你的市场会有什么影响有时是很困难的。不过，我可以举例说明这样的一些变更以及它如何影响市场，然后你就可以决定将来你想在多大程度上跟踪这些变更。

### 1. 1986 年税收改革法案摧毁了大量的房地产投资和游艇业

在 20 世纪 80 年代，罗纳德·里根着手进行税收改革，他大幅降低了最高税率，这在我看来大大地刺激了经济增长。不过，他也堵住了很多的漏洞。例如，在 20 世纪 80 年代，很多房地产合伙企业如雨后春笋般大量涌现以利用税法严重的漏洞。可是在 1986 年税改法案出台把这些漏洞都给堵死之后，这些合伙企业基本上都烟消云散了。最终结果是，卷入这一漏洞的人破产之多是破纪录的，还造成了储蓄和贷款危机，政府不得不解囊相助达 1 250 亿美元。以下是这一税收法案的一些规定：

- 房地产折旧由 19 年增至 31 年，实际上把有利可图的投资变成了无利可图。
- 房地产损失不允许转嫁给消极投资者，使得为其有限合伙人积累房地产进行税收储蓄的房地产合伙企业一夜之间变得不合时宜。
- 另外，免除股息税的做法也被取消了，购买豪华游艇要多交很多税，结果造成游艇业的崩溃。

现在你问问自己这样的问题：你有没有卷入任何利用一些大的税收漏洞的生意，你是否认为现在做些筹划以防这些漏洞将来会被堵死对你是有利的呢？从本质上来讲，这些生意都是一种套利（利用漏洞），而在任何套利的做法下，都必须知道这一漏洞何时会消失，因为你必须有路可逃以防经济上全军覆没。

### 2. 日交易：证券交易委员会（SEC）变更规定

2001 年 2 月 27 日证券交易委员会出台了永远改变了日交易的规则。首先，它宣称任何在连续五天内进行四次或更多的日交易的人都是一个当日冲销交易者。这一

规定本身就是荒唐的，因为你可以在一天内建立五次长期头寸而在同一天给截住，那么你突然间就成了日交易商。[注]

其次，如果你成为一个日交易商，有一个好处就是你的保证金增至所有者权益的4倍（但这一保证金不能一夜之间撤走），它还要求你账户上必须持有25 000美元，这就一下子赶走了大约80%的日交易商。这是对交易造成主要影响的重要变化。

出乎意料的是，我有关日交易的书是2001年写成的，在该书即将出版之际，不仅日交易的范围发生了巨大的变化，而且纽约股票交易所也改成了十进制。突然间，最低买卖价差不再是1/16——现在它是1分了。而且，转眼间，我为该书所开发的一些策略也变得过时了。

还是那句话，你必须问问自己：对我所选定的市场会有什么样的规定突然改变，从而会完全打乱我进入市场的方式。这些规定会改变你交易的方式和利润。

### 3. 罗斯个人退休金账户的发展

1997年的纳税人减税条例建立了罗斯个人退休金账户（Roth IRAs）。存进罗斯个人退休金账户的钱并不给予税收减免，但是从中提出的钱却不征税，包括所积累的利润。这对政府来说是一笔短期的意外之财！突然间，每个人都把传统的个人退休金账户上的钱转到了罗斯个人退休金账户上。对每一笔转移，政府都对全部的金额基于投资者的纳税档次进行了征税。在20世纪90年代晚期，克林顿政府因为做到了预算平衡而赢得了很好的口碑，但是平衡预算中有多少是来自数以百万计的纳税人把他们在个人退休金账户的全部份额转向罗斯个人退休金账户而向政府缴纳的巨额税收呢？虽然我不知道这一问题的答案，但这是政府通过改变法规，以未来政府的财政收入为代价而把本届政府的经济发展图景做得很漂亮的一个经典的例子。再说，为了增加一些收入，政府也很有可能改变主意，对罗斯个人退休金账户的利润进行征税。事实上，我预测他们会的。有例子为证，他们说绝不会对社会保障征税，但是在需要钱时许诺还是被打破了。

### 4. 强势美元政策和弱势美元政策

在克林顿政府期间，美国政府执行的是强势美元政策，强劲地支撑了美元。短期利率高到足够使美元成为外国货币进行投资的有吸引力的工具。当布什政府上台以后，强势美元政策就被抛在了脑后，因为利率被大幅度降低。两种政策对美元的

---

[注] 我不是一个日交易商，但是我获得日交易商的身份是因为我的长期头寸很快被截住了。

影响是显而易见的，尽管这些政策对经济的影响要微妙得多。

## 5. 你个人对法则、法规和税收变更的评价是什么

在某种程度上，对其评价要考察最近一些法则、法规、政策和法律的变化以及努力确定这些变化的长期影响。你需要问自己以下问题：

- 政府最近政策的变化对我的投资和投资策略的长期影响是什么？
- 这些影响充分显现出来了吗？还是正在影响中？或者还是刚刚开始影响市场？
- 所提议的立法会对我的市场和策略带来什么样的影响？
- 现在会有什么政策变化在酝酿中？它会完全摧毁我的策略或市场吗？
- 我是否有办法利用这些变化？

最后，你需要预测可能会发生变化的一些事情。例如，被1986年税改法案摧毁的很多房地产策略就做了赔钱的房地产交易，只是因为政策的原因才使得它们对投资者而言是有利可图的。你可以得出的经验法则是，如果你投了钱而它只是因为政策的规定才值得这么做，那么这也许是一个非常危险的策略。

- 存在只是因为税收政策的原因才有投资价值这样的策略吗？
- 如果有，我如何才能找到更有效的投资，无须政府的支持就可以挣到不少钱？

## 6.7 因素6：人类在经济游戏中输掉的偏好

最后一个我想谈的要素是人类的无效率。在刻画成功的某一方面时，我通常发现大多数人一般恰恰在做相反的事情时，是"程序化"的。我这里可以举出几个这样的例子，而且我认为你在做长期筹划时应给予考虑。

- 你将来能做的有些最好的投资，是那些本身有实际的内在价值，因为所有的人都不喜欢它而廉价出售的资产。之所以如此是因为人类大多都有恐惧和贪婪的周期。人们（因为恐惧）在市场谷底抛售，而（因为贪婪）在市场最高价位买进。
- 如果每个人都在谈论你感兴趣的投资，而且你从媒体也听到了，那么你就该抛了。我还记得在1999年，我们入住酒店的一个伙计说他不需要参加我的股市培训课程，因为他都能教。我还记得一个饭店的服务员告诉我这是他的"零工"，因为他是一个全职的交易商，他已经积累了近40万美元的交易资本。当时我感到非常紧张不安。当然，之后几个月的工夫，这个长期牛市就于2000年初期结束了。

- 在市场上赚钱的法则就是止住亏损和滚动利润。然而,预期理论(获2002年诺贝尔经济学奖)从根本上认为一般人都是在亏损上冒险而对利润却很保守。换句话说,人们的行为和我强调了20多年的交易准则正相反。
- 一般人认为在市场上的成功完全是因为选对了股票,如果你赔了钱,那是因为你选错了股票。优秀的交易商明白,真正起决定作用的是你如何抛出,而且真正成功的交易商同样理解头寸规模确定和个人的心理对成功的影响。
- 在交易中最为重要的因素是你的个人心理和确定头寸规模。一般人对其中任何一个方面,要么知之甚少,要么就一无所知,而且你肯定也不会听到媒体谈论这个话题。他们可能会谈起市场的心理,但是不会谈你个人的心理。此外,他们可能会谈起资产分配,但是很少人明白资产分配的真正优势是它告诉你在每一种资产上,包括现金,你应该进行多大的投资。
- 玩金钱游戏的简便方法是获取超过你的支出的潜在收入。这就是我所谓的财务自由,如果有计划一般人在5~7年的时间就可以实现财务自由。然而,大多数人认为他们要有很多最新的消费才会赢,如果定金和月供足够低的话,他们现在就可以享受这些消费。这种想法从根本上造就的是经济上的奴隶,这就是美国消费者现在的储蓄率为负的原因。

以上评论是我想到的一般人注定要在经济上失败的几点想法。一般人满脑子充斥着太多的偏见,结果这些偏见将他们引向经济的灾难。我对这一问题的解决办法是帮助人们在决策时变得更为有效。然而,我认为你可以指望一个事实,就是大多数人(包括大的资金机构)在处理关于钱的问题时,在大多数事情上一般都是没有效率的,但大的资金机构有一个优势——它们制定大多数人在努力赢取金钱游戏时要遵守的规则。

## 你个人对这一偏好的评价是什么

关注这一因素同样有助于启发你产生交易思想,并明确一个潜在的策略何时会因为心理趋势发生了变化而可能不再起作用。例如,你应该总是问问自己以下这些问题:

- 我是如何没有效率的,我怎样才能让自己变得更富有效率,如何通过致力于改善个人心理给自己以优势?
- 众人正在追随的主要趋势是什么?看看杂志的封面以及关注一下金融媒体。当媒体开始谈论一些趋势时,这些趋势也许要结束于对这一趋势的修正或至少到了该对其修正的时候了。

- 目前失宠而又有巨大投资价值的是什么？在我向朋友们提起这些投资时，他们会如何反应？如果他们绝对不喜欢这些投资，只要它们的价格没有在下跌或（最好）已经开始上涨，也许这些就都是很好的投资。
- 我怎样通过强调个人心理和确定头寸规模的重要性而成为一位更有效率的交易商或投资者？你将从本书中找到有关这些问题的想法。

## 6.8 可能要考虑的其他因素

以上给出的六个方面无论如何都不是你在思考大环境时可能（或应该）考虑的一切方面。全球变暖会如何呢？如果你认为全球变暖是一个真实的、重要的趋势，那么你就关注它好了。今后5~10年较大的气候变化可能会给金融和市场带来比我提到的任何因素更大的影响。看看最近飓风都造成了什么？如果这些飓风的袭击只是全球变暖影响的开始又会怎样呢？随着海洋升温，飓风会更加强烈，而这仅是全球变暖造成的很多潜在的经济挑战之一。

世界上重大战争爆发的可能性又有多大呢？我以上所提到的情形都是建立在世界和平的条件之上的，但是如果反恐战争升级，不管是因为美国的行为还是恐怖分子的行为，又会怎样呢？这会对你的市场或交易策略造成什么影响？如果世界上一些国家之间较大的敌意爆发了，又会怎样呢？也许这些事情是值得加以计划和思考的。

主要的贸易战爆发又如何呢？如果某些国家停止与其他国家进行贸易会怎样呢？结果会对你的市场造成什么影响呢？

美国和世界出现健康危机又怎样呢？目前有一个年产值1万亿美元的产业向美国人供应损害人体健康的加工食品，同时还有另外一个年产值1万亿美元的产业来医治食用加工食品造成的一些症状，而不是医治造成这些症状的原因。马里兰州的一位医生只是因为给病人静脉注射了大剂量的维生素而丢掉了执业执照。我个人发现这种治疗的确可以令人精神焕发，但是我不得不到瑞士去接受这种治疗。我认为健康保健趋势将会对经济造成很大的影响，当然这只是我的观点。

这些因素，再加上其他我也许忽视了的重要因素，都有可能成为你大环境筹划中的一部分。

## 6.9 如何监控大环境

假如你决定每月关注这六个要素，至于这六个要素都是什么并不重要，因为它们因人而异，每个人的看法都是不同的。但是，你确实需要明白每一个要素对你的市场和策略都会有什么影响。你还要明白什么条件会导致你转移市场和改变你所采用的策略类型。另外，你还需要确定你将如何度量这些要素以及如何加以跟踪。

让我举几个例子来看看你可以怎么做。我每月写一篇关于市场的最新报道发表在每月第一个周三我的免费电子邮件通讯《撒普思想》[⊖]上。这样做迫使我跟踪我认为重要的信息，而且也可以帮助那些不愿自己做这种工作的人。

肯·龙（Ken Long）在我们的研讨班上讲授可以用于交易所交易基金的各种策略，他每周发表对市场的评论，包括现在交易的所有交易所交易基金业绩的相对重要性。肯的加权汇总很像图6-5所示的。

图6-5中的每个盒子代表世界经济的各部门，每个盒子都附有一个加权相对强度数字。[⊜]这一想法的目的是寻找经济中比标准普尔500指数强得多的部门，它由居于中心的SPY盒子代表，评分是39。注意不同的盒子评分不同，最高的是EWZ（巴西，评分为66），最低的是债券（国库券TLT和公司债券LQD，评分都是33）。[⊕]

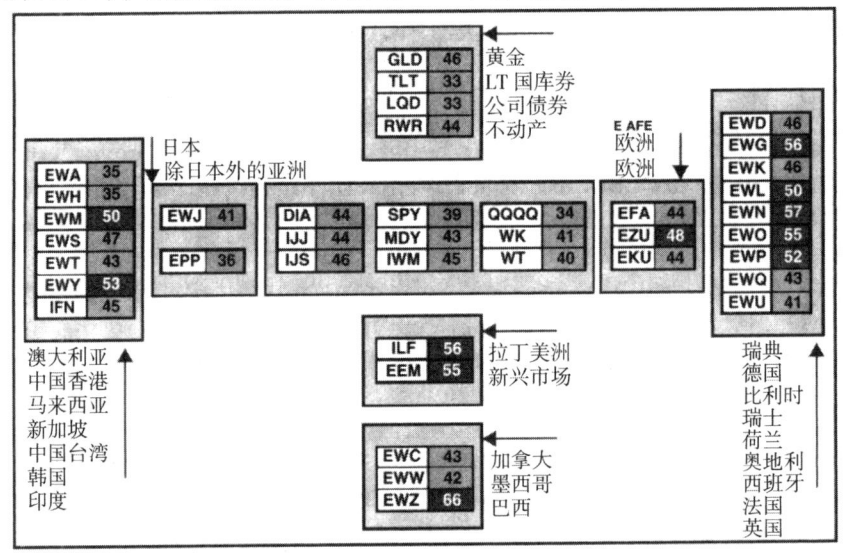

图6-5 自2006年2月11日基于交易所期货的世界市场的"乌龟"模型

---

⊖ 《撒普思想》是一个免费的每周一期的电子邮件，你可以通过注册进行浏览。我每月的第一个周三对整体市场发表自己的观点。

⊜ 肯用的是加权平均强度值，而你可以用效率（价格的变化除以日波动幅度）来监控交易所交易基金，或者你可以用剔除风险变化因素的强度，或根据你认为重要的任何其他的度量指标。

⊕ 相对强度往往变化相当迅速，而且这一模型在手稿送往出版社时已经过时了，但是，肯的策略是只要它们胜过标准普尔500指数，他就保有最强的交易所交易基金，因此他还可以在很长的时间里享有他的地位。

该图表示了这个世界的情况。中心的九个盒子代表美国股市，顶部是大盘股票（DIA、SPY 和 QQQQ），底部是小盘股票（IJS、IWM 和 WT），左边代表价值股票，右边代表成长股票，平衡股票在中间。因此，你一眼就可以看出 2006 年 2 月 11 日美国股市的位置是在小盘股票（最下面一栏）和价值股票（左栏），但是，这些在图中都不是靠近最强区域的。

你可以通过观察图左侧的亚洲市场，右侧的欧洲市场和最下面的美洲大陆市场来了解全球市场。很明显，自 2006 年 2 月 11 日起，拉丁美洲（ILF）、新兴市场（EEM）、巴西（EWZ）、德国（EWG）、奥地利（EWO）、荷兰（EWN）和韩国（EWY）是世界上最强的市场。

图 6-5 的上端显示了美国其他金融市场，包括黄金、长期国库券、公司债券和不动产。尽管肯定还有一些因素在本图中没有考虑进去，但是它确实给你提供了我通常见到的关于世界市场最好的描述之一。你可以花钱从"乌龟资本"（Tortoise Capital）来买这种服务，或者自己绘制一个类似的图。

## 小　结

交易的一种方法是建立在精神层面的，然而，我建议所有的投资者都要对影响市场的主要因素至少每月进行一次估量，并且要有一种方法来度量这些变化对交易方式的影响。

作为一个例子，我基于自己的观点对影响世界主要市场的因素进行了分析：

- 美国债务；
- 美国的长期熊市；
- 像中国和印度这样的国家的崛起及其消费模式对世界原材料的影响；
- 目前的共同基金结构以及生育高峰期出生的人退休带来的影响；
- 法则、法规和新的法律尤其是税法的影响；
- 大多数人在经济游戏中输掉的事实；
- 其他的主要因素。

我强烈建议你思考这些潜在的因素以及任何其他你认为可能比较重要的因素的影响。此外，我还强烈建议你找到一个方法对这些因素及其对你的市场和策略的潜在影响至少每月进行一次估量。我已经给你提供了你可以着手的几个月度信息。

第 7 章
Chapter 7

# 成功交易系统的六个关键

> 知者不言，言者不知。
>
> ——老子

这一章是理解成功的交易商在交易系统方面的思维方式的关键，如果你想获得作为交易商或投资者的真正成功的话，本章的内容是至关重要的。因此，我决定在很多不同的场合通过不同的比喻来反复进行阐述，但是你必须一次就领会它，理解这些因素能够带给你令人难以置信的收益。

在我看来，为了开发一个成功的交易系统，有六个关键可变因素你必须理解。让我们一起来探究这六个可变因素以及它们如何影响你作为一位交易商或投资者的利润或亏损。

（1）可靠度或者百分之多少的时间你是赚钱的。比如，你的投资是否有60%是赚钱的，而有40%是赔钱的呢？

（2）在以可能的最低水平（就是说，一股股票或一手期货合约）进行交易时，相对于损失而言，你的利润水平的相对规模。例如，假如交易失败每股赔1美元，而交易成功每股赚1美元，那么你的利润水平的相对规模是一样的。然而，如果交易成功，每股赚到了10美元，而交易失败，每股只赔1美元，那么相对规模就非常不同。

（3）每笔交易或投资的成本。只要进行交易，对你的账户规模都是一种减损的力量。它是执行成本和佣金支出，这些成本会随着很多交易而越积越多。以前日交易负担不起这些高昂的成本，即使在佣金已经大幅度下降的今天，如果交易非常频繁，它仍然是你必须考虑的一个因素。

（4）获得交易机会的频率。现在假设以上三个可变因素保持不变，其综合效应就取决于你交易的频率。每天做100次交易和每年做100次交易的结果将大相径庭。

（5）头寸规模确定模型或者说一次交易多少个单位（比如一股股票相对于10 000股股票）。显然，你每股的盈利或亏损金额就要乘上交易的股票数量。

（6）交易—投资的资本规模。前面四个可变因素对账户的影响很大程度上取决于你的账户规模。例如，交易成本对一个1 000美元账户的影响要远远大于对一个100万美元账户的影响。如果每笔交易的成本为20美元，那么1 000美元的账户在每笔交易扣除2%的费用后才能获利，因此，为了抵消交易成本，你每笔交易的平均利润必须达到2%以上。然而，如果你的账户是100万美元，那么同样是20美元的成本对你的影响就微不足道了（0.002%）。类似地，500美元的损失对1 000美元的账户而言是致命的打击，但是对100万美元的账户就几乎没有影响（0.05%）。

你只是想关注这六个可变因素中的一个还是认为这六个可变因素都同等重要呢？在我以这样的方式问这个问题时，你可能会同意这六个可变因素都是重要的。

然而，如果你打算全力以赴地只关注其中一个可变因素，那么会是哪一个呢？也许你觉得，既然它们都重要，这个问题就有点幼稚。不管怎样，我问这个问题自有其原因，你把答案写下来吧。

我之所以要求你的注意力集中于一个可变因素的原因是，大多数交易商或投资者在他们日复一日的交易中经常只关注其中一个可变因素。他们往往集中注意力于第一个可变因素，即可靠度或者说是正确的渴望。人们被它所困扰而对其他因素都视而不见，然而，如果这六个要素对成功来说都是重要的，那么你可能就会开始认识到只把注意力放在追求正确上是多么的幼稚。

前四个可变因素是我称之为期望值这一主题的一部分，它们是本章的主要焦点。后两个可变因素是我称之为"多少"的因素或头寸规模确定的一部分。本章只是简单涉及一下头寸规模确定的问题，本书后面将对其进行详细讨论。

## 7.1 打雪仗的比喻

为了解释以上所有六个可变因素的重要性，下面我通过一个比喻来引导你，这个比喻可能会为你提供一个不同于只考虑钱和系统的视角。想象一下你正躺在一面巨大的雪墙后面，有人正在向你的雪墙上扔雪球，而你的目标是保持墙面尽可能的大以便获得最大程度的保护。

因此，这个比喻马上告诉你，墙的大小是一个非常重要的可变因素。如果墙太小，你难免会被击中，而如果墙很大，你可能就不会被击中。可变因素6——初始资本的规模，就有点像雪墙的大小。实际上，你可以将初始资本视为一面保护你的财富之墙，假定其他因素保持不变，你拥有的钱越多，得到的保护也就越多。

现在想象向你扔雪球的人有两种不同的雪球——白雪球和黑雪球。白雪球有点类似盈利的交易，它们只会黏到雪墙上增加它的大小。现在设想一下一大堆白雪球向你扔过来的结果，它们只会增加雪墙的大小，雪墙会越变越大，而你会得到更多的保护。

假设黑雪球会使雪融化并在墙上弄出一个和它们大小相等的洞来，你可以把黑雪球当做"融化雪"。因此，如果有一大堆黑雪球扔向你的雪墙，雪墙就会很快消失或者至少会有一大堆黑洞在上边。黑雪球很像亏损的交易——侵蚀你的安全防护墙，就如亏损的交易侵蚀你的资本一样。

可变因素1，即可靠度，就有点像关注白雪球的百分比。你自然想所有扔向你的墙的雪球都是白的，从而增加墙的大小。也许你很容易明白那些不关注大环境的人是如何全力以赴地把雪球尽可能多地做成白色的了。

但是考虑一下两种雪球的相对大小。黑白雪球相对于彼此有多大呢？比如，假设白雪球有高尔夫球一般大小，而黑雪球像直径1.83米的巨石。如果是这样的话，可能只需一个黑雪球就可以把你的雪墙完全摧毁——即使白雪球一整天都在向你扔过来。反过来，如果白雪球有直径1.83米的巨石那么大，那么每天一个白雪球就可能把墙增至足够大，来保护你免受高尔夫球大小的黑雪球的连续轰击。两种雪球的相对大小就等于模型中的可变因素2——利润与损失的相对大小。非常希望你通过想象打雪仗的比喻，能够理解可变因素2的重要性。

可变因素3——交易成本，就有点像每个雪球都对雪墙有轻微的破坏作用——不管它是白的还是黑的。每一个白雪球都对墙有轻微的破坏作用，希望破坏作用要比它对墙的加固作用小。类似地，每一个黑雪球扔到墙上也都会对它造成轻微的破坏，这只是加重了黑雪球对墙的正常的破坏效果。很明显，这种总的破坏力量会对打雪仗的结果有一个总体的影响。

假定一次只有一个雪球扔向墙，在100个雪球扔到墙上以后，墙的状况就取决于扔到其上的黑白雪球的相对大小。在我们的模型中，你可以以墙的状况来度量雪仗的结果。如果墙在增大，就表明扔到墙上的白雪球的总量大于黑雪球的总量。在增大的墙就好比是在增加的利润，随着它的增大，你就会有更大的安全感。如果墙在缩小，就意味着相对更多的黑雪球而不是白雪球在扔向墙，最终，你的墙将失去其所有的保护，你也无法再玩下去了。

当你把前面三个可变因素放在一起考虑，就可以测算出扔到墙上的每一个雪球的平均效果。在100个雪球扔到墙上以后，你想得到扔到墙上的黑白雪球的总量，不仅要从白雪球的正面影响中减掉黑雪球造成的负面影响，还要减掉黑白雪球造成的总的破坏作用（可变因素3）。一旦确定了100个雪球的总效果，用其除以100，你就会得到每个雪球的效果。如果这一结果是正的（白雪球相对更多），那么雪墙会增大。如果这一结果为负（黑雪球相对更多），那么雪墙将会缩小。每个雪球的相对效果就等同于我在交易里称之为期望值的雪球。

对一些喜欢用数学表达的人来说，下面就是一个这样的例子：

假如有60个白雪球扔到墙上，雪墙就增加6.792立方米；

假如有40个黑雪球扔到墙上，雪墙就缩小3.396立方米；

假如100个雪球总的破坏效果是0.283立方米，100个雪球总的效果是（6.792 – 3.396 – 0.283）立方米的破坏效果。最终的效果为增加3.113立方米；

如果用100个雪球去除3.113立方米，那么最终的影响就是每一个雪球将雪墙增大0.031立方米。

在投资或交易的真实世界里，期望值告诉你经过大量的一个单位的交易，㊀你可以期望每一风险美元能获得的净的利润或损失。如果每一笔交易的最终结果为正，你就可以期望你的账户金额增加。如果最终的结果为负，你就会预测到你的账户将消失。

要注意的是，在期望值模型中，你可能会有99次交易亏损，每次亏损一美元，结果，你会减少99美元。然而，如果你有一次交易赚了500美元，那么你的净收入就是401美元（500美元减99美元）——尽管你只有一次交易是赚钱的，而99%的交易都是赔钱的。假设每次交易的成本是1美元或每100次交易的成本是100美元，你的净利润就是301美元，你的期望值（每次交易的平均影响）就是每冒1美元的风险用来交易，你的结果就增加3.01美元。你是否开始理解为什么期望值是由前三个可变因素共同组成的了？正如可以由每一个雪球的平均影响（雪球的期望效果）来预测对雪墙的影响一样，你可以通过每次交易的平均影响来预测交易对你的资本

---

㊀ 一股股票或一手期货合约就可以是一个单位。

的影响（交易的期望值）。

现在把打雪仗的比喻深入一点。可变因素4从本质上讲就是雪球扔过来的频率。假如每个雪球的平均影响就是给雪墙增加0.031立方米的雪，如果每分钟扔一个雪球，扔了1个小时，那么总的效果就是给雪墙增加了1.868立方米的雪。如果每小时扔两个雪球，那么雪墙每小时将只会增加0.062立方米的雪。显然，第一种情形的影响是第二种的30倍。因此，雪球扔的速度对墙的大小有很大的影响。⊖

交易的频率对资本的变化速度也会有类似的影响。如果在100次交易后，你的净收入是500美元，那么你做这100笔交易所花的时间将决定账户的增加速度。如果你用一年的时间做这100笔交易，那么你的账户每年将只增加500美元。如果每天做100次交易，那么你的账户将每月增加10 000美元（假定每月有20个交易日）或者说每年增加120 000美元。你想用哪种方法进行交易：每年获利500美元的方法还是每年获利120 000美元的方法？答案是显然的，但是方法也可能是非常相似的（因为两种方法有一样的期望）。唯一的区别是交易的频率。

根据对打雪仗这个比喻的讨论，现在你认为前四个可变因素中哪几个最为重要？为什么？你的根据是什么？希望你现在能明白每一个可变因素的重要性。这些构成了期望值的基础，它们决定了你的交易系统的有效性。

可变因素5和因素6——头寸规模确定因素——在你的总体利润水平中是最为重要的因素。你应该已经理解了在打雪仗的游戏里，墙的大小（可变因素6）是多么的重要。如果墙太小，几个黑雪球就能把它摧毁。为了保护你，它必须足够大。

让我们来看可变因素5，它告诉你"多少"的概念。到目前为止，我们都假定一次只有一个雪球扔向墙，但是想象一下同时有很多雪球扔向墙的结果。设想一下一个高尔夫球大小的黑雪球扔到墙上的效果，它将在墙上砸出一个高尔夫球大小的洞。现在，想象一下10 000个黑雪球同时扔到墙上的情形。它完全改变了你能想到的效果，不是吗？

10 000个雪球的比喻简单地解释了头寸规模确定的重要性——系统告诉你"多少"的那部分。我们直到现在都在讨论一个单位的规模——一个雪球或一股股票。10 000个高尔夫球大小的黑雪球的攻击完全可以摧毁你的雪墙，除非它非常大。

类似地，你可能有一个交易方法，在其亏损时，每股股票只损失1美元。然而，如果你买进10 000个单位，那么损失突然之间就会变得非常巨大，现在它就是10 000美元！现在再来看看头寸规模确定的重要性。如果你的资本是100万美元，那么

---

⊖ 这似乎意味着如果将交易成本因素考虑进来，频繁的交易要比不频繁好。虽然这一假定是正确的，但是它没有将频繁交易引起的心理折磨考虑进去。

10 000美元的损失只相当于1%，但是如果你的资本是20 000美元，那么10 000美元的损失就是50%。

既然你对一个系统（或是打雪仗）的成功所包含的所有关键因素都有了认识，我们就可以详细讨论期望值了。要记住的是期望值是雪球的平均影响，类似地，期望值也就是每一笔交易每一风险美元对你的账户的平均影响。

## 7.2 在放大镜下观察期望值

交易成功的真实秘密之一就是从回报—风险比率的角度进行思考。类似地，理解期望值的第一个关键就是从回报—风险比率的角度来考虑你的交易。问问自己这笔交易的风险是什么以及潜在的回报是否值得去冒潜在的风险。那么如何确定一笔交易潜在的风险呢？在进入每一笔交易之前，你应该事先确定为了保住资本而将退出市场的点，这一点就是你的交易所承担的风险或者说是你的预期损失。例如，如果你花40美元买了一只股票，而且决定在它降到30美元时就退出市场，那么你的风险就是10美元。

我喜欢把交易中的风险叫做$R$，这样比较容易记，因为$R$是风险（risk）的缩写。$R$可以代表你每一个单位的风险，在上面那个例子中就是每股10美元，它也可以代表你全部的风险，如果你买了100股股票，每股风险为10美元，那么你的全部风险就将是1 000美元。

我要求你从回报—风险比率的角度进行思考。如果知道在某一个头寸上的全部初始风险是1 000美元，那么你就可以把你所有的利润和损失表示为初始风险的比率。例如，如果你赚到了2 000美元的利润（或者说每股20美元），那么利润就是$2R$；如果实现了10 000美元的利润，那么利润就是$10R$。

对损失而言也是一样。如果你损失了500美元，那么损失就是$0.5R$；如果你的损失是2 000美元，那么就是$2R$。但是你会说，如果全部风险是1 000美元，怎么会有$2R$的损失呢？也许关于承担1 000美元损失的想法，你没有说到做到，在你该退出市场时你没有退出，市场可能背离你而去，大于$1R$的损失总是在发生的。作为一个交易商（或投资者）的目标就是把损失控制在$1R$或更小。沃伦·巴菲特，他是很多人都知道的世界上最成功的投资者，他说，投资的第一法则就是不赔钱。然而，和普遍的看法相反，巴菲特也赔过钱。因此，对巴菲特第一法则更好的解释可能是把你的损失控制在$1R$或更低。

在有了一系列表示为回报—风险比率的利润和损失后，你就真正拥有了我所说的 R 乘数分布。因此，任何交易系统都可以描述为 R 乘数分布。实际上，从 R 乘数分布的角度思考交易系统有助于你对系统的理解以及清楚你对系统将来的期望值。

那么这一切都和期望值有何关系呢？在由交易系统得出了 R 乘数分布之后，你需要得到这一分布的平均值。我把这一 R 乘数的平均值称为系统的期望值。期望值就是经过很多次交易，期望系统能够实现

> 对巴菲特第一法则更好的解释可能是把你的损失控制在 1R 或更低。

的平均 R 值。换一种表达方式，期望值就是在大量的交易之后，你可以期望每一风险美元平均能够给你带来的收益。在打雪仗的游戏中，期望值就是每一个雪球的平均影响。在交易和投资世界里，期望值就是相对于初始风险或 R 而言，任何一笔交易的平均影响。

看一个例子。既然一个交易系统可以由 R 乘数分布表示，我喜欢用一袋玻璃球来模仿交易系统。假设我们有一袋玻璃球，其中有蓝色的玻璃球 60 个和黑色的 40 个。根据游戏规则，如果拿出的是一个蓝球，你就赢了冒着风险拿出的数量（赢了 1R），如果拿出的是一个黑球，你就输掉了冒着风险拿出的数量（输了 1R）。每次拿出一个球以后，都要再放回袋子。现在你很容易算出这个游戏的期望值，因为它表示的是一袋球的平均 R 乘数。赢的频率是 60 个 1R，输的频率是 40 个 1R，所有球的最终结果是赢了 20R。因为有 100 个球（100 次交易），一袋子的期望值就是 20R 除以 100，即 0.2R。经过很多次交易平均下来，我们能够期望每次交易的结果为 0.2R。

有了期望值，就可以大概估计出一定次数的交易能够带来的结果。例如，假如每拿出一个球冒着 2 美元的风险，取了 1 000 次球，每个球在取出后都放回袋子以保证每次交易的期望不变。因为你的平均收益是 0.2R，经过 1 000 次交易你会期望得到 200R。如果每次交易冒着 2 美元的风险（R = 2 美元），那么你将期望赚到 400 美元。现在你明白为什么把它称为期望值了吗？它告诉你，平均来看，可以对你的系统有何（每一风险美元）期望。

假如你每月做 20 次交易，月平均收益是 4R，但是每月都会赚到 4R 吗？不会的，期望值只是以 R 表示的平均收益（或损失）。有大约一半的月份你会赚到较少的钱，而有一半的月份你将赚到较多的钱。实际上，我利用 R 乘数分布模仿了 10 000 次每月 20 次的交易，就是说，我模仿了一个每月 20 次的交易，我用电脑从一个袋子里每次取出一个球（然后又放回袋子），共取了 20 次，看总的结果会是怎样的。我将这一过程重复了 10 000 遍以确定可以平均从该系统期望的结果，我发现该系统在大约 12% 的月份里会赔钱。

如果玻璃球袋子再复杂一些会怎样——就像市场和大多数运气游戏？假定你有

很多不同的赢和输的概率。例如，假如你有一个袋子，里面装有不同颜色的球共计100个。根据表7-1给出的矩阵，我们赋予每种颜色一个不同的回报。

表7-1 玻璃球的回报矩阵

| 玻璃球的数量和颜色 | 输赢 | 报酬 |
| --- | --- | --- |
| 50个黑球 | 输 | 1∶1 |
| 10个蓝球 | 输 | 2∶1 |
| 4个红球 | 输 | 3∶1 |
| 20个绿球 | 赢 | 1∶1 |
| 10个白球 | 赢 | 5∶1 |
| 3个黄球 | 赢 | 10∶1 |
| 3个无色球 | 赢 | 20∶1 |

还是假定一个球被取出后又重新放回袋子，注意这个游戏赢的概率只有36%。你想玩吗？为什么想或者为什么不想玩？在回答这个问题之前，记住我们对投资成功的前四个关键要素的讨论。在这个基础上，问问自己这个游戏的期望值是多少？它比第一个游戏是好还是差？

为了找出游戏的期望值，需要确定平均的 $R$ 乘数，可以先算出总的 $R$ 乘数，然后再除以球数（平均数的定义）。所有取球成功的 $R$ 乘数总和为 $+160R$，而所有取球失败的 $R$ 乘数的总和为 $-82R$，这意味着整个袋子所有的 $R$ 乘数的和是 $+78R$。因为袋子里共有100个球，所以平均值就为 $0.78R$。因此这个袋子的期望值要远远大于第一个袋子。在第一个游戏里，我们只能期望每次交易的结果为 $0.2R$，而这个游戏每次交易给我们 $0.78R$ 的期望。

通过这两个例子，你应该已经领会了很重要的一点，即大多数人寻找赢的概率很大的交易游戏。在第一个游戏里，虽然你有60%赢的机会，但是只有 $0.2R$ 的期望值。在第二个游戏里，你只有36%赢的机会，但是你的期望值是 $0.78R$。因此，就期望值而言，游戏2要比游戏1好4倍。

在这里需要提醒你：可变因素5和6对你的盈利是至关重要的。只有明智地根据资本规模调整头寸，你才可以在长期里实现期望值。头寸规模确定就是系统中告诉你在每一个头寸上可以冒多大风险的那部分，它是整体系统中至关重要的部分，我们将在本书后面进行深入讨论。

让我们通过一个例子来看头寸规模确定和期望值是如何相辅相成的。假如玩游戏1——有60%赢的概率的玻璃球游戏。你共有资本100美元，假如在开始玩游戏第一次取球时把100美元都押上，你输掉的概率为40%，而碰巧就取出了一个黑球。这是有可能发生的，如果发生了，你就丢掉了全部的赌注。换句话说，相对于资本安全，你的头寸（赌注大小）太大了，你没法接着玩了，因为你没有更多的钱。所以，你无法通过长期玩游戏而实现 0.2R 的期望值。

让我们看看游戏 1 的另一种例子。假如你决定每取一次球，只押上 50% 的赌注，而不是 100%，因此，你以 50 美元的赌注开始。取出一个黑球，结果输了，现在赌注减少到了 50 美元。你下一次赌注是所剩赌注的 50%，即 25 美元，结果，又输了。现在你只剩下 25 美元了，再下一次的赌注是 12.5 美元，结果又输了。现在就剩下 12.5 美元了。在一个只有 60% 获胜机会的系统下，连续三次输掉是有可能的（概率是 1/10）$^{\ominus}$。你现在必须挣回 87.5 美元才能保本——这是 700% 的增幅。你根本不可能靠期望值仅仅为 1R 的交易挣回那么多钱。结果，因为不合适的头寸规模确定，你还是没能在长期的交易中实现你的期望值，以赔钱告终。

记住，在给定的交易中头寸必须足够小，才能实现系统的长期期望值。

你可能会说你将通过退出市场来控制风险，而不是头寸规模确定，但你还记得打雪仗的比喻吗？风险的本质是可变因素 2，即盈利与亏损的相对大小，这是通过退出市场加以控制的。头寸规模本质上是你在盈亏的相对大小之外利用的另一可变因素（可变因素 5）。它告诉你，相对于资本而言，你应该承担的全部风险是多少。

## 7.3 机会与期望值

在评估系统时，还有一个和期望值一样重要的可变因素，这一因素就是机会，即第四个可变因素。你玩游戏的频率如何？假如，游戏 1 或者游戏 2 你都可以玩，不过，游戏 2 只允许你每 5 分钟取出一个球，而游戏 1 允许你每分钟取出一个球，在这种情形下，你愿意玩哪一个？

让我们来看机会因素如何改变游戏的价值。假如可以玩一个小时的游戏，因为在游戏 1 中每分钟可以取出一个球，你的机会因素就是 60，或者说有 60 次玩游戏的机会。而在游戏 2 中每 5 分钟才可以取出一个球，你的机会因素就是 12，即有 12 次机会玩游戏。

记住你的期望值是经过大量的机会每一风险美元可以挣到的收益，因此，你玩游戏的次数越多，就越有可能实现游戏的期望值。

为了评价每一个游戏的相对优势，必须用你可以玩游戏的次数去乘以期望值。在对两个游戏玩一个小时的结果进行比较时，你会得到以下结果：

---

$\ominus$ 如果你一年做 100 次交易，几乎确定无疑的是你会连续亏损 3 次。实际上，在 100 次交易中，连续亏损 7 次都是非常可能的。

游戏 1：0.2R 的期望值 × 60 次机会 = 12R/小时

游戏 2：0.78R 的期望值 × 12 次机会 = 9.36R/小时

因此，在任意施加了以上机会约束后，游戏 1 实际上要比游戏 2 还好。而在对市场交易进行评价时，也必须对系统可以向你展示的机会次数给予类似的考虑。例如，一个期望值为 0.5R（扣除交易成本之后），每周提供 3 次交易机会的系统要比每月提供一次交易机会期望值也为 0.5R（同样也是在扣除交易成本之后）的交易系统优越得多。

## 7.4 预测：致命的陷阱

现在讨论一个大多数交易商和投资者都会遇到的一个陷阱——预测陷阱。想一想期望值的概念就会让我们更清楚地看到，为什么那么多人很多年来在预测市场将来的走向时频频受挫。实际上，第 5 章讨论的大多数交易理念都是基于对未来要发生什么进行"预测"的某种方法。比如，我们可能会认为：

- 趋势将会继续；
- 价格会移动到相反的波段里；
- 基本因素推动价格变化；
- 价格是多个市场行为共同作用的结果；
- 价格根据历史周期进行变动；
- 世界的有序有循有助于预测价格和转折点。

所有这些概念都是将其预测方法建立在历史的基础上的——有时甚至认为历史会重演。然而，极其成功的预测甚至也会导致你输掉全部的资本。怎么会呢？你可以有一个准确率为 90% 的交易方法，但是你利用它进行交易仍然会赔掉所有的钱。

考虑以下系统，利用该系统交易成功的概率为 90%，平均每次成功交易的收益为 1R，失败交易平均损失为 10R。你可能会说可以利用该系统成功地进行预测，因为在这个系统下 90% 是正确的，但是该系统的期望值是多少呢？

$$期望值 = 0.9 \times 1R - 0.1 \times 10R = -0.1R$$

期望值是负的，这就是一个你在 90% 的时间里交易成功但最终你却会赔掉所有的钱的交易系统。我们对于投资行为存在强烈的追求正确的心理偏好。对大多数人而言，这种偏好大大压倒了利用交易方法实现总体利润的渴望，或者说它妨碍了我们实现真正的潜在的利润。大多数人压倒一切地渴望控制市场，结果，市场却控制了他们。

到现在为止，你应该很清楚是成功的回报和机会的共同作用让你确定一个方法是否可行。这就是为什么期望值，即每一笔交易中的每一风险美元的总的影响是如此重要的原因。你同样还必须考虑可变因素4（玩游戏的频率）来确定一个系统或方法的相对价值。

## 7.5 交易的实际应用

到现在为止我们一直在讨论玻璃球。在每一袋里，我们知道玻璃球的数量以及每一个玻璃球被取出的概率和带来的回报，但在真实的市场交易里，这些都是未知数。

在市场上交易时你是不知道赢或输的准确概率的，另外，也不知道你会赢或输的确切金额，但你可以进行历史性的测试并从中获得有关期望值的一些启示（样本）。你还可以从实时交易和投资中得到大量的表示为 $R$ 乘数的样本数据。虽然它不是系统将会产生的交易的准确次数，但是它确实给我们关于期望值的启示。

记住我一直用 $R$ 乘数表示一笔交易的回报—风险比率—— $R$ 就是回报—风险的缩写。为了计算交易的 $R$ 乘数，只需用一笔交易的初始风险去除你所获得的总利润或损失。表7-2 为你展示了这样一组数据的例子。

表7-2 交易数据的 $R$ 乘数

| 股票 | 初始风险（美元） | 盈亏（美元） | $R$ 乘数 |
|---|---|---|---|
| ATI | 509 | 1 251 | +2.46 |
| DLX | 498 | −371 | −0.74 |
| GES | 512 | −159 | −0.31 |
| MTH | 500 | 2 471 | +4.94 |
| ORA | 496 | 871 | +1.76 |
| WON | 521 | −629 | −1.21 |
| 总计 | | 3 434 | 6.90$R$ |
| 期望 = | | | 1.15$R$ |

你可能会注意到表7-2 的一些特点。首先，每一只股票的初始风险几乎是相同的。这是通过确定头寸规模使得风险等于资本的1%。在此情况下，50 000 美元账户的1%等于500 美元的风险，但因为四舍五入的原因这些账户在不同的交易之间略有不同。

最坏情形下的市场退出（以发出停价指令表示）对每一只股票的影响都有所不同，但是我们仍然假设每一只股票的初始风险都大致相同。这是因为，我们让每笔交易的总的风险都等于总资本 50 000 美元的1%，即 500 美元。换句话说就是，尽管停价指令是不同的，但是我们可以利用头寸规模确定使得初始风险基本相等。后面将详细讨论设定初始风险和头寸规模确定的重要性。

其次，真实的 $R$ 乘数通常不像玻璃球游戏一样都是整数。在表 7-2 的例子中，四舍五入到小数点后两位数。因此，对一个真实的系统很难说 30% 的亏损将是 $1R$ 的亏损；相反，这些亏损可能会是 $1.11R$、$1.21R$、$0.98R$、$1.05R$ 和 $0.79R$ 等。这是非常可能的，因为在盈亏账户中你需要考虑交易成本。

最后，表 7-2 中的样本很小，只有 6 笔交易，结果可以有一个不错的期望值 $1.15R$，但是你必须问自己一个问题：真的可以基于 6 笔交易就明白交易系统会怎样吗？不会的，6 笔交易是一个太小的样本，不会有什么意义。样本越大，就越有可能知道系统的实际表现将会如何。我认为，哪怕只是要对期望值有所了解，交易次数至少也要达到 30 次。当然，通过 100 次交易你也许可以更好地对系统在将来的表现进行预测。

让我们来看一个期望值直接应用到市场交易中的例子。假如你有一个使用了两年的交易系统，它一共产生了 103 次交易：43 次交易是赢的，60 次是输的。表 7-3 描述了交易的分布，它是你每次只进行一个单位交易的结果（最小的头寸规模）。

表 7-3　两年里一个样本系统所产生的交易　　　　　　（单位：美元）

| 盈利的交易 | | | 亏损的交易 | | |
| --- | --- | --- | --- | --- | --- |
| 23 | 17 | 14 | 31 | 18 | 16 |
| 12 | 32 | 8 | 6 | 23 | 15 |
| 6 | 489 | 532 | 427 | 491 | 532 |
| 611 | 431 | 563 | 488 | 612 | 556 |
| 459 | 531 | 476 | 511 | 483 | 477 |
| 561 | 499 | 521 | 456 | 532 | 521 |
| 458 | 479 | 532 | 460 | 530 | 477 |
| 618 | 1 141 | 995 | 607 | 478 | 517 |
| 1 217 | 1 014 | 832 | 429 | 489 | 512 |
| 984 | 956 | 1 131 | 521 | 499 | 527 |
| 1 217 | 897 | 1 517 | 501 | 506 | 665 |
| 1 684 | 1 501 | 1 654 | 612 | 432 | 564 |
| 1 464 | 1 701 | 2 551 | 479 | 519 | 671 |
| 2 545 | 2 366 | 4 652 | 1 218 | 871 | 1 132 |
| 14 256 | | | 988 | 1 015 | 978 |
| | | | 1 123 | 1 311 | 976 |
| | | | 1 213 | 1 011 | 993 |
| | | | 876 | 1 245 | 1 043 |
| | | | 1 412 | 1 611 | 3 221 |
| | | | 1 211 | 945 | 1 721 |
| 平均收益 = 1 259.23 | | | 平均损失 = 721.73 | | |
| 总利润 = 54 147；总亏损 = 43 304；净利润 = 10 843 | | | | | |

你会注意到表中没有列出每笔交易的初始风险。如果你一直在进行交易但从未理解过 $R$ 乘数的概念，这是有可能的。然而，即使你没有可以了解每笔交易的初始

风险的数据，仍然可以通过把平均损失当做1R来对你的期望值和R乘数分布进行估计，这就是我们将利用表7-3的数据所要做的工作。

$$平均利润 = \frac{净利润}{103} = \frac{10\,843}{103} = 105.27（美元）$$

$$期望值 = \frac{平均利润/每笔交易}{平均损失} = \frac{105.27\ 美元}{721.73\ 美元} = 0.15R$$

这只是一个期望值的粗略估计，但是在不具有每笔交易的初始风险数据时，这是你必须做的。㊀

现在，为了理解如何利用期望值来确定每一个系统的相对优势，让我们来看两个不同的交易系统。㊁

## 1. 弗雷德的系统

第一个系统来自一位名叫弗雷德（Fred）的期权交易商。5月1日~8月31日，他做了21笔交易，都列在了表7-4中。

**表7-4 弗雷德的期权交易总结**

|  | 收益 | 亏损 |  |
|---|---|---|---|
|  | $2 206.86 | $143.14 |  |
|  | $1 1881.86 | $68.14 |  |
|  | $3 863.72 | $543.14 |  |
|  | $181.86 | $1 218.14 |  |
|  | $1 119.36 | $143.14 |  |
|  | $477.79 | $3 866.57 |  |
|  | $48.43 | $340.64 |  |
|  | $327.36 | $368.14 |  |
|  | $21.80 | $368.14 |  |
|  |  | $358.14 |  |
|  |  | $493.14 |  |
|  |  | $328.14 |  |
| 总计 | $10 129.04 | $8 238.61 | = $1 890.43 |
| N | 9 | 12 | = 21 |
| 平均 | $1 125.45 | $686.55 | = $90.02 |

这一系统在4个月期间的21笔交易中赚了1 890.43美元，等于每笔交易盈利

---

㊀ 在本书第1版，我没有认识到期望值就是平均R乘数的值。这一错误在我最近出版的一些书里已做了更正，如《通过电子日交易获得财务自由》、《财务自由的安全策略》。因为没有认识到这一点，在第1版中我们用了一些很粗糙的把交易分类的技巧，并利用这些分类来确定期望值。利用把平均损失当做1R，用平均损失除平均利润得到期望值的方法仍然是不精确的。然而，它要比本书第1版所用的最初的方法好得多。

㊁ 在将头寸规模确定考虑进去时，我们有评价系统质量的更好的方法。然而，对这些方法的讨论超出了本书的范围。

90.02 美元。因为平均损失是 686.55 美元，因此假定它等于 1R。用 90.02 美元除以 686.55 美元，就会得到期望值 0.13R。

弗雷德的系统最大的失误就是，它有一笔损失 3 867 美元的交易抵消了一笔交易的大额盈利 3 864 美元。如果没有这一笔巨额损失，弗雷德的系统将是出色的。因此，弗雷德需要研究这笔亏损交易，看看将来是否可以避免类似的损失。他也许没有努力将其损失限制在 1R 之内。

## 2. 埃塞尔的系统

接下来，我们看另一组交易，我们把它称为埃塞尔的系统。埃塞尔（Ethyl）在两年的时间里做了这些股票交易。她从 1 000 股股票的买进中获利 5 110 美元，从 200 股股票的买进中获利 680 美元；从 300 股股票的抛售中损失 6 375 美元。其他所有的都是 100 股股票的买进。因此，我们把这些盈利和亏损都转化为每笔交易为整数 100 股股票的买卖以消除头寸规模确定的影响。

在进行调整之后，该系统在两年的时间里做了 18 笔交易赚了 7 175 美元，平均每笔交易盈利 398.61 美元。记住弗雷德的系统每笔交易平均盈利只有 90 美元。另外，埃塞尔的系统在 55.6% 的时间里是赚钱的，而弗雷德的系统只有 45% 的时间是赚钱的。埃塞尔显然拥有一个更好的系统，那么事实真的是这样吗？

让我们看一下表 7-5 中埃塞尔的系统的每一风险美元的期望值以及机会因素。

表 7-5 埃塞尔股票交易汇总

|  | 收益 | 亏损 |
|---|---|---|
|  | $511 | $2 125 |
|  | $3 668 | $1 989 |
|  | $555 | $3 963 |
|  | $1 458 | $589 |
|  | $548 | $1 329 |
|  | $3 956 | $477 |
|  | $340 | $1 248 |
|  | $7 358 | $501 |
|  | $499 |  |
|  | $503 |  |
| 总计 | $19 396 | $12 221 |
| N | 10 | 8 |
| 平均 | $1 939.60 | $1 527.63 |

埃塞尔的系统做了 18 笔交易赚了 7 175 美元，等于每笔交易的平均利润为 398.61 美元，平均损失是 1 527.63 美元，因此我们必须将她的平均风险看做 1R。为

了得到埃塞尔的期望收益，我们必须用398.61美元除以平均损失1 527.63美元，最后的结果是期望收益为0.26R。因此埃塞尔的期望收益是弗雷德的期望收益的两倍。

记住弗雷德的盈利几乎就是一笔成功的交易的结果，当然，埃塞尔的盈利也是如此。她的一笔7 358美元的盈利大于她两年时间内7 175美元的净盈利。因此，一笔交易为她带来了两年的总利润。一个良好的长期系统经常就是这样。

### 3. 比较弗雷德和埃塞尔的系统

但是机会因素如何影响我们对两个系统的评价呢？弗雷德的系统在4个月的时间里产生了21笔交易，在两年的时间它可能会产生6倍于此的交易。让我们比较其期望值乘以两年里的机会次数，以此来真实地评价两个系统。

从期望值乘以机会的角度来看待两个系统时，弗雷德好像拥有一个更好的系统。当然，这是建立在两位投资者都将交易机会利用到了可能的最大程度基础之上的，见表7-6。

表7-6 两个系统的比较

| 费雷德的系统 | | | 埃塞尔的系统 | | |
| --- | --- | --- | --- | --- | --- |
| 期望值 | 机会 | 总计 | 期望值 | 机会 | 总计 |
| 0.13R | 108 | 14.04R | 0.26R | 18 | 4.68R |

对两个系统的比较引出了关于机会的一个有趣的可变因素。埃塞尔在两年的时间里只做了18笔交易，但是这并不意味着她只有18次交易机会。投资者只有在以下条件下才能将其交易机会利用到最大程度：①在有交易机会时有充足的资金；②有一个退出策略并在该策略启动时退出了市场；③在现金允许的情况下，充分利用了其他机会。如果这三个标准中有任何一个得不到满足，那么通过期望值和机会对系统进行比较就不一定是有效的方法。

## 7.6 确定系统将如何表现

假定我们拥有一个系统的足够的交易样本，有来自各个不同市场的200笔交易，因此，我们对该系统有可能产生的R乘数分布有较好的了解。现在，假设每笔交易就像前面的例子一样，是从袋子里取出一个球。每次取出一个球，确定其R乘数，然后再把它放回袋子里。通过这种方式模拟交易，也许100次或更多次，我们就能够对系统在将来的表现进行非常好的预测。

首先，需要开发一个支撑期望收益的头寸规模确定方法，这将有助于你实现交易目标。此外，需要将头寸规模确定方法与每笔交易的初始风险以及当前账户的资本额度联系起来。下面就用一个风险为1%的简单模型，就像在表7-2中做的一样。

其次，需要考虑所取出的球的潜在分布（顺序）。系统成功交易的百分比和接连失败的交易的长度成反比。因此，需要一种头寸规模确定的方法，使你能够经受大量的一连串潜在的亏损交易，同时又能够让你利用大的成功交易。但是，即使一个在60%的时间里是正确的系统也很容易在100次的系列交易中产生长达10次的接连失败。你需要确定这些接连失败可能会持续多久，以便在其发生时能够应对。⊖

很多交易商利用一个安全的系统进行交易但还是失败了，这是因为他们对市场呈现给他们的交易分布没有做好应有的准备，以及/或过度使用了杠杆作用或者资金不足。给定了系统成功交易的百分比，就可以估计1 000次试验中交易连续失败的最多次数，但是你永远不会知道实际次数。例如，即使是抛硬币也可能产生一连串正面朝上的结果。

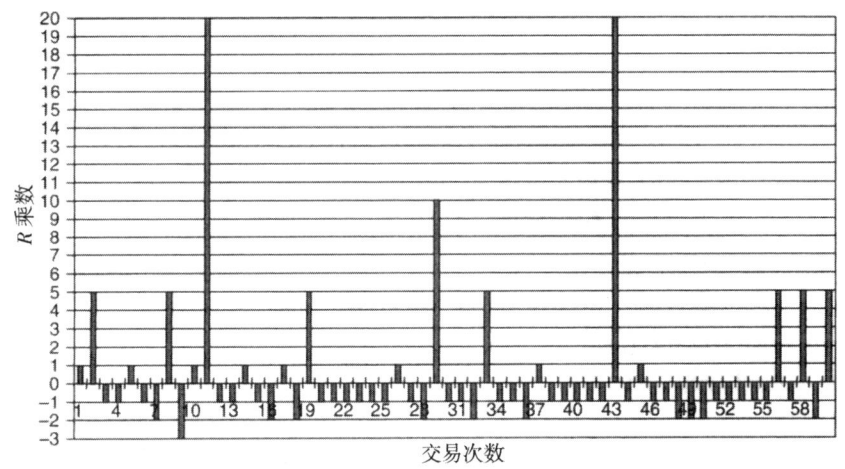

图7-1　玻璃球游戏：系统所产生的连续的 R 乘数

图7-1给出了一个类似于表7-1所描述的交易次数为60的取球游戏样本的交易分布。记住这只是一个样本，每个样本很可能是不同的。注意第46次交易和第55次交易之间的一连串的失败交易。大概此时，很多玩此游戏的人会产生以下两个观点之一：①他们相信到了取球成功的时候了；②他们决定在这个游戏将来的某个时间点，按照期望值下赌注，以从类似的一连串交易中获利。如果亏损交易在游戏中发生得比较早，那么选择第二种观点是普遍的。如果亏损交易在游戏中发生得比较晚，

---

⊖ 记住我们和汤姆·巴索关于目标的讨论。汤姆说他理解而且也频频经历长时间的接连失败。失败也是交易的一部分。

那么选择第一种观点就比较普遍。一些参与者的心理迫使他们在亏损交易中陷得越深，就赌的越大，因为他们认为成功的交易近在咫尺。然而，我相信你能够猜得到这个游戏的一般结局。

图7-2描述了以上游戏的每笔交易按照当前资本计算的固定百分比，即1.0%、1.5%和2.0%下赌注时的资本曲线（整个交易过程都保持完全的镇静和不偏不倚的态度）。赌注为1.0%的60次试验的回报率是40.1%，而从最大到最小的亏损是12.3%。这里分别出现了三个重要的亏损交易5、6和10。2%的风险让回报翻了一番，但也把最大亏损额翻了一番。如果在这一笔大的亏损之后放弃这一系统，又会怎样呢？在图7-2的每一种情形下，较大的头寸规模确定法则都胜过了较小的头寸规模确定法则。然而，在很多样本里，较大的头寸规模设置会导致破产，尤其是在接连失败的交易来得比较早时，而较小的头寸规模设置能让你克服这些接连的失败，最终获得利润。

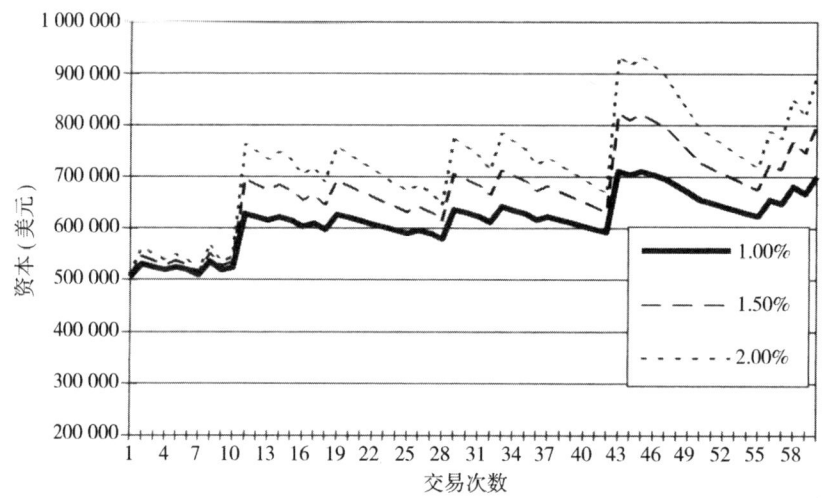

图7-2　玻璃球游戏根据赌注大小和每笔交易所承担的风险的资本曲线

图7-3给出了依据期望收益下赌注，每次交易按照当前资本固定的1.0%下赌注时的资本曲线。依据期望收益下赌注意味着大的球（R乘数）对你是不利的。是的，你能够在64%的时间里是正确的，甚至可以享受到10次交易接连盈利的喜悦，但是你同样可以赔上初始资本的37%。

如果我们试图更好地理解这一系统是如何工作的，可能需要评估至少100个这样的样本，这样，就可以更好地决定要使用的头寸规模确定法则。另外，我们也可以更好地对系统的未来表现进行预测。

如果能如我所建议的那样，做100次或更多的模拟，那么我们就能够对未来可能

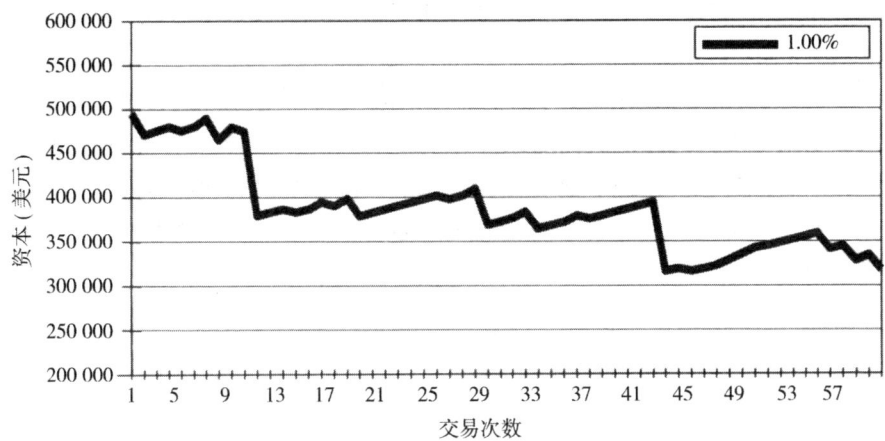

图 7-3　按照概率和期望收益下注的玻璃球游戏的资本曲线，每笔交易 1.0% 的风险

会出现的很多情形在脑海里进行演练——对每一个给定的结果，演练将如何应对。要记住，即使有 100 个这样的样本，你依然不能确切地知道玻璃球袋子（或市场）在将来会向你展示什么。而且，同样重要的是，你仍不知道是否存在你以前从未见到过的大的 $R$ 乘数的惨败。这就是为什么你的精神演练部分应该包括如果出现了你没有准备的突发事件你将如何反应的原因。

## 小　结

下面进行简单的回顾，一旦你有了一个系统或者有了一个初步的系统，需要计算它的期望值并考虑有关期望值的一系列问题。下面是步骤：

对交易系统的期望值进行计算的最好、最精确的方法是，如果你知道每一笔交易的 $R$ 乘数，期望值就是这些 $R$ 乘数的平均值。就是这么简单。

如果你已经有一个一直在用或已经进行了测试的系统，但是没有把结果表示为 $R$ 乘数的形式，那么可以假定你的平均损失等于 $1R$。因此，你可以通过确定系统每笔交易的平均利润或损失，然后除以平均损失得到系统的期望值。

你还需要评估交易机会来获得系统的期望值。你的系统在一年里可以做多少次交易？用它乘以期望值，就可以从 $R$ 的方面对系统每年的结果进行较好的预测。

一旦你有足够大的样本让你感觉好像可以适当地代表交易系统的 $R$ 乘数分布了，你就可以考虑把每一个 $R$ 乘数表示为袋子里的一个球。你可以做完一年的交易，即取出一年的球（在每一个球取出后再放回袋子），留心观察每笔交易承受的风险是多大，交易对你的资本带来的影响，以及你对每笔交易的心理反应。对一年的交易至少这样做 100 次。如果这样做了，那么你就可以对系统在将来的表现进行相当好的预测。

这种模拟仍然假定你知道系统将会产生的 $R$ 乘数。无论样本做得多么好，假定一次比你以前曾经见到过的还要大的败局会发生可能是比较安全的。

记住期望值和成功的概率不是一回事。人们存在对每笔交易或投资都想盈利的倾向，因此往往被成功概率很高的进入系统所吸引。可是这些系统也非常频繁地和巨额损失紧密相关而导致负的期望值，因此，你应该依照系统的期望值的方向承担风险。

最后，即使你的系统有很高的正的期望值，也仍然可能会赔钱。如果你在某笔交易上冒了太大的风险且输了，那么你就（可能将）难以赚回本钱。

# 第三部分 Part 3

# 理解系统的关键部分

这一部分旨在帮助你构建自己的系统。要注意的是在开始这一部分之前，你必须要透彻地理解了本书第一和第二部分的内容，它们构成了在你开始实际的系统构建之前必须掌握的必要的基础。

第8章讨论的是方案。方案是为了让其他事情发生而必须具备的条件。我把方案这一章放在了最前面，因为大多数进入和退出系统都是由一个方案加上一个系统启动组成的。在第8章，你将会了解到最普通的入市方案——无论是对股票市场还是对期货市场。这些都是大师级的交易商和投资者使用的方案。然而，更经常的是这些方案都被他们作为系统加以推广，而人们由于彩票偏好的存在也往往认可这种观点。不过，在你理解了本书的内容之后，你将能够把这些方案和系统的其他关键部分结合起来，创建出某些真正有价值的东西。

第9章讨论入市技巧。入市技巧从本质上控制了系统的可靠度——赚钱的频率如何。然而，到现在你已经懂得了在评价一个系统时，可靠度并没有期望值重要，因为可靠度可能很高但期望值却是负的。在第9章你将会明白为什么随着时间框架变得越来越长，入市对你的交易却变得越来越不重要。第9章会向你表明大多数的入市技巧并不比随机入市好多少，但是无论如何基于入市技巧产生的系统可靠度还是会比随机入市可期望的可靠度更高。

第10章是有关如何界定系统的每一头寸风险（1R）的内容。每一个系统都应该有一种退出市场保全资本的方法，它是系统中"灾难性停价"的部分，是对任何系统进行评判的最重要的准则之一。我们将讨论这些灾难性停价背后的意图以及宽幅停价和窄幅停价的优缺点。

第11章是关于获利退出的内容。获利退出旨在帮助你把交易的回报—风险比率最大化并因此提高你的期望值。我们将讨论各种市场退出的意图、退出策略、多重市场退出的优点以及简化在市场退出中的重要性。你会了解到如何开发市场退出技巧以提高期望值。

第8章至第11章的讨论并不是详尽无遗漏的，其目标只是告诉你那些起作用的技巧，除一般的讨论之外，避免讨论那些不起作用的技巧。我的意图并非要给你一个完整的系统，假如那样做，对你可能是不合适的，因为它不一定适合你的观点。我只是提供给你设计系统的工具，帮助你克服心理偏向，以便能够开发出一个适合你的系统。

我将会通过大家对一些广为人知的交易系统的共同认识来解释一个系统的各部分，你会明白哪些部分是大家都关注的以及如何通过强调大多数人忽视的环节来改进你的系统。我的目的并非批评这些系统，因为其中大多数都是很有名气的，而且都有一些非常好的特质。事实上，如果你喜欢其中的一个或多个，我鼓励你从头学起以对其有更多的了解。这几章的目的就是详细地回顾这些系统，让你能够理解它们的优点和缺点。

第 8 章
Chapter 8

# 利用方案设法启动你的系统

> 投机,就其实质而言,需要预测。
>
> ——理查德·威科夫(Richard D. Wyckoff)

方案是采取其他行动之前必须具备的条件,是任何系统大多数进入与退出部分的一个基本方面。之所以决定首先对其进行讨论,是因为它构成了随后对进入与退出技巧进行讨论的基础。

方案的一个关键作用就是告诉你,应用系统的条件何时是成熟的。例如,在第6章的大环境分析中,我说我们处在一个有可能持续到2020年的熊市中,但是,这并不是说不会出现非常坚挺的、可以获利的市场走势,从而证明投资股市可能是很明智的。我还要告诉你何时启动这样一个系统,你所需要的只是具备方案。

在第5章所展示的大多数理念就和进入市场的方案有关。比如和市场秩序有关的概念,在大多数情况下,就为你打开了一扇可以对一次大的市场移动进行预测的机会之窗——这扇窗口就是时间上的方案。它当然不是一个进入信号或交易系统。

例如,我就曾经和一位艾略特波浪("万物皆有序"的概念之一)理论的专家讨论过。他说他的观点大约70%是正确的,但是只有30%的交易是成功的。为了保存资本,在入市点之下,他的停价指令一般都非常窄小,市场会非常频繁地将其逐出。因此,为了将一个主意付诸实施,他不得不再次入市三或四次,而且,在市场与他作对三或四次时，他通常过于紧张以至于无法再次入市而错过了随后市场的变动。其他一些时候，他的想法可能是正确的，但是市场波动可能开始变得非常剧烈，以至于他觉得利用这次波动的机会风险太大。从本质上来说，这位专家的问题是混淆了方案（在艾略特波浪分析方面进行市场度量）与整个交易系统。他并没有一个真正的入市系统（如下一章所定义的），也无法利用其想法本身具有的很好的可靠度，因为他过于频繁地发出停价指令而被截住。

我将利用你在后面几章将会了解到的思想来纠正这两类问题，但是，关键是大多数投资者和交易商都存在这样的问题——把交易的方案和一个完整的交易系统混为一谈。大多数投资者和交易商买了一些本行业的书籍，这些书里除了这类交易方案，没有别的东西。如果这些交易方案附有足够的最佳情形的成功事例，那么作者就能够让读者相信书中包含"圣杯"。你必须从本书领会的关键思想之一就是，交易方案只占交易系统的大概 10%（或更少）。大多数人都把重点全部放在了寻找正确的交易方案上，但是交易方案实际上是系统中最不重要的部分之一。

> 如果你能从本书领会到一个关键的思想，这一关键的思想应该就是交易方案只占交易系统的大概 10%（或更少）。大多数人都把重点全部放在了寻找正确的交易方案上，但是交易方案实际上是系统中最不重要的部分之一。

让我们来看这个概念——基本面分析——以帮助你理解交易方案是如何从各种概念中产生的。基本面分析从根本上为你提供了一系列的条件，当这些条件满足时，表明做空头或多头的入市时机已经成熟。<sup>⊖</sup>这些条件可能意味着市场因为供求关系而被高估或低估了。然而，基本面分析并没有任何有关时机选择方面的建议——它们只能指出在将来某个时刻入市的条件是合适的。而实际的市场变动可能要在数月之后才会出现。

为了更好地理解交易方案的条件，本书将讨论入市的五个步骤。一般来说，每一位交易商或投资者都应该对每一个步骤有所考虑。

## 8.1 入市的五个步骤

### 1. 适合系统的条件

入市的第一步是确定合适的条件是否出现，以确保能够利用一个特定的系统。

---

⊖ 股票的基本面分析有点不同。在进行股票的基本面分析时，考察的是收益、账面价值、经营状况和其他有关一个公司的内部结构的信息。

如果答案是肯定的，那么你就可以进到其他步骤，但是如果答案是否定的，那么就必须寻找适合今天的条件的其他系统。

举一个我的《实现财务自由的安全策略》中的一个例子。在该书中，我给出了一个熊市共同基金交易技巧。如果你决定使用这一特定的技巧作为系统之一，你就会把高达50%的交易资本投到反向共同基金上，这一共同基金在诸如标准普尔500指数这样的主要指数下跌时是上涨的，但是使用这一系统的条件必须是合适的。

这一系统只有在长期的熊市条件下才是合适的。基于前面的大环境条件的分析，我们将在今后的10～15年里处于这样一个长期熊市之中。然而，这一系统只在当市场处于我所说的红灯模式时才能加以使用。红灯模式要求以下三个条件中的两个要得到满足：

- 市场必须是被高估的，意味着标准普尔500指数的市盈率必须大于17。这一条件很多年来都是满足的。
- 联储必须有所行动，这意味着联储要提高利率，或者虽然目前没有采取什么行动，但是在此之前的六个月内的最近一次行动表明它要在某些时候提高利率。到写作本书之时（2006年年底），联储已经连续17次提高了利率。
- 市场表现必须很坏，这意味着市场基本在其45周的移动平均之上。市场在长期熊市的大部分时间里处于红灯状态，我在免费的关于市场的每月最新报道中给出了具体的指标。㊀这种交易方案往往内容广泛，因为它确实是对大环境的一种测度。不过，自2005年7月至今（2006年8月），我们就处在"红灯模式"里，市场表现平缓，熊市共同基金策略没有奏效。

在本书第一版中，我讨论了另一个例子，即交易的莫特利·福尔愚行四方法（Motley Fool Foolish Four）㊁，也考察了这一系统的各个部分。然而，因为这一系统只集中于道琼斯30种股票并持有一年的时间，我认为这种方法在今天的股市条件下根本不合适。记住，共同基金强有力地支撑了它们用做标尺的主要的平均指数，但当生育高峰期间出生的人开始将其退休基金从共同基金中抽出时，我预计主要的平均指数将会崩溃。因此，任何依赖于持有一年主要平均指数股票的方法对今天的市场环境都是不适合的。这是一个利用逻辑推理来确定何时可以使用（以及何时不宜使用）一个系统的例子。㊂此外，当莫特利·福尔网站将这一简单的技巧介绍给数以百

---

㊀ 你可以在 www.iitm.com 上获得免费的每周通讯《撒普思想》。

㊁ 莫特利·福尔愚行四方法已不再有效，因为它被莫特利·福尔网站大肆传播。这种只专注于几只股票而又广为人知的方法，会因为过于广为人知而不可能再继续奏效。

㊂ 这一系统因为其变得过于流行而不再有效（因为每个人都只买四只股票），在熊市下跌开始之时，它就彻底崩溃了。

万计的投资者时，你可以想象得到会发生什么：很多投资者都把他们的精力只放在四种股票上。但是如果每个人都买特定的四种股票，那么"道指狗股"（dogs of the Dow）如何能继续成为一种有效的策略呢？答案是它不能，而这也许就是这一策略不再有效的原因。

## 2. 市场选择

入市的第二个步骤是选择你要进行交易的市场。在你成为市场的一员之前，该市场应具备哪些特质？你可以考虑利用以下一个或几个准则来进行选择。

（1）**流动性**。你预计该市场在将来的活跃程度如何？从根本上来说，这是一个流动性的问题，它和以买卖价格或者在买卖价格之间的价差进出市场的难易有关。如果这个市场的流动性相当差，那么买卖价差可能会非常大，你可能仅仅为了进出市场就不得不付出非常大的代价（高于佣金）。

流动性是入市的一个主要因素。为什么？如果你的资金非常雄厚，那么仅仅因为你的出现，在一个流动性很差的市场有可能会出现大幅度的价格波动。如果你是一位小户——能够非常容易地进入一个流动性差的市场——你可能也想回避这样的市场，因为一位"愚蠢的"大户有可能进入这些市场，从而仅仅因为他的出现而造成巨大的市场波动。

例如，股市交易商可能希望回避每天交易量少于10 000股的股票。这意味着一手股票占每日交易量的1%。㊀ 在你想进出这一市场时，这可能就会成为你的一个问题。

（2）**市场是否是新市场**。一般而言，最好避开新市场，无论它是刚刚引入交易所的新创的期货合约还是股票。很多错误就发生在这些新出现的期货合约或股票上，因为你对这种基础产品在将来的表现知之甚少。而如果一个市场至少存在了一年，你就能够对它进行更好的预测。

有些人专门交易被称为首次公开发行的新产品，即IPOs。当然，在强有力的牛市上，新发行的股票通常上涨得很快，但是它们同样也会下跌得很快。也许你的"优势"就在于掌握着有关这些新公司的足够的信息，以至于你感觉投资于这些新股票是安全的。然而，要记住的是，对于非职业的投资者来说，这些新产品都是具有很大风险的。

（3）**什么样的交易所形成了基本投资市场以及你是否了解它的交易规则**。其实

---

㊀ 在纽约证券交易所，股票的交易单位一手一般为100股。——译者注

质是，谁在背后操纵你进入的交易市场？谁是做市商？他们的口碑如何？在你与这些人打交道时你能期望什么？谁来规范这些做市商？如果你向这些交易所之一发出停价指令，可能会发生什么样的事情——指令会从你的利益出发顺利地加以执行，还是仅仅给他们颁发了一个偷取你的利益的许可证？

例如，某些股票和商品交易所要比其他交易所交易起来难度大得多，你的指令得到全部执行要难得多。如果你有在这些交易所进行市场交易的经验，而且知道可以期望什么，那么在这些交易所交易也是可以的。相反，如果你在此类市场上是个新手，那么最好还是在古老的、信誉卓著的交易所交易，如纽约股票交易所、芝加哥期货交易所和芝加哥商品交易所。

海外市场可能是那些缺乏市场交易经验和知识的交易商巨大的机会，也可能是巨大的灾难。找到那些在你打算进行投资的市场交易过的人，问问他们有何期望——最坏的情形是什么？确保你在这些类型的市场交易之前能够忍受这种最坏的情形。

1992年我娶了一位非常好的女人，她生在新加坡，长在马来西亚。1993年年末，我们看望了她在马来西亚的亲戚。我们游遍了整个国家，人们到处都在谈论买马来西亚股票能赚到多少钱。我相信当所有人都表现出兴趣时，就是市场崩溃在即的信号，因此，我坚决认为马来西亚股市注定要完蛋。到1994年1月，它就损失了50%的价值。然而，在1993年我却没有任何途径来卖空这一市场。

可是，今天你却可以通过交易所交易基金（ETFs）自由地在外国市场进行交易。世界范围的图表（图6-5所示）给出了你可以在各个世界市场上建立头寸进行交易的各种交易所交易基金的例子。今天，如果我想卖空马来西亚股市，只需卖空马来西亚的ETF和EWM，这在美国是很容易的事情，尽管马来西亚政府认为卖空其股市的想法是反马来西亚的行为。

（4）**波动幅度**。波动幅度的本质是指在一个特定的时间框架内价格波动的幅度。比如，日交易商需要在波动很大的市场上进行交易，因为他们一般在每日收盘之时就结清头寸，所以需要在每日波动幅度足够大的市场上进行交易以获得较大的利润。通常，只有某些货币市场、股票指数、高度流动的股票和债券市场对日交易商而言才称得上是好的市场。

如果你恰好是在一个正在盘整的市场上利用对转折点进行交易的系统进行交易，那么你也许就需要选择那些波动幅度足够大的市场以使这种交易系统有实际意义。因此，市场的波动幅度也应该是很重要的考虑因素。

对于日交易和盘整市场交易而言，考虑到初始风险的规模，你需要足够大的市场波动幅度，才能赚到至少相当于初始风险规模 2～3 倍的利润。这应该是你进行市场选择要遵循的最为重要的准则。

（5）**资本化**。股票交易商经常基于股票的资本化程度选择股票。有些投资者只想投资于高度资本化的股票，而有些投资者却只想投资于资本化程度低的股票。下面来看看每一个准则背后可能的原因。

一般而言，寻求巨大的市场变动的投机性投资者希望投资于资本化程度低的股票（低于 2 500 万美元）。研究证明小盘股票构成了上涨 10 倍或 10 倍以上股票的大多数。一般地，随着对小盘股票的需求上涨，因为发行的股票只有几百万股，结果股价剧烈地上涨。

与之相反，保守的投资者不想出现太大的价格波动。他们不希望看到股价因为买进 1 000 股的指令价格上涨了一个点，然后又因为卖出 1 000 股的指令下跌了一个点。他们想看到的是缓慢的、平滑的价格变化。在发行量高达几亿美元的高度资本化的股票中，是非常有可能见到这种价格表现的。

（6）**市场对你的交易理念的遵循程度如何**。一般来说，无论交易理念是什么，你都需要找到与其非常吻合的市场。而且你拥有的资本越少，这一选择过程对你就越重要。

因此，如果你是一个趋势跟踪者，就需要找到趋势非常明显的市场——它们可以是显示出较强的相对优势的股票市场，也可以是每年几次呈现出明显趋势的期货市场。如果一个市场在过去总体来看符合你的交易理念，那么将来它可能还会如此。

对你可能进行交易的任何其他的准则，道理是一样的。如果你遵循季节模式，那么就必须在显示出非常强的季节趋势的市场上进行交易；如果你遵循艾略特波浪理论，那么就必须追寻那些看起来艾略特波浪理论最有效的市场；如果你是一位波段交易者，那么就必须找到那些不断出现非常好的、宽幅的波段的市场。无论你的交易理念是什么，都必须找到那些最符合这些理念的市场。

（7）**选择独立的⊖市场的资产组合**。这个话题有点超越这样一本有关系统开发的入门书的范畴。不管怎样，我建议你考察一下所选择的各种市场之间的相关性。你将从选择相对独立的市场中受益最大，因为如果你选择相对独立的市场，从逻辑上来说，你在至少一个市场上是处于盈利趋势的可能性要比所有的市场都是相关的要大。同样，你也应该避免持有一个头寸相关的资产组合，因为它们有可能同时处于对你不利的下降趋势。

---

⊖ 我在这里本来用的词是"无关的"，但是，汤姆·巴索很快指出，在极端情形下，所有的市场都会变得相关。因此，"独立的"事实上是更为确切的表达。

## 3. 市场方向

入市的第三步是市场方向。无论你是对市场的转折点进行交易，还是正快步踏上市场快速移动的趋势列车，都需要对市场在过去六个月中的主导方向进行总结评估。你需要明白在今天的市场上你在与什么样的"动物"打交道。这是市场的长期趋势。

有一个老练的趋势跟踪交易商，他从市场交易中赚了几百万美元，有一次他告诉我他会把一张市场图挂在墙上，走到房间的另一边，如果从房间的另一边看上去，市场趋势非常明显，那么这个市场就是他要考虑的市场。这位交易商的交易风格在20世纪60年代和70年代是有很多优点的，因为当时具有长期趋势的市场很多。尽管这一交易风格背后的基本原则仍然是有效的，但是在市场趋势倾向于更短的今天，短期准则可能更为合适。

一般来说，人们是在上涨或下跌的市场中赚到钱的。实际上市场有三种移动方向——向上涨、向下跌或者是做水平方向的移动。市场大约在15%~30%的时间里是有趋势的——显著地上涨或下跌。在其他时间里，市场一般会出现水平移动，这就需要你能够确定何时会发生水平移动。例如，很多交易商的系统都让他们一直待在市场里，然而，如果你认可水平移动是市场变动的一种情形，那么就需要一个系统，能让你在70%的时间里退出市场，因为在此期间你是不可能赚到钱的。你只需某种信号来监控市场何时会出现水平移动。佩里·考夫曼发明了一个非常不错的监控工具，我们会在本章后面部分进行分析。

总是滞留在市场里的交易商会在水平移动的市场上浪费大量的时间，对趋势跟踪者来说，这就意味着损失和高昂的佣金。此类市场，如果有足够大的波动幅度，对短期波段交易商来说则可能是不错的市场。因此，如果你是一位趋势跟踪者，可能就会考虑把避开水平移动的市场作为方案的一部分。

## 4. 方案条件

入市的第四阶段由方案条件组成。正如前面所提及的，方案是指在进入市场之前，根据你的交易理念必须具备的条件。如果具备了这些方案，它们一般会提高对你有利的大的市场变动发生的可能性。

大多数人在市场中赚到钱，是因为在其入市之后市场发生了显著的移动。第5章讨论的各种交易理念主要就在于详述你能够凭以预测到大的市场移动的条件。总的来说，所有这些交易理念都是由市场方案构成的。这些理念旨在帮助你"预测"

可能会发生的事情，并且帮助你选择正确的市场方向。

方案由你可以凭以预测到市场大的突变的一个机会窗口组成：在你入市前一些基础条件必须存在，季节性形式可能吸引了你的注意，或者任何其他可能有用的很多重要的准则。

方案通常不是入市的准则。相反，它们是在你考虑进入市场、建立头寸之前应该预测到的必需的准则。

自我证明了的各种方案是本章讨论的主题。我们将讨论对股市有用的方案和对期货市场、外汇市场<sup>⊖</sup>、期权市场或其他投机性领域有用的方案。事实上，你会了解到很多公开兜售的系统，由于第2章所描述的彩票偏好，除了包括一些方案之外就别无他物。但是首先，还是让我们讨论入市的最后一个环节——市场时机选择。

> 很多公开兜售的系统，由于第2章所描述的彩票偏好，除了包括一些方案之外就别无他物。

## 5. 市场时机选择

入市的最后一个步骤是市场的时机选择。假定你已经选好了想进行交易的市场，也理解了自己的交易理念，而且当前的市场条件也符合你的交易理念。你同样具备了一些市场方案，而且这些条件也都得到了满足。然而，还有一个条件在你真正入市前也必须得到满足——你所期望的市场移动应该已经开始。换句话说，如果你预测市场会出现一次大幅度的上涨——因为基础供求状况、一个季节性变化模式、预期的转折点或任何其他的原因——问题是在你开始预测到这一市场移动时，它可能尚未开始出现。成功的交易商和投资者通常都会一直等到市场移动开始时才进入市场。

正如你将在关于入市的下一章所看到的那样，能胜过仅凭随机入市的入市技巧是非常少的——随机地翻转硬币来确定进入市场是做空头还是多头。因此，你必须千方百计地提高获胜的概率。

提高获胜概率最好的办法就是在入市前，确保市场正按照你所预期的方向移动。这基本上就是你进行时机选择的信号。本书后面会讨论很多重要的时机选择信号。

---

⊖ Forex 代表 "foreign exchange"（这是原文的英文注释，Forex 是英文 "foreign exchange" 的缩写，即外汇。——译者注）。这是由世界各地的大银行所构成的货币交易的大市场，它是一个24小时的市场，也是世界上最大的市场。

##  8.2 潜步追踪市场的方案

熟悉我的顶级业绩函授课程的读者肯定了解杰出的交易商经常完成的10个交易任务，潜步追踪市场是这10个交易任务之一。它意味着缩短寻找入市条件的时间，将风险降至更低。短期方案是最好的潜步追踪市场的工具。

有很多这样的工具，在此我只介绍三类短期的方案而且每一类都给出了例子，对这些方案的评论反映的仅仅是我个人的观点。康纳斯（Connors）和拉西克（Raschke）写了一本书，名为《华尔街奇才》（*Street Smarts*）<sup>⊖</sup>，里面包括了很多不同的短期方案，对那些想详细了解，而且确实打算按照这些模式进行交易的读者，我建议读一读这本书。

### 1. "失败的测试"方案

测试方案基本上就是对先前的最高价和最低价的失败测试。在某个具体的最高价和最低价出现后，很多有趣的模式就会产生。例如，下面要介绍的肯·罗伯茨（Ken Roberts）的方法就是建立在失败的测试方案基础之上的。

这种测试之所以起作用是因为它被普遍用于入市的信号。这些入市信号可能会产生能够带来不错的利润回报的交易，但是它们并没有那么可靠。利用测试作为入市信号背后的逻辑是利用虚构的突破点（移动到一个新的最高点或最低点）来设计交易。

例如，康纳斯和拉西克有一个被他们戏称为"乌龟汤"（Turtle Soup）的模式。之所以把它叫做"乌龟汤"，是因为据说有一群非常有名的叫做"乌龟"的交易商曾在市场连续20天的突破点上入市。换句话说，如果市场已经创了20天的新高，他们就入市做多头；相反，如果市场已经创了20天的新低，他们就入市做空头。今天来看，这些20天突破点信号大多数都是假信号，也就是说，它们不再起作用，市场会出现倒退。因此，"乌龟汤"在预测到要失败的20天突破点中得到了它的主要方案。这些"乌龟们"通过对这些突破点进行交易赚了很多钱（详细内容见第9章管道突破点），所以这里你要小心。

图8-1描述了一个"乌龟汤"模式的例子。在图中的7月中旬有几个20天的最

---

⊖ Laurence A. Connors and Linda Bradford Raschke, *Street Smarts*: *High Probability Short-Term Trading Strategies* (Sherman Oaks, Calif.: M. Gordon Publishing, 1995). "乌龟汤"是康纳斯、巴斯特联合注册的商标。

高突破点，在每一个最高突破点之后都是大幅度的（虽然是短暂的）下跌。作为一位短期交易商，在每一个突破点上都可以赚到钱。

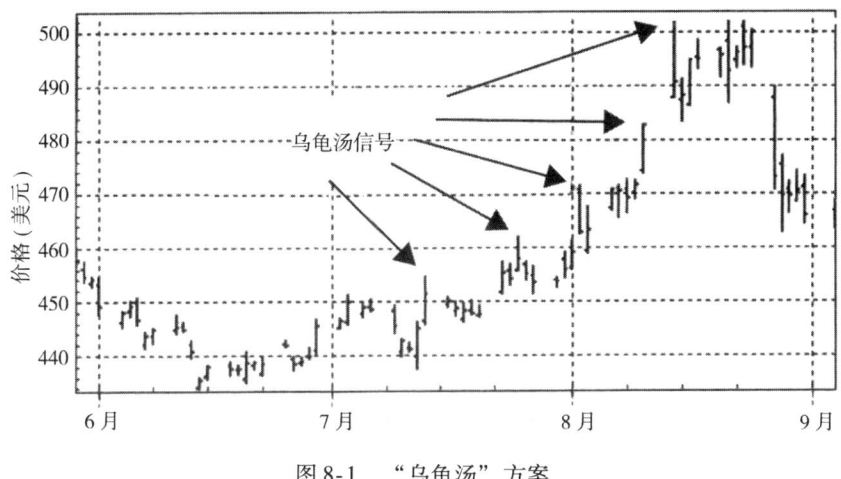

图 8-1　"乌龟汤"方案

如果我举出这些模式有效的足够多的例子，你可能会非常激动。成功的例子有很多，失败的例子同样也很多。在我看来，只有把它与那些对赚钱真正重要的交易系统的其他方面，比如市场退出和头寸规模确定结合起来，这一模式才是有价值的。

另外一个获胜概率很高的方案是基于这样的观察，即当市场在其交易范围的最高价位收盘时，它在更高价位开盘的概率就非常高，反之亦然。这些获胜概率极高的方案在第二天市场以相同的方向开盘更高的可靠度为 70%～80%。这可以用做交易系统的市场退出，同样也可以用做测试的方案。

另一个观察结果是，尽管市场以相同的方向开盘的概率非常高，然而它在这一方向上收盘的概率要小得多。此外，如果昨天交易的市场是有趋势的（市场在一个极端开盘而在另一个极端收盘），那么逆转的概率就更大。因此，它可能为测试模式的方案提供了基础，在这一模式中，你所需要的就是某一个逆转的标志。图 8-2 所示的测试模式就包含了三个方案。

图 8-2 描述了开始于 12 月 8 日星期四的一个模式。这天的市场是有趋势的，它在高价开盘，低价收盘。这是方案的第一部分。

- 这天的市场是有趋势的——开盘于一个极端，收盘于另一个极端。见图8-2的 12 月 8 日。
- 市场以与收盘相同的方向开盘，开始另一轮的移动（就是说，如果市场收盘很低，那么开盘就更低；如果市场收盘很高，那么开盘就会更高）。到 12 月 9 日，市场以更低的开盘继续移动。

- 市场反转到昨天的最高点（卖的信号）或最低点（买的信号）。注意随着时间推移到 12 月 9 日，市场发生反转并突破了昨天的最低收盘价。这是方案的最后一部分（在这个例子中其实就是入市的信号）。

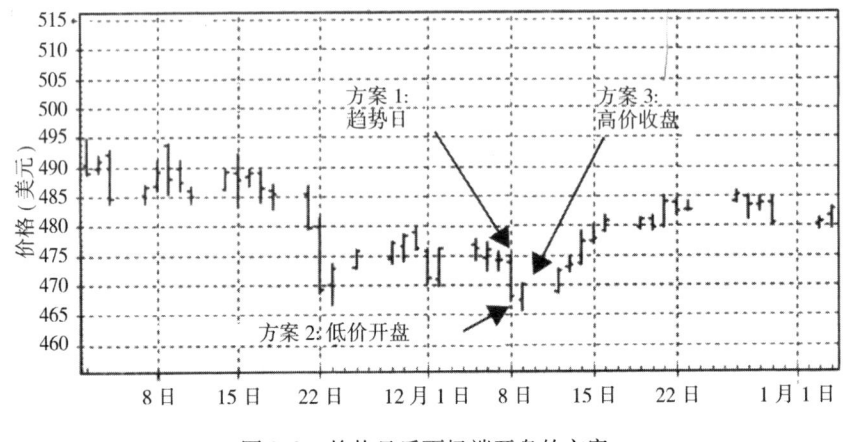

图 8-2　趋势日后更极端开盘的方案

请注意，图中的市场收盘较高，然后又有几天持续上涨。记住我所做的一切都是为了找到一个图来解释这一模式。不要对方案过于激动，因为它们只不过是赚钱方案中的一小部分。

如果你的目标是做短期交易或摇摆交易，那么"失败的测试"方案也许就是你想利用的。如果你已经理解包含在"失败的测试"方案中的基本原则——市场会尝试一个新的极点，然后倒退——你就可以设计有关的方案，而无须依赖别人所用的思想。试试你自己的吧！

## 2. 极点反转或衰竭模式方案

这些方案遵循与"失败的测试"方案一样的原则，只不过是另有迹象表明这一移动已经到了极点，不会再继续下去。这些方案一般都是用以挑选一些表明趋势要反转的低风险交易。作为方案的一部分，它要求一个表明市场已经达到了一个极点、一个高度波动的环境和沿着交易的方向进行市场移动的信号作为入市点。这些类型的模式可以千差万别，并且一般来说，很多这种极点的移动都很难进行客观的描述，因此无法进行计算机处理。我反对使用图表模式，因为有很有力的证据表明其中有很多可能不是我们能够客观地进行交易的真正的模式，因此，我们仅将讨论限于其中之一，即极点缺口移动。

极点缺口移动。极点移动的一个标志就是市场跳空到一个新的极点，但是没有显示出继续到底的迹象，市场接着又出现回调，并且以与极点移动相反的方向收盘。

另一种可能是在第二天，市场显示出填补这个缺口的迹象。这类方案基于以下两个观察结果：①到极点的缺口一般会被填补；②由市场极点反转的交易日往往会在第二天早上持续下去。

以下是你可以对这类移动进行交易的方法：

- 市场到达一个新的极点（极点方案）。
- 你也许需要另外一种显示出较高的波动幅度的方案，如最近5天的平均实际波幅是最近20天平均实际波幅的2~3倍。当然，这种准则并非必需。
- 市场显示出衰弱的迹象，比如在距离极点的波幅的另一端收盘；在接下来的一天开始填补这一缺口。
- 如果预期会出现与之前的趋势相反的一个短期波动，你就会给出一个入市信号。

在我看来，这些模式是很危险的。你是在试图让一辆急速行驶的货车停下来，并希望它能稍稍回转头以便能从上面卸载一些什么东西（获得一些利润），因为你知道它会再次启动并像以前一样快速飞驰而去。

极点方案，依我之见，主要是为勇敢的短期交易商准备的。对于长期交易商而言，其主要用处在于充分熟悉它们，以避免在这些波动期进入市场，因为它们出现短期反转的概率是很高的。如果你对这类交易感兴趣，那么就一定要读一读康纳斯和拉西克的书《华尔街奇才》（*Streets Smarts*）。

## 3. 折回方案

在短期交易（或长期交易的潜步追踪）中，折回方案可能是你需要考虑的另外一种方案。从根本上说，这类方案包括：发现市场更长期的走势；从市场走势中抓住某种回撤的时机；基于第三类信号，如趋势恢复到一个新高，按照趋势的方向入市。这些都是非常传统的交易技巧。例如，20世纪20年代华尔街非常成功的一位投资商理查德·威科夫就喜欢说：不要在市场的突破点买进，要等到折回的测试。

趋势跟踪的信号，一旦触发，通常都会伴随某种折回——至少在一天内如此。这种一天之内的折回可以作为低风险的入市方案。在图8-3中可以清楚地看到几个这一类的折回。

图8-3给出了出现在趋势中的明显的突破点信号。上面的箭头标出了这些突破点，每一个突破点信号都伴随着一个折回（下面的箭头）。请注意这里有多次机会。折回方案对趋势跟踪者来说是极好的选择。它们有很多优点：允许你设置窄小的停价，因此你可以选取回报—风险比率较高的交易；你既可以用于短期摆动交易，也

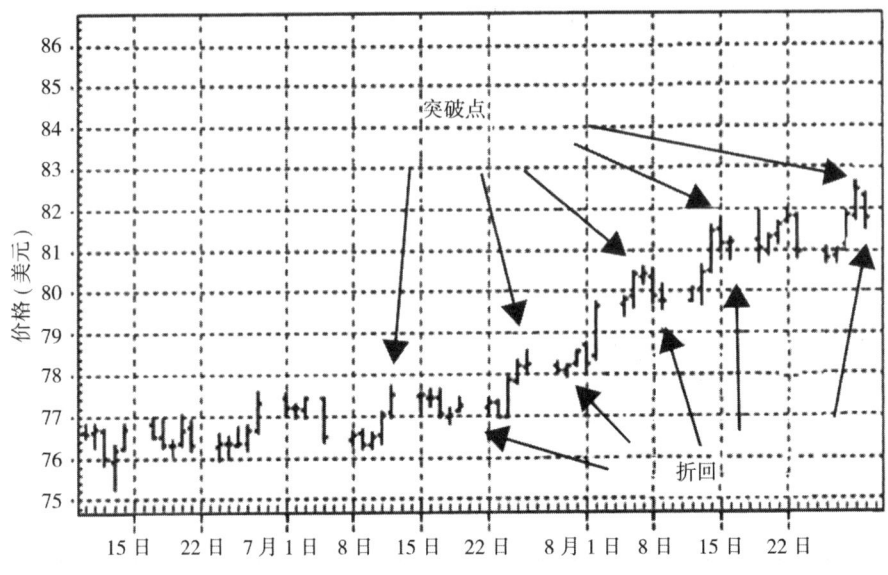

图 8-3 一个伴有很多折回方案的明显的趋势

可以用于长期的头寸交易；为你进入本来可能错过了的市场提供一个渠道；一旦你被截住，为你重回这一市场开辟了极佳的途径。你可以考虑在这些折回的基础上发展自己的方法，因为我所见过的一些最好的趋势跟踪方法都是建立在这一概念基础上的。实际上，我的朋友肯·朗就发展了一个极好的例子，他在 ETF 研讨班上给学员讲解。

## 8.3 滤嘴与方案

滤嘴是某种在入市之前必须启动的指标。我曾经说过滤嘴是一个交易系统的 10 个关键组成部分之一。查克·勒博经常到系统开发研讨班做特邀嘉宾，在给大家做演讲时，他总是说应该完全避开滤嘴。滤嘴可能帮助你在事后预测市场，但是它不会在眼前的市场交易中对你有所帮助。

让我来解释查克的评价。由于彩票偏好的存在，人们想知道入市的完美信号以便能够在入市之前"控制"市场。在回顾以往的数据时，你越是能使用指标拟合这些数据，这些指标看上去就越能完美地预测数据中的每一个变化。

大多数交易软件都有几百个指标，你可以自动地使用这些指标来对过去的市场进行完全的曲线拟合。例如，你几乎可以在任何时间使用摇摆指数、移动平均数和一些周期对历史上某一市场的行为表现进行近乎完美的预测。于是你可能对交易极端自信，但是你会发现当试图在今天的市场上进行交易时，"高度优化"的指标对你没有任何帮助。

有些人试图通过对短期（最近几个月）数据进行优化来克服这一问题，希望对更为近期的历史数据进行优化了的指标也能够准确反映今天的市场。然而，这些努力通常是徒劳无功的，因为用的指标太多。

一般来说，系统越简单，运作的效果就越好，但也存在例外。如果每一指标都是基于一个不同类型的数据，那么很多不同的指标一般就会有助于你进行市场交易。

这就告诉了我们滤嘴和方案之间的关键区别。滤嘴一般是基于同一数据，因此在系统中应该避免。而基于不同数据的方案是非常有用的。只要方案是基于不同的但是可靠的数据，那么一般都是越多越好。

> 滤嘴一般是基于同一数据，因此在系统中应该避免。而基于不同数据的方案是非常有用的。

看一看你可以用的某些方案，你就会明白我所说的不同类型的数据指的是什么。以下是一些以前给出的例子。

## 1. 时间方案

因为有各种各样的模型，因此对移动何时发生你会有所了解。时间不同于价格数据，时间方案非常有用。时间滤嘴包括周期、季节性数据或者占星术的影响。回顾一下第5章中对交易可能非常有用的有意思的"时间方案"。

## 2. 价格数据序列

你可能要求价格数据以一个特定的顺序出现，如果这种按照特定的顺序出现的数据是建立在市场所遵循的某种概率很高的关系基础之上的，那么它通常要比简单的价格数据有价值得多。例如，折回方案就是建立在以下价格数据的序列基础之上的：市场形成了自身的趋势；发生了折回；显示出与原来的趋势方向相反的某种移动。这些都是价格数据，但是它们是以具有某种意义的特定的逻辑顺序出现的。

## 3. 基本供求数据

你对所交易的市场的供求特性是有所了解的。例如，你可能拥有有关大豆作物的一些数据，以及国外对这一市场的新的需求状况。见本章后面部分加拉赫和巴菲特讨论的一些基本供求方案的例子。一般来说，基本供求数据支撑的趋势是最强有力的。

### 4. 交易量数据

你进行交易的特定市场的交易量与当前的价格数据是非常不同的，所以可能是非常有用的。有关交易量的论述很多，尤其是像理查德·阿姆斯（Richard Arms）这样的股市专家的论述。阿姆斯指数现在与市场最新报道一起定期发布，原来叫做 TRIN 交易指数[⊖]。它是价格上涨与下跌股票数量的比率除以上涨与下跌股票成交量的比率[⊖]，你可以把它当做一种方案加以使用。利用阿姆斯指数的移动平均数（一般是用大约 5 天的数据），得数大于 1.2 则预示着一个潜在的最低价，小于 0.8 则预示着一个潜在的最高价。这些都是 1~3 天的短期交易机会。然而以上得数需要与所预期方向的价格移动的入市信号结合起来使用。

### 5. 综合数据

如果市场由很多部分组成，那么只需了解各部分的表现，或许就可以掌握一些有价值的信息。例如，在股市中，了解市场作为一个整体的行为与了解市场各个组成部分的行为是有很大区别的。有多少股票是在上涨的？上涨股票的成交量与下跌股票的成交量相比如何？

一般来说，那些对市场指数如标准普尔 500 指数进行交易的人，如果只看指数的价格数据而不管其他，那么与那些考虑综合数据的专家相比，他们就处于极其不利的地位。

如果交易的是市场指数，你可以看一看所有股票的表现。一般来说，那些对市场指数如标准普尔 500 指数进行交易的人，如果只看指数的价格数据而不管其他，那么与那些考虑综合数据的专家相比，他们就处于极其不利的地位。

在每一期最新市场报道里都会给出的一个综合指标的例子是最小波动点。最小波动点是指纽约股票交易所所有以涨点交易的股票价格与以跌点交易的股票价格的差。你可以把最小波动点作为一个方案使用。极点值通常能够预测市场的转折点——至少在短期可以。因此，最小波动点的一个端点值可以作为测试方案的一个例子，一旦达到这个端点值，你就可以对所出现的某种反转信号进行交易。

---

⊖ 其名来自 Trading Index，TRIN 为其缩写。——译者注
⊖ 该指数用来描述价格涨跌变化速度是快于还是慢于市场整体成交量的变化速度。该指数值小于 1，则被认为是牛市；该指数值大于 1，则被认为是熊市。——译者注

## 6. 波动幅度

波动幅度是指市场的活跃程度，一般以价格的波动范围来定义。它不同于单纯的价格信息，但非常有用。

几年前，我组织了一期计算机交易研讨班，目的在于熟悉某种交易软件，然后基于历史测试开发一些不经优化而每年产生100%或更多回报的系统。大多数人都可以通过开发一个利用较好的市场退出的高期望值的交易系统，然后把它与一个能够将该系统发挥到极限的头寸规模确定方法结合起来完成这一目标。大多数人就是这么做的，只有一个人除外。这个人发现表示市场在窄小的范围内波动的指标，在与其他一些参数结合起来时，经常预示着一次强有力的潜在的市场变动。在把窄小波动范围的方案与恰当的入市结合起来时，你就会有极好的机会完成一笔回报—风险比率很高的交易。

以下是有关窄小波动幅度方案的几点想法：

- 市场以很多指标来衡量都是有趋势的，如在一个移动平均数之上或之下或有一个很高的 ADX 值。
- 通过对最近5天的波幅和最近50天的波幅相比较可以看出，市场进入了一个窄小的波动范围内。这一比值应该下降到事先确定的某一比值之下，如最近5天的波幅小于或等于最近50天的波幅的60%。

这种方案可以轻而易举地在一个长期的趋势跟踪系统中为每一风险美元提高10~15美分的期望收益。

第二类窄小波动幅度方案很像下面的情形：

- 市场在这一天是收敛的（价格波幅在前一天的最高点和最低点以内）。
- 市场的波幅是前 $X$ 天中最小的。

如果遇上这种收敛的交易日，任何方向上的突破点通常都是很好的短期交易入市的信号。第9章介绍了很多可以利用窄小波动幅度方案的入市类型。

## 7. 公司基本面分析

沃伦·巴菲特使用的大多数方案，以及威廉·欧奈尔（William O'Neil）使用的一些方案都是公司的基本面分析。公司盈利如何？收益如何？销售如何？利润率如何？股东收益如何？公开发行的股票有多少？每一股的账面价值和收益如何？公司发展如何？这些都是非常不同于价格数据的一类信息。我们将在下一部分讨论诸如此类的基本信息。

### 8. 经营信息

谁在运作你潜在的投资，其以往的业绩如何？沃伦·巴菲特对经营有一些信条。无论是买股票还是共同基金，你投资背后的人的业绩记录可能对这项投资的成功与否至关重要。

或许还存在同样有用的其他类型的数据。例如，如果你能找到一些可靠的但是很少有人能获取的数据，那么你也许能够创建一些非常有价值的交易方案。

如果你已经明白了有用的方案来源于数据，而不是价格数据，你就具备了创建自己的方案的基础。这或许是获得"圣杯"系统的关键之一。

但是不要过于强调方案的重要性。它们是有助于提高交易成功的可靠度，但如果有几笔交易出现了大额的亏损，那么尽管系统的可靠度很高，它还是会给你带来负的期望值。在系统停价和市场退出上至少要和你在方案和入市上花费一样的时间，而在系统的头寸规模确定部分所花的时间要比在其他所有部分所花的时间合起来还要多。如果你这样做了，那么找到一个适合你和你的目标的"圣杯"系统的机会就大得多。

## 8.4 一些著名的系统使用的方案

### 1. 股市方案

在这一部分关于股市方案的讨论中，我无意列出所有可能的方案。实际上，我认为考察两种在市场中赚钱的不同方法更为有用。每一种方法都不同于别的方法。通过比较每一种方法所使用的方案，你能对它们有更好的理解，并能够发明你自己的方案。如果任何一个系统激起了你的兴趣，我建议你阅读原始的资料。我所有的评论只是反映了我对各种模型的看法。

（1）**威廉·欧奈尔的 CAN SLIM 趋势跟踪模型**。CAN SLIM 模型是由威廉·欧奈尔和大卫·瑞安（David Ryan）提出的最为成功和广泛使用的交易模型之一。欧奈尔在他的《笑傲股市》一书中做了很好的介绍。这个模型也通过他的报纸《投资者商业日报》（*Investor's Business Daily*）和他提供的市场图表《每日图形》（*Daily Graphs*）得到了广泛的推广。很多人也参加了他的培训员在美国各地举行的研讨班。这里的目的不是介绍他们的模型或者对其加以评价，如果你想了解这一模型及其评价，我推荐你看一下欧奈尔写的不错的资料。我只是用 CAN SLIM 模型来解释一个被广为追随的模型所包含的方案。

CAN SLIM 是简称，每一个字母都代表一种入市方案。

- C 代表每股的当前盈利（current earnings per share），欧奈尔的标准就是与去年同一季度相比提高了 70%。因此，每股的当前盈利是欧奈尔方案的第一个准则。
- A 代表每股的年度盈利（annual earnings per share）。欧奈尔认为过去 5 年中每股的年度盈利应该至少是 5 年的复合比率的大约 24%。这是又一个方案。
- N 代表有关该公司的新情况（something new）。新情况可以是一个新产品或服务，经营方面的一个变化或该行业的一个变化。它也意味着该公司的股票价格达到了一个新高，因此，N 实际上是入市的两种方案，但这一价格的新高是第 9 章要讨论的入市启动信号。
- S 代表公开发行的股票（shares outstanding）。欧奈尔曾对最佳业绩股票做过研究，发现它们的平均资本总额低于 1 200 万股，资本总额的中位数仅为 480 万股。因此欧奈尔的另外一个方案准则是，公开发行的股票数量较小——不到 2 500 万股。
- L 代表领先者（leader）。欧奈尔相信市场的相对强度模型。使用相对强度的人一般都会把过去 12 个月的所有股票的价格变化进行排序，排在前 75%～80% 的股票是值得考虑的。有些人还对最近 30 天所发生的变化量给予更多的考虑。欧奈尔的排序有点类似，他说只能选择他排在 80% 以上的股票，因此这又是一个方案。
- I 代表公共机构赞助（institutional sponsorship）。产生一个领先股一般都需要某些公共机构的赞助，但是大量的赞助是不可取的，因为如果出现任何问题，都将意味着大量的抛售。另外，在所有的公共机构都发现了存在的问题时，预测一次理想的移动可能为时已晚。不过，某些公共机构的赞助仍是欧奈尔的方案之一。
- M 在公式中代表总体市场的行为（overall market）。大多数股票——75% 或更多，往往按照市场平均的方向移动。因此，在购买股票之前，要将总体市场有一个比较积极的迹象作为你的方案。

我给出了整个模型的内涵，它全部由交易方案的标准组成。除了知道 N 包括股票创了新高之外，你对实际入市知之甚少。此外，你对保护性的停价一无所知，对如何退出市场一无所知，对一个系统最为关

大多数人认为欧奈尔的交易系统只是由交易方案组成的。

键的部分——头寸规模确定一无所知。大多数人认为欧奈尔的交易系统只是由交易方案组成的。后面会进一步讨论欧奈尔有关系统其他部分的标准。

(2) **沃伦·巴菲特的价值模型**。沃伦·巴菲特也许是现在世界上最成功的投资者。巴菲特从未真正写过有关他入市方法的书，但是关于他和他入市方法的书却非常多，其中写得比较好的包括安德鲁·基尔帕特里克（Andrew Kilpatrick）写的《永恒的价值》（*Of Permanent Value*），罗杰·洛文斯坦（Roger Lowenstein）写的《沃伦·巴菲特传：一个美国资本家的成长》（*Buffett: The Making of an American Capitalist*）以及小罗伯特·哈格斯特姆（Robert Hagstrom, Jr.）写的《沃伦·巴菲特之路》（*The Warren Buffett Way*）。最后一本书包括作者所理解的巴菲特投资哲学的详细阐释。我最喜欢的有关巴菲特的书实际上是巴菲特自己写的，它由很多文章组成，包括他写给投资者的年度报告。这本书的名字是《巴菲特致股东的信》㊀（*Essays of Warren Buffett: Lessons for Corporate America*）。

这里要重申的是，我无意详细讨论巴菲特的交易策略，只是想简单地回顾巴菲特所使用的方案。如果你有兴趣详细了解巴菲特的策略，那么我推荐你去读一下哈格斯特姆的书。我之所以选择巴菲特，是因为他可能是美国最成功的投资者而且其方法独特。

巴菲特的真正策略是买一个公司——他不认为他是在买股票。大多数时候，在你买一个公司的时候，你并不打算把它卖掉——而且在我看来，巴菲特喜欢让谣言传播开去，就是他不会卖掉大部分股票。巴菲特会建议任何想了解投资的人了解一下美国每一个公开交易证券的公司，并把这些知识储存到你的头脑中以备随时使用。如果你觉得招架不住，因为有25 000多个公开交易的公司，巴菲特的建议是从字母A开头的公司开始。

很少有人愿意做巴菲特所建议的准备工作。事实上，大多数人根本不会做巴菲特所推荐的任何研究工作，甚至对决定要真正购买的少数几家公司也不会做任何了解，因此你就能明白巴菲特在发现被低估了的公司方面拥有怎样的优势。

根据罗伯特·哈格斯特姆的研究，巴菲特购买任何公司都按照12条标准。这12条标准中，有9条可以归到方案中，剩下的3条应该被视为入市的标准。事实上，入市标准也可以被认为是方案。巴菲特确实不关心时机选择，因为他的大多数投资都是终生投资。不过，我们将在第9章简要地讨论他的入市标准。在本章，只介绍巴

---

㊀ 该书已由机械工业出版社出版。——译者注

菲特所使用的9个方案。

前三个方案和公司的性质有关。从根本上说，巴菲特需要能够理解他可能拥有的任何公司，而且必须简单。他不愿投资于高科技股票，因为他不了解这类公司或其所蕴涵的风险。另外，他投资的公司需要有一个持续经营的历史。他想要的是公司的长期业绩记录，而且往往会避开那些正在经历任何剧烈变化的公司。巴菲特认为剧烈变化和异常的回报不能混为一谈。

巴菲特所寻求的最后一个企业方案是公司可以定期涨价而无须担忧会丧失业务。只有那些其产品或服务有需求且没有相近的替代品，而且没有管制方面问题的公司才敢于这么做。

巴菲特使用的下面三个方案与公司的经营有关。巴菲特的理解是，经营一个企业是一项心理事业，完全取决于经营的力量，因此，巴菲特要求经营必须对公众诚实。巴菲特强烈谴责那些把公司的弱点隐藏于被普遍接受的会计准则背后的经理。此外，他认为那些对公众不诚实的经理对他们自己也不可能诚实，而且自欺欺人肯定会造成对他们的领导权和公司的破坏。

根据巴菲特的说法，经营最主要的工作是资本配置。巴菲特的下一个标准是寻求在资本配置中比较理性的经理。如果一个公司将其资本以低于其平均成本的回报率进行再投资，这在企业经理中是非常普遍的做法，那么这就是完全非理性的。巴菲特完全避开这些公司。

巴菲特最后一个经营的标准是避开那些墨守成规以及经常把自己和其他经理进行比较的经理。这些经理往往抵制变化，他们开发项目仅仅是为了用光可用的资金，效仿同行公司的做法，他们任命一些唯命是从、找尽一切理由为其上司开脱的人为他们工作。显然，巴菲特的方案涉及对公司业务的深入研究和调查。

巴菲特买公司的标准还包括三个金融方案。第一个金融方案是，公司必须实现不错的股权收益，同时只有少量的债务。股权收益率的本质就是经营收益（收益减去非常性项目如资本收益或亏损）与股东权益的比率，这里的股东权益是以成本而不是市场价值衡量的。

接下来，巴菲特非常关注股东收益。股东收益等于净收入加上折旧、损耗和摊销，再减去资本支出和运营公司必需的运作资本。巴菲特说大约95%的美国公司需要与折旧率相等的资本支出，因此在评估股东收益时应该对此加以考虑。

巴菲特非常关注利润率，因此，他总是寻找那些贯彻系统性地削减成本以提高利润率的想法的经理。巴菲特的市场进入基于以下的信念：如果你购买了价值被低估的资产，那么市场价格最终会达到它的真正价值，结果，回报就会是非常可观的。我们将在第 9 章讨论巴菲特的市场进入。

还请注意，沃伦·巴菲特和威廉·欧奈尔很像，因为他的大多数思考过程最终都以进入市场的决策结束。可是，巴菲特一旦买了一个公司，就很少卖掉，因此他的标准就总是有道理的——而且他的业绩记录也证明了他的决策是正确的。

## 2. 期货市场方案

现在，让我们看一些用于期货交易的模型。我在第 6 章的"大环境"里认为商品价格在今后的 10～15 年的时间里会暴涨，因此这些方法应该收效不错。

同样，我无意给出用于期货市场的所有可能的方案。我将只考察在这个市场中赚钱的几种不同的方法，并了解一下这些方法中所包含的方案。因此我选择了一些我认为比较可靠的方法，评论只反映我本人对这些方法的看法。

我将讨论由佩里·考夫曼在他的《精明交易者》中推荐的交易方法，由威廉·加拉赫在他的《赢者通吃》（*Winner Take All*）中推荐的基本交易方法以及肯·罗伯茨在世界各地向交易新手讲授的交易方法。

（1）**佩里·考夫曼的市场效率模型**。佩里·考夫曼在他的《精明交易者》一书中对趋势跟踪方法进行了非常有意思的改写。他说按照趋势的方向进行的交易对市场来说，是安全、保守的方法，但是跟踪趋势必须能够将市场趋势与市场中的随机噪声，即在任何给定的时间市场的随机行为分离出来。

考夫曼认为较长期的趋势是最为可靠的，但是它对变化着的市场情况反应很慢。例如，长期移动平均几乎不能反映一次较大的短期价格移动，而且当它确实提供了某种行动的信号时，价格移动通常已经结束了。因此，考夫曼认为跟踪趋势需要一种适应性好的方法，这一方法使得可以在市场移动时快速入市，而在市场做水平移动时什么也不做。考夫曼解决这个问题的办法就是发明了一个适应性移动平均。我建议那些有兴趣的读者看一下佩里·考夫曼的书（以及本书第 10 章的简要讨论）以对这种移动平均有更多的了解。这里，我只给出他的市场效率滤嘴，这个滤嘴可以与几乎任何一种入市技巧配合使用。

从根本上说，可以使用的最快的趋势都会受到市场中出现的噪声量的限制。当市场变得更加不稳定时（充满噪声），就必须使用较慢的趋势以防在进出市场时受到双重打击。例如，如果平均每天的波动为 3 个点，那么 4 个点的移动就不算什么，就很容易"折回"到噪声里。相比之下，在一个月左右的时间里可能出现的一个 30 点的移动,在每天 3 个点的噪声背景之下就是非常值得交易的。

然而,价格变动得越快,噪声的影响就变得越不重要。如果市场仅在一天之内就移动了 20 个点,那么每天 3 个点的噪声背景就不算什么。因此,需要某种测度市场效率的指标,该指标既包括趋势方向的噪声也包括市场移动的速度。一个"清洁"或者"迅速"的价格移动可以利用较短的时间入市;而一个"嘈杂"或者"缓慢"的价格移动必须要有一个较长的入市时间框架。

考夫曼的效率比率将噪声和速度结合起来,基本上等于两个时间段之间的净价格移动与各自价格移动之和的比率(假定每一个移动都为正值)。其实质是市场移动的速度与市场的噪声之比。考夫曼只用 10 天的时间来不断地更新这一比率,但是你可以选择较长的时间。

以下是效率比率的计算公式:

$$移动速度 = 昨天的收盘价 - 10 天前的收盘价$$

$$波动幅度 = 过去 10 天的(今天收盘价 - 昨天收盘价)的绝对值的和$$

$$效率比率 = \frac{移动速度}{波动幅度}$$

效率比率的取值基本上是介于 1(移动中没有噪声)与 0(噪声主导了整个移动)之间的数。这一效率比率是一个极好的滤嘴,可以被绘制成适合很多不同的入市信号的速度范围图,但这样做要稍微慎重对待。如何用不同的移动平均来做,考夫曼给出了很多例子。然而,你可以只要求这个数字大于某一特定的值(比如 0.6)作为在采取入市信号前必需的方案。

在随后的章节里,当我们利用这一交易方法对一个系统的其他组成部分的影响进行分析时,会对考夫曼如何进行市场交易进行详细的介绍。不过,如果你对这一方法感兴趣,我强烈地向你推荐考夫曼写的书。

**(2)威廉·加拉赫的基本面交易方法。** 加拉赫在他的《赢者通吃》一书开篇就对系统交易给予了严厉的批评,[⊖] 接着他展示了某交易商如何利用基本面方法赚到了很多钱。加拉赫的方法并没有被广泛采用,但是在今天的市场环境下,期货交易的基本面方法也许是有用的。因此,我决定把他的交易思想写进本书。在这一部分,我将介绍加拉赫的基本面交易方法中包含的方案。

---

⊖ 为了系统交易公平起见,加拉赫只介绍了一个简单的反转方法——尽管有些缺点,但是看起来可以实现 350% 的回报率。但是,反转系统让你一直待在市场里,没有成熟的退出技巧。因此,我认为他的系统交易方法还有相当大的改进余地。不管怎样,他的书是非常不错的,介绍了多数交易商欣赏的一些极好的想法。William R. Gallacher, *Winner Take All: A Top Commodity Trader Tells It Like It Is* (Chicago: Probus, 1994).

首先，加拉赫指出，必须根据价值选择市场——市场从历史的观点来看是"便宜的"还是"昂贵的"。他认为对某些市场来说这是很容易做到的（比如一磅咸肉的价格，0.75美元是便宜的，3.49美元则是比较贵的），但是对其他市场，要难得多。比如黄金的价格由每盎司35美元到每盎司850美元，再到每盎司280美元，又回升到每盎司740美元。在这种不断变化中，加拉赫说："哪一个价格高，哪一个价格又低呢？"因此，入市的市场选择阶段是加拉赫方法的一个重要部分。

其次，加拉赫说，交易商必须培养锐利的眼光，能够识别出对一个特定的市场而言，什么是重要的基本面信息。他说，"什么是重要的"是在不断变化的，但是他还是给出了他对目前有关各种期货市场的重要的基本面信息的看法。

例如，他说每年供给的变化是玉米价格变动的主要原动力。总的来说，美国生产的玉米是肉猪生产的主要饲料，大部分玉米供应国内需求，只有25%供出口，这一需求是相当稳定的。因此，供给的变化是玉米价格变化的主要决定因素。加拉赫说前一年市场的不景气被当年丰收所造成的大量的滞销库存所掩盖，但是，当这种滞销库存达到历史性的较低水平时，作物歉收就会把玉米的价格推到很高的水平。因此，对玉米来说，关键的基本面条件是滞销库存和新作物的供给量。

加拉赫按照这种思路，继续分析了大豆、小麦、可可、蔗糖、牛、猪肚、稀有金属、利率期货、股指期货和货币。如果你对这些基本面信息感兴趣，请看加拉赫的书，但是考虑到来自像中国和印度这样的国家对基本商品的强烈需求，以及他的书写于数年前这一事实，因此他的基本面分析有些可能已经过时了。

我的结论是，对于基本面交易来说，获得任何精确的方案都是非常困难的。真正获得的唯一的信息只是市场的一种趋势，这个趋势要么是市场基本不变，要么是看涨或者看跌的，而且这一趋势的获得是基于每一个市场各不相同的大量的信息之上的。因此，真正的方案只是在考察完这些数据之后形成的观点。

在形成自己的观点后，加拉赫认为还需要价格入市信号、控制损失、系统性地获利以及进行合理的头寸规模确定，这些都是在本书后面的章节里要分析的技巧。

（3）**肯·罗伯茨的方法**。⊖ 肯·罗伯茨一直在世界各地向成千上万的初学者推广

---

⊖ Ken Roberts, *The World's Most Powerful Money Manual and Course*（Grants Pass, Oreg.: Published by Ken Roberts, 1995）. 这一方法由威廉·邓尼根在20世纪50年代开发并公布。该书于1997年再版。参见 William Dunnigan, *One Way Formula for Trading Stocks and Commodities*（London: Pitman, 1997）.

他的商品交易课程。他教授几种系统，但是其主要方法是建立在一个简单的也很主观的1—2—3方案之上的。从本质上来说，这些方案要求市场出现主要的最高价或最低价，然后显示一个反转的钩型模式。在市场清晰地表明大的趋势开始反转时，你就可以建立头寸。

**主要的最高价或最低价。**基本上，在这种方法中，第一个条件是市场出现一个9个月至1年的最高价（或最低价）。如果市场产生了过去9个月的最高价或过去9个月的最低价，你就有了第一个方案，这就是1—2—3模式中的点1。

**市场出现了钩型反转。**下一个重要的条件是市场要从最高点或最低点移到我们所说的点2，然后，又移回最高点或最低点而形成点3。点2和点3形成钩型反转，但是点3不可能是一个历史新高或新低。市场接着又回转经过点2，这里就是一个入市点。图8-4和图8-5描述1—2—3模式的例子。

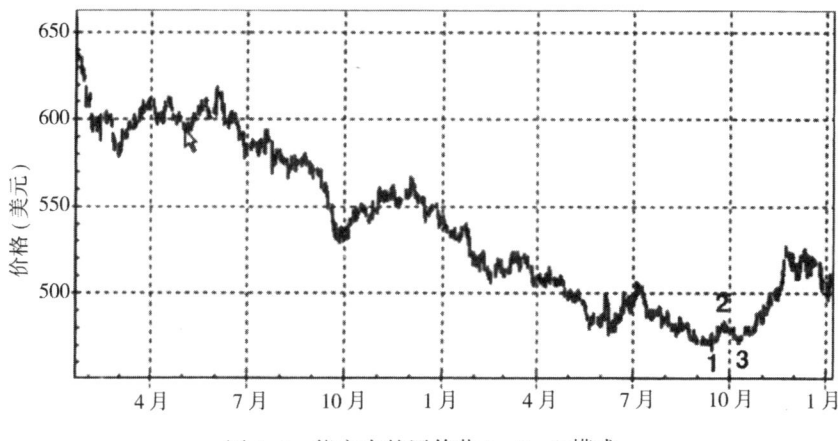

图8-4　熊市中的罗伯茨1—2—3模式

罗伯茨方法中的两个条件在我看来都是比较主观的。主要的最高点或最低点是相当客观的，但是其出现的准确的时间参数不是客观的。此外，定义1—2—3模式的准确条件也是非常主观的。这些模式在几乎每一个市场的最高点出现后都会出现——至少在短期的时间框架内如此，罗伯茨没有界定这一模式发生所需的准确的时间条件。因此，犯主观性错误的可能性很大。

图8-4描述了一个典型的长期1—2—3谷底。最低点（点1）出现在9月中旬。市场在10月出现了最高点2，然后又降到最低点3（但也不是很低）。注意，接着市场在大约1个月后再创新高。

阐明这种方案存在的问题是大脑想着它们，然后对可能发生的情形变得兴奋起来。你没有认识到任何模式，尤其是一个主观的模式会出现多少虚假的"正确"结果。当然，并不是说你不能利用这样一个模式进行交易，如果设计出适当的停

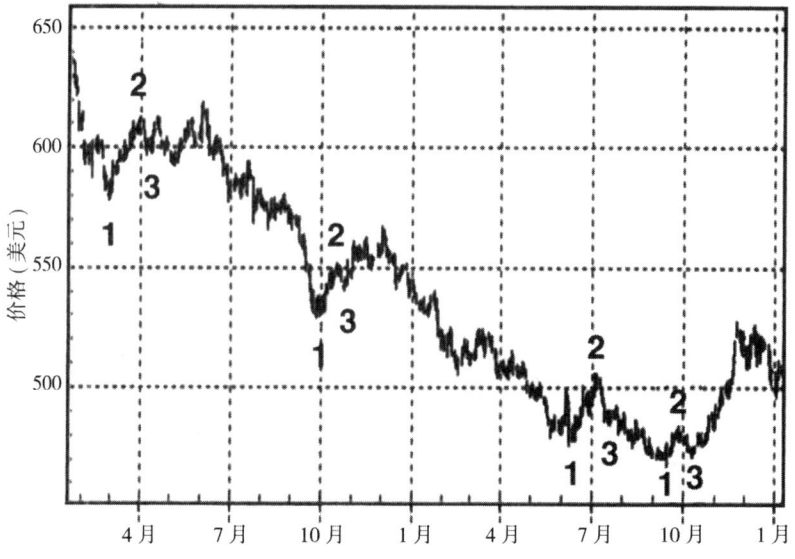

图 8-5 注意和图 8-4 相同的图中的另外三个 1—2—3 模式

价、获取利润退出市场的策略和头寸规模确定的法则与这一模式进行匹配,也未尝不可。

图 8-5 与图 8-4 一样,只是我指出了同一个图中的另外三个 1—2—3 模式,所有这些模式都将导致亏损。

尽管这一方案有点主观,但整个方法还是值得考虑的。我们将在随后的章节里讨论肯·罗伯茨的 1—2—3 模式的其他方面。

## 小　结

大多数人都把主要的重心放在了其系统中的方案部分。实际上,你应该把大约 10% 的精力用于选择和测试方案。

入市有五个步骤:系统选择、市场选择、市场方向、方案、时机选择。前四个步骤都是某种形式的方案。

三种短期交易方案可以考虑用于短期交易或作为潜步追踪工具:①市场达到一个新的端点,然后又反转的测试;②极点或衰竭模式作为反转的信号;③用做跟踪趋势入市方案的折回。

滤嘴不是对交易系统有用的辅助工具,因为它只是相当于以多种角度看待相同的数据。这些滤嘴能让你利用历史数据完美地预测市场变化,但是利用当前的市场数据就不是很有用。

方案只要是来源于数据集而不是价格就是非常有用的。这类数据可能包括时间、事件发生的顺序、基础数据、交易量数据、综合数据、波动幅度、公司信息以及经营数据。每一个数据集对交易商或投资者来说都可以成为某些有用的方案的基础。

只是基于价格数据就进行股市指数的交易是非常困难的,因为你的竞争对手在利用从其他数据集获得的更多的信息。

本章回顾了两个股市系统:威廉·欧奈尔的 CAN SLIM 系统和沃伦·巴菲特的公司购买模型。正如多数人所了解的一样,这些系统主要是方案。

从方案的角度回顾了三个期货交易系统:佩里·考夫曼的市场效率观点、威廉·加拉赫的基本面交易方法以及在世界范围内广泛推广的肯·罗伯茨的模型。

第 9 章
Chapter 9

# 入市或市场时机选择

> 回避错误让人愚蠢，而一味地追求正确则让你落伍。
>
> ——罗伯特·科尤萨克（Robert Kiyosaki）
> 《如果你想富有和快乐，那么不要去上学》

大多数人认为，利用入市信号的基本目的是提高在市场中进行时机选择的能力，从而提高系统的可靠度。我估计有95%甚至更多的人努力设计交易系统都只是为了找到一个极好的入市信号。事实上，交易商总是告诉我，他们的短期系统的可靠度都能达到60%或者更高，然而，很多时候却百思不得其解，为什么系统赚不到钱。除非你是从本章开始看起的，否则应该知道，一个系统即使有很高的成功概率，但其期望收益仍然可能是负的。赚钱的关键是拥有一个期望收益为正且比较高的系统，以及使用一个能够利用这一期望收益又让你留在市场中的头寸规模确定模型。入市只占赚钱游戏的一小部分。尽管如此，你还是要花费一些精力来寻找适合你的目标的信号，对此，有两种寻找的途径。

第一种途径是假定可靠度占有一定的重要性，然后寻找比随机入市要好的信号。事实上，有很多书就认为挑选好的股票就是在股市中发财的全部要诀，它们都冠以类似以下的书名：《怎样明智地买股票》、《股票选择：击败市场的11种最佳战术》、

《怎样买股票》、《像专家一样挑选股票》以及《如何购买技术股》。[一]在本章中，我们也假定可靠度是入市信号的一个重要的标准，进而讨论一些潜在的很好的入市信号。

第二种途径是不去关注可靠度，而是集中精力寻找有潜力给你带来具有较高 $R$ 乘数的成功交易的入市信号。这一途径完全不同于第一种途径，因为对于赚取高额利润来说什么是重要的，它做出了截然不同的假定。虽然两种方法都是有效的，但是第二种方法有可能完全改变人们看待交易的方式。

那些学习了我的顶级业绩课程的读者应该知道潜步追踪市场的重要性。潜步追踪就是一直等待最佳时机入市从而将风险降到最小。例如，猎豹是世界上跑得最快的动物，尽管它可以跑得极快，但是它并不必须这样做。实际上，猎豹会一直等到一个虚弱的、瘸腿的、年幼的或者年老的动物靠近了才行动。猎豹这样做，只需较少的力气就可以捕捉到动物。这就是你在入市技巧中需要做到的。对于很多人来说，潜步追踪就等于是缩小时间框架，选定最佳时机扑向你的"猎物"。

本章分成四个部分。第一部分与随机入市和旨在将可靠度提高到随机入市之上的研究有关；第二部分讨论了一些能满足上面所说的两种假定之一的普通技巧；第三部分是设计你自己的入市信号；第四部分继续讨论一些具体的系统，并且给出了在这些众所周知的系统中使用的一些入市技巧，既包括用于股票市场的，也包括用于杠杆作用更强的市场的。

为了避免让你信服某些方法的有效性，我会尽量回避阐述很多最佳情形的案例。这样的策略会吸引你的某些自然的偏好和心理上的弱点，但我认为这样做最多是不公正而已。因此，如果你使用本章所推荐的任何方法，我建议你自己对它进行充分的检验，这样做是让这些方法成为你自己的，以及让你在使用时感到舒服和自信。适合你的系统是你唯一可以进行交易的系统，为了把这一系统变成你自己的，对该系统进行充分的自我检验是你需要完成的

---

[一] 我的评论无论如何都不反映任何一本书的好坏，我只是观察到写书是为了满足读者想买的倾向。我建议你自己来评判这些书：
    a. Stephen Littauer, *How to Buy Stocks the Smart Way* (Chicago: Dearborn Trade, 1995).
    b. Richard J. Maturi, *Stock Picking: The Eleven Best Tactics for Beating the Market* (New York: McGraw-Hill, 1993).
    c. Louis Engel and Harry Hecht, *How to Buy Stocks*, 8th ed. (New York: Little, Brown, 1994).
    d. Michael Sivy, *Michael Sivy's Rules of Investing: How to Pick Stocks Like a Pro* (New York: Warner Books, 1996).
    e. Michael Gianturco, *How to Buy Technology Stocks* (New York: Little, Brown, 1996).

一部分工作。

## 9.1 努力击败随机入市

在1991年，我与市场奇才汤姆·巴索曾举办过一次研讨班（见第3章和第5章，他编写的部分）。汤姆当时解释说，他的系统中最重要的部分是退出市场策略和头寸规模确定法则。结果，有一位听众问他：根据你的说法，听起来好像是只要拥有好的退出市场的策略，能够明智地调整头寸，你就可以仅凭随机入市而不断地赚到钱？

汤姆回答说也许能。他立即返回办公室，利用"掷硬币"随机入市来检验系统的退出策略和头寸规模确定法则。也就是说，他的系统模仿了四个不同的市场交易，而基于随机的入市信号，他要么做多头，要么做空头，一直在市场中。一旦得到一个退出市场的信号，就会基于随机的信号再次入市。汤姆检验的结果表明他可以不断地赚到钱，即使他每笔期货合约因为价格差异和佣金要付出100美元的成本。

我们随后又在更多的市场上重复了这些结果，我把它们发表在我的一期通讯报道中，并做了几期访谈节目。我们的系统非常简单，用了平均实际波幅的一个10天的指数移动平均来确定市场的波动性，初始止损是这一波动性得数的3倍。每次凭掷硬币随机进入市场，在该笔交易完成后，就开始跟踪3倍于波动性的止损。然而，止损可能只按照对我们有利的方式移动。因此，每当市场以对我们有利的方式移动或波动性缩小时，止损就移动得更近了。我们还在头寸规模确定系统中使用了1%的风险模型，见第14章的介绍。

就是这样！这就是我们系统的全部——一个随机入市，加上一个3倍于波动性的追踪止损，再加上一个1%的风险法则来确定头寸规模。我们在10个市场上运行了这一系统，在每一个市场上，是做空头还是多头，一直都是凭掷硬币来随机决定的。这也是对系统开发中的简单易行的好处很好的阐释。

这个由随机入市、一个3倍于波动性的追踪止损和一个包含1%风险的简单的资金管理系统构成的随机入市系统在100%的交易运行中都是赚钱的。

每当运行一个随机入市系统时，都会得到不同的结果。当你在每个期货市场只进行一笔合约的交易时，该系统在运行中有80%的机会是赚钱的（在10年里10个市场上）。在我加入一个简单的1%风险的资金管理系统后，该系统在100%的时间里是赚钱的。尽管回报不是很高，但是在随机入市和满足必须一直待在市场里的前提下，在100%的时间里赚钱也是非常令人激动的。该系统的可靠度只有38%，大约相当于趋势跟踪系统的平均水平。

## 勒博和卢卡斯的研究

查克·勒博和大卫·卢卡斯在他们的书《技术交易商期货市场计算机分析指南》(*The Technical Traders' Guide to Computer Analysis of the Futures Market*) 中对入市做了一些非凡的研究工作。他们在做历史性检验时，使用了各种类型的入市信号来进入市场，使用的唯一的退出市场策略是在 5 天、10 天、15 天和 20 天后交易结束之时。他们使用这一方法主要是来确定其交易有百分之多少是赚钱的以及这一百分比是否超过了从随机入市中可以期望的比例。结果，大多数指标的表现都没能胜过随机——包括非常流行的所有的摇摆指数和各种移动平均交叉组合指数。[○]

在 20 天后，如果市场进入的可靠度在 60% 或者更高，看起来就非常有希望，但是，如果退出市场的唯一策略是在这么多天之后收盘时抛空头寸，那么你就很有可能遭到灾难性的损失。你必须利用保护性的止损来保护自己免受这些损失。然而，如果你这么做，就会降低入市信号的可靠度——有些信号降到止损点以下（不管止损点是什么），然后又返回并变得可以获利，除非你已经退出了市场。此外，每当你加进任何形式的追踪止损（来降低初始风险并获取利润），都会进一步降低入市的可靠度。为什么？因为有些旨在降低初始风险的止损指令会被执行，结果你就会承担损失、退出市场。这就是为什么一个好的趋势跟踪系统的可靠度通常都低于 50% 的原因。

## 9.2 常见的入市技巧

大多数人只用很少几种入市方法进行交易或投资。在以下部分，我们将讨论一些最常见的入市技巧以及它们的用处。

### 1. 管道突破点

假如你作为一位趋势跟踪者，目标是永不错过市场中一个大的趋势，那么你会用什么样的入市信号呢？对这一问题的回答通常就是使用我们称为"管道突破点"的入市信号。基本上，你要么在最近 $X$ 天的最高价中的最高点上入市做多头，要么在最近 $X$ 天的最低价中的最低点上入市做空头。如果市场呈上涨趋势，那么它会创造新高。如果进入了这些新的最高点之一，你将不会错过一个上涨的趋势。类似地，

---

[○] 如果你的时间框架是一天或更短（比如一个在第二天开盘时就退出市场的计划），找到一个可靠度在 50% 以上的入市系统要比找到一个长期可靠的退出系统容易得多。

如果在一个新的最低点上入市做空头，那么你将不会错过一个下跌的趋势。图9-1 描述了一个在呈上涨趋势的市场上使用的 40 天管道突破点的例子。图中有很多突破点，但是最清晰的一个发生在 8 月 2 日。

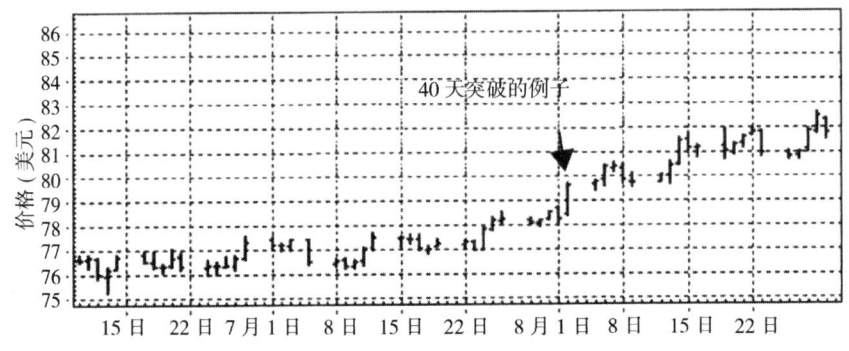

图9-1　8月2日发生的40天管道突破点

就图9-1 而言，管道的说法是有误导性的。管道是指市场一直沿着一个窄小的范围移动了数天之后，突然在上涨的方向或下跌的方向发生了突破。显然，这种入市技巧能够很好地捕捉这种类型的市场移动。然而，你需要知道的是这个管道有多长以及管道运动是何时开始的。

这就引出了与管道突破有关的最为重要的问题——一个趋势在我决定赶上之前，它应该表明有多长？对这一问题的回答决定了产生你要进入的最高点或最低点所需要的天数。

管道突破点技巧最初由唐奇安（Donchian）在20世纪60年代提出，后来被一群称为"乌龟"的交易商推而广之，他们利用这一入市技巧进行商品交易赚了数十亿美元。㊀最初在一个20天的突破点入市非常成功，但是随着他们继续使用这一方法，20天的突破点不再像以往那样有效，于是他们就上移到了40天的突破点。

今天，研究似乎表明40～100多天的突破点使用起来仍然相当有效，包含较少天数的突破点就没有那么有效了，除非你是在做空头，因为熊市一般都会出现迅速的、剧烈的移动，它们可能需要一个迅速得多的入市信号。

这一技巧应用起来很简单。你可以描出每日的最高点和最低点，在市场出现一个比过去20天中任何一天的最高点还要高的最高点时，就入市做多头；而在市场出现最近20天以来的最低的最低点时，就入市做空头。表9-1 描述了这一技巧的使用

---

㊀ 尽管"乌龟"们的交易利用了管道突破点系统，但是，像通常的情形一样，他们的成功更多地和他们的头寸规模确定法则有关。

过程,它给出了1995年年初60天的玉米价格,新的20天价格最高点在图中都用粗体数字表示出来。每一个粗体数字表示的价格都是一个入市目标或实际的入市信号。

表9-1 1995年年初的玉米价格

| 日期（1995年） | 开盘价（美元） | 最高价（美元） | 最低价（美元） | 收盘价（美元） |
| --- | --- | --- | --- | --- |
| 1月3日 | 164.5 | 164.5 | 161.5 | 162 |
| 1月4日 | 162 | 163 | 161.25 | 162.25 |
| 1月5日 | 163.5 | 164.5 | 163 | 164.25 |
| 1月6日 | 165.25 | 165.5 | 163.75 | 165.25 |
| 1月9日 | 165.25 | 166.75 | 164.25 | 166.25 |
| 1月10日 | 165.25 | 166 | 165 | 165.75 |
| 1月11日 | 165.25 | 166.25 | 165.5 | 166 |
| 1月12日 | 168.5 | 170.25 | 167.75 | 167.75 |
| 1月13日 | 168 | 168.5 | 166.5 | 167.5 |
| 1月16日 | 167 | 168.5 | 166 | 168 |
| 1月17日 | 168.5 | 170 | 168 | 169 |
| 1月18日 | 169 | 169 | 167.75 | 168.25 |
| 1月19日 | 167.75 | 168.25 | 167 | 167.75 |
| 1月20日 | 167.75 | 168.5 | 166.25 | 167 |
| 1月23日 | 166.25 | 166.5 | 165 | 166.5 |
| 1月24日 | 166.75 | 167.25 | 166 | 166.75 |
| 1月25日 | 167 | 167 | 166.25 | 166.75 |
| 1月26日 | 166.5 | 167.5 | 166 | 166.5 |
| 1月27日 | 166 | 166.5 | 165.5 | 165.75 |
| 1月30日 | 165 | 165 | 162.25 | 163 |
| 最初20天基准期的结束 | | | | |
| 1月31日 | 162.75 | 164 | 162.5 | 163 |
| 2月1日 | 163 | 165 | 162.75 | 164.5 |
| 2月2日 | 164 | 165.75 | 164 | 165.25 |
| 2月3日 | 165.5 | 166.5 | 165.5 | 166 |
| 2月6日 | 166.25 | 170 | 165.75 | 169.25 |
| 2月7日 | 168.25 | 169 | 167 | 167.25 |
| 2月8日 | 167 | 167.5 | 166.5 | 167.25 |
| 2月9日 | 166 | 167.5 | 165 | 167.25 |
| 2月10日 | 168 | 169 | 167 | 168 |
| 2月13日 | 167.75 | 168 | 167 | 167.5 |
| 2月14日 | 167.25 | 168.5 | 167 | 168.25 |
| 2月15日 | 168 | 168.25 | 166.75 | 167.75 |
| 2月16日 | 167.25 | 167.25 | 166.5 | 166.75 |
| 2月17日 | 166.25 | 166.75 | 165.75 | 166.25 |
| 2月21日 | 165.75 | 166 | 164.75 | 165.75 |
| 2月22日 | 165.5 | 167 | 165.25 | 166 |
| 2月23日 | 167 | 167.75 | 166.25 | 167.25 |

(续)

| 日期（1995年） | 开盘价（美元） | 最高价（美元） | 最低价（美元） | 收盘价（美元） |
|---|---|---|---|---|
| 最初20天基准期的结束 | | | | |
| 2月24日 | 167 | 167.75 | 166.75 | 167.25 |
| 2月27日 | 167.5 | 167.5 | 166.5 | 167.25 |
| 2月28日 | 167 | 168 | 166.75 | 167.5 |
| 3月1日 | 167 | 168.5 | 167 | 168 |
| 3月2日 | 167.5 | 168.25 | 167 | 167.75 |
| 3月3日 | 167.5 | 167.5 | 165.75 | 166 |
| 3月6日 | 165.75 | **171.5** | 165.75 | 169.25 |
| 3月7日 | 169 | **171.5** | 168.5 | 170.5 |
| 3月8日 | 169.75 | 170.5 | 169 | 170 |
| 3月9日 | 169.75 | 170.75 | 169.5 | 170.25 |
| 3月10日 | 170.5 | **171.75** | 169.75 | 170.75 |
| 3月13日 | 171.25 | **173.25** | 171.25 | 173 |
| 3月14日 | 172.75 | **173.5** | 172.25 | 172.75 |
| 3月15日 | 173.25 | **174.5** | 172.25 | 174 |
| 3月16日 | 173.25 | 174.25 | 172 | 172.5 |
| 3月17日 | 172.5 | 174 | 172 | 172.5 |
| 3月20日 | 172.25 | 173.5 | 171.75 | 172 |

注意前20天是用来建立一条基线的，这条基线到1995年1月30日结束。在最初的20天时间里，市场的最高点出现在1月12日，为170.25。到2月6日这一天达到了170，几乎又达到了这一最高点，很快它就成为20天的最高点。再没有其他价格如此接近这一水平，直到3月6日达到171.5，市场给出了一个明显的入市信号。注意在3月10日、3月13日、3月14日和3月15日都给出了入市信号，在图中用粗体数字表示。这些都为你准备了玉米价格在此期间的最好的波动。

在所给的数据中，如果我们是在寻找40天的管道突破，将会得到相同的信号。3月6日的信号也是一个40天的最高点。

现在来寻找下跌方向的信号。在最初的20天里，最低价格为161.25，出现在1月4日。这一价格没有被跌破，很快这一20天的最低价变成了1月30日的价格162.25，这一最低价位仍没有跌破。到2月底，这一20天的最低价变成了20天之前的价格，并且继续上涨，实际上每天都在上涨。在这整个期间，再也没有出现一个新的20天最低点。

科尔·威尔科克斯（Cole Wilcox）和埃里克·克里滕登（Eric Crittenden）也做过一些关于股票管道突破点的有意义的研究。[⊖] 他们考察了一个庞大的大约2 500只股

---

⊖ 我所用的所有的参考资料都可以在以下网站下载：www.blackstarfunds.com/files/Does _ trendfollowing _ work _ on _ stocks.pdf。

票的数据库（也就是说，在剔除了低额便士股票和流动性很低的股票之后的几乎所有的股票），而且使用了管道突破点的极端定义——股票价格出现了新的历史最高点。在这一新高出现时，他们会在第二天的开盘价入市。他们还希望确保留在趋势里尽可能长的时间，因此使用了一个 10 倍的 ATR 追踪止损系统，这里的 ATR 是由最近 45 天的数据界定的。

他们在 22 年的检验期间做了 18 000 笔交易，发现其交易平均赚到 15.2%。盈利的交易平均持续 441 天，赚到 51.2%（也就是说，可以实现 100% 的盈利，而在高度波动的股票上又返回 50%）。亏损的交易持续 175 天，平均亏损 20%。他们的交易有 49.3% 是赚钱的，因此，这些都是令人激动的结果。

我关心的是，也许是在牛市结束之际，$R$ 乘数较大的几笔交易带来了大部分结果，但事实并非如此。他们做的交易中 $R$ 乘数最大的实际上是在 2003 年，因此，这一方法看起来在牛市和熊市都运作得很好。

我对从期望收益的角度来看待他们的结果比较感兴趣。埃里克非常热心，他帮助我做了这个工作，并把结果绘制成了图 9-2。图中以 $0.5R$ 为单位描述了所有交易的 $R$ 乘数分布，也就是说，每一笔交易的 $R$ 乘数都被计算出来并被表示到最近的与该值对应的小框中。所有交易的期望值为 $0.71R$，标准差为 $2.80R$，因此，这是一个极好的系统。

图 9-2 描述了一个极好的趋势跟踪系统的 $R$ 乘数分布，它很好地阐释了我认为一个系统的优劣实际上是由其 $R$ 乘数分布表示的观点。我们将在第 13 章进行进一步的分析。

注意他们有 109 笔交易产生了 $15R$ 或更多的收益，另外，只有 91 笔交易的损失为 $1.5R$，22 笔交易的损失达到 $2R$ 或更大。这是一个极好的数据图表。他们还利用其专利头寸规模确定技巧模拟了这一方法，发现它产生了一个年复合回报 19.3% 的结果。⊖

上述研究表明简单的入市技巧可以非常有效，因为你不可能有比在股市出现空前的新高时入市更为简单的入市策略了，也不可能有比之更简单的市场退出策略，他们的退出策略是一个非常宽的追踪止损指令。

然而，大多数人通常希望将入市和某种方案结合起来。他们会问这样一个简单的问题：我如何能确保只选择移动趋势对我最有利的股票，而剔除所有其他的股票，

---

⊖ 他们的报告表明他们一次有多达 1 500 个头寸是敞着口的，因此，其头寸规模确定策略必须对此以及乘数风险和相关的头寸做出解释。另外，他们愿意公开市场的进入与退出策略，但不愿公开头寸规模确定策略，再次表明了我在本书中反复强调的头寸规模确定是至关重要的观点。

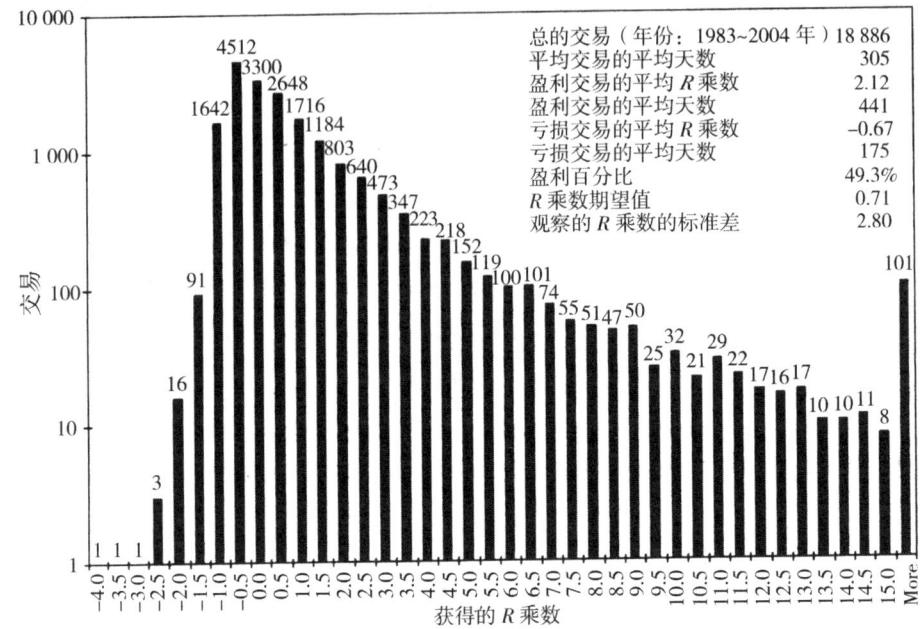

图 9-2　一个长期股票系统的 R 乘数分布

因为我的资产组合不需要 1 600 种股票？这就把你引向了更复杂的问题，把你引向了交易方案的世界。

管道突破点可以与很多方案结合使用，诸如第 8 章给出的用于股票市场和期货市场的那些方案。比如，除非你也掌握了所考虑商品或股票的充分的基本面信息，否则你可能决定不进行交易。你可能要求所考虑的股票每股收益须很高或者商品要有强烈的需求迹象。

管道突破点也可以用做一个方案。你可能会寻找一个突破点，然后在市场出现折回时入市，随后在更短的时间框架内紧接着会出现又一个突破点。你的初始止损指令实际上可以在市场最初的折回出现时发出，这样初始 R 值就会很小，而不是 10 倍的 ATR。你仍然可以使用 10 倍的 ATR 作为追踪止损指令，在它将止损点由初始的紧窄的退出点向上推动时，追踪止损指令就会取而代之。这可能会导致可靠度低得多，但是盈利的交易的 R 乘数会变得非常大。

使用管道突破点入市技巧的可能性成千上万，如果你将其用于入市信号，就永远不会错过一次大的市场变动，因为没有管道突破点，市场就永远不可能出现大的趋势，而且，假如你碰巧错过了一个入市信号，如果趋势是站得住脚的，那么市场将会继续出现新的入市信号。

管道突破点存在两个主要的缺陷。第一，它往往产生巨额损失，当然，这是你所使用的止损指令的多少造成的结果。例如，如果你使用另外一个管道突破点作为入市的信号，即使它更小，也会返回大量的利润。不过，这更多的是市场退出的问题，而不是进入的问题。

管道突破点存在的第二个缺陷是，要想交易成功通常需要大量的资金。我们以100万美元的资产组合开始，利用各种头寸规模确定法则，在55天的突破点入市，而在13天的突破点退出市场进行了大量的测试。结果表明100万美元也许是最优的账户规模。相比之下，一个10万美元的账户只能在少数几个市场上进行交易——而利用这样一个系统通常可以在15~20个市场上进行交易。

总之，管道突破点入市技巧是一个很好的入市系统，它可以确保你永远不会错过一个趋势信号，但是，也确实会让你受到双重打击。它的可靠度并不比随机入市高多少。此外，因为它需要同时在至少15个市场上进行交易，所以为了进行最优的交易，它要求的账户规模很大。

如果你打算利用管道突破点入市技巧进行交易，我想提出以下建议。首先，利用一个包含价格序列条件（在你愿意利用一个突破点信号之前，价格所发生的变化）入市的方案。例如，你可能要求：在突破发生之前，一个比较狭窄范围的波动；在利用一个突破信号之前，有一个"有效率的市场"；你所考虑的股票较大的相对强度表明的一个明显的趋势。一般来说，对你有所帮助的方案是那些包含入市前一系列价格变化或包含第8章所讨论的价格之外的某些要素的方案。

其次，在管道突破系统中与亏损或要求大额资金有关的大多数问题都可以通过市场选择和认真选择止损和退出来解决。不过，这些都是其他章节要讨论的内容。

## 2. 基于图表的观察入市法

很多专业交易商都没有一个精确的入市信号，他们只是用眼睛察看图表并根据对所看到的东西的心理感受来行动。

例如，一位非常成功的交易商告诉我，他的入市技巧只是观察他所考虑的市场的长期走势图。他把如图9-3的一张市场图挂到墙上，然后走到房间的另一端观察它。他说如果从房间的另一端来看，市场的趋势非常明显，那么他就会很顺利地按照趋势的方向进入这一市场。

我有一位客户利用自己的账户每年买卖股票可以赚到100万美元的利润。他只用观察法入市，尽管他声称观察入市法有点靠直觉。

这一特别的入市法对那些严格遵循它的人来说真的有某些优点。例如，价格信息要比你可能由某一指标得到的概括性信息纯粹得多。如果价格信息预示一个明显

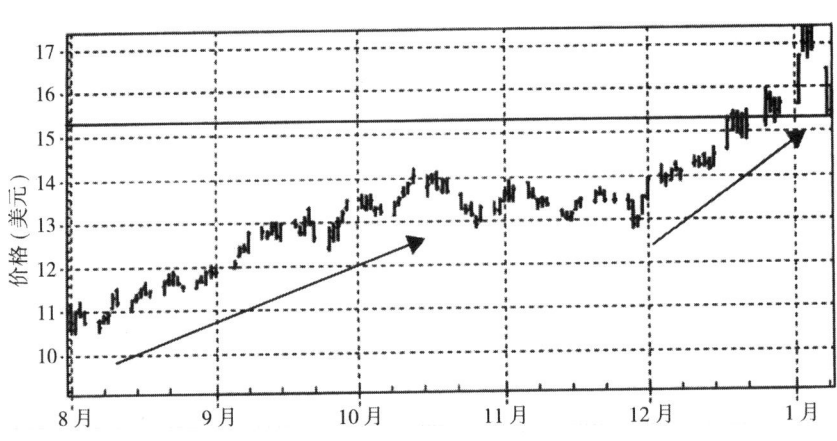

图 9-3　一个清晰的可观察到的趋势

的趋势，那么这一趋势将持续一段时间的可能性很大，可能会高达 60%。因此，按照趋势的方向入市也许要比随机入市好得多。

## 3. 模式

很多人在对图表的视觉解释上走得更远。例如，技术分析关注市场形成的很多类型的图表模式。有些模式被描述为牛市，其他模式被描述为熊市。因此，这些模式可以给你入市的信号。图表模式的类型包括日模式，如缺口、峰值、关键反转日、推进日、快跑日、内部日和大幅波动日。这些模式一般用做短期交易信号。

其他模式被更好地描述为持续模式，包括三角形、旗形和三角旗形。除非你希望按照这些模式出现突破之后的主要趋势的方向入市，否则这些模式是没什么意义的。

最后，还有顶点和谷底模式，包括双谷底和顶点、头肩模式、完美的顶点和谷底，三角形、楔形和岛形反转。显然，这些对寻找顶点和谷底的人来说都是入市信号。

其他图表由蜡烛形组成，开盘和收盘之间的价差部分要么是透明的，要么是实心的，取决于价格是上涨的还是下跌的。有些书描述了这些蜡烛可以形成的各种模式。这些模式都有一些不为人所知的名字，如 doji、锤子和悬在空中的人。图 9-4 描述了一个 2006 年年初 Google（GOOG）的蜡烛图的例子。

如果你对交易的模式方法感兴趣，不妨读一读杰克·施瓦格的书《施瓦格期货基本面分析》一书中有关的章节。书中对所有这些模式和很多图表的例子都有很好的描述，但这些模式都很难进行计算机化的检验。此外，当人们真的检验这些模式时，他们找不到任何证据表明这些模式可以把入市信号的可靠度提高到 50% 以上。

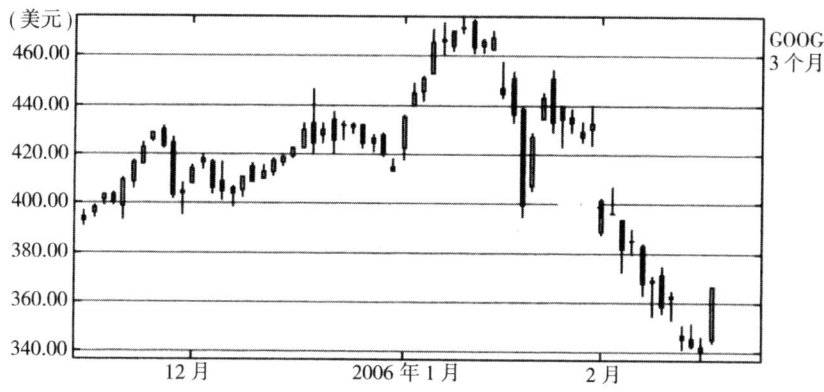

图 9-4 蜡烛图的一个例子：2006 年年初的 Google（GOOG）

既然如此，我决定还是不要在本章花费太多的时间来分析这些模式。大多数人只是按照主要的趋势方向入市，结果都要比在趋势中寻找一个特定的模式好得多。○

## 4. 纯粹的预测

很多预测技巧都在交易理念一章即第 5 章的"万物皆有序"部分做了介绍。预测技巧包括艾略特波浪、甘氏理论和各种形式预测顶点和谷底的反趋势的交易方法。我认为预测与好的交易无关，很多不错的预测家，尽管预测技艺高超，但在市场中却很难赚到钱。

我曾经遇到一个人，他把自己描述成市场中的迈克尔·乔丹，意思是他相信在市场交易方面无人能超过他。他声称市场是完全有序的，而且他已经找到了一些专利秘诀，这个秘诀给 100 万美元他也不卖。他向我出示了一些他的旧账户，这些账户在不到 6 个月的时间里就从 5 000 美元增加到了 40 000 美元，以此来证明他的知识和技能。

我对他的秘诀并不感兴趣，但是对他如何进行交易感兴趣，因此，我对其交易进行了为期 6 个月的观察。在此期间，他所交易的账户在价值上下跌了 97%。他的交易只有 22% 是赚钱的，在 6 个月的交易期间，他的账户从未盈利过。

要当心那些自称有高深的交易技能的人。观察他们的交易，尤其是他们如何确定头寸规模，如果他们确定低风险的头寸规模，那么就不是你要走开的问题，而是

他的交易准确率之所以如此之低，原因之一是他总是预测市场的转折点，其实对大多数市场预测者来说都是如此。

---

○ 这个研究的重点不是像我们在本书中所倡导的找到 R 乘数大的交易或开发期望值高的系统，而是要找到高度可靠的入市，大多数人由于彩票偏好的原因都是这么做的。

要赶紧跑开。

上面所说的那个人的交易准确率之所以如此之低，原因之一是他总是预测市场的转折点，其实对大多数市场预测者来说都是如此。例如，在11月份，他预测在中西部会出现较早的霜冻，这会对下一年的大豆作物造成破坏。结果是，这并未发生。有几次他都说市场到了周期变换的时候了，那将是剧烈的变化，所以他要早点入市。结果周期变换从未出现，即使出现，也是不显著的。

预测如果伴有市场的证明当然好。换句话说，如果你认为你能够预测市场的谷底和顶点，那很好。但是，除非市场显示了要转变的某些确定的迹象，否则你不应该就此进行交易。下面要讨论的波动幅度突破就是这种确定的迹象的很好的例子。

### 5. 波动幅度突破

以下两个技巧，波动幅度突破和定向移动最初是由小威尔斯·怀尔德（J. Welles Wilder, Jr.）在他的《技术交易系统的新概念》（*New Concepts in technical trading systems*）一书中介绍的。这些技巧很简单而且经受住了时间的考验。

波动幅度突破是指价格在特定的方向上发生突然的、剧烈的变动。假如平均真实波幅大约为3个点，我们可以把波动幅度突破定义为一天之内移动平均真实波幅的0.8倍（从前一天收盘），即2.4个点。如果今天的收盘价为35点，波动幅度突破是从该收盘价移动2.4个点，无论是上涨还是下跌。如果价格移动到37.4点，那么市场就出现了一个上涨方向的波动幅度突破，你需要买进；如果价格移动到32.6点，那么市场就出现了一个下跌方向的波动幅度突破，则需要卖空。这就是我想向有需要市场预测的方案的人推荐的一般入市信号。

怀尔德的系统和上面描述的有些不同。他建议平均真实波幅要乘上一个常数3.0（称为平均真实波幅乘上一个常数，或记作 $ARC^{\ominus}$），这基本被用做一个从收盘开始的追踪止损，也成了一个当前头寸的市场退出点和建立一个新头寸的入市点。从本质上来说，这种市场退出和在随机入市系统里使用的市场退出几乎完全一样（3倍于平均真实波幅）。

一般来说，当市场在某个方向上出现了一天的剧烈波动时，就是你沿着移动的方向进入市场的很好的征兆。例如，市场可能是呈强劲的上升趋势的，但是坚定的下跌方向的波动幅度突破可能是一个表明趋势已经结束以及你需要按照市场新的走势跟随市场的好的指标。至少，你并不想与一个强劲的波动幅度突破背道而驰，因

---

⊖ ARC 是英语 average range constant 的缩写，即平均真实波幅乘上一个常数。——译者注

此，正如下一章要讨论的，这就是一个好的退出市场的时机。

图 9-5 描述了一个债券的波动幅度突破的例子。根据波动幅度突破的定义，可以看出 7 月 24 日好像出现了一个明显的突破，而 8 月 2 日又发生了一个更强劲的突破。注意在发生突破性波动的一天，价格发生的巨幅波动，并注意新的价格相对于前一天的收盘价突破了多少。

图 9-5 波动幅度突破的例子

在使用波动幅度突破时，你会具备一些重要的优势。第一个优势是，这类价格移动与管道突破有很大的区别，后者要求一个较长的（40 天以上）的管道有明显的趋势。不过，图 9-5 的例子也是管道突破。波动幅度突破只是表明一个趋势的结束和新的趋势的开始，因此，波动幅度突破中至少有些部分的移动和管道突破没有多大关联。实际上，如果市场退出足够迅速，那么由这两种不同的入市信号产生的利润之间可能没有任何关系。

至于第二个优势，我已经提到过，就是波动幅度突破对那些使用各种模式预测价格移动的人而言是理想的工具。价格预测如果不与一个合理的交易系统一起使用是很危险的。波动幅度突破有助于你实现这一可靠系统的入市部分，让你能够利用所掌握的有关市场如何运作的"秘密知识"进行交易。

## 6. 定向移动和平均定向移动

市场分析师在一段时间里曾就市场的趋势性概念进行过激烈的争论。你如何知道市场是真正有趋势的呢？

怀尔德（还是在他的《技术交易系统的新概念》里）提出了两个概念，即定向移动和平均定向移动，很多人用它们来界定趋势。例如，布鲁斯·巴布科克在去世前，曾每年出版他的一本名为《市场中的趋势》（Trendiness in the Market）的书。在书中，他对各种可交易期货市场的趋势进行了排序。该书基于以下观点：如果利用大部分"有趋势的历史"进行交易，你就最有可能捕捉到这些市场将来的趋势。巴布科克对趋势的度量就是利用28天定向移动指数（见下面）在每个市场进行交易的可靠度的指标。如果定向移动最终的结果是向上的，那么就应该做多头；如果定向移动最终的结果是向下的，那么就应该做空头。有利可图的市场注定是有趋势的，而最有利可图的市场注定是最富有趋势的。

定向移动背后的基本假定如下：

- 在趋势向上时，今天的最高价应该高于昨天的最高价，因此，两个价格之间的差距就是市场向上的定向移动。
- 在趋势向下时，今天的最低价应该低于昨天的最低价，因此，两个价格之间的差距就是市场向下的定向移动。
- 最小变化日，即今天的最高价和最低价没有超出昨天的范围，基本上可以被忽略。
- 最大变化日，即今天的最高价和最低价都超出了昨天的范围，既扩大向上的定向移动，又扩大向下的定向移动，但是，只有较大的值才被使用。

定向移动指标计算如下：

首先，对事先给定的天数中的上涨日和下跌日求和，即 $\sum DI+$ 和 $\sum DI-$（怀尔德建议的是14天）。

其次，对以上每个求得的和除以同样天数的平均真实波幅。定向移动指标计算如下：

- 确定 $\sum DI+$ 和 $\sum DI-$ 的差，并取其绝对值，即 DI 的差 = $|(\sum DI+)-(\sum DI-)|$。
- 确定 DI 的和：DI 的和 = $(\sum DI+)+(\sum DI-)$。

再次，定向移动指数被定义为：（DI 的差）/（DI 的和）×100。乘以100是为了使定向移动指数标准化，这样其取值就可以落在0~100之间。

最后，尽管怀尔德建议用14天进行计算，但是勒博和卢卡斯的报告认为14~20天也是很好的，而18天是最优的。

定向移动指标最重要的扩展也许是平均定向移动指数，即 ADX（average

directional movement index）。ADX 就是定向移动指数的移动平均，它通常是对前面所用的同样的天数求平均（比如 14 天）。

勒博和卢卡斯认为对 ADX 的正确理解可以让交易商显著地提高他们发现好的市场和回避不好的市场的概率。两人均认为 ADX 实际上提供了一个量化各种趋势强度的工具，而且他们在这一领域比任何人做的工作都多。因为我和勒博办过很多研讨班，所以我非常了解他对 ADX 的喜爱及其使用。

总的来说，ADX 值越大，市场就越有可能存在定向移动，但是，你不知道这一移动是向上还是向下的。ADX 值越小，市场存在定向移动的可能性就越小。因此，ADX 的大小告诉了我们趋势的强弱，但是并没有告诉我们趋势的方向。

根据勒博和卢卡斯的说法，我们无法使用 ADX 的绝对值来了解一个趋势是否强劲。他们进行了以下观察：

- 只要 ADX 值是在增大的，任何大于 15 的 ADX 值都预示着趋势。
- ADX 值的增幅越大，趋势就越强劲。例如，ADX 值由 15 跳到 20，相对于由 25 跳到 27 可能是一个更好的信号。
- ADX 值变小意味着趋势在减弱或者不再有趋势。
- 当 ADX 值变大时，诸如超买或者超卖摇摆指数这样的指数就不再起作用了。这些摇摆指数只在 ADX 值变小时才起作用。

在向你推荐如何使用 ADX 或定向移动作为入市信号之前，首先讨论使用 ADX 通常会出现的几个问题。这些问题包括峰值和滞后因素。

在市场以峰值的形式突然改变方向时，ADX 的调整就很困难。例如，在市场突然改变方向时，勒博和卢卡斯推荐使用的长期 ADX 看起来好像会突然变得平缓——预示着一个没有趋势的市场。因此，一个大的下跌趋势可能会被 ADX 完全忽略。

长期 ADX 还存在一个内在的滞后，也就是说，直到趋势已经很明朗之前，你还不知道自己已经处在一个有趋势的市场之中。如果你是一位短期交易商或者希望早一点进入趋势，这一点是真正的劣势，但如果你的目标是只进入有明显信号的强劲的趋势。那么 ADX 的滞后就根本不是一个问题。

既然你已经理解了定向移动和 ADX 是什么，现在就可以给你一些有用的入市信号了。以下一些入市信号都只是供你参考：

- 在 DI + 和 DI – 相交后入市。多头交易出现在 DI + 超过 DI –，而且前一天的最高价被突破的情况下。而空头交易出现在 DI – 超过 DI +，而且前一天的最低价被突破的情况下。这就是怀尔德最初对这一指标的使用，他认为价格被突破是信号中的一个重要部分。

- 当 ADX 在两天内增加 4 个点以上时，以市场移动的方向入市。[注]当然，需要一个交易方案（比如图表观察法）来告诉你是做空头还是多头，因为 ADX 的增加只能表明趋势很强劲。
- 在 ADX 达到过去 10 天的最大值时入市。当然，还是需要另外一个信号（方案）来告诉你进入的方向。

## 7. 移动平均和适应性移动平均

移动平均是非常流行的交易指标，因为它简单而且容易计算。据我所知，自从人类最初创建交易市场之始，移动平均就被使用了。

这种平均值的概念很简单：用一个简单的数、一个平均值，来表示过去 $X$ 天的价格。它是过去 $X$ 天的价格的和，除以天数得出的平均数，这个平均数是随着时间变化的。在得到了明天的价格后，就把 $X$ 天前的价格去掉（$X$ 是计算移动平均的天数），加上新的价格，然后再除以天数。

对大多数人而言，掌握一个条形图要比掌握 30 个条形图简单，尽管 30 个条形图可以提供有关市场实际表现的多得多的信息，但是在人们对数据进行某种方式的转换后，他们感觉更能够控制市场。因此，很多交易商和投资者都使用移动平均。

如果你计算的移动平均包括的天数很多，那么该移动平均的变化就很慢，如果只包括几天，那么移动就会很快。例如，很多股市跟踪者使用一年的移动平均来表示股市的总体趋势，在价格一直持续上涨时，它应该远远大于一年的移动平均。在价格下跌到一年移动平均之下时，有些人就会认为价格的方向已经改变了。科尔比（Colby）和迈耶斯（Meyers）在其著作《技术性市场指标百科全书》（*Encyclopedia of Technical Market Indicators*）中发现，在价格超过一年移动平均时买进股票和在价格低于该平均值时卖出股票的策略要远远胜过买进和持有股票的策略。

相比之下，短期移动平均变动得就比较快。市场价格超过 5 天的移动平均并不需要太多天的上涨，同样的道理，价格也可以很快下跌到这一平均值之下。

> 在价格超过一年移动平均时买进股票和在价格低于该平均值时卖出股票的策略要远远胜过买进和持有股票的策略。

唐奇安是最早使用移动平均系统进行著述的人之一。他使用了 5 天和 20 天的移动平均，在 5 天的移动平均超过 20 天的移动平均时，就做多头；在 5 天的移动平均下降到 20 天的移动平均之下时，就反过来做空头。

---

[注] 或者你所做的检验建议你为了实现目标应该使用的任何点数。

这种系统在完全有趋势的市场上运行得很好。不过，这种系统认为市场只有两个方向，上涨或下跌。但遗憾的是，市场往往只有在大约15%的时间里是有趋势的，而在85%的时间里处于盘整状态。结果，在市场处于盘整期间，这种系统就会不断造成双重损失。

为了克服这一问题，交易商决定使用三个移动平均。R. C. 艾伦在20世纪70年代早期推广了一种包括4天、9天和18天移动平均的方法。⊖ 在4天和9天的移动平均与18天的移动平均交叉时，就进入市场——如果上涨就做多头，下跌就做空头。当4天的信号回头和9天的信号相交时，就得到一个退出的信号，但是，直到4天和9天在18天的平均值同一边时，才会得到一个新的信号。因此，这种系统给你的是中性的区域。⊖

有很多种移动平均和移动平均系统。例如，简单移动平均（如上所述）、加权移动平均、指数移动平均、置换移动平均和适应性移动平均。每一种移动平均都旨在克服其他移动平均的具体问题，但是也都产生了自身的问题。

（1）**加权移动平均**。简单移动平均赋予被舍去的一天和最近一天同样的权重，有些人认为这不是最好的交易方法，因为最近的价格是最重要的。因此，加权移动平均给予最近的数据较多的权重，而给较远的数据较少的权重。

加权移动平均可能变得相当复杂，因为你可以只赋予最近一天额外的权重，或者也可以赋予每天不同的权重。例如，你可以这样得到一个10天的加权移动平均：第一天（最远的）的数据乘以1，第二天的乘以2，第三天的乘以3，依此类推。这也许很荒谬，但是有些人认为复杂的计算可以使交易更为有效。这个认识是错误的，但是人们还是这么去做。

> 有些人认为复杂的计算可以使交易更为有效。这个认识是错误的，但是人们还是这么去做。

（2）**指数移动平均**。指数移动平均赋予最近的数据最大的权重，同时不去掉任何数据。例如，一个0.1的指数移动平均（大约等于20天的平均值）是将今天的价格乘以0.1然后加到昨天的平均数上，不减去任何数据。这个计算过程非常方便，而且赋予最近的数据更大的权重。

（3）**置换移动平均**。因为移动平均往往与价格非常接近，信号也经常来得太快，因此，有些人选择将其移动平均"置换"到将来的某些点数。这就意味着受到移动

---

⊖ 若要详细讨论这一工作，见 LeBeau and Lucas, *Technical Traders'Guide*。

⊖ 查克·勒博告诉我，他们检验了能够想象得到的移动平均相交的各种可能组合。结果在有趋势的市场上都运作得相当好，但是在水平移动的市场上都是失败的。没有一个是比随机入市好很多的。

平均信号双重打击的可能性要小得多。

（4）**适应性移动平均**。适应性移动平均在20世纪90年代中期开始流行起来。考夫曼、钱德（Chande）和克罗尔（Kroll）三人都有各自不同类型的适应性移动平均。这些特定的系统根据市场分析和速度的某种组合而改变速度。

想一想市场中的噪声量。每日价格波动是测度市场噪声的一个很好的指标。市场存在大量的噪声时，移动平均必须变化很慢以避免在进出市场时受到双重打击。然而，在市场十分平滑时，受到双重打击的可能性要小得多，所以快速移动平均值在这时可以使用。因此，适应性移动平均首先测度相对于市场中的噪声量，市场移动的速度，然后根据速度和噪声因素来调整平均值的速度。

因此，适应性移动平均必须至少要有测度市场目前的效率的指标（存在多少噪声）以及能够将以上情形用各种移动平均表示出来。使用适应性移动平均的一个具体的例子在本章后面要讨论到的佩里·考夫曼设计的入市技巧中给出。

## 8. 摇摆指数和随机指数

诸如相对强度指标（RSI）这样的摇摆指数、随机指数以及威廉的R百分比等指标都是用来帮助那些努力寻找顶点和谷底的人的。在我看来，这是愚人的游戏，因为并没有证据证明，基于摇摆指数的入市信号比随机入市的可靠度高出很多。事实上，在大多数情形下，并无证据证明市场一般能满足很多摇摆指数所做的假定。因此，我对自己不怎么信任的东西不做太多的讨论。

然而，你可以使用超买和/或超卖摇摆指数，比如怀尔德的RSI，来帮助你在狭小的止损下进行交易（见第11章有关保护性止损部分）。下面是你选择做这种交易时必须具备的事项：

- 一直等到市场给出一个在趋势中的清晰的信号。这是一个基于价格的方案。
- 一直等到市场稍微反转，而且你的摇摆指数显示这种反应可能已经到了极点。这一步仍然是基于价格的方案，但是它必须在第1步之后出现。
- 在市场显示它将再次以先前趋势的方向移动时，按照这一方向进入市场。这样的例子如：在摇摆指数显示达到极点之前，价格回归到先前的最高价（或对短期信号而言的最低价）。

这种交易利用非常小的止损（反应的极端）使交易信号高度可信成为可能高度可信的交易信号。此外，这种交易的风险非常小，意味着潜在交易的回报—风险比率会很高。这实际上是上一章所讨论的折回方案的一个例子，而且在我看来这是使用摇摆指数最好的方法。此外，我所见过的一些最好的系统也是基于这些概念的。

## 9.3　设计你自己的入市信号

对你而言，最好的入市信号可能还是自己设计的。设计这样一个信号最好的方法是，彻底理清你的信号应该建立在怎样的概念之上。我曾设计了以下例子来对这一思路进行解释，只是举个例子。我们将从一个被交易商和投资者广为接受的想法着手，然后拓展到一般的想法。这个想法没有经过检验，但是在找到有用的方法之前，如果你想使用它，大可放心使用。

让我们围绕物理运动背后的基本理念来设计一个系统。比如，可以想象一下预测一辆车的运动。你不知道汽车要开向哪里（在一个非常大的停车场里，汽车有无数个弯可以转），但是你知道汽车去过哪里。你还知道车的方向、速度（或速率）、速率变化（加速还是减速）以及它的动量。如果掌握了这些信息，在某些情况下，你就会非常了解车在近期会有什么动作。你想确定的是这辆车什么时候会以相同的方向尽可能长时间地快速奔跑。

如果这辆车在以一个特定的方向行驶，继续以此方向行驶的可能性比不以此方向行驶的可能性要大。它可能会改变方向，但是继续朝着原来的方向行驶的可能性更大。而且，如果你对这辆车的速率、速率的改变和动量了解得越多，那么你就会知道在哪些情形下，这辆车越有可能继续以原来的方向前进。

为了改变方向，车一般必须放慢速度，因此，如果一辆车跑得很快（很快的速率），它继续以相同的方向快速行驶的可能性要比不这样做的可能性大。

市场也是如此。如果它正在某个方向上快速移动，那么它继续向这个方向快速移动的可能性要比不这样做的可能性大。想一想，一个快速前进的市场在其方向发生大的变化之前，首先要把速度降下来的可能性很大，市场技术分析师称之为动量，这真的是会引起误导的说法。[○] 这个被大家称为动量的技术指标只是测度了由一个时间框架到另一个时间框架的价格变化（通常是收盘价）。但我们将使用速度或速率，因为这两个名词都更为确切。

速度实际上是以每单位时间的运行距离来定义的（比如每小时60英里）。在进行速度计算时，如果你使用固定的距离（比如10天），那么就可以简单地假定速度就是每 $X$ 天的期间所经过的距离，这里 $X$ 是你选择的天数。有意思的是，比较专业的交易商在其市场研究中可能使用速率（他们称之为动量指标），而不是任何其他指标。

---

○　在物理学上，动量是指质量乘以加速度，相当于市场中大量股票变动的加速度。

如何使用速度作为入市的信号呢？速度为零意味着没有移动。速度指标一般是一个在零线上下移动的数字，也就是从快速向上移动到快速向下移动，或者反过来。当速度改变方向以及朝着相反的方向开始加速时，你就获得了一个潜在的入市信号。

当速度改变方向以及朝着相反的方向开始加速时，你就获得了一个潜在的入市信号。

## 加速度和减速度

加速度和减速度是指速度的改变。如果一辆车正在加快速度，那么与一辆只是快速行驶的车相比，就更有可能继续朝着相同的方向行驶。相反，如果一辆车正在减速，那么它改变行驶方向的可能性要大得多。

尽管市场移动的速度变化在预测其将来的移动时，不像加速度或减速度在预测汽车的行驶时那么有意义，但它仍然是一个重要的因素。然而，我还从未见过直接使用市场的加速度或减速度来对市场进行预测的。如果可以有一个公式来表示的话，应该是：

$$速度变化 = （今天的速度 - X 那天的速度）/时间$$

尽管没有对加速度或减速度作为一个入市指标进行深入的研究，但是我们把一些数据编成了程序以做检验。表9-2给出了我们在前面看到的相同的玉米数据的收盘价。该表在基准线之后由第21天开始。回想一下20天的管道突破点和40天的管道突破点都发生在3月6日，在表中是第46天。表9-2还给出了20天价格的平均变化率（速度）。速度的下降用粗黑体表示，速度的增加则用普通字体表示。

表9-2 速度和加速度研究

| 日期（天） | 收盘价 | 速度（20天） | 加速度（5天） | 加速度（10天） |
|---|---|---|---|---|
| 21 | 166.5 | 0.225 | | |
| 22 | 165.75 | 0.175 | | |
| 23 | 163 | -0.062 5 | | |
| 24 | 163 | -0.112 5 | | |
| 25 | 164.5 | -0.087 5 | -0.312 5 | |
| 26 | 165.25 | -0.025 | -0.2 | |
| 27 | 166 | 0 | 0.062 5 | |
| 28 | 169.25 | 0.075 | 0.187 5 | |
| 29 | 167.25 | 0.062 5 | 0.15 | |
| 30 | 167.25 | -0.025 | 0 | -0.25 |
| 31 | 167.25 | -0.012 5 | -0.012 5 | -0.187 5 |
| 32 | 168 | 0 | -0.075 | 0.062 5 |
| 33 | 167.5 | -0.075 | -0.137 5 | 0.037 5 |
| 34 | 168.25 | 0 | 0.025 | 0.087 5 |
| 35 | 167.75 | 0 | 0.012 5 | 0.025 |

(续)

| 日期（天） | 收盘价 | 速度（20 天） | 加速度（5 天） | 加速度（10 天） |
| --- | --- | --- | --- | --- |
| 36 | 166.75 | -0.012 5 | -0.012 5 | -0.012 5 |
| 37 | 166.25 | -0.012 5 | 0.062 5 | -0.087 5 |
| 38 | 165.75 | -0.05 | -0.05 | -0.112 5 |
| 39 | 166 | -0.037 5 | -0.037 5 | -0.012 5 |
| 40 | 167.25 | 0.037 5 | 0.05 | 0.05 |
| 41 | 167.25 | 0.075 | 0.087 5 | 0.075 |
| 42 | 167.25 | 0.212 5 | 0.262 5 | 0.287 5 |
| 43 | 167.5 | 0.225 | 0.262 5 | 0.225 |
| 44 | 168 | 0.175 | 0.137 5 | 0.175 |
| 45 | 167.75 | 0.125 | 0.05 | 0.137 5 |
| 46 | 166 | 0 | -0.212 5 | 0.012 5 |
| 47 | 169.25 | 0 | -0.22 5 | 0.05 |
| 48 | 170.5 | 0.162 5 | -0.012 5 | 0.2 |
| 49 | 170 | 0.137 5 | 0.012 5 | 0.1 |
| 50 | 170.25 | 0.15 | 0.15 | 0.075 |
| 51 | 170.25 | 0.112 5 | 0.112 5 | -0.1 |
| 52 | 173 | 0.275 | 0.112 5 | 0.05 |
| 53 | 172.75 | 0.225 | 0.087 5 | 0.05 |
| 54 | 174 | 0.312 5 | 0.162 5 | 0.187 5 |
| 55 | 172.5 | 0.287 5 | 0.175 | 0.287 5 |
| 56 | 172.5 | 0.312 5 | 0.0375 | 0.312 5 |

注意表中 20 天正的速度周期实际上是从第 40 天开始的，即管道突破发生的第 46 天的前 7 天。表 9-2 的最后两栏给出的是 3 天和 5 天的加速度或减速度（在 3~5 天的周期里速度实际上变化了多少）。长期的加速度（10 天）也在这一天开始了正的加速度，只有一天是负的。

图 9-6 在时间坐标上给出了这三个变量。注意在第 46 天开始了管道突破，实际上，它在 3 月 6 日就开始了。速度和加速度开始移动得更早，然而，就在突破发生之前，速度和加速度都出现了一次下降，但是除了 10 天的加速度稍微降到了负值以外，数字都仍然是正的。

这说明什么呢？我当然不是建议你使用一个正的速度或加速度信号（与减速度相反）作为一个入市系统。相反，我只是指出它们之间的关系。在理解了关系之后，这种关系就是形成你在交易中可以使用的概念的基础。

记住，钱并非一定是由正确的入市赚来的。相反，如果你能确定一个入市，它有很高的概率（比如 25%）能为你带来 R 乘数较大的交易，那么你就非常有可能赚到大量的、持续的利润。加速的开始可以为你提供一个低风险的能够进行窄小止损的点，这意味着 R 很低，有潜力获得较高的 R 乘数利润。当然，这需要进行大量的检验。

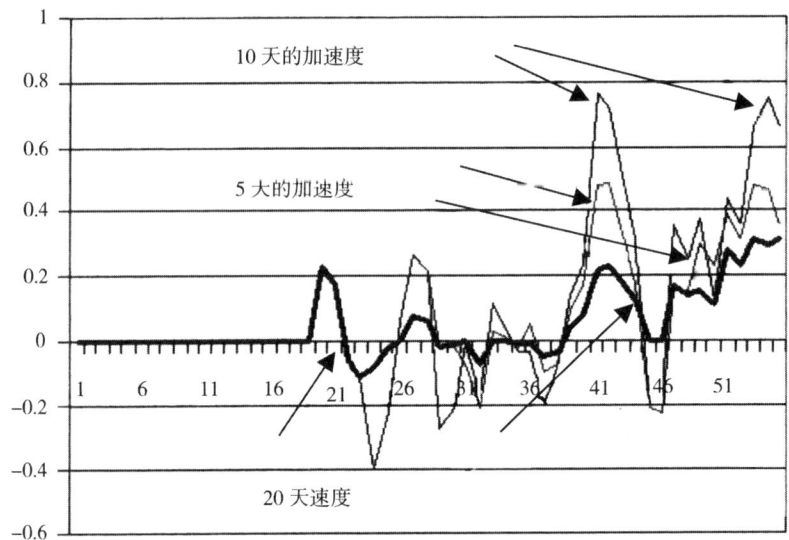

图 9-6 玉米价格移动的速度和加速度

加速度被证明是一个好的折回方案的完美工具。例如，在管道突破发生之后，你只需要寻找一个减速的机会，减速一旦变为加速，你就会得到一个完美的信号，它只需要较窄小的止损，就有可能给你带来非常高的 $R$ 乘数利润。在所给的例子中，减速在管道突破发生之前就已经开始了。

## 9.4 对一些常用系统采用的入市技巧的评估

入市的最后一个工作是回顾一下在一些股市系统和一些用于更为投机性市场的系统中所使用的典型的入市信号。

### 1. 对一些股市系统的回顾

（1）威廉·欧奈尔的股市系统。威廉·欧奈尔的股市交易系统是使用前一章所述的 CAN SLIM 方案的交易系统之一。入市是该系统的时机选择部分，它基于在你所考虑的股票中可以发现的各种图表之上。入市的关键部分是在持续 7 周至 15 个月的盘整之后出现了价格突破。典型的模式包括杯形和手柄形、长期基础上的突破、碟形和手柄形、双底或双基，前两种模式是最常见的。威廉·欧奈尔在他的书中给出了这些模式的很多例子。

入市的另外一个关键是突破必须伴有成交量的大幅上涨。例如，欧奈尔建议突破点成交量必须大于该股票的每日平均成交量的至少50%以上。成交量的大幅上涨是欧奈尔的入市系统最为重要的方面，而这一点很少有人遵守。大多数人只是寻找像杯子或手柄一样的模式或只是寻找一个价格突破。把成交量想象成交通工具的质量，如果一辆重型卡车开始快速行驶，那么它要比一辆碰上一角硬币都会转向或停止的小车更有可能继续前进。

（2）**沃伦·巴菲特的公司评估模型**。巴菲特的公司评估模型，结合前面一章给出的所有滤嘴来看，或许是不存在一个入市技巧的，尽管这一观点在某种程度上只是我的推测。我的猜测是只要有足够的钱，一旦发现一个新公司满足标准，巴菲特就会把它买下。因此，发现一个公司满足他所有的标准也许就是他的入市信号——尽管我不确定在一个被高估的市场中，是否所有公司都能满足他的标准。巴菲特确实不怎么关心市场的表现，下面可以引用他的一段话作证：

> 市场在那里只是作为一个基准点来看看是否有人去做傻事。当我们投资股票时，是在对公司投资。你的行为必须符合理性而不是时尚。

## 2. 对一些期货市场系统的回顾

（1）**佩里·考夫曼的适应性交易**。回想一下我们在第8章讨论的考夫曼的适应性方法，考夫曼设计了一个效率比率，该比率是建立在市场移动的速度和方向以及市场中噪声量的基础之上的，并且给出了几个可以使用的可能的效率比率。

在以下计算中，我们将假定效率比率由0至1——0意味着没有市场移动只有噪声，而1则表示市场中只有移动没有噪声。在一个非常有效率的市场上，总的价格移动将等于两个期间的价格移动。比率应该等于1.0，因为没有噪声。例如，如果在10天里价格移动了10个点，而每天移动了1个点，那么该比率就等于$10/(10 \times 1) = 1.0$。

在一个非常无效率的市场上，总的价格移动很小，而每天的价格移动很大，最终的比率会倾向于0。例如，如果价格在10天里只移动了1个点，但是每天价格都上涨或下跌了10个点，那么比率就会是$1/(10 \times 10) = 0.01$。当然，如果没有价格移动，无论总的价格移动是多少，比率都将是0。

计算适应性移动平均的下一步是，用一系列的移动平均速度来描述效率比率。我们可以将2天的平均称为快速，30天的平均称为慢速。考夫曼通过以下公式把移动平均速度转换成了一个平滑常数SC：

$$SC = 2/(N+1)$$

快速的平滑常数是$2/(2+1) = 2/3 = 0.66667$；慢速的平滑常数是$2/(30+1) =$

2/31＝0.064 52。考夫曼在其公式中使用的两个值的差是0.602 15。

最后，考夫曼推荐的利用效率比率计算平滑常数的公式如下：

$$换算后的平滑常数 = （效率比率 \times SC 差）+ 慢速SC$$

代入数值后，可以得出：

$$换算后的平滑常数 = （效率比率 \times 0.602\ 15）+ 0.064\ 52$$

因此，如果效率比率为1.0，换算后的平滑常数就等于0.666 67；如果效率比率为0，那么平滑常数就等于0.064 52。注意这一结果是如何与2天和30天的数字分别对应的。

因为30天的数字仍然会带来影响，因此，考夫曼建议在应用之前对最后的平滑常数取平方，其意思是在效率比率（ER）太低时，将取消交易。

适应性移动平均（AMA）的计算公式如下：

$$AMA = 昨天的 AMA + SC^2 \times （今天的价格 - 昨天的 AMA）$$

假如昨天的AMA是40，今天的价格是47——7个点的差距。在一个有效率的市场上，平均值将会发生大的变化——将AMA提高近3.1个点——几乎是7的一半。在一个无效率的市场上，ER大约为0.3，这个差距几乎不会对AMA产生影响，只将其向上移动0.4个点。因此，在有效率的市场中，由AMA的移动获得一次交易的可能性要大得多。

根据考夫曼的观点，AMA等于平滑指数，这样的平均数一经发出定向改变信号，就应该进行交易。换句话说就是，在AMA上升时应该买进，而在AMA下降时应该卖出。

但对这些信号进行交易可能会造成大量的双赔，因此，考夫曼又增加了下一个滤嘴：

$$滤嘴 = 百分比 \times 标准差（过去20天中AMA一天的变化）$$

考夫曼建议期货和外汇交易可以使用一个较小的百分比（比如10%），而股票和利率市场可以使用一个较大的百分比（比如100%）。

为你打算交易的市场确定合适的滤嘴。在一个下跌趋势中，在最低价格上加上滤嘴作为买进的信号，而在一个上升的趋势中，在最高价格上减去滤嘴作为卖出的信号。这基本上就是你的适应性入市信号。

你能够把市场效率比率应用到我们讨论过的很多入市技巧上。比如，你可以有一个适应性的管道突破系统，管道的长度是适应性的；你也可以有一个适应性的波动幅度突破，所要求的突破的规模取决于市场效率。

（2）威廉·加拉赫的基本面分析。回顾一下第8章，你就可以知道，加拉赫认为可以把市场的基本面关系作为一个方案。在基本面关系很强劲时，你就可以按照基本面关系所揭示的市场方向入市。基本面数据对每一个市场都是不同的。此外，通过回顾第5章勒博有关基本面交易的讨论，我们知道应该听从专家的建议来确定任何特定市场的基本面关系。勒博还警告说，你可能在基本面关系上是正确的，但是在入市时机选择上却是极端错误的。因此，你需要一个好的时机选择系统来对基本面关系进行交易。

为了进行解释，加拉赫给出了一个10天的管道突破反转系统来阐释技术分析的荒唐之处。加拉赫建议一旦了解了市场的基本面关系，按照基本面关系所预测的市场方向，利用一个10天的突破进行交易是非常安全的策略。我个人认为这样一个系统将会导致很多双赔。不过，一个50天或更长时间的管道突破，加上基本面关系的支持应该是一个非常不错的入市信号。

(3) 肯·罗伯茨的1—2—3反转方法。肯·罗伯茨推荐在入市前使用两种交易方案。第一种是市场必须出现一个9个月的最高价或最低价；第二种是市场出现了1—2—3的反转。请看第8章的有关阐述以及市场出现9个月的极点价，随后又出现了一个1—2—3的反转的几点解释。在具备了这样的方案后，你应该使用怎样的入市系统呢？

在这两种方案具备之后，当市场再次移向点2并出现一个新的极点价格时，进入市场，见图9-7。这个新的极点价格就是入市信号。图9-7描述了一个前所未有的最高价以及随后的1—2—3反转之后的新的极点价格。图9-7中的那条线就是入市信号。你也可以在点2的价格在你所预期的市场移动方向被突破后即刻进入市场。

这一具体的交易方法背后的整个假定就是，市场在完成了一个长期的趋势和1—2—3—4模式以及点4成为在相反方向上的新的极点价格之后，市场将会发生扭转，但通常市场并不扭转，相反，它会进入一个长期的盘整阶段，期间会带来很多双赔。无论如何，这种方法在正确的止损、退出和头寸规模确定之下，是可以成功地进行交易的，这些我们都将在随后的章节里讨论。

# 小　结

入市相对于交易系统的其他方面受到大多数人更多的关注。这种关注很大程度上是一种错位，经常是以忽视系统中最关键的方面为代价的。不过，如果好的时机选择能够提高交易的可靠度而又不改变其回报—风险比率，那么入市当然值得你关注。

利用随机入市系统也可以赚到钱。事实上，很少有一种入市技巧显示出比随机入市有高得多的可靠度，尤其是20天或以上。

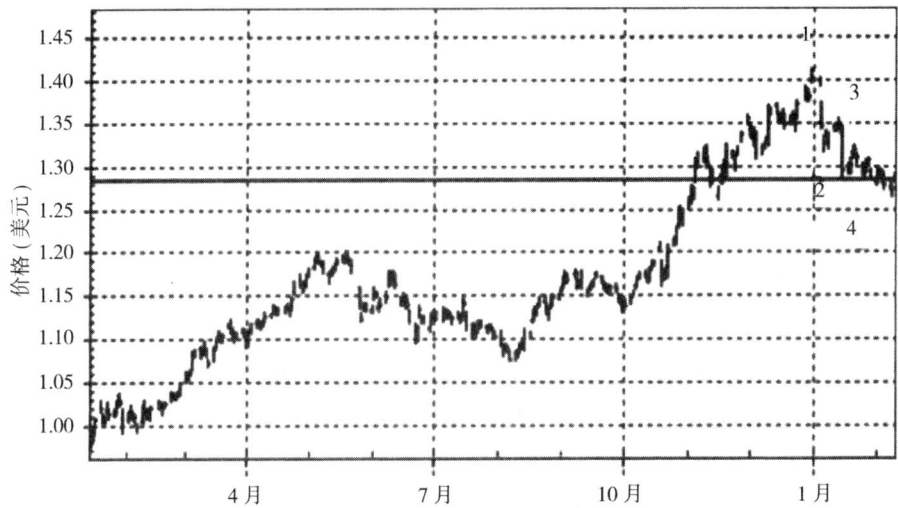

图 9-7 英镑市场在 1988 年 12 月出现了新的历史最高点 1。随后价格急剧下跌到点 2，又反弹到点 3，然后又在 1 月 11 日急剧下跌，达到一个新低点 4——入市信号。持续了几个月之后，市场又恢复到新高

好的入市指标应该包括：

- 40 天以上的管道突破；
- 仅一天的波动幅度突破就相当于平均真实波幅的大概 0.8 倍，这对市场预测者尤为有用；
- 仅一天内（或两天的期间）就出现较大的 ADX 移动与一个明显的趋势指示相结合；
- 一个显示速度在市场趋势的方向上不断增加的指标的使用；
- 一个基于预先确定的滤嘴而改变方向和移动一个事先确定的距离的适应性移动平均；
- 一个摇摆指数，指示逆着主要趋势的极点移动，随后又是趋势明显的恢复。

讨论了各种系统普遍使用的入市技巧，在几个例子中还讨论了技巧的改进。

第 10 章
Chapter 10

# 知道何时收手：
# 如何保护你的资本

> 保护性停价就像是红灯，你可以冲过去，但是这样做并不高明！如果每次去镇上都闯红灯，那么你就可能不会很快或安全地到达目的地。
>
> ——理查德·哈丁（Richard Harding），
> 在一次系统开发研讨班上的发言

在我举办的一次研讨班上，有一个学员情绪非常低落，几乎无法集中注意力，他为最近的股市亏损而沮丧。在去年上半年，他的退休金账户已经由 40 万美元涨到了 130 万美元。他说他原打算参加这期研讨班，部分原因就是想告诉我他已经成为了一位多么出色的投资家。然而，就在研讨班开始前的两周时间里，他账户上的一大堆股票都出现了剧跌，账户下跌了 70%，其中有一只股票从每股 200 多美元下跌到了每股只有大约 50 美元——最后他赔钱抛出。现在该股票每股 60 美元，所以他确信他是在最低点抛出的了。

我希望这样的故事不是大家所熟知的，但是我相信它是会非常频繁地发生的。人们在得到一些指点或是一些热门的新的入市技巧后就进入市场，但是在市场中建立了头寸之后，至于将来何时以及怎样退出市场他们却毫无主意。退出市场，无论是中止一个亏损的头寸还是实现利润，都是在市场上赚钱的关键。事实上，交易的黄金法则就是：

截住你的损失，滚动你的利润。

这一黄金法则在我看来就是对市场退出的诠释。约翰·斯威尼（John Sweeney）在他那本不同凡响的《进军证券交易》（*Campaign Trading*）一书中，做出了以下评论：

> 正像当我们还是孩子时去看床底下或是漆黑的壁橱里有没有怪物是非常可怕的事情一样，看到交易亏损而且要接受它同样是一件可怕的事情。在那时，躲到被子底下去要容易多了，而现在采取一些防范的机制也可以容易得多。（我听到最多的一句话是"哦，这个交易法则不起作用了！"好像是入市策略导致了这笔损失。）

这里很重要的一点是，如果你想成为成功的交易商，退出失败的交易至关重要。大多数人考虑的主要是入市或方案，然而这样做不会帮助你获得成功。你可以通过掌控退出和掌握头寸规模确定的艺术而变得富有。

在我看来，除非在进入市场时就已经非常清楚应该在什么时候退出市场，否则你就算不上拥有一个交易系统。

在最坏情形下退出市场，即旨在保护你的资本的市场退出，也应该是事先确定的。此外，你还应该有如何实现利润的想法以及让利润滚动起来的策略。市场退出的这方面内容留待第11章讨论。

以下是其他一些市场传奇人物关于保护性止损的说法：

威廉·欧奈尔：

> "股市中赚钱的全部秘诀就是在你已经错了时，尽可能地少赔钱。"

杰西·利弗莫尔（Jesse Livemore）：

> "投资者都是大赌徒，下一个赌注，一直耗下去，如果赌注下错了，他们就全盘皆输。"

## 10.1 停价的作用

当你在市场中设立了一个止损停价时，就是在做两件重要的事情。第一，你是在为自己设置愿意承受的最大亏损（风险）。我们将其称为初始风险 $R$，因为它是你确定在第7章所讨论的期望收益 $R$ 乘数的基础。在我看来，每一位交易商或者投资者都应该理解 R 的概念。记住，R 就是在你必须退出市场保护资本时，预计一笔交易要损失的数额。如果你没有为在市场中建立的每一个头寸事先确定一个 R 值，那么你就是在拿钱赌博。

经过很多次交易后，你可能会发现平均亏损大约是 R 的一半，即 0.5R，这取决于你执行停价的策略。不过，有时市场会一发不可收拾，你的亏损将达到 2R 甚至是 3R。希望这么大的亏损很少光顾你。

> 记住，R 就是在你必须退出市场保护资本时，预计一笔交易要损失的数额。如果你没有为在市场中建立的每一个头寸事先确定一个 R 值，那么你就是在拿钱赌博。

假定你在玉米市场上建立了一个头寸，并决定使用一个 3 倍于每日波动幅度的停价水平。现在每日的波动幅度大约是 3 美分，乘上每手合约 5 000 蒲式耳就是 150 美元，那么，你的停价水平是它的 3 倍，即每手合约 450 美元。如果平均损失只是它的一半，即 0.5R，假如交易对你不利，你最大的损失可能就是 225 美元。

让我们看一个股票的例子。假如你买了 ABCD 公司的股票 100 股，成交价格是 48 美元，每日波动幅度是 50 美分，你决定使用每股 1.5 美元的停价水平，因此，在股票价格跌到 46.5 美元时，你就卖出。这并不是一个大的移动，它表示每 100 股股票只亏损 150 美元。[⊖]

当你发出了一个停价指令时，在做的第二件重要的事情就是设定一个用于衡量随后收益的基准。作为交易商，你的主要工作应该是设计一个将为你赚到相当于较大的 R 乘数利润的计划。例如，形成一个非常好的交易系统并不需要 10R 或者 20R 的利润，在上面提到的玉米交易中，实现 2 250 美元或者 4 500 美元的利润就已经相当不错了。在取得了几笔这样的利润后，你是可以容忍很多亏损 225 美元的交易的。

我在期望收益一章就讨论过 R 乘数，它对你的成功非常重要，因此在此予以重申。看一个股市的例子。你买了价格为 48 美元的股票 100 股，而且计划在价格跌到 46.50 美元时抛出。假设你会一直持有这只股票足够长的时间，直到它增值 20%，这意味着每股可以赚到 9.63 美元或者说价格上涨到了 57.63 美元。从本质上来说，每 100 股股票承受了 150 美元的风险，为的是获取赚 963 美元的机会——这是一个比 6R 稍多的收益，是完全可能的。

更现实地来看，股市中的佣金和价格估计差异无论是在亏损还是盈利中都会很容易地形成额外的 30 美元的成本，尤其是在你个是通过互联网交易时。如果把成本考虑进去，为了获得 933 美元（963 美元减去 30 美元的成本）的收益，可能要经受

---

⊖ 由于股票经纪人所收取的高额佣金，这种交易是很难做的，即使是折扣股票经纪人也不例外，但折扣互联网交易改变了这一点。

的亏损是180美元（150美元加上30美元的成本）。这就意味着你的收益是5.35R。你理解其中的原理了吗？从R的角度考虑交易系统是你需要理解的最为重要的概念之一，它会改变你通往市场的方法。实际上我加了一章新的内容，即第12章，来帮助你在每次进入一笔交易前首先考虑你潜在的回报—风险比率。

大多数人认为，在他们以48美元的价格买进100股股票时，4 800美元都成为了赌注。[⊖]如果你非常清楚何时该退出市场并具备这样做的能力，那么事情就不是这样。你的停价水平事先就限定了初始风险R，作为交易商，你的主要工作应该是设计一个将为你赚到相当于较大的R乘数利润的计划。想一想我这句话的含义：作为交易商，你的主要目标之一应该是筹划R乘数较大的交易。

记住，止损停价的首要目的是设置你可以容忍的初始R值。如果R值较小，你就有可能实现R乘数较大的盈利的交易。然而，小幅的停价也很可能会让你在给定的交易上输掉，而且还会降低入市技巧的可靠度。记住随机入市系统的可靠度大约是38%，它应该达到50%，但是所增加的12%的亏损概率是由交易成本以及我们有一个停价（虽然是很大的停价）这一事实造成的。更紧密的停价将会进一步降低可靠度，它有可能会在一次对你有利的大的移动发生之前就将你截住。你可以在另外一个入市信号下马上再次入市，但是这样的交易多了会带来非常大的交易成本。

因此，了解一下对你可能使用的止损停价标准有用的一些准则是非常重要的。这些准则包括：①假如你的入市技巧并不比碰运气好多少，那么就将你的停价置于市场噪声之上；②找出你所有盈利交易的最大的不利偏移量，并以这个值的一定比率作为停价标准；③使用一个紧密的停价，可以给你带来具有较高的R乘数的交易；④基于你的入市理念使用一个合理的停价。下面让我们来考虑每一个准则。

## 1. 超越噪声

市场日复一日的行为可以被视为噪声。例如，如果价格移动了一两个点，你根本不知道这是因为几个做市商在"引诱"交易指令还是存在大量的市场行为，而且即使存在大量的市场行为，你也不知道它是否会继续下去。因此，我们假定市场中的日常行为主要是噪声是合理的。把你的停价设在诸如此类可能的噪声范围之外也许更好。

但是对噪声范围的合理估计是多少呢？有些人喜欢使用趋势线来确定其停价应该设在哪里。例如，图10-1描述了一条股票空头可以用来确定合理的停价水平的趋

---

⊖ 股票交易所通过只收50%的追加保证金和告诫人们他们可能会全部输光来宣传这种观点。再者，因为大多数人都没有交易计划，从心理上就注定要赔钱也使得交易所的行为看上去是合理的。

势线。你还可以使用支撑位和阻力位来设定停价。例如，一位技术交易商会认为股票在 56.50 美元的价位上有大量的支撑力量，在这一价位上正在发生的一些事情（即支撑力量）阻止了价格的进一步下跌。如果这一价位上升到趋势线以上，短期交易商甚至可能会做多头，而且这位交易商会使用 56.50 美元价位的支撑力量作为一个停价水平。

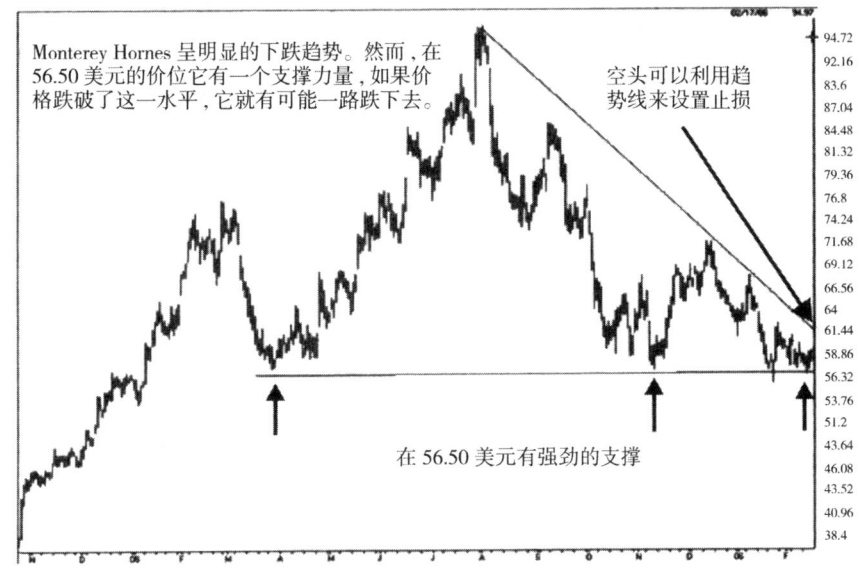

图 10-1　在一个下跌的市场中止损

但是如果价格跌破 56.50 美元又会怎样呢？一位技术交易商会说再没有任何支撑力量了，因此它会一直跌下去。这个 56.50 美元就变成了阻力，他们可能会发出停价指令，在这个水平上补进空头头寸。

图 10-2 描述了处于显著的上升趋势中的巴西 ETF（交易所交易基金）。一位趋势跟踪者肯定想在此做多头，他可以将其停价置于趋势线之上，或者是在图上的理论支撑位上。

不过，这一特定的策略存在的问题是每个人都知道这些停价在哪里，它们在趋势线上或者支撑位和阻力位上。通常的结果是，市场往往在其悄无声息地沿着趋势的方向回归之前，就在相反的方向上发生了崩溃，所有人的停价指令都得到了执行。

你可能需要考虑将保护性停价置于一个对市场而言"不符合逻辑"，但又在噪声之上的水平上。假定噪声是由一天的活动来代表的———一整天的行为主要是噪声。这一天的活动可以由平均真实波幅来表示。如果对过去 10 天的这种行为取平均（一个 10 天的移动平均），你就对每日的噪声量有了一个很好的估计。现在，用 2.7 和

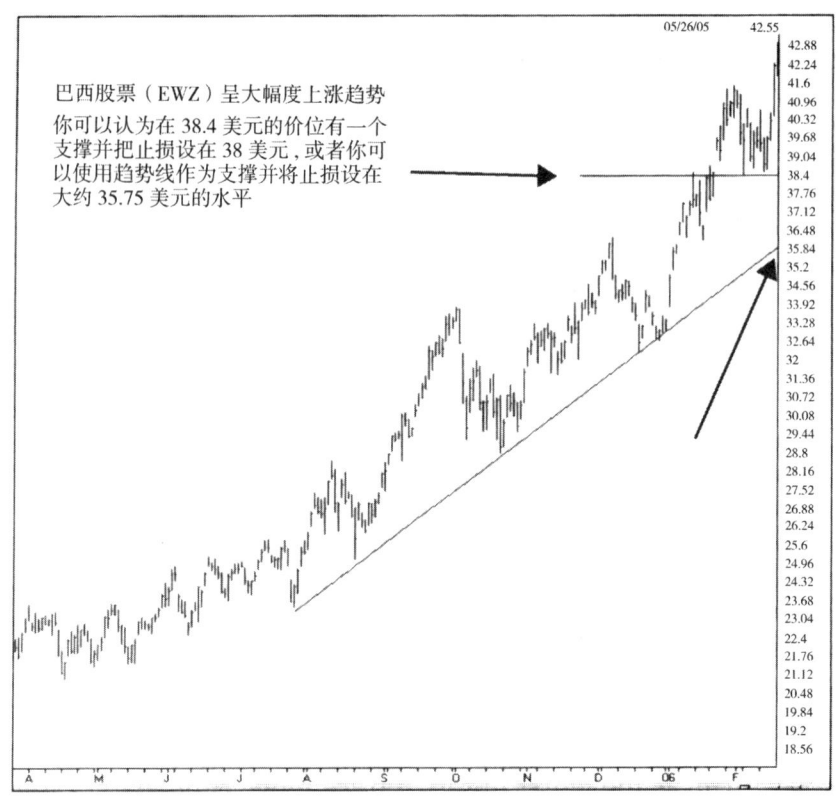

图10-2 在一个上涨的市场中入市

3.4之间的某个常数乘以平均真实波幅的10天移动平均,就可以得到一个足够远离市场噪声的停价。这对期货市场上大多数长期趋势跟踪者或许是一个不错的停价法则。希望长时间持有头寸的股市交易商可能需要使用3倍于每周波动量或10倍于每日波动量的停价。

你对一个距离很远的停价的反应可能会是"我从未想在任何一个头寸上冒这么大的风险。"然而,可以从另外一个角度来看待这一问题——在读完确定头寸规模一章后你就会更加明白。停价水平控制着你每单位的风险,而头寸规模确定控制着你全部的风险。因此,你可以使用一个10倍于平均真实波幅(ATR)的较宽的停价,而利用头寸规模确定将全部的风险降低到资本的0.25%。因此,一个较宽的停价范围并不意味着大量的风险——如果头寸规模很小或者是最小限度的。如果承受这么大风险的一个最小单位对你似乎意味着一大笔钱的话,那么你也许不应该使用这个特别的工具进行交易——要么是它不是一个好的机会,要么是你的资本不足。

还要记住的是,初始停价是最坏情形下的风险,也就是$R$单位。你的大多数损失也许都小于$1R$,因为随着市场的移动和时间的推移,你退出市场的点也会上移。

为了更好地理解这一点，回头看看图 9-2 描述的长期股票交易系统中显示的亏损分布。

## 2. 最大不利偏移

约翰·斯威尼，《股票和商品技术分析》（Technical Analysis of Stocks and Commodities）的前任编辑，介绍了进军证券交易的理念。如果你理解了前面提到的 R 的概念，就会理解斯威尼在关于"进军证券交易"的文章中所要传达的思想。以我的理解，进军证券交易就是要懂得，一旦进入了一笔交易，交易的成功更多的是价格移动的结果，而不是入市的结果。

让我们来考虑偏移的概念，它是指价格自入市点之后的变化。在开始考虑价格自入市点之后的移动时，你就会知道几个非常有意思的概念。第一个就是最大不利偏移（MAE），这是在整个交易期间你有可能会碰到的不利于头寸的最坏的一日内的价格移动。这种最坏的情形通常发生在这一天的最高价或最低价，取决于你是多头还是空头。

图 10-3 描述了一个多头在入市后价格发生不利偏移的例子。这是一个条形图，黑线描述的是多头信号方的价格数据给出的 MAE。这里，MAE 是 812 美元，而初始停价（就是 3 倍于 ATR 的停价，这里没有显示出来）在 3 582 美元之外。因此，MAE 小于所使用的停价价值的 25%。

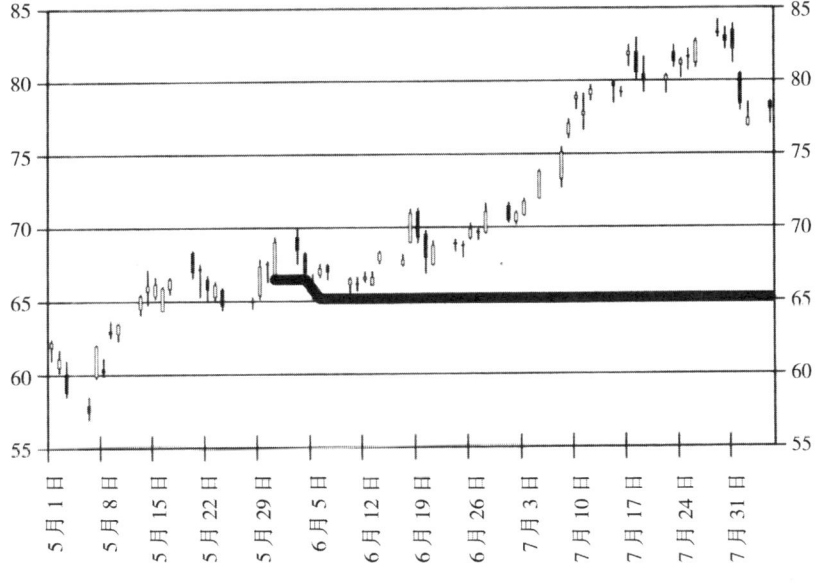

图 10-3　一笔盈利交易中的最大不利偏移（1985 年）

图10-4是一笔亏损交易中不利的价格偏移。1985年9月23日在85.35点建立多头头寸,停价是5 343美元之外。MAE是80.9——潜在的损失达到了2 781.25美元。然而,停价仍然低于这一价格几千美元。最终,价格上涨了,停价也上升了,清仓损失1 168.75美元——这一损失既不靠近停价,也不靠近最大不利偏移值2 781.25美元。对这笔亏损的交易而言,MAE是最终亏损的2倍,但只是初始停价值的一半。

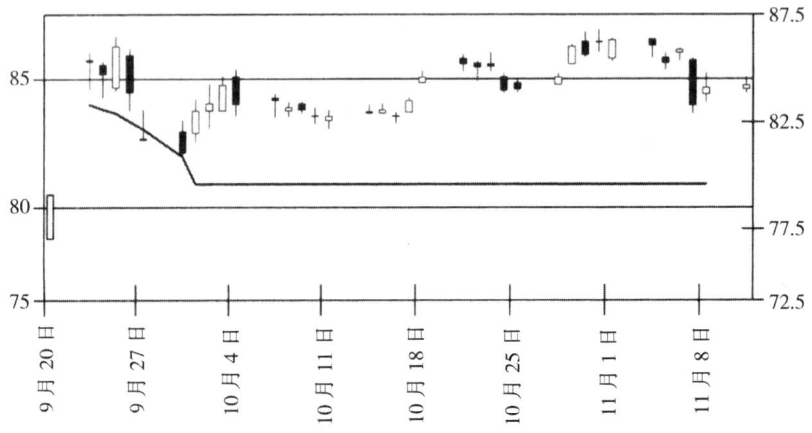

图10-4 一笔亏损交易中的最大不利偏移(1985年)

设计一张表格来表示盈利和亏损交易的MAE。在这个例子中,利用一个管道突破系统和一个3倍于ATR的停价值来考察7年时间里英镑的交易。在表中,盈利和亏损交易是分开的。表10-1给出了这些交易的利润或损失以及MAE的值。注意把MAE表示成为R的函数是很有意思的——约翰·斯威尼没有想到这一点。

表10-1 英镑交易中的利润和亏损以及MAE值

| 日期 | 1R（美元） | 利润（R） | MAE（R） | 日期 | 1R（美元） | 亏损（R） | MAE（R） |
|---|---|---|---|---|---|---|---|
| 1985年3月25日 | 6 189 | 0.70 | 0.00 | 1985年9月23日 | 5 343 | 0.22 | 0.52 |
| 1985年5月31日 | 3 582 | 1.83 | 0.23 | 1985年11月21日 | 1 950 | 0.13 | 0.14 |
| 1986年2月24日 | 3 993 | 0.05 | 0.33 | 1986年1月22日 | 4 386 | 2.61 | 0.33 |
| 1986年9月22日 | 2 418 | 0.44 | 0.14 | 1986年4月17日 | 3 222 | 0.22 | 0.23 |
| 1986年12月19日 | 975 | 5.49 | 0.13 | 1987年5月20日 | 1 593 | 1.18 | 1.18 |
| 1987年2月23日 | 1 764 | 0.36 | 0.00 | 1987年9月1日 | 2 175 | 0.43 | 0.43 |
| 1987年10月26日 | 4 593 | 2.16 | 0.00 | 1988年2月5日 | 2 532 | 1.10 | 1.10 |
| 1988年6月28日 | 2 814 | 2.68 | 0.40 | 1988年3月2日 | 2 850 | 0.09 | 0.09 |
| 1988年10月12日 | 2 244 | 3.36 | 0.04 | 1988年2月18日 | 3 582 | 0.61 | 0.66 |
| 1989年3月1日 | 3 204 | 0.11 | 0.10 | 1989年1月19日 | 3 264 | 0.56 | 0.59 |
| 1989年5月8日 | 2 367 | 2.54 | 0.23 | 1989年9月15日 | 6 765 | 0.47 | 0.47 |
| 1989年12月20日 | 1 839 | 3.70 | 0.03 | 1990年12月24日 | 3 804 | 0.72 | 0.72 |
| 1990年5月15日 | 1 935 | 4.09 | 0.50 | 1991年6月12日 | 2 559 | 0.03 | 0.05 |

（续）

| 日期 | 1R（美元） | 利润（R） | MAE（R） | 日期 | 1R（美元） | 亏损（R） | MAE（R） |
|---|---|---|---|---|---|---|---|
| 1990年7月18日 | 3 420 | 2.03 | 0.31 | 1992年3月4日 | 2 859 | 0.45 | 0.50 |
| 1990年10月5日 | 4 254 | 0.71 | 0.02 | | | | |
| 1990年1月24日 | 3 759 | 0.00 | 0.15 | | | | |
| 1991年3月15日 | 3 750 | 1.46 | 0.03 | | | | |
| 1991年9月6日 | 2 934 | 0.46 | 0.13 | | | | |
| 1991年11月7日 | 4 794 | 0.00 | 0.00 | | | | |
| 1992年5月1日 | 1 980 | 0.73 | 0.07 | | | | |
| 1992年6月5日 | 2 460 | 1.94 | 0.06 | | | | |
| 1992年8月21日 | 2 850 | 0.28 | 0.18 | | | | |
| 1992年9月15日 | 6 915 | 2.89 | 0.03 | | | | |
| | | 1.65 | 0.14 | | | 0.63 | 0.50 |

这是一个小样本，只是用来解释如何使用这一技巧。注意盈利和亏损交易之间的区别，在 MAE 大于 0.5R 时，没有很多交易是盈利的，在 24 笔盈利的交易中只有 3 笔（12.5%）的最大不利偏移大于 0.33R。相比之下，66.7% 的亏损交易的 MAE 大于 0.33R，而且几乎其中一半大于 0.5R。你注意到这里的模式了吗？盈利交易的 MAE 平均是 0.14R，利润是 1.65R。亏损交易的 MAE 平均是 0.5R，而平均利润是 0.63R。⊖

在编辑这些数据时（并给自己一个足够大的停价），你将会发现盈利交易的 MAE 很少低于某一个值，换句话说，好的交易很少背离我们太远。

如果不断检查这个数值的大小（假如市场发生变化），你将会发现可以使用比你最初期望的紧密得多的停价。表 10-1 中的数据表明在这些交易中采用 2ATR 的停价要比采用 3ATR 的停价有效得多。如果采用比较紧密的停价，在这些盈利交易中，你一笔都不会被截住。对于有些亏损的交易，你的损失也应该会更小，而所有交易的 R 乘数都会增大。然而，这些结论都是在某种曲线拟合的事实之后通过考察数据得出的。不过，一般而言，更紧密的停价的好处包括更小的亏损（尽管你可能会多遭受几次这样的亏损）以及盈利的交易可以有更大的 R 乘数。

> 好的交易很少背离我们太远。

## 3. 紧密的停价

紧密的停价范围可以用于某些条件下，比如当我们预测到市场要发生一次大的

---

⊖ 注意由于价格差异和佣金的存在，损失可以大于 1R 和 MAE。此外，在停价以对你有利的方式开始移动之前，如果 MAE 在交易中出现较早，那么 MAE 可以大于你的最终损失。

移动而市场也开始证实了这一预测时,在考察较短时间框架内的数据时也可以使用紧密的停价。如果你的交易方法允许更紧密的停价,请记住这也是你个人的容忍能力在起作用,那么你就有一些很大的优势。首先,在你中止交易时每单位交易可以少亏很多钱;其次,因为你的损失很小,因此可以多次努力捕捉大的移动;最后,一旦你抓住了一个大的移动,就会给你带来 R 乘数很大的利润。

然而,紧密的停价也有一些严重的缺陷。首先,它将降低系统的可靠度。你不得不做很多笔交易来获取利润。如果你不能容忍大量小笔损失(很多交易商和投资者就不能),紧密的停价范围就会让你破产。

其次,紧密的停价还会让你的交易成本急剧增加,因为市场专业人士开发的系统确保了无论你对自己的账户做什么,他们都可以从中获利。交易成本是交易的一个主要部分,做市商从买卖价差中获利,经纪公司获得佣金。你投资任何名目的基金,他们都会根据你的投资规模收取费用。实际上,一些系统很多年来产生的利润比其交易成本多不了多少。例如,在2004年,我的频繁交易系统创造了扣除交易成本之后30%的回报,但是交易成本仍然占到了初始账户金额的大约20%。因此,我获得总利润的60%,而经纪人获得40%的交易成本部分。如果你总是进出市场,这些交易成本会把你的利润吞噬殆尽。如果你的交易规模很小,这会成为一个主要的因素,因为每笔交易的成本非常高。

对大多数人来说,中止一笔交易时能少赔很多钱也许是令人激动的结果。然而,作为交易商,最坏的情形是错过一次大的移动。因此,如果你再次得到信号,一定要马上返回市场。很多人无法忍受连续 3~5 次的亏损,而这样的结果是该策略经常会产生的。不过,让我们假定每次退出市场会产生100美元的损失,你在连续的市场退出中,亏了5笔交易,然后,市场突然出现了你所期望的移动。一周以后,你退出市场时获利20R,即 2 000 美元。你赔了5笔,赚了1笔。你只在不足17%的时间里是正确的,大多数人对此都难以接受,但是你 6 笔交易总的利润减去佣金和价格差异之后是 1 500 美元。㊀

在这种情况下,你必须要明白所发生的事情。假定你使用了诸如 3 倍于 $ATR$ 的比较宽的停价,同时假定这里 3 倍于 $ATR$ 的停价是 600 美元。如果你正确地预测到了市场的移动,你就完全可能不会被截住。结果,你可能只做了一笔 3.33$R$ 利润为 2 000美元的交易,但是你的总利润是 1 900 美元,包括 100 美元的价格差异和佣金。

---

㊀ 如果每笔交易的价格差异和佣金是 100 美元,你要从 1 500 美元的利润中扣除 600 美元,这让你 20$R$ 的利润现在看来只有 9$R$ 的利润。这就是短期交易商在其交易中必须要考虑交易成本因素的原因。这可能是影响短期交易成功的主要因素。

在上面的例子中，在扣除损失和价格差异与佣金之后，你只赚了 900 美元。

在停价是 600 美元时，如果你需要两次努力获取利润，其结果仍然要比 100 美元的停价水平高一些。你获利的交易可以带来 2 000 美元的利润，但是一笔赔钱的交易就损失了 600 美元——净利润是 1 400 美元。扣除 200 美元的价格差异和佣金，现在还可以赚到 1 200 美元的净利润，这仍比第一个例子做 6 笔交易才能获取利润要好。不过，如果没有对价格差异和佣金进行调整，你就不会得出这样的结论。

如果停价是 600 美元，在遭遇多次失败之后，你的利润会急剧下降。在获取 2 000 美元的利润之前，如果被截住了两次，那么你的净利润只有 500 美元；如果被截住了三次，那么你就只剩下 200 美元的净亏损了。

我举出以上这些例子，是想说明不要小看保护性停价，必须根据你的目标和性情做出慎重的选择。

## 10.2 利用合理的停价

在选择要采用的停价类型时，最重要的因素是考虑它对你的目标、所交易的理念的特点以及你的性情来说是否合理。你必须使用合理的停价。让我们来看看你或许可以考虑采用的其他一些类型的保护性停价，并分析其所包含的问题。

### 1. 美元停价

很多交易商提倡使用美元停价。这种停价策略多少有些心理方面的优势——你计算出一笔交易愿意承受的损失，并将其定为自己的停价标准。此外，美元停价还有一些技术优势。首先，这种停价不是很容易预测的，大多数人都不可能知道你在什么价位进入市场，因此，他们也不可能计算出你的停价是 1 500 美元还是 1 000 美元之外。其次，当这种停价大于 MAE 时，会成为很好的停价。你只需确定在给定的一笔合约中 MAE 可能是多少美元，然后将停价定在稍高于这一金额之上即可。

然而，有些人把这种停价和头寸规模确定混为一谈，因而忽视了头寸规模确定。这些人认为如果你想承担资本 1% 的风险，而你有 10 万美元，那么就把停价定为 1 000 美元之外，并将其称为资金管理停价。这是很幼稚的。

如果你是这样设定停价的，请不要和头寸规模确定混为一谈。头寸规模确定是系统中确定你利用该系统进行交易有可能赚到多少钱最重要的部分。不要以幼稚地设定资金管理停价而放弃了系统中最重要的组成部分。

## 2. 百分比折回停价

有些人通过允许价格自入市价格折回一定的百分比来设置停价，这在股票交易商中非常常见。例如，你以 30 美元的价格买了股票，如果它折回 10% 到 27 美元，那么你就决定卖掉它。利用这种 10% 的折回方法，10 美元买的股票在价格跌到 9 美元时，你会决定卖掉，而 100 美元买的股票在跌至 90 美元时你会卖掉。

如果折回方法是建立在某种 MAE 分析基础之上的，那么这是不错的方法。但是如果你只是凭空想象出一些数字——这是很常见的——那么利用这样的停价，你很可能把大量的潜在利润拒之门外。

## 3. 波动幅度停价

波动幅度停价是建立在这样的假定基础之上的，即波动幅度在某种程度上代表市场中的噪声。因此，如果你把停价设定为 *ATR* 的几倍（前面举的例子是 *ATR* 的 3 倍），那么你可能会有一个超出当前市场噪声的不错的停价。我个人认为波动幅度停价是可以选用的最好的停价之一。

## 4. Dev-停价

辛西娅·凯斯（Cynthia Kase）在她的书《以概率进行交易》（*Trading with the Odds*）中发明了"Dev-停价"这个词，并用了一整章的篇幅来讨论这个问题。⊖ 如果价格成正态分布，那么无论朝着哪个方向，一个标准差的价格变化都相当于价格分布的大约 67%，两个标准差将占大约 97%。市场价格一般不是正态分布的——它们往往向右偏斜，因此，需要将这种偏斜考虑进去并对标准差进行一些修正。第一个标准差要做 10% 的修正，第二个标准差要做 20% 的修正。

你可能会发现将 *ATR* 的标准差作为停价是相当有用的。计算出过去 30 天的平均真实波幅以及标准差。这个平均真实波幅加上一个标准差再加上 10% 的修正因素，就可以作为一个停价的水平。这一真实波幅加上两个标准差再加上 20% 的修正因素，就可以作为另外一个停价水平。

## 5. 管道突破和移动平均停价

正像管道突破和移动平均的概念可以用于入市技巧一样，它们同样可以用于停

---

⊖ Dev-停价是辛西娅·凯斯获得版权的指标。见 Cynthia Kase, *Trading with the Odds: Using the Power of Probability to Profit in the Futures Market* (Chicago: Irwin, 1996)。

价。我个人的观点是这些停价不如基于平均真实波幅或 MAE 之上的停价好。不管怎样，为了完整起见，还是需要简要讨论一下。

移动平均交叉点是一种常见的入市技巧，我们在第9章进行了深入的讨论。当拥有两个移动平均时，基本上就有了一个反转的退出策略。如果已经建立了头寸，而且短期平均与长期平均交叉，你就会既有一个让你退出当前头寸的策略，又有一个相反方向的反转入市信号（做多头还是空头，取决于交叉的方向）。当然，这些系统存在的问题是，你总是待在市场中，会多次遭遇双赔。

R. C. 艾伦把三个移动平均系统推而广之，在两个短期平均与较长期的平均交叉时，就会获得一个入市信号。从定义来看，这就意味着最短期的平均值现在是在顶点（或低谷）。当最短期信号与中期信号交叉时，就获得了停价信号，但是只有在短期和中期平均与长期平均交叉时，你才可以获得一个建立空头头寸的反转信号。

第9章也讨论了管道突破。例如，在价格创了最近40天的新高时，就可以入市。你的停价也可以是一个管道突破点——在价格创了最近20天的新低时。该方法的一个优点是给价格较大的回旋余地，并且远远超越了噪声，很多知名的交易商都加以采用。但是，它也有一个很大的缺点，就是会把你大量的利润返还回去，因为你的停价既可以是最坏情形的保护性停价，也可能是获利退出。

## 6. 时间停价

很多交易商和投资者都说，如果一个头寸没有相当快地做出对你有利的反应，那么它可能就再也不会了。因此，就有了另外一种常用的止损方法：时间停价。时间停价就是在一个固定的时间后，如果还没有实现利润（或者所获得的利润没有达到一定水平之上），它就会让你退出这一头寸。

一位了不起的交易商说他把交易中的每一天都当做是全新的一天。如果他找不出充足的理由来说服自己在那天进行一笔交易，那么干脆就退出来。这就是一个有效的时间停价。

时间停价的选择因人而异。如果你是一位长期交易商，在你所期望的大的移动突然出现又没有办法返回市场时，那么就不要使用时间停价。另外，如果你不能顺利地返回已经退出的头寸，那么也不要使用这种方法。如果你喜欢短期交易，那么时间停价则可能是你可以使用的又一个有力武器。

但在使用时间停价之前，先检查一下它们在你的方法的框架之下是否有效。一个日交易商可能使用10分钟的时间停价，而一位长期投资商可能使用一个月的时间停价。假如你决定使用一个3天的时间停价，在使用前，你需要确定这样一个停价标准的有效性：一个头寸3天没有任何进展，其突然发生好转的概率如何？如果可以找到足够多的例子表明你可能会错过一次大的移动，那么就要避免使用这样的停价。但是，如果你发现这种方法总是很快地止住了你的损失，或者帮助你防范了损失的发生，那么务必将其列入你的停价标准之中。

### 7. 任意停价和心理停价

如果你对市场有很好的直觉，那么就可以考虑任意停价——它可能也是一种时间停价。很多最优秀的专业交易商就使用任意停价，但是我并不建议业余交易商和新手使用这种方法。

相比之下，对大多数市场玩家来说，心理停价是非常不错的。除非你在市场中只想做长期，也就是说，你想持有一个头寸至少1年，否则你应该考虑一下心理停价。长期趋势跟踪交易商使用这种停价也会存在问题，因为一笔好的交易可以顶得上一年的交易。除非你能在心理上平衡好，否则你有可能在一笔大的交易刚要出现时，就决定休假或者使用心理停价了。

总有些时候，交易中最重要的因素——你，就是人类自己——会感到不是特别适意。这时你该考虑离开市场了，因为这些时候几乎就预示着某种灾难的发生，比如：①当你正经历离婚或者与某位对你很重要的人分离；②当你生命中一个很重要的人去世或因病住进医院；③当一个孩子诞生，你的生活方式发生了巨大的变化；④当你搬家或换了办公室；⑤当你在心理上筋疲力尽，几乎要垮掉了；⑥当你卷入一场官司之中；⑦当你看到头寸规模一夜之间翻了一番——甚至在市场还没有发生移动时就激动不已。这些都是你应该关闭所有频繁交易的头寸的时候。这些心理停价是你可以使用的最重要的方法之一。因此，除非你是一位长期交易商，否则我强烈建议你开始使用这些方法。

## 10.3 常见系统采用的停价

### 1. 股市系统

（1）**威廉·欧奈尔的 CAN SLIM 方法**。威廉·欧奈尔不主张使用与市场相关的停价，但是，他还是认为永远不要让一只股票背离你7%甚至8%以上。这也是一种我们前面讨论过的百分比折回的方法。从根本上说，欧奈尔的7%~8%指的是股票价格的折回——和你的资本没有关系。因此，如果你用20美元买了一只股票，永远不要让它背离你到20美元的7%~8%，即1.40~1.60美元。如果你用100美元买了一只股票，那么永远不要让它背离你7~8美元以上。欧奈尔警告说，7%~8%应该是能忍受的最高亏损限额。他实际上是建议你所有损失的总体平均应该大约在5%~6%的水平。

尽管欧奈尔的指导方针是所推荐的有关股票交易的方案中最好的方法之一，但我仍然认为还有改进的余地。使用基于市场基础的停价，结果会更好。利用欧奈尔的系统确定 MAE，应该根据不同的价格范围进行计算。低价位股票，即低于25美元的股票，如果买得好，它很少会背离你1美元以上，那么你的停价可能就是1美元。即使是100美元的股票，如果买得好，也很少会背离你2美元以上。如果是这样，那么你在高价位股票上获取大的 R 盈利的潜力就是巨大的。

既然欧奈尔建议你在市场突破底部时进入市场，那么在市场回到底部时，或者至少在它回到底部的谷底时，你也许就应该退出了。另外一种可能的退出策略是，如果移动背离了你每日价格平均波动的3倍，你就该中止头寸了。

（2）沃伦·巴菲特的投资方法。根据大多数有关沃伦·巴菲特的书的说法，他把自己拥有的股票都视为终生持有。他觉得他的回报在长期里会足够大，能够经得住市场心理起伏的影响。此外，他也不想为进出市场而支付交易成本，更不用说税费。因此，沃伦·巴菲特认为他的主要工作就是去买他愿意永远拥有的公司。因此，巴菲特看上去好像没有任何保护性停价：

> 我从不试图在股市上赚钱。我买进的时候就假定市场会在第二天关闭，而且在5年里不会再开盘。

不过，据说巴菲特偶尔也会卖掉自己的投资。记住，保护性停价是在最坏的情形下用来保护你的资本的手段。因此，我确信，巴菲特一定会定期审查他的投资以确定它们是否仍然满足他的标准。你对投资的选择、公司运作的理解以及对公司是否经营良好的评估越精明准确，你就越可以使用这种方法。不过，我强烈建议，即使最坚决的长期投资者也要在投资之始就了解每笔投资在最坏情形下的救赎信号。通常情况下，解决办法是在价格发生不利变化达到25%时就发出停价指令。如果价格相对于入市时下跌了25%，那么就退出市场保护你的资本。

## 2. 期货市场系统

（1）佩里·考夫曼的适应性移动平均方法。考夫曼在谈到止损停价的本质时，提出了一个很有意思的观点。他说，不利于你的、涨落不定的价格移动规模乘以移动可能发生的次数总是差不多的。比如，你可能会遇上20次5个点的移动，10次10

个点的移动和 5 次 20 个点的移动。所有这些的加总就是 100 个点的损失，再加上价格差异和交易成本。因此，他认为较大范围的停价一般更好，因为它们可以使交易成本最小。

考夫曼在书中检验一个系统时，只使用了几个简单的停价理念。首先，如果损失超过了一个预定的百分比水平，交易就在收盘时退出。这与欧奈尔的理念非常像。其次，在反转信号发出时，包括当交易发生亏损时，交易就要停止。

在我看来，本章所讨论的很多理念都可以在很大程度上改进适应性移动平均系统。例如，你可以考虑使用一个波动幅度停价、一个 MAE 停价或者一个 Dev-停价。

（2）**威廉·加拉赫的基本面交易**。加拉赫是一位基本面分析交易商。在基本面关系是市场按照特定的方向移动的前提条件时，他利用市场的基本面关系进行商品交易，在一个 10 天的管道突破点进入市场。他的止损停价很简单，就是一个相反方向的 10 天的管道突破。

尽管加拉赫的交易背后有很多理念是非常合理的，但是我相信，读者会发现本书所推荐的止损停价的很多方法可以大大地改进这一简单的交易方法。

（3）**肯·罗伯茨的 1—2—3 方法**。记住肯·罗伯茨的方案是市场出现了一个 9 个月的最高价或最低价，然后出现了 1—2—3 模式。入市信号是市场在与原来的最高价或最低价相反的方向上突破新的价格极点时，换句话说，就是当市场再次经过 1—2—3 模式上的点 2 时，你就进入市场。止损停价就是将停价置于图表中一个符合逻辑的点上——就是在点 1 之上。

同样，我认为在使用这种方法时，如果使用一个基于统计极点的停价会更好。这种停价可能包括 3 倍的 ATR、一个 Dev-停价或者在这种特定情形下对 MAE 的估计和在此估计之上的一个停价。

# 小　结

保护性停价像是红灯，你可以闯过去，但是你不可能非常安全。

保护性停价有两个主要的作用：①它设定了你每一个头寸有可能承受的最大损失（R）；②它给出了一个度量随后的收益的基准。

作为交易商或者投资者，你的主要工作应该是设计一个能为你赚到初始风险 R 好多倍的利润计划。

在你发出停价时，考虑超越噪声。这可以通过把你的停价设定为几倍于 ATR 的水平，通过使用 Dev-停价或通过确定 MAE 并超过这一数值来实现。

紧密的停价范围具有产生大的 R 乘数盈利交易和将亏损最小化的优点，其缺点是，会降低可靠度以及大大增加交易成本。因此，如果你的入市策略规划得很好，那么你或许就应该只使用紧密的停价。

其他的停价包括美元停价、百分比折回停价、波动幅度停价、管道突破停价、移动平均停价、支撑位和阻力位停价、时间停价和任意停价。每一个都有各自的优点，从中选择一个适合你的，是设计一个适合你的交易系统工作的一部分。

你对停价的看法是什么？只有利用一个与你有关停价的看法相吻合的系统进行交易，你才会感到舒服。

第 11 章
Chapter 11

# 如 何 获 利

> 你必须知道何时持有；知道何时放手；知道何时走开；知道何时跑开。
>
> ——肯尼·罗杰斯，摘自《赌博者》
> (*The Gambler*)

杰克·施瓦格在他的《市场奇才》中所描述的其中一位杰出的交易商曾在我们的一次研讨会上说，如果你想知道怎样进行交易，就应该去海滩看看海浪，很快你会注意到海浪拍击海岸，然后又掉转头，回归大海。他接着建议说，你开始随着海浪的节奏移动你的双手——当海浪袭来时把双手移向自己，在海浪退去时把双手移开。这么几次之后，你会发现自己很快与海浪联系在一起了。"当你达到与海浪的拍击合拍的境界时，"他说，"就会对如何才能成为一个交易商悟出很多道理。"要注意的是，为了能与海浪联系在一起，知道海浪何时停止涌动对你是很重要的。

有个人从澳大利亚来找我，他从计算机软件生意中赚了几百万美元，现在他想做些交易系统的研究。他已经在美国各地拜访了很多人，想通过他们了解交易的实质。我们在一起共进晚餐，他向我认真解释了他全部的交易思想。在听完他的交易思想后，我觉得这些想法都很好，但有点困惑。他的所有研究都与寻找入市的技巧有关，而对利用怎样的退出策略或者如何控制头寸规模没有任何研究。我向他建议，他需要花费至少和他花费在入市上一样多的时间来开发他的获利退出策略，并用同样多的时间（即使不是更多）在头寸规模确定上，他看上去很不高兴，因为他坚决认为选对股票是在市场上成功的全部奥秘。

人们似乎想忽视市场退出，也许因为他们在退出市场时就不能控制市场了。然而对那些想控制市场的人来说，退出市场确实控制着两个重要的可变因素——你是否会获得利润以及将获得多少利润，它们是开发一个成功的系统的关键因素之一。

## 11.1 获利退出策略背后的目的

退出市场要解决一系列的问题。如果最坏的情形没有发生（你没有被截住），那么你的系统的主要任务就是让你实现的利润尽可能多，返还的尽可能少。只有退出策略能做到这一点。

注意我使用的是"退出策略"的复数形式，因为大多数系统需要几个退出策略来适当地完成以上任务。因此，对每一个系统目标，你要考虑采用不同的退出策略。在设计自己的系统时，要想到你将如何控制回报—风险比率以及如何采用本章所描述的各种获利退出市场策略以使你的利润最大。

除了初始止损之外，退出市场的策略有很多不同的分类，包括会带来损失但会降低初始风险的退出策略、使利润最大化的退出策略、防止利润返还市场太多的退出策略以及心理退出策略。这些分类存在某种程度的交叉。每一种退出策略都向你提供了可以考虑的几个技巧。在仔细阅读每一种退出策略时，不妨思考一下它如何能与你的系统相适应。大多数退出策略都令人难以置信地适合你的系统目标。

### 1. 会带来损失，但会降低初始风险的退出策略

第10章讨论的初始止损指令是为最坏情形的损失设计的，它是为了保护你的资本。这种退出策略也会产生损失，但是它们是为了确保你的亏损尽可能少。

（1）**定时停价**。一般来说，人们进入市场是因为他们期望在入市后不久价格就会发生对其有利的变化。因此，如果你获得了一个有意义的入市信号，那么一个潜在的有用的退出策略应该在无利可图的一段时间之后，让你退出市场。比如，这样一个退出策略可以是"如果这个头寸无利可图，那么在两天后收盘时就退出市场。"这样的退出策略会让你赔钱，但是，没有最坏情形的停价指令在被执行时赔得多。

定时停价的另一种情形是，当发现了一个极好的新的投资想法，而你的资金又全部投出去了的时候你能做什么呢？你已经没有钱再投资了。不过，如果你完全相信这是一次绝佳的投资机会，那么我建议你在资产组合中找出那个表现最差的股票，下定决心把它抛出去。你可以挑选赔钱的那只，也可以挑选没有按照你预期的速度

增长的那只。

（2）**跟踪停价**。跟踪停价是根据某种数学运算法则在周期性的基础上进行调整的停价。随机入市系统（在第9章描述的）使用一个3倍于波动幅度的跟踪停价，只有当它的移动有利于交易时才在每天的基础上自收盘之时进行调整。例如，在第一天的交易之后，如果价格的移动对你有利或者说波动幅度在收缩，那么跟踪停价就以对你有利的方式移动。它可能仍然是亏损的，但是正在以对你有利的方式移动。因此，如果市场的移动背离你足够远而将你截住，你仍然会承担损失，但是它不会大到你的初始停价。这种跟踪停价可以建立在许多因素的基础之上，包括波动幅度、一个移动平均、一次管道突破、各种价格盘整等，而每一种类型又由很多不同的变量控制着。见下一部分分析的一些具体的实例。

关于跟踪停价最重要的一点是，退出法则会不断做出调整以使退出的移动对你有利。这种移动也许是无利可图的，但是它将降低你潜在的亏损。

必须通过测试和检验结果来仔细考虑你是否想这样做。例如，通常在向上移动跟踪停价时，你降低了初始风险，只是放弃了获利的机会，但是，你可以只承担较小的亏损。在系统开发的这个环节一定要当心，如果你的系统确实利用窄小的停价，要意识到再入市策略是可以采用的。

## 2. 使利润最大化的退出策略

为了使利润最大化（让它们滚动起来），你必须乐于把其中一部分返还回去。事实上，系统设计中具有讽刺意味的就是，如果你想让利润最大化，就必须愿意把已经积累起来的一大部分利润返还回去。就像一位精明和非常富有的交易商曾经说的，如果你不愿意赔钱，你就赚不到钱，它就像呼吸但是不愿意呼出一样。各种类型的退出策略就帮你做到了这一点（也就是充分呼吸），包括跟踪停价和百分比折回停价。

（1）**跟踪停价**。跟踪停价有帮助你获得较大的利润的潜能，但是它也总是会将部分利润返还回去。下面看一下你有可能使用的一些跟踪停价的例子。

我在前面提到过，**波动跟踪停价**是市场每日波动的一个乘数。小威尔斯·怀尔德首次提出了这个概念。他认为波动跟踪停价应该是2.7～3.4之间的一个数乘以最近10天的平均真实波幅。我们在随机入市系统中使用3.0。波动停价的目的是将停价保持在市场噪声之外，每日波动的3倍当然可以胜任这一点。其他人则关注每周的波动。如果你使用每周波动，那么用0.7～2之间的某个数乘以每周的波动量或许也可以。

**美元跟踪停价**是又一个可以使用的指标。你可能决定使用某个数,比如1 500美元,然后把跟踪停价维持在与昨天的收盘价相差这一数额的水平。美元停价如果有某些合理的基础是相当不错的。然而,在标准普尔合约、玉米合约、一只150美元的股票和一只10美元的股票上使用1 500美元的停价简直是太离谱了。美元停价的数额要结合各个市场的不同做出合理的调整。确定每个市场多少金额是合理的其最好的办法是检查该市场的波动幅度。因此,你也可以使用一个基于波动幅度的停价策略。

**管道突破跟踪停价**也是很有用的。你也许决定在最近 $X$ 天(由你自己确定这个天数)的极端价位退出市场。因此,如果做的是多头,你可能决定在市场价格跌破最近20天的最低价时卖出,而如果是空头,你会决定在价格涨破最近20天的最高价位时卖出。在价格以对你有利的方向变动时,这个数字也总是会做出对你有利的调整。

**移动平均跟踪停价**是又一个常见的跟踪停价。如果价格正朝着某个特定的方向移动,一个较慢的移动平均会跟在其后,这个移动平均就可以作为停价指令,但是你必须确定这个移动平均包含了多少时间段。例如,一个200天的移动平均可能让你在1982~2000年的长期牛市的大部分时间里在股市中频繁交易。

> 一个200天的移动平均可能让你在1982~2000年的长期牛市的大部分时间里在股市中频繁交易。

移动平均有很多不同的类型——简单的、指数型的、置换的、适应性的等——所有这些都可以用做跟踪停价。你的任务是找出一个或几个能最好地帮你实现目标的移动平均。各种类型的移动平均在本书第9章进行了深入的讨论。

还有其他一些基于盘整或图表模式的跟踪停价。例如,每次市场穿越一个盘整模式时,原来的盘整模式就可以成为新的停价的基础。这相当于一个任意的跟踪停价,它会把大量的利润返还市场。不过,如果与其他类型的退出策略相结合,它还是有一些优势的。

(2)**利润折回停价**。这种停价策略假定,为了让利润增长,必须把其中一定百分比的利润返还回去。因此,它确定了一个允许折回的数值,并把它作为系统的一部分。但使用利润折回停价,前提是必须达到了一定水平的利润,比如 $2R$。

下面是这种停价的运作。假定你以52美元的价格买进了100股 Micron 的股票。你最初假定 $1R$ 的风险是6美元,也就是假定在股票跌到46美元时就抛出。一旦股票价格上涨到64美元,获得了一个 $2R$ 的利润即12美元,你就决定开始实施利润折回停价。假如你决定采用一个30%的利润折回停价,你现在获得了12美元,就愿意放弃其30%，即3.6美元。

如果利润上升到了13美元，一个30%的折回现在就变成了3.9美元；在利润是14美元时，30%的折回就变成了4.2美元。因为按照一个固定的百分比计算得出的实际美元金额是随着利润的增长而增长的，所以你就需要随着利润变大而改变百分比。例如，你可以以30%的折回开始，在利润是$3R$时将其降为25%，在$4R$时降为20%。你可以继续将百分比降低，直到在$7R$时只允许5%的折回，或者一旦达到$4R$，你也可以让该百分比保持在20%的水平。这完全取决于你在设计自己的系统时的目标。

（3）**百分比折回停价**。另外一个非常简单的停价是百分比折回停价。例如，你可以用一个25%的折回停价，即最初将退出策略设定为25%的价格下跌，每次股票价格（或任何你所买进的东西）创出了新高，你就以该价格25%的折回作为新的停价标准。当然，你总是提高停价标准，但是从不会降低它。

1999年斯蒂夫·斯格瑞德（Steve Sjuggerud）成为牛津俱乐部的投资部主任，我被指定为他们的顾问小组成员。斯蒂夫读过本书的第1版，他立即在牛津俱乐部所有推荐的交易中指定一个25%的停价规则，运转良好。自1999年2月直到他们在2000年5月抛出所有的证券这一期间，斯蒂夫一直是投资部主任，我考察了他在任期间推荐的所有交易。在此期间他所推荐的交易的期望收益是$2.5R$，已经非常不错了，而且我相信其成功的主要原因是他们采用了25%的停价规则。其他的时事通讯曾试过50%的跟踪停价，但是这些都不起作用，因为它们返还太多的利润以及在出现巨额损失时，股票要经过很长时间才能回到盈亏平衡点。想一想，如果损失了49%，只是为了回到盈亏平衡点，你就必须再实现将近100%的利润。然而，如果只是损失了24%，为了回到盈亏平衡点，你只要实现33%少一点的利润即可。因此，我认为25%的跟踪停价对股票来说是原来"买进并持有"哲学的极佳的翻版。

## 3. 防止利润返还市场太多的退出策略

如果你是在经营他人的钱财，那么让亏损最小远比赚取大额回报要重要得多，因此，你可能需要考虑防止利润返还太多的退出策略。例如，你在3月31日未结清的头寸上将客户3月份账单上的账户金额增加了15%，如果你将这笔利润的很大一部分又返还了市场，这个客户将会对此感到非常沮丧，他会认为这笔未结清的利润是他的钱。因此，一旦你达到了一个特定的目标或在向客户汇报了业绩之后，你需要某种退出策略来锁住大部分利润。

正如我在前面提到过的，很多退出策略的分类是互相交叉的。例如，百分比折回退出策略与利润目标退出策略（见下述）结合起来就是一个很好的防止返还太多利润的方法。不过，其他一些方法也不错。

**(1) 利润目标**。有些人使用预测利润目标的交易系统（比如艾略特波浪）。如果使用这样的系统，就可以设定一些具体的目标。

不过，我们还可以使用第二种方法来设定目标。如果你获得了初始风险某一具体倍数的利润，就可以基于历史的检验，确定你的方法产生了你所期望的回报——风险比率。例如，初始风险的4倍即4R是一个不错的目标，如果能够达到这个目标，那么你就可能希望变现利润或者在这一水平执行一个紧密得多的停价指令。下面讨论的所有方法都可以在达到利润目标后以某种方法进行紧缩。

**(2) 利润折回退出策略**。前面提及的有关退出策略的一个极好的主意是，愿意把一定百分比的利润返回去，而且在某一重要的时刻（比如向客户做了汇报或达到了一个利润目标）之后紧缩这一百分比。例如，在获得了2R的利润后，为了让利润增长，你可能愿意把这一利润的30%返回。当获得了更大的利润，比如4R，在退出市场之前，你就可能只愿意返回其中的5%~10%。

比如，假定你以400美元的价格买进黄金，停价指令设定为390美元，因此，你的初始风险是10个点，或者说每笔合约1 000美元。金价涨到了420美元，因此你获得了20个点的利润（2R），这可能会启动你只允许利润折回30%的退出策略，即每笔合约600美元。如果金价降到414美元，你就会实现利润。

金价继续上涨，达到440美元，结果你现在拥有了4R的利润，即4 000美元。直到达到4R的利润之前，你都愿意放弃利润的30%，即当利润是4 000美元时，愿意放弃1 200美元。然而，现在4R的利润水平是你只愿意承担利润的10%的风险信号。你的停价现在就变为436美元了，即你只允许每笔合约的利润下跌400美元多一点。

我的意图不是向你建议一个具体的水平（比如在4R时10%的折回），而只是向你建议一个可以实现目标的方法。确定什么水平能够帮助你最好地实现目标由你自己来决定。

**(3) 不利于你的大幅度波动**。你可以使用的最佳退出策略之一是市场出现了不利于你的大幅度波动。实际上，这种波动也是一个非常好的入市信号——就是大家所熟知的波动幅度突破系统。

你所要做的就是跟踪平均真实波幅。当市场出现了不利于你的反常的大幅度波动时（比如每日平均波动幅度的2倍），你就退出市场。假如你有200股IBM的股票，交易价格是145美元，其每日平均波动幅度是1.50美元，你决定当市场在一天之内出现了不利于你的波动达到每日平均波幅的 2 倍时就退出市场。也就是说，市场收盘价是 145 美元，每日波幅的 2 倍是 3 美元，如果第二天市场价格跌到 142 美元，你就退出市场。这可能是对你不利的巨大的市场波动，如果这种波动发生了，你就不想滞留在市场中。[一]

这不能是你唯一的退出策略，其原因应该是很明显的。假设你继续使用这一 2 倍于波动幅度的停价，今天市场价是 145 美元，你的波动幅度退出点是 142 美元。如果市场收盘时跌了一个点，到了 144 美元，那么现在你新的波动幅度退出点就是 141 美元了。第二天，市场又降了一个点以 143 美元收盘，现在新的波动幅度退出点则是 140 美元。这可以继续下去直到价格降到零。因此，你需要一些其他的退出策略，比如保护性停价和某种跟踪停价以使你退出市场保护资本。

（4）抛物线停价。抛物线退出策略最早是由小威尔斯·怀尔德提出来的，它们也是非常有用的。抛物线从原来的最低点开始，在呈上升趋势的市场中有一个加速因子。随着市场趋势的延伸，抛物线退出点越来越接近价格，因此它在锁定利润方面效果非常好。遗憾的是，在交易之初，它与实际价格相去甚远，而且，抛物线停价有时会有点过于接近价格，在市场继续沿着趋势延伸下去时，你会被截住。

有几种办法可以解决这些缺陷。一种办法是根据市场的真实价格调整抛物线停价的加速因子，使其增快或减慢。通过这种方法，抛物线停价可以很好地适应你的特定的系统和所交易的市场。

为了在交易之初更好地控制风险，可以设定一个分立的美元停价策略。例如，如果在买进头寸时，抛物线停价策略提供的是 3 000 美元的风险，你就可以简单地设定一个 1 500 美元的停价标准，直到抛物线停价标准接近距离实际合约价格 1 500 美元为止；一个 3 000 美元的风险可能对你特定的目标来说太大了。

此外，如果你正在使用抛物线退出策略，应该考虑设计一个再入市技巧。如果抛物线停价过于接近实际价格，你可能就会在你正在跟踪的某个趋势结束之前被截住。因为你不想错过余下的趋势中的机会，所以你需要回到交易中。尽管抛物线停价在风险控制方面可能不如其他的入市技巧优越，但它在保护利润方面还是不错的。

## 4. 心理退出策略

任何人都可以使用的最明智的退出策略之一就是心理退出策略，这一策略更多地依赖于你本身而不是市场的表现。既然你是交易中最为重要的因素，因此心理退

---

[一] 这些都是假设的数字，不是建议你退出 IBM 的方法。你需要能满足你自己的标准和经过测试的退出策略。

出策略就是很重要的。

有些时候你在市场中赔钱的概率会大大增加——不论市场表现如何。包括你由于健康状况或者精神方面出现问题而感觉不舒服的时候、在承受的压力很大时、在你正经历离婚时、在你刚刚生了一个小孩时、当你正在搬家时，等等。在这些状态期间，可能会因为做了什么而导致你在市场中赔钱的概率大大增加。因此，我强烈建议你使用心理退出策略将自己拉出市场。

另外一个使用心理退出策略的好时机是你因为生意或度假而不能在市场中交易的时候，这些时候也不宜留在市场中。我建议你在此期间实施心理退出策略。

有些人会争论说一次交易可能赚到一整年的利润，而你不想错过这次交易。如果你在交易中是非常自律且相当自动化的，我同意这个交易哲学，但大多数人不是这样。在我上面提到的任何一种情形下，一般人都会赔钱，即使他们是处于一笔很好的交易中。因此，了解你自己至关重要。如果是一笔不错的交易，你都有可能泄气，那么就必须采取心理退出策略了。

## 11.2 使用停价和利润目标

设计一个交易系统的目标之一，可能就是使获得较高的 $R$ 乘数交易的概率最大。例如，你可能为了获得一个 $20R$ 的交易而决定使用窄小的停价，为了实现目标，你可能决定使用第 10 章描述的突破—折回策略来开发一个窄小的停价。假如你对一只高价股票的停价标准只有 1 美元，那么 100 股股票只会损失 100 美元。这将是一个非常窄小的止损，比如，对于正在经历剧烈突破的 100 美元的股票而言就是一个非常小的停价。你可能会连续 5 次被截住，每次只有 100 美元的亏损，全部亏损就是 500 美元。优先股一次 20 美元的移动会带来 2 000 美元的利润，或者说 1 500 的净利润。在六次中你只有一次是正确的，但是却可以获得扣除佣金后 1 500 美元的净利润。⊖

为了使这个策略发挥应有的作用，必须避免使用跟踪停价策略或者这些停价必须非常宽。你仅有的退出策略是 $1R$ 的初始停价和利润目标，这将为你带来最大的获取 $20R$ 利润的机会。你也许不得不忍受利润下降 1 000 美元或更多，但是永远不会多于初始资本的 $1R$ 或 100 美元。⊜ 记住，你的目标是一个 $20R$ 的利润，这也许是可以经常实现的。

---

⊖ 再次指出了大幅度贴现佣金的重要性。
⊜ 你的亏损永远不会超过 $1R$，除非市场背离你而去，而这有时是非常可能的。

##  11.3 简单和多元退出策略

简单的概念在系统设计中最起作用。简单有用是因为它一般都是建立在理解而非优化的基础之上的。它起作用是因为我们可以将简单的理念推广应用到许多市场和交易工具中去。

然而，你依然可以使用多元的退出策略并将其简单化。不要混淆这两个概念。简单是必需的，只有这样你的系统才会发挥作用，而多元退出策略通常是实现目标所必需的。当然，多元退出策略中的每一个都可以是简单的。

让我们来看一个例子。假如你的目标是使用一个趋势跟踪系统，你希望在市场中停留很长时间。你认为入市信号没有什么神奇的，因此想为头寸留出大量的空间。你认为一次不利的大的市场移动可能会导致潜在的灾难，因此在其发生时你希望退出市场。最后，你决定，既然初始风险会比较宽，一旦获得一次4R的利润，你就必须尽可能多地去获取。

因此，让我们基于以上想法来设计一些简单的退出策略。从这个例子中你要注意到，认识自己的想法是什么，然后再设计一个适合该想法的系统很重要。这是开发一个适合你的系统的秘诀的一部分。

首先，你想要一个较宽的初始停价标准，给头寸留有较大的余地，从而在退出市场时不会遭到双赔，也不会导致你必须几次进入市场而承担交易成本。因此，你决定采用前面提及的3倍于波动幅度的停价标准。这将是你最坏情形的停价标准，也将是你的跟踪停价标准，因为你每天要从收盘时起对它进行跟踪——总是希望它朝着对你有利的方向移动。

其次，你认为一次不利的强劲的波动是一个很好的预警信号。因此，你决定，无论什么时候，只要市场自前一天收盘时起在短短一天之内发生了不利于你的2倍于每日波动幅度的波动，你就退出市场。这个停价标准优于其他的停价。

最后，一个4R的利润会启动一个窄小得多的停价，因此你不会返还很多利润，而且也可以确定实现已经到手的利润。因此，在一个4R的利润实现后，你的跟踪波动幅度停价就上移为平均真实波幅的1.6倍（也就是说，不再是3倍），这就是你现在唯一的退出策略。

注意，所有这些停价都很简单，它们都源于对什么样的停价策略能够实现目标的思考。因为没有经过测试，所以它们不会过度优化；因为没有什么高深的科学，所以它们都很简单。现在有三个不同的退出策略可以帮助你实现交易系统目标，但是在市场中一次只能使用其中的一个——最接近目前市场价格的那一个。

##  11.4 要避免的方面

还有一种退出策略旨在摆脱亏损，但是却与前面所说的"截住损失，滚动利润"的黄金交易法则完全相悖，结果，这种退出策略产生的是巨额损失和较少的利润。这种退出策略的做法是，先进入市场建立较大的头寸规模，然后利用各种退出策略逐渐清仓。例如，你可能以买进 300 股股票开始，在全部 300 股股票能盈亏持平时抛出其中的 100 股，然后又为赚取 500 美元的利润抛出另外 100 股，留下最后 100 股以获取巨额利润。短期交易商非常频繁地使用这种策略。

从直觉上看，这种交易很有意义，因为你好像是在给自己的利润"上保险"，但是对这种退出策略退一步思考，认真研究，你就会发现它是很危险的。

利用这种退出策略，实际上是在实践交易的黄金法则的对立面。你要确保在承担最大的损失时会有很多头寸。在这一例子中，你可能会在 300 股上都出现亏损。你还要确保在实现最大的利润时，只有最小规模的头寸——在这个例子中是 100 股。对于那些有强烈的追求正确的倾向的人来说，这是一个再好不过的方法，但是它不会优化你的利润，甚至不能确保你的利润。现在你还觉得它合理吗？

如果你对为什么要避免使用这类交易还不明白，那么就请你把这个数字计算出来。设想你要么遭受完全的损失，要么充分实现利润。考察过去的交易，并确定这种交易将会产生多大的差异。在我每次要求客户这样做的时候，他们几乎都会对持有一个完整的头寸最终可能赚到多少钱惊诧不已。

##  11.5 常见系统采用的退出策略

### 1. 股市系统

（1）**威廉·欧奈尔的 CAN SLIM 系统**。威廉·欧奈尔基本的利润获取法则就是，每当获得利润时，实现其中的 20%。因为他的止损标准大约是 8%，也就是说相当于 2.5R 的利润，所以他的基本获利退出策略就是一个目标。

不过，欧奈尔又利用 36 条其他的抛售法则来调节其利润获取法则，其中一些是基本抛售法则的例外，而其他的则是说明为什么要早一点抛售的原因。另外，他还增加了 8 条关于何时应该持有股票的法则。我的意图只是解释各种系统是如何适应本章所勾勒的框架的，而不是介绍这一系统的细节，所以我建议想了解该系统细节的读者去读一读欧奈尔写的那本精彩的书。

(2) **沃伦·巴菲特的公司方法**。沃伦·巴菲特一般不抛售其投资的原因有三个[1]。第一，在抛售时，必须支付资本收益税。因此，如果确定该公司在你所投资的金额上会有很好的回报，你为什么要卖呢？抛售只会自动地把一些利润转交给美国政府。

第二，如果一家公司基本上是安全的而且可以带来不错的利润，为什么要卖它呢？如果一家公司将其资本进行投资的方式可以获得不错的回报，那么你所投进去的钱也会获得不错的回报。

第三，如果真的卖出，还会承担交易成本。因此，如果市场只是在经历心理的起伏，那么为什么要卖掉一个很好的投资呢？

不过，在我看来，巴菲特不卖出其投资与其说是一个事实，不如说是一个神话。这一神话的产生也许是由于巴菲特本人从未写过有关自己的投资策略这一事实造成的。结果，其他存在强调入市的典型倾向的人就试图破解巴菲特交易策略的秘密。

如果巴菲特持有的股票的商业形势发生了剧烈的变化，那么他就不得不抛售。让我举一个例子。1998年年初，巴菲特曾经宣称他拥有世界白银供给的20%左右。白银是不派发红利的，因此，如果你持有和巴菲特一样多的白银，实际上要为储存和保护这些白银付出成本。对这批白银，巴菲特如果没有计划好一个退出策略，那么在我看来，他就会在其投资生涯中犯下最大的错误之一[2]。反过来说，如果他的确有一个计划好的退出策略的话，那么我猜想对于所购买的大多数股票，他都有计划好的退出策略。其他人在写巴菲特时，只是反映他们自己的倾向，只是关注巴菲特的入市和方案策略，而忽视了他的退出策略。

## 2. 期货市场系统

(1) **考夫曼的适应性方法**。考夫曼警告说，他的基本趋势跟踪系统不应该与一个完整的策略相混淆。他只是将它作为一种方法提出来，在入市或退出的选择中没有任何奥妙之处。

适应性移动平均在第9章里是作为一个基本的入市技巧介绍的。在移动平均以超过预先设定的过滤量的速度增长时，就以多头入市；在其以超过预先设定的过滤

---

[1] 原书中是二，估计是作者笔误。——译者注
[2] 在巴菲特的辩解中，他确实以历史最低价位买进了白银（每盎司4美元），而大部分都租赁给了需要的客户，因此他还是找到了一种让它产生利润的方法。现在由于他处理这笔投资的方式，我怀疑将来会把他造就得比现在已经看上去的更像一位天才。

量的速度下降时，就以空头入市。

考夫曼评论说，每当效率超过某一预定的水平时，就应该实现利润。例如，他说一个很高的效率比值是不可持续的，一旦达到较高的比值，它就会快速下降。因此，考夫曼有两个基本的退出信号：①当适应性移动平均在相反的方向上出现变化时（也许是当它在相反的方向超过某一个门槛值时）；②当平均效率达到一个非常高的值，比如 0.8 时。

我认为适应性退出策略要比其他任何形式的退出策略更有潜力。我的一些客户就开发了随市场上升的退出策略，在它移动时给头寸留有很大的余地。然而，一旦市场开始转向，这些退出策略就可以让你退出市场。它们令人难以置信地富有创造力但又很简单。在市场恢复趋势时，其基本趋势跟踪系统又会让他们马上返回市场。我强烈建议你在系统开发的这一领域花费大量的时间。

（2）**加拉赫的基本面交易**。加拉赫的系统是让你在以下情况下进入市场：在基本面条件具备时以及当市场出现一个 10 天的新高时（一个 10 天的管道突破）。他使用的系统一般是一个反转系统，因此，该系统总是在市场中。基本上是在 10 天的最低价被打破（一个 10 天的管道突破）时清仓。但是，加拉赫并没把它作为一个反转系统使用。

记住，加拉赫只按照市场中基本面关系的方向建立头寸。因此，除非市场的基本面关系发生了剧烈的变化，否则他只会在一个 10 天的最低价出现时退出一个多头（不会反转它），同时只会在一个 10 天的最高价出现时退出一个空头（不会反转它）。这是一个非常简单的退出策略，不会造成很多麻烦。但是，我的揣测是，该系统可以利用更成熟的退出策略而大大改进。

（3）**肯·罗伯茨的 1—2—3 方法**。肯·罗伯茨的利润实现方法，在我看来是非常主观的，它相当于一个盘整跟踪停价方法。如果罗伯茨的方法是正确的，而且市场进入了长期的移动，那么他只是建议你提高停价，新的盘整点一经形成就会将你的停价置于它之下（或之上）。

这是在 20 世纪 70 年代一个非常有效的传统的趋势跟踪方法。其主要缺点是可能返还大量的利润。它现在依然有效，但是这一方法如果与本章所讨论的很多退出策略结合起来运用也许会更有效，其中我特别推荐多元退出策略。

# 小　结

人们总是回避寻找好的退出策略，因为退出不能让他们控制市场，但退出策略确实控制着某些方面。它控制着你是获利还是亏损，还控制着这一利润或损失将会有多大。既然它有那么大的影响力，因此，值得我们为此做出比大多数人所做的更多的研究。

我们回顾了四大类退出策略——会降低初始风险的退出策略、使利润最大化的退出策略、使返还的利润最小的退出策略以及心理退出策略。每一大类都给出了各种具体的退出策略，它们之间存在很大程度的交叉。

读者对简单的多元退出策略加以考虑是最好的。简单的退出策略容易概念化，而且无须大量的优化（即使需要一些）。我之所以推荐多元退出策略，是因为它有助于你最为充分地实现你的交易系统所设定的目标。

我们考察了如何设置一个期望收益很高的系统，使该系统自身就能够产生好的利润回报。第 13 章将讨论机会因素如何与期望收益相互作用。

# 第四部分
Part 4

# 沉着应对

这一部分的目的是帮助你沉着应对。读完它，你会知道一旦开发出一个系统如何对它进行评估；会了解到聪明的交易商如何思考各种市场情形。最为重要的是，你会学到如何调整头寸以实现目标。你还会知道为了完善你的系统以及使交易更成功，你需要思考什么。

第12章旨在帮助你沉着应对。这里会向你介绍七位不同的交易商，每一位都对市场有完全不同的看法。你会观察到他们分析五种真实的市场情形，看到他们在六周的时间里在这些市场情形下如何表现。你可以决定在每一种市场情形下，最支持哪一位交易商以及想想你自己会如何表现。

第13章全部是关于机会和成本因素的——其他地方很少谈到这一话题。你会认识到，如果有足够的交易机会，你无须做到完美。不过，当交易增加时，成本成了一个非常重要的因素。第13章还讨论了一个系统产生的潜在损失将会造成的影响。最后，我们将考察一些业务通讯在过去的两年里所产生的期望收益和机会因素。

第14章是关于头寸规模确定的，是本书最为关键的章节之一。头寸规模确定实际上是置于交易系统之上的一个独立的系统，它是系统中告诉你"多少"的环节。而一旦有了一个期望收益不错的系统，你就必须利用头寸规模确定来帮助你实现目标。如果你真的想让系统成为一个圣杯交易系统（意思是它对你而言是完美的），那么必须彻底理解头寸规模确定的内容。它是令人厌倦的交易方法和世界上最佳的交易方法之间的区别所在。它是少有几个人会加以思考的主题，这很令人遗憾，因为它是实现你的目标的关键。第14章的目的就是将你引向正途。

过去对头寸规模确定主题的涉及是非常不够的，大部分有关系统开发的书籍甚至根本没有提及，到第14章你就会明白为什么会这样。你还会了解到有关头寸规模确定的一些思想，即使有人使用，也很少被应用到股市，但是如果加以使用，将会产生非常不错的回报。

最后，第15章是我对全书的总结，目标是简要概述在此之前没有人阐述过的对交易很重要的一些话题。

# 第 12 章
# Chapter 12

# 每个人都有钱赚

> 你无法对市场进行交易，只能对你有关市场的看法进行交易。不过，如果你理解了低风险思想背后的基本概念、期望收益和头寸规模确定，就可以非常成功地进行交易。
>
> ——范 K. 撒普 博士

有五个不同的人，他们对如何交易或投资都有各自不同的看法，来看看他们是如何走进一些共同的情景的。他们每一位都是不断地从市场交易或投资中赚钱的成功的交易商或投资者。这些人都很相似，因为他们都拥有成功的十大素质（列在了下面），但是他们又都是各不相同的，因为我选择了分别代表第 5 章所描述的各种不同的理念的人。本章将考察这五个人如何走进不同的交易情景。通过本书的介绍，你将会获得以下认识：

- 五个不同的人可以以不同的方式走进同样的情景，且都获得成功。
- 他们基于各自的看法来确定一个思想是否有成为低风险思想的潜力，并在此基础上进行决策。
- 长期来看，他们每人都赚到了钱，尽管他们接近市场的方法完全不同。

这五位投资者，尽管其观点和走进市场的方法非常不同，但是他们都具备以下十个共同的特征：

- 他们都至少有一个测试过的、经过认真研究的、期望值为正的、可以赚钱的系统。

- 他们都有适合自己的系统，而且他们明白之所以能利用其系统赚到钱，是因为该系统确实适合自己。
- 他们都完全理解其交易的理念，知道这些理念如何导致低风险的做法。
- 他们都知道在进行一笔交易或投资时，必须清楚在交易中什么时候是错误的——意思是该笔交易是不成功的——因此，退出市场保护资本。换句话说，他们每个人都知道1R的风险对其在市场中的每一个头寸意味着什么。
- 他们每个人都对其所进行的每一笔交易的回报—风险比率进行评估。对于更机械的交易商而言，回报—风险比率是其系统的一部分。比较随意的交易商实际上是在建立头寸之前计算回报—风险比率的。
- 他们都有一个业务计划来指导其交易—投资方法。
- 他们都明白头寸规模确定是实现其目标的关键。因为直到本书的最后一部分，我们才讨论头寸规模确定的内容，所以在此不涉及头寸规模确定的方法。不过，为了简单起见，假定他们其中有一位在每一个头寸上都承担其全部资本1%的风险，所以，对他而言，一个1R的损失就代表其账户1%的损失，而一个3R的收益就代表其账户3%的收益⊖。类似地，对于每笔交易冒2%风险的交易商而言，1R的损失将代表2%的损失，而一个3R的收益将代表一个6%的收益。
- 他们都明白业绩完全是各自的心理起作用的结果，而且都花费大量时间来努力改善个人的心理。
- 他们都对交易结果个人承担责任。这意味着各有一个目标在引领他们，当其离开跑道时，他们都会重新关注目标并审视自己以进行改进和方向纠正。
- 他们都明白错误意味着没有遵守其系统和业务计划，而且他们不断地从所犯的错误中学习。这些顶级的业绩创造者中有几位都有教练在帮助他们不断地提高和接近其目标。

这五个人，每个人都有完全不同的走进市场的方法，但他们都从市场中得到了六位数的薪水。为什么？因为我刚才谈论的关于这五个人的特点都是好的交易和投资的本质所在。我强烈建议你将上面的10个特点应用到自己身上。到目前为止，所有这些原则都是经过了证明的。如果不是这样，那么我建议你重读本书的有关章节，

---

⊖ 承担风险的金额和投资金额不是一回事。例如，如果你采用的是25%的停价，而承担着1 000美元的风险，那么你承担的风险是总投资的25%。因此，如果在这个具体的例子中承担了1 000美元的风险，那么你总的投资就是4 000美元。如果价格跌到停价标准以下，且头寸一夜之间降到了0，那么你的损失就达4R之多。

直到它们对你而言是不证自明的。

我还加进了另外两个人,南希和埃里克,他们不一定就拥有以上所说的10个特征。南希遵循业务通讯的建议操作,结果赚到了钱,因为她很自律,而且理解以上所列的10个特点的大部分。不过,南希当然没有每年从市场中获得六位数的报酬。埃里克是一个冲动型的交易商,他没有系统,只是凭着感觉行事。他认为他是个交易商,但是他不断地赔钱,因为他不具备以上所列的任何一个特质。也许你能够看出这两位交易商是如何和其他几位区别开来的。

## 12.1 七位交易商如何走进他们的职业

这七位交易商分别是玛丽、迪克、维克托、艾林、肯、南希和埃里克。玛丽和迪克都是比较机械的交易商,玛丽倾向于做长期,而迪克有做短期的倾向。他们两位都在开发一个机械的系统上做了大量的工作和研究,为的是能按照它进行交易。维克托、艾琳和肯都是比较随意的交易商,因为他们在建立每一个头寸之前都花费大量的时间来对其进行研究。这些人都是虚构的,但是代表了我所见过的典型的交易商的组合。最后,南希和埃里克是随意的交易商,他们更多地相信其"愿望"胜于直觉。

### 1. 玛丽:长期趋势跟踪者

玛丽是一位第5章所描述的长期趋势跟踪者,她看上去是买涨卖跌。你可以从一定距离之外观察每个图表,仅从观察长期趋势是上升的还是下降就能够确定玛丽做多头还是空头。就是这么简单。根据玛丽的度量,在市场停止原来的走势时,她就平仓。她使用前面介绍过的方法,其入市技巧是管道突破,初始停价是在最近20天的最低价之下或每周波动幅度的3倍,选择的确定取决于哪一个更大。她还采用了一个等于3倍的每周波动幅度的跟踪停价,当跟踪停价比初始停价更接近时,前者就成为她主要的退出策略。

玛丽的整体目标是尽可能长时间地维持一个头寸,最好是很多年,但还是有些交易在入市几天内就退出了。有时候会如此,因为她的初始停价要比跟踪停价更紧密。玛丽的系统是非常机械的,都由计算机操作。每天晚上,她用计算机对市场进行全面的分析,然后给出新的订单和停价的变化。不过,这一过程带来的交易系统可以产生非常不错的利润。

玛丽是一位学有专长的工程师,有很强的计算机和程序设计背景。她喜欢检验一切东西，并把它们都设置为自动的。当然，她在这方面做得很好。

## 2. 迪克：短期摆动交易商

迪克是一位短期摆动交易商。他有几个系统，运作得都不错，其中之一是波段交易系统。该系统在价格触到并从下方穿过其专有波段方法的上波段时抛出一个头寸；在价格到达相反方向的波段时则结清这一头寸，但是在某些情形下，它会比较早地实现部分利润，并将初始停价移动到盈亏平衡点。该系统也反向运转——在价格触到并从上方穿过其专有波段方法的下波段时买进一个头寸；在价格到达上波段时则结清这一头寸。这一系统每天大约产生3笔交易，平均每笔交易大约持续4天。该系统是比较机械的，但是迪克有时会利用直觉来调整波段。不管怎样，迪克的计算机每天晚上都产生交易并重新核算其所有的停价。

迪克还有一个短期的趋势跟踪系统，在他的波段交易方法失效时就开始启动。这也是一个专有的方法，在头寸移动超过其波段时，迪克就计算这一移动的大小。在一个头寸移动到其波段之上2.5个标准差时，他认为该波段已经被突破了，就会按照该移动的方向建立头寸。在这种情况下，迪克计算每一个头寸潜在的回报和风险比率，除非该头寸可以带来至少$3R$的潜在利润，否则他不会建立这个头寸。这一系统每周大约产生2笔交易，每笔交易平均持续3~4周的时间。

迪克原来是一名医生。在执业期间，他发现当他把钱委托给别人交易时，他总是亏损，而他自己却很喜欢在市场中进行交易，同时他具有开发一些非常好的系统的技能。他实在厌倦了总是告诉他对病人可以做什么、不可以做什么的政府，保健组织（HMO）和保险规章。最终，他决定去做一些他真正喜欢的事情。

## 3. 维克托：价值交易商

维克托是一个纯粹的随意交易商，你也可以把他称为精神层面交易商。总的来看，他对影响市场整个大环境的因素有一系列的观点。他知道如果要10个人对影响市场情形的因素进行分析，他们会给出不同的甚至相反的观点。然而，维克托每周根据世界各部门的相对强度以及它们表现的变动来监控大环境各个不同的方面。他的目标是在那些最强的部门持有头寸，但是他希望在这些部门最强的时候，他已经持有其头寸很长时间了。然而，一旦市场中最强的这些部门衰落到一个较低的水平时，他就变现这些头寸。

维克托也可以被称为一位基本面主义者或价值交易商。他喜欢买一些大家都厌恶但有很大内在价值的东西。他喜欢在这些东西下跌的可能性非常小而上涨的潜力非常大的时候买进。例如，巴菲特在白银价格只有每盎司 4 美元多一点时，买进了 1.29 亿盎司的白银。在你拥有了世界白银供给的 1/3 而且在接近历史最低价位买进时，这样的头寸能有多少下跌的风险呢？而且白银总会有需求，必须是你放弃一些储存，别人才能买到它。维克托喜欢这样进行交易，但是不会以巴菲特的规模——至少他还没有达到过这样的规模。

维克托基本上是买进那些有巨大的价值和最小的下跌风险的东西。此外，他希望市场要么足够低以至于没有下跌的风险，要么已经显示出以对他有利的方式移动的迹象。维克托喜欢用几美分买到价值一美元的东西，他希望这些东西要么恢复到正常的价值水平（这将给他带来巨大的利润），要么突然有了需求（这也会给他带来巨大的利润）。这就是维克托如何获得低风险想法的。

维克托在沃顿商学院（Wharton School of Business）接受了 MBA 培训。他研究了很多杰出的价值交易商如本杰明·格雷厄姆，而且采用了他们的思维方式。他最初学习过很多有关投资的理论模型，相信有效市场理论、现代资产组合理论和资本资产定价模型。然而，他在市场研究上花费的时间越多，就越发现这些思想存在很多的缺陷。例如，他很快发现自己采纳了沃伦·巴菲特的思想，即多元化是对无知的保护，只有在不知道自己在做什么时才需要广泛的多元化。然而，维克托也理解考虑每笔交易的回报—风险比率的价值，也熟悉本书所描述的 $R$ 乘数、期望收益和头寸规模确定的概念。维克托现在经营着自己的基金，长时间努力工作，研究市场和他自己，结果证明他的努力工作得到了很好的回报。

## 4. 艾琳：万物皆有序

艾琳理解这个神秘的世界。她研究了 Delta 现象，知道这个方法是如何产生市场的转折点的。她了解甘氏理论和艾略特波浪，花费了大量的时间研究各种市场来确定它们可能何时会出现准确的转折点。她还了解一些神奇的数字和斐波纳契折回水平。⊖ 因此，在做出一个预测时，她通常能够设定一些比较精确的目标。她还是一位季节性趋势的专家，知道市场因为定期的周期性趋势大概会在什么时候急剧上升。艾琳会专门使用这些方法而排斥其他方法吗？不是的，她并不排斥其他方法。相反，她研究很多的市场情形。有时她发现一种情形中好像所有的事都排好了队似的，她只能偶尔做到，但是一旦出现，其准确性几乎是超人的。

起初，艾琳对她的交易有完美的要求。如果没有得到一个精确的转折点，她就

---

⊖ 除了 Delta 现象之外，这些概念都在第 5 章里做了简要的介绍。Delta 现象把股票市场的行为和一些物体如太阳与月亮联系起来。

不会加以利用，因此她错过了很多交易。或者有的交易日，她进去得太早了，市场什么也没发生，她就会再退出来，结果观察到市场在第二天像她预测的一样急剧上升。

不过，通过实践本书所介绍的一些思想，艾琳解决了她的问题。当预测到一个转折点时，她会一直等到市场证明她是正确的之后才进入，而且一旦认识到这一点，她就会建立头寸。因为在预测上非常精确，所以她的初始止损点非常紧密。有时在达成一笔正确的交易前，她会做几笔小赔的交易，但是她的损失通常大约是 $1R$，而收益通常是 $10R$ 或更大。尽管由于这些错误的突破准确率只有大约 38%，但是，她仍然赚到很多钱。到此为止，你应该能够明白为什么是这样。

## 5. 肯：价差交易商或套利交易商

肯是一位个人交易商，但同时也是一家交易所的会员，这就使得他可以做市以及在他的大多数交易中获得买卖价差。他还可以获得大量的研究成果，能够在各种市场中发现极其有趣的思想。

有时，他会通过做一笔期权价差交易来贯彻低风险的交易思想。其他时间里，他会寻找一些看上去就像漏洞一样的东西，只要这个漏洞是开着的就没有风险，因此，肯就会一下子扎进去，赚到很多钱。有时一个头寸只能赚到 $1R$ 或者 $2R$ 的利润，但是在发现这些漏洞时，他的大部分交易都能赚到钱。不过，他总是关注着这一漏洞是否会被堵上，如果很快会被堵上，他就会准备紧急救助方法。

在还是个孩子的时候肯就喜欢关注市场，他一直渴望成为一名职业交易商。因此，高中毕业后，他就在芝加哥的一家交易所找到了一个跑街的工作，慢慢地成为了一名职员，然后又成为一名场内交易员。这份工作他做了5年，5年后，他发现自己是坚持到5年的寥寥几个交易员之一。其他大部分人都关闭了账户，因为他们都没有学会他所理解的风险控制和头寸规模确定。现在，尽管不再进行场内交易，但是他仍然具备一位有实战经验的场内交易员所特有的洞察力和知识。肯经营着一个小的交易公司，旗下有大约10个交易员。公司35%左右的股份属于肯，余下的属于那些确实欣赏肯的交易技能的其他投资者。

最后的两位交易商不一定是模范交易商——寻求建议的南希和冲动型交易商埃里克。南希在市场也赚到了钱，但是无论如何都没有上面五位杰出的交易商或投资者赚到的钱多，而埃里克是一个彻头彻尾的输家。

## 6. 南希：遵循顶级业务通讯的生意人

南希是一家大公司的高级管理人员，薪水是六位数，但是她不信任别人替她理财。在过去，她曾经把钱委托给别人经营，结果往往是把钱赔掉。此外，大多数热衷于相对业绩（也就是说，他们的任务就是打败标准普尔500指数）而不是绝对业绩的理财专家一点都打动不了她。这些专家向她收取高昂的费用和佣金，他们总是说她应该把钱交给他们，放在那里，然后就看着它增值。她以前也这么做了，结果却眼睁睁地看着钱越来越少。

因为工作繁忙，南希没有太多的时间来做市场调研。于是，她就选择订购了五种业务通讯，这些业务通讯都有出色的成绩记录。㊀其中有三份业务通讯集中分析价值，而另两份关注寻找大的移动。它们都理解止损的重要性，其中两份甚至还告诉她应该把头寸规模确定到多大——这在她看来是很少见的事情。这些业务通讯每月都出版业绩记录，她一直都坚持关注。也就是说，它们给出建议、当时的进入价格、目前的价格和盈亏的数额。没有一份业务通讯是以期望收益或 $R$ 乘数的形式给出其业绩记录的，但是南希自己知道如何计算这些指标。㊁

虽然南希从业务通讯中获得了交易的观点，但是也明白每笔交易必须适合她自己。因此，她会考察它们所推荐的每一笔交易的图表，因为她从来不希望买到要跌价的东西。南希还关注每一笔交易背后的争论，因为她希望在投资前确认每一笔交易的优势所在。㊂为了防止交易不成功，她总是确保对每一笔交易都有一个明确的退出点。最后一点是，南希完全理解头寸规模确定，而且对每一个交易所冒的风险从来都不超过其资产组合的1%。㊃

---

㊀ 大部分业务通讯都不会给你提供准确的业绩记录。它们会告诉你如果投资于它们推荐的股票，你会赚到多少钱，但是，这不是一个业绩记录。例如，一份业务通讯会说我们推荐了ABC，读者看到它上涨了400%；我们还推荐了XYZ，它上涨了250%，人们看看其资产组合上涨了那么多——都是从未发生的事。事实上，业务通讯可能会给你展示几笔获得较大成功的这样的交易，但是它们的读者仍然是赔钱的。因此，如果你采用这样的方法，我建议你向他们索取过去至少一到两年的业务通讯，你自己来确定它们所推荐的股票的期望收益。如果它们推荐的股票至少有30种，这些股票总的期望收益乘以它们一年里为你提供的机会的次数，结果如果大于30$R$，那么它们也许就值得你在将来予以考虑。

㊁ 你会发现第13章为你做了一些这样的研究，为的是你能够理解各种类型的系统所产生的各种$R$乘数分布。向你展示这些比向你展示包含各种概念的各种业务通讯的$R$乘数分布是一种更好的方式。

㊂ 在进行每笔交易之前都需要外部的信息确信交易，这并不是一个好的专业交易商的表现。你应该在进行交易之前就知道所交易的方法的期望值，这才是足以令人信服的。

㊃ 南希并不是一位理想的交易商或投资者，但是我这里把具有她的特点的人也包括了进来，因为这本书的很多读者可能就是使用业务通讯的方法进行交易。我认为这不是一个好的做法，因为你是在利用别人有关低风险的想法进行交易。而且，你也不一定知道，那位在业务通讯中给出建议的人是否理解本书里的很多基本概念。例如，我所知道的给业务通讯提供建议，然后有勇气以$R$乘数的形式报告其结果的唯一的一位是我的朋友 D. R. 巴顿，他为本书写了第5章中的波段交易部分。

### 7. 埃里克："让我们现在就行动"先生

埃里克总是被描述为一个有点冲动的人。他认为他了解市场的一切，而实际上只是了解了一点皮毛。例如，他认为正确的交易方法只是选对股票，他说：难道那些杰出的投资者之所以成功不是因为他们都是挑选股票的行家里手吗？他整理那些认为挑选股票可能有真正的秘密的观点，但是他认为知道这一秘密的人是不会愿意透露给像他这样的人的。他还认为交易在很大程度上要靠运气，因此，当他在市场中赔钱时，他会认为这是因为他接受了不好的建议，要么就是他太不走运。此外，埃里克非常喜欢在市场中的感觉，他发现看着他的账户一天里增加了5%或再多点非常刺激——即使它是在减少的。

##  12.2 交易商如何看待五种重要的市场情形

我在本书的新版中加进这一章的原因之一，是让你理解不同的系统是如何产生低风险的想法以及如何产生独特的 $R$ 乘数分布的。因此，我挑选了一些"有意思的"市场，在 2006 年 2 月 17 日收盘之时这些市场是存在的。时间或地点并不重要，我可以选择任何时间和任何地点，因为我们的目的是分析每一位交易商或投资者是如何走进每一个市场情形以产生一个低风险的想法的。

接下来，我们再看这些想法在六周以后的 2006 年 3 月 31 日结果如何。⊖对长期交易商来说，确定一些想法的结果如何，六周的时间也许是不够的，但是它仍将为你提供对他们所有人来说应该是共同的一些关键原则的很多不同的视角：①他们如何产生一个低风险的想法；②他们如何确定这笔交易的 $1R$；③期望值对他们如何起作用。

### 1. 情景1：Google（GOOG）

美国股市最热门的股票是什么呢？2005 年是 Google。在 20 世纪 90 年代高科技繁荣的时候热门股票都是互联网股票，这不是出乎意料吗？现在是 6 年以后了，而最近的热门股票还是一只互联网股票。新的繁荣出现所伴随的热门股票一般和过去的繁荣不会一样，但是也许它还是对今天市场的阐释。

---

⊖ 六周不是很长的一段时间。我实际上挑选了所有这些情形，因为在当时它们看起来很有意思。在我选中它们的时候，我并不知道它们在六周后的结果会如何。我更感兴趣的是在我不了解每一个交易商的观点的情况下来看看他们究竟如何分析这些情形。

让我们来看一下 Google（GOOG）。图 12-1 描述了 GOOG 自创立之日起的每周的蜡烛图。你会注意到，它处于非常强劲的上涨趋势中，价格升到接近每股 500 美元。然后在短短几个月的时间里它就大幅度下跌。那么上述七位投资者在这种情形下将如何交易呢？

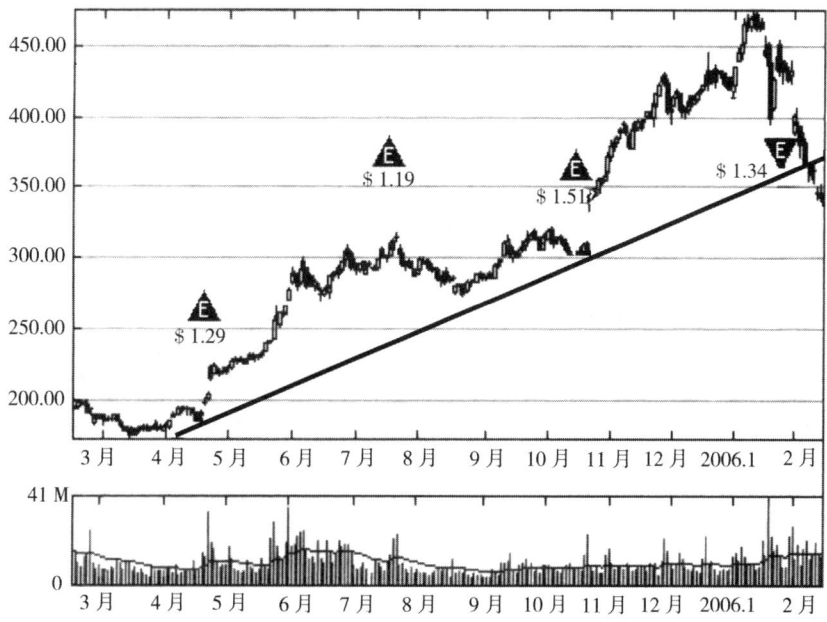

图 12-1　Google 的价格走势图

在了解七位投资者的分析之前，先问问自己将会对 GOOG 如何反应？GOOG 在 2006 年 2 月 17 日的收盘价是 368.75 美元——从其历史最高价 475.11 美元跌下来，而这个最高价就发生在大约五周前的 2006 年 1 月 11 日。GOOG 是一个很好的机会吗？等待它的是暴跌吗？或者它目前是一只处于盘整阶段的股票？即使你知道自 2006 年 2 月 17 日以来 GOOG 发生了什么，你也要假装不知道。事后看法总是天才的，这也是我为什么在不知道结果之前来写六周后将可能会发生什么样的结果的原因。因此，问问自己：你会对 Google 的走势图做何反应？

- 在这种情形下你会建立头寸吗？
- 如果你建立头寸，它是一个多头交易（我预测市场会上涨）还是一个空头交易（我预测市场将下跌）？
- 你将你的止损指令置于什么位置（简称停价）？
- 给定这一止损指令，你的 1R 将会是多少？
- 你认为在接下来的六周时间里，这笔交易以 R 表示你能赚到多少？

- 你这笔交易的潜在的回报—风险比率是多少？
- 假如你对该笔交易移动方向的判断错误的概率是50%，那么做这笔交易还有意义吗？
- 你愿意把自己全部资产组合的多少冒险投到这笔交易上？0.5%？1%？2%还是更多？

看看走势图，在接着读下去之前写下你的答案。现在，让我们来看看七位投资者对此如何反应。

**（1）玛丽的反应。** 玛丽在这只股票上做多头已经一年多了，因为它一直是业绩最好的股票之一。到目前为止，她已经获得了153美元的利润，这大概相当于一个8.4R的利润。她使用一个跟踪停价，相当于自历史最高价的每周波动量的3倍，这将她的停价设在了329.31美元，到目前为止还没有达到。玛丽对这只股票有些紧张不安，但是她会遵守停价标准。她的初始停价有点过于紧密，大概是18个点的风险，因此如果被截住，她就会剩下112美元的利润，这大概相当于一个6R的利润。

**（2）迪克的反应。** 迪克实际上是在对他来说有点不同寻常的交易情形下对这只股票做的多头。他本来可以对GOOG设置波段交易，但是他看到了比正常交易高得多的利润潜力。在上周一，在周报《巴伦周刊》（*Barron's*）上有关于GOOG的负面看法，它预测GOOG会下跌50%。这个下跌导致星期一开盘时出现了向下的缺口，接着是盘整阶段。迪克认为在GOOG开始再次下跌之前，缺口被填平的机会很大，尤其是在它已经开始了短期的盘整阶段的时候。这在图12-2中给出了。

迪克设置了他的波段之一以把盘整包括进去。当价格触及下波段并反弹时，迪克在2月15日以340.80美元的价格做多，停价标准非常紧密，为338.80美元。他最低的目标是波段的顶部即351美元，相当于5R的移动。在这一点上，他将削减一半的头寸，并把停价移动到盈亏平衡点。他认为在357美元左右会有强大的阻力，因此在这一点可能再削减另外一半头寸，并把停价上升到波段的顶部。在该点，他应该以5R的利润抛出一半的头寸，以8R的利润抛出1/4的头寸。他接下来的目标就是把剩下的部分以362美元的价格卖掉，这相当于10R的利润。他的初始风险是其资产组合的0.5%，因此，损失1R的下跌的风险是0.5%。⊖如果实现了所有的目标，他就可以在一周左右的时间里轻易地从这个头寸中赚到一个7.5R的利润。

在2月16日当GOOG猛涨到367美元时，迪克实现了他所有的目标。图12-3展

---

⊖ Google是一只波动性非常大的股票，必须紧密观察。其价格可以轻易地穿越他的2个点的停价，从而产生一个2R或3R甚至更大的损失。因为迪克试图把他在任何头寸的风险限制在1%左右，而初始停价又非常紧密，所以他决定只承担0.5%的风险。

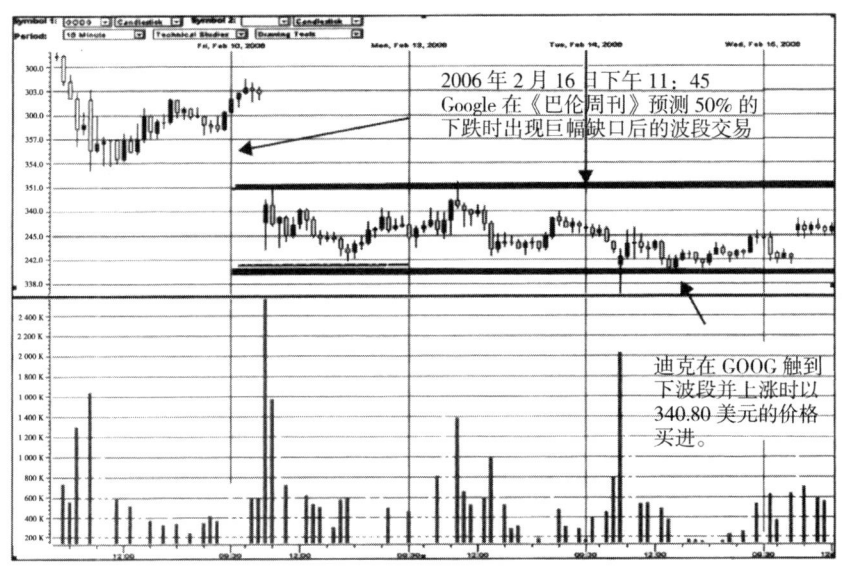

图 12-2 迪克的波段方案帮助他填补缺口

示了这笔交易是如何证明迪克的交易是有效的。

到 16 日中午，GOOG 越过了上波段，所以迪克以 352.10 美元的价格卖掉了一半的头寸，并将其余下头寸的停价标准移动到盈亏平衡点，见图 12-3 中的点 1。股票价格迅速上涨到迪克认为阻力所在的位置以上，一看到一个明显的下降柱形图，他就以 357.20 美元的价格抛出了另外一半的头寸，见图 12-3 中的点 2。然后他将停价标准移到了 344.6 美元，仅仅低于 346 美元的支撑点。最后，迪克非常幸运，因为 GOOG 在那天一直上涨，因此，他以高于最后的目标，接近于收盘价格 366.42 美元的价格卖掉了剩下的头寸，见图 12-3 中的点 3。最终的结果是他在一半的头寸上实现了 5.1R 的利润，在 1/4 的头寸上实现了 7.15R 的利润，而在余下的 1/4 的头寸上实现了 12.2R 的利润。这相当于在 3 天的交易里实现了平均 7.4R 的利润。

（3）维克托的反应。维克托通常不喜欢卖空股票，除非这只股票看起来好像是完美的卖空的首选对象。当它打破了市盈率 100 和价格销售额比率 20 以上的纪录时，他就对自己说，"这太荒唐了。这简直就是 1999 年的翻版——它甚至还是一只互联网股票。人们还没有意识到这一点。"

维克托决定，如果涨过 500 美元或者价格出现明显的降落，他就做空。它从未涨到 500 美元，但是维克托决定在价格明显发生向下突破的迹象时就做空，如图 12-4 所示。他在 435 美元左右的价格卖空了一个很大的头寸（相当于资本的 3%）。当再创新高时他就抛出这一头寸，因此，他的停价是 477 美元。不过，如果涨过 500 美元，他将寻找别的点来卖空。

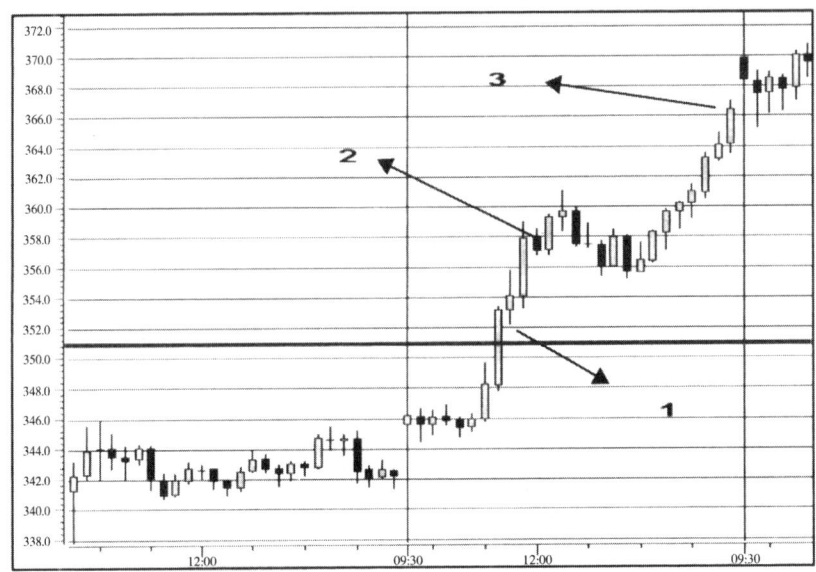

图12-3　迪克交易的退出

图12-4　当价格明显下跌时维克托就做空

维克托在这只股票上没有任何具体的目标，但是如果跌到每股300美元以下，他可能会买回大概一半的头寸。他认为在接下来的市场大幅下跌中，像GOOG这种价值被高估了的股票的市盈率（P/E）下降到20或更少是有可能的。20的市盈率会把

GOOG 抛到每股 100 美元的处境,而他认为这可能是它公平的价值。

在 2 月 17 日收盘价为 368.75 美元,维克托每股的利润是 66.25 美元,而他的初始风险是每股 42 美元。因此,他到此为止的利润是 1.6R 左右。

注意,这三位不同的投资者或交易商为我们展现的是关于 GOOG 的三种不同的态度。玛丽做多头,获得了一个未结清的 8.4R 左右的利润;维克托做空头,未结清的利润是 1.6R 左右;而迪克已经结清了一个巨大的收益,大约是 7.4R,这相当于在几天之内他获得了其资产组合 3.7% 的收益。三个持有不同观点的人都找到了走进 GOOG 的不同的方式,但是他们每人都设置了低风险的想法,而且都赚到了钱。

(4) **艾琳的反应**。艾琳走进 GOOG 的方式完全不同。她利用一些神奇的数字预测到 2 月 16 日 GOOG 将会发生一个大的转折点,但是她不确定这个转折点究竟会是什么。它可能是向着上涨方向的急剧反转,也可能是向着新低的大幅度降落。那么艾琳会如何运作呢?图 12-5 展示了价格发生突破的潜能以及接下来发生了什么。

图 12-5　艾琳相信 2 月 16 日会有一个大的价格突破(上涨或下跌)

艾琳在 2 月 13 日开盘到 2 月 15 日收盘之间的价格盘整阶段的周围画了一些很宽的波段。一次大的价格突破要么上涨将缺口填满,要么是将股票价格显著地往下降。艾琳内在的感觉是它将走低,但是她宁愿让市场来告诉她。2 月 15 日,GOOG 在管道的中间位置收盘于 342.38 美元,它将要么向上突破到 352 美元以上,要么向下突破至 338 美元以下,而她的风险将会在波段的另外一边。到 2 月 16 日,市场明显向上突破,因此艾琳就在 352 美元多一点建立了头寸,停价标准是 339 美元,这明显在支撑点以下。

一经建立头寸，她就做了斐波纳契分析，见图12-6。

图12-6　艾琳利用斐波纳契分析设定目标

艾琳估计她的第一个上涨目标是391美元，第二个目标是407美元，最后的目标是424美元，到此点时，再向上移动存在大量的阻力。她计划在每一个目标水平上销售她的三级头寸。到2月17日，当市场证实了她的分析，向上移动大大超过初始入市点之上的370美元的范围时，她就将停价标准移动到了367.45美元。现在她已经锁定了15个点的利润（1.2R）。第一个目标——391美元将会给她一个大约2R的利润。

（5）**肯的反应**。当肯注意到GOOG正在形成的类似于图12-2和图12-5的波段时，他相信GOOG还会填补星期一所形成的缺口。他花费18.70美元买了一个执行价格为340美元的三月份看涨期权。这份期权赋予他直到三月中旬到期日之前以340美元购买GOOG股票的权利。他愿意为这份看涨期权所花费的18.70美元的成本承担4美元的风险，因此如果看涨期权降到14.70美元，他很快就会退出。当GOOG在348美元收盘时，他就以19.30美元的价格卖出了一个执行价格为350美元的三月份看涨期权。也就是说，肯现在卖给别人一个可以以350美元的价格向他购买GOOG股票的权利，比他买的贵了10美元，这一权利的到期日和他的权利的到期日是同一天。现在他每手期权合约的利润是0.60美元（两手看涨期权合约的价格差），而且如果

GOOG 最后到期日的价格在 350 美元以上，他还有很好的机会在每手合约上再赚 10 美元。因此，他可以获得一个确定无疑的利润 0.15R 和一个潜在的 2R 的利润。例如，如果到期日的价格是 350 美元，则那个 350 美元的看涨期权（也就是他卖出去的那个）没有任何价值，而他持有的那个 340 美元的看涨期权就值 10 美元。而在任何高于 350 美元的价位，他都会赚到这个 10 美元的买卖价差。这钱来得很容易，如果 GOOG 开始降到 350 美元以下，他就会卖掉价差，获得 10 美元再减去还剩下的期权费。

（6）**南希的反应**。星期一的 GOOG 让南希陷入了困境。她未持有 GOOG 的股票，但是星期一她收到的两份业务通讯对此有不同的观点。其中一份把 GOOG 作为一只价值被大大高估而很快就要下跌的股票的例子，而且说如果要其推荐做空的股票，GOOG 也许就是其中之一。然而，第二份业务通讯却推荐 GOOG 作为长期持有的股票，而且认为，南希应该在星期一就进入市场。她到底应该怎么做呢？

这是那些订阅多份业务通讯而没有自己的交易系统的人会遇到的典型的情形。不过，南希决定自己分析交易情形。她考察了图 12-1 的走势，认为她不该拥有一只已经从其最高点下跌了 100 个点的股票，也不想卖空一只她的业务通讯之一建议买的股票。结果，南希决定对 GOOG 什么也不做。

（7）**埃里克的反应**。GOOG 的期权到期日令埃里克很激动。他看了《巴伦周刊》关于 GOOG 股票可能会下跌 50% 的预测，而且在 2 月 16 日，GOOG 看上去好像是在慢慢地下跌，埃里克发现他几乎不用花费任何期权费就可以买到执行价格为 360 美元的二月份看跌期权。三月份的看跌期权费用非常高，而二月份的看跌期权，因为在价内 (in the money)⊖，而且只有两天就要到期，所以几乎没有期权费。埃里克看了看图表，认为在接下来的两天里，GOOG 下跌 20～30 个点的机会很大。如果他买进三个这样的看跌期权，在两天的时间里，他就可能用 4 万美元赚到多达 9 000 美元的利润。这简直太好了，他想，他将成为市场天才。因此在 2 月 16 日，埃里克以 15.20 美元的期权费买进了 3 手执行价格为 360 美元的 2 月份看跌期权，总共花去他 4 569 美元的成本。

到 16 日结束之际，埃里克已经赔了 600 美元，但是他说：我还有一天的机会让我看上去像位天才。第二天埃里克直到上午 10：30 才看市场。他看到 GOOG 已经猛

---

⊖ 看跌期权是以特定的价格卖出股票的权利，因此，如果 GOOG 目前的价格是 344 美元，那么一个执行价格为 360 美元的看跌期权（按照 360 美元卖出 GOOG 的权利）每股就值 16 美元。因此，如果这个期权卖到 16 美元，它就没有任何溢价，没有溢价的一个原因是该权利在第二天就要到期，因此只剩下一个整天和一个半天能获取额外的利润。不过，你也可能在这个时间内损失掉全部的现值，结果还是要承担 16 美元的风险。

涨到了大约356美元，大吃一惊，他的期权每个只值4美元左右了。埃里克开始抱怨自己，心想：假如看看开盘，我会早点出来，也许每个期权只会赔上5美元。接下来，他认为他已经损失了大部分钱，所以要等到这一天结束之时，因为它有可能还会回落。在这一天结束的时候，埃里克设法在这些期权到期之前以每个30美分的价钱给卖掉了。在扣除佣金后的全部损失是4 500美元，这相当于他的账户金额的11%左右。

现在的埃里克看上去不再是一个天才，而是一个白痴了。他没有遵守我们在这一部分所讨论的任何一个关键的原则。

- 首先，他没有事先筹划最坏情形下的损失，所以，我们不得不认为埃里克最坏情形下的损失就是他投资购买每手期权合约的全部成本即1 520美元。既然赔掉了1 490美元，他遭受的损失就是0.98$R$。
- 其次，埃里克没有关注他的回报—风险比率。他的梦想是让其账户赚到9 000美元，但是，因为他没有事先计划任何损失，潜在收益只能是2$R$。几乎每一笔交易都会有大约50%的机会按照期望的方向变化，所以去做一笔潜在收益只有2$R$的交易，它就是再好，也不是明智的选择。最小的收益也至少应该是3$R$。
- 最后，埃里克在这笔交易中不是承担了其账户金额1%的风险，而是11%以上的风险。是的，他是有在两天内升值20%的机会，但是，因为他没有遵守任何一条原则，结果赔了11%。

2月17日的情景对各自有着不同观点的七位投资者来说，结果到底怎样呢？见表12-1。

表12-1 七位投资者或交易商对GOOG的反应结果

| 投资者或交易商 | 采取的行动 | 在2月17日收盘时的结果 |
| --- | --- | --- |
| 玛丽（长期趋势跟踪者） | 在217.30美元买进 1$R$ = 18点 | 如果价格降到她的停价水平，会有一个6$R$的利润 |
| 迪克（摆动交易商） | 在340.80美元买进 | 以7.4$R$的利润清仓 |
| 维克托（价值交易商） | 在435美元做空 | 目前的利润是1.6$R$ |
| 艾琳（预测者） | 在352美元做多 | 目前的利润是1.2$R$ |
| 肯（价差交易商—套利交易商） | 买进价差 | 每笔合约0.60美元的利润加上潜在的10美元的价差利润 |
| 南希（业务通讯） | 什么也没有做 | 没有结果 |
| 埃里克（没有方法） | 买进了3手3月份360美元的看跌期权，价格是4 569美元 | 遭到了1$R$的损失，但是1$R$相当于其账户金额的11% |

注意，拥有自己的系统的每个人在这个情景中都在某个点及时采取了行动，其

中一位还结清头寸获得了很大的利润,其他的也都获得了其停价所保护的利润。所以,这五位有着完全不同观点的人都能够对这种情景进行交易,并将它转变为一个低风险的想法。

没有自己的系统的那两位做得就没有这么好。南希因为获得的信息是相互矛盾的,因此她什么也不能做,无法应对这种情景。而埃里克对低风险思想一无所知,因此抱着缥缈的可以赚到20%利润的梦想,结果赔进去了其账户金额的11%。

## 2. 情景2:韩国ETF(EWY)

国际范围内什么又是热门的投资呢?韩国股票市场一直不错,图12-7描述的韩国EWY,即韩国的ETF就是个证明。注意EWY自2004年8月起就一直处于不错的上升趋势中。

图12-7 韩国EWY的蜡烛图

2月17日这一天是否存在一个不错的、低风险的机会?抑或是有风险而要回避的情景?你对这张图的反应是什么?你会买进吗?它对你来说太危险了吗?如果是,你会卖空它还是只是回避它?

- 你会对EWY建立头寸吗?

- 如果建立头寸，它是一个多头交易（我预测市场会上涨）还是一个空头交易（我预测市场将下跌）？
- 你将你的止损指令置于什么位置？
- 给定这一止损指令，你的1R将会是多少？
- 你认为在接下来的六周时间里，这笔交易以R表示你能赚到多少？
- 这笔交易潜在的回报—风险比率是多少？
- 假如你对该笔交易移动方向的判断有可能错误的概率是50%，那么做这笔交易还有意义吗？
- 你愿意把自己全部资产组合的多少冒险投到这笔交易上？0.5%？1%？2%还是更多？

看看走势图，在接着读下去之前写下你的答案。现在，来看看这七位投资者是如何反应的。

**（1）玛丽的反应。** 玛丽在2005年8月买进了EWY并且从那时起一直持有。她买进的价格是36.50美元，而且自那时起，她一直坚持3倍于每周波动量的跟踪停价。目前这一停价标准是41.10美元，因此她锁定了每股4.60美元的利润。她的初始风险是每股大约4.50美元，所以她现在的利润是2R，而且利用当前的停价锁定了一个大于1R的利润。尽管这只EWY已经有五周时间处于盘整期，但是她希望它会很快恢复上涨趋势。

**（2）迪克的反应。** 迪克设置了波段，他发现在44美元的价位有很强的支撑力量，因此在2月13日当EWY出现自该价位的反弹时，迪克以44.20美元的价格做了多头，停价标准为43.20美元。到2月17日，EWY收盘于45.73美元，因此每股利润为1.53美元（大约是1.5R），但是这些利润都是没有锁定的，因为迪克还没有改变停价标准。到46.80美元时，迪克将削减一半的头寸，并将停价标准提高到盈亏平衡点，或者到2月24日周五收盘时如果还没有涨过46.80美元，他就变现全部的头寸。

**（3）维克托的反应。** 维克托没有持有EWY的头寸。他宁愿购买他可以通过研究确定其期望价值的个别的公司股票。既然EWY是韩国股市的组合，他认为这不是一个低风险的做法。

**（4）艾琳的反应。** 艾琳对利用她的方法交易国家的ETFs非常着迷。她相信每一只股票都有与之相联系的一个特别的能量，因此预测转折点是容易的。然而，一个国家的ETFs，像EWY，有点不一样，因为它是一个很多股票的组合。不论怎样，这个国家也有与之相关联的能量，所以艾琳认为她的方法也许可以使用。而且国家的

ETFs 一般都存在开盘缺口，因为当它们还在交易的时候，美国已经收盘了。

在进行了研究之后，她得出的结论是 EWY 的一个转折点会发生在 2006 年 2 月 20 日星期一这天。不过，这里有一个问题，韩国股市在那一天可能会非常活跃，但是美国股市会因为总统日而闭市，艾琳将不能交易 EWY。此外，她也不知道市场会往什么方向转。

基于图 12-8，艾琳认为她的入市点应该在阻力位 46.2 之上或在支撑位 44.4 之下的任何移动。她的救援点应该在该交易的另一边——支撑点或阻力点。她确实担心到 20 日究竟会发生什么，但是她决定在任一突破点的 1 个点的范围之内买进。她所期望的是出现一个在 48.50 美元之上的新高的突破，或者是这一趋势的崩溃，EWY 下跌到 43.50 美元以下。如果 EWY 突破任何一点，她都会移动停价标准以使盈亏平衡。

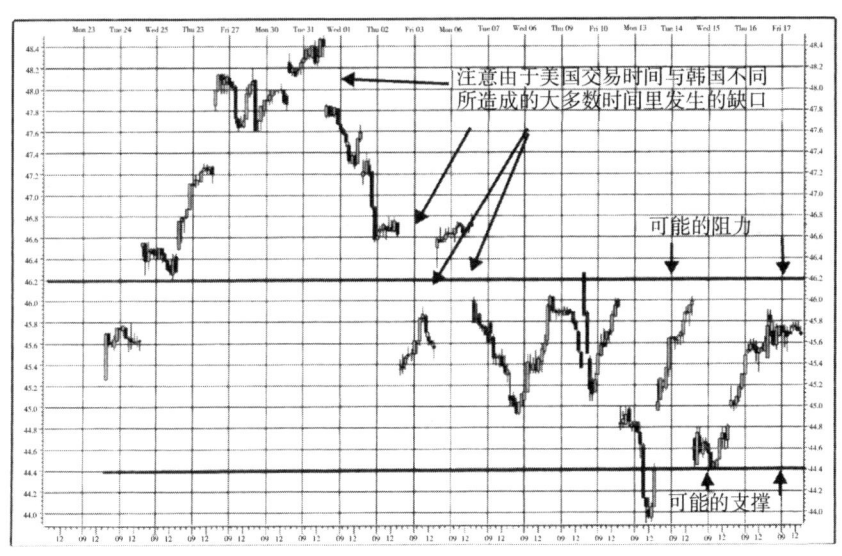

图 12-8　EWY 显示的支撑位和阻力位

在这个例子中，艾琳关于转折点的看法可能是正确的，但是仍然承担着很大的风险。例如，EWY 可以在几天之内移动到 48.50 美元，然后又回落。她可能只能获得这一移动的一小部分——也许最多是 $1R$ 的移动。它也可能下跌到 43.50 美元，然后又回升——同样给她带来很少的利润。不过，由于 EWY 存在一个新的突破或者完全崩溃的可能性，她认为这会给她带来至少 $5R$ 的移动，所以她决定碰碰运气。

到 2 月 21 日，EWY 开盘价为 46.35 美元，仅仅高于她的阻力点，因此她在该点买进，停价标准为 44.20 美元。她决定，如果 EWY 突破 48.50 美元就卖掉一半的头寸，并把停价标准提高到盈亏平衡点。这只有 $1R$ 的利润，但是她对将她的方法应用到国家的 ETFs 上紧张不安。

（5）**肯的反应**。肯对这笔交易没有任何低风险的想法。他正在思考是交易 ETFs 还是对韩国股票进行交易，但是对于该如何行动，他还没有开发出任何好的低风险的想法。

（6）**南希的反应**。南希的业务通讯之一在对 ETFs 进行追踪，而且她在 2005 年 11 月就以 41.30 美元的价格在 EWY 上做了多头。她在这笔交易上保持一个 25% 的跟踪停价标准。目前上涨了大约 0.6R，但是她仍然承担着 0.5R 的损失的风险。

（7）**埃里克的反应**。埃里克对国家 ETFs 一无所知，但是当他看到 EWY 的图表时变得非常兴奋。EWY 处于一个非常不错的上涨趋势中，也许可以一步登天，结果，他以 44.54 美元的价格买进了 100 股。他没有目标也没有停价标准，因此 1R 的风险是 4 468 美元（包括交易成本）。EWY 必须翻一番，他才能得到 1R 的回报。再者，埃里克在这一头寸上承担了其资产组合剩下的 35 415 美元的 12.6% 的风险。

2 月 17 日的情景对各自有着不同观点的七位投资者来说，结果到底怎样呢？见表 12-2。

表 12-2 七位投资者或交易商对 EWY 反应的结果

| 投资者或交易商 | 采取的行动 | 在 2 月 17 日收盘时的结果 |
| --- | --- | --- |
| 玛丽（长期趋势跟踪者） | 在 36.50 美元买进 | 有 2R 的利润，已经锁定了 1R 的利润 |
| 迪克（摆动交易商） | 在 44.20 美元买进 | 那天买进，结果未知 |
| 维克托（价值交易商） | 没有头寸 | 没有结果 |
| 艾琳（预测者） | 没有头寸，但是后来在 2 月 21 日以 46.35 美元买进 | 没有结果 |
| 肯（价差交易商—套利交易商） | 没有头寸；考虑是交易韩国股票还是 EWY | 没有结果 |
| 南希（业务通讯） | 按 41.30 美元买进 | 有 0.6R 的利润，但在该头寸仍有损失的可能 |
| 埃里克（没有方法） | 在 2 月 17 日按 44.54 美元买进 | 刚刚做多头，但是 1R 的风险对他来说是其全部的投资资本 |

仍请注意这些建立在完全不同观点之上的多种不同的方法，是如何基于不同的想法都能对相同的股票建立起头寸的。而且因为他们都是从 R 乘数（回报—风险比率）的角度进行思考的，所以除了埃里克需要股票价格翻一番才能获得 1R 的利润之外，其他人都能在市场中获得成功。

## 3. 情景3：Westwood One（WON）

现在转向一只处于明显的下跌趋势的股票，看看这七位投资者或交易商分别会如何走进这一情景。我们要看的股票是 Westwood One 或称为 WON。如图 12-9 所示，WON 处于一个非常强劲的跌势之中。看看图，决定要采取什么样的行动。

图 12-9　WON 处于明显的下跌趋势中

- 在这种情形下，你会建立头寸吗？
- 如果建立头寸，它是一个多头交易（我预测市场会上涨）还是一个空头交易（我预测市场将下跌）？
- 你将止损指令置于什么位置？
- 给定这一止损指令，你的 1R 将会是多少？
- 你认为在接下来的六周时间里，这笔交易以 R 表示你能赚到多少？
- 这笔交易潜在的回报—风险比率是多少？
- 假如你对该笔交易移动方向的判断有可能错误的概率是 50%，那么做这笔交易还有意义吗？
- 你愿意把自己全部资产组合的多少冒险投到这笔交易上？0.5%？1%？2%还是更多？

看看走势图，在接着读下去之前写下你的答案。现在，让我们来看看这七位投资者对此如何反应。

(1) 玛丽的反应。玛丽在2004年对WON做空,4月以27.40美元左右的价位建立头寸,12月被截住退出头寸,获微利。不过,她依然对这只股票卖空非常感兴趣。当该股票在2005年1月跳离其长期趋势线时,玛丽又以24.80美元的价格卖空它。她差一点在5月~12月期间的盘整期被截住,但是她的停价标准足够宽,结果保护了她。到2月17日,在14.30美元收盘时她依然在做空,其停价标准距离收盘价2.10美元即16.40美元。按照初始风险计算,她的利润为2.5$R$,并利用停价标准锁定了一个2$R$的利润。

(2) 迪克的反应。图12-10显示了迪克是如何思考WON的。迪克设置了一些每小时的波段,因为他想发现一笔空头交易。在这个具体的例子中,长期的下跌趋势对迪克来说太强劲,所以他不想做多头,但是,波段表明在13.7美元以下的一个穿透将会产生一个非常不错的入市点,停价标准是在上波段的14.6美元处。迪克还没有采取任何行动,但是在看到一个入市信号时他将会采取行动。

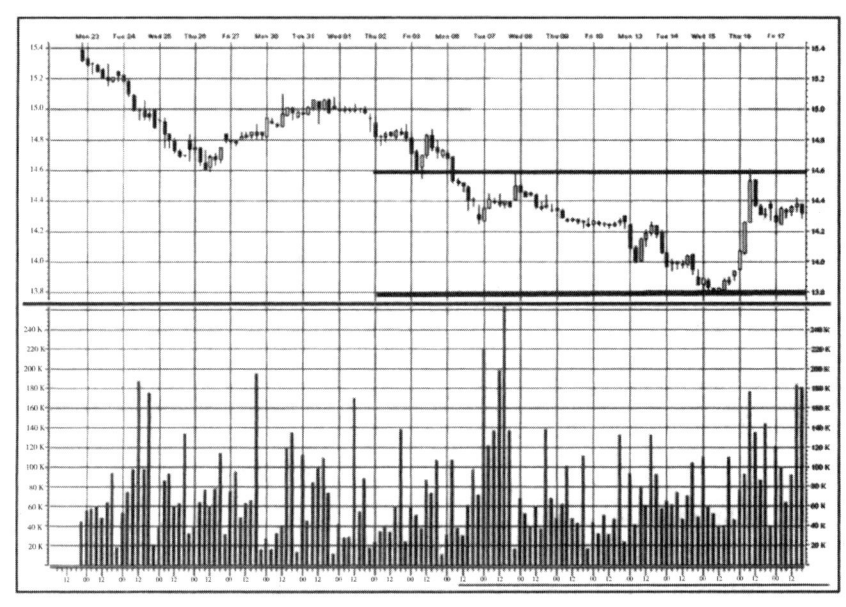

图12-10 WON蜡烛图显示的迪克的波段

(3) 维克托的反应。维克托考察了WON背后的经济状况,认为其经营并不具备竞争力,其股票价值被大大高估了。首先,WON是做媒体的,而维克托对这个行业近期并不非常看好。其次,WON目前的股东资产是-2.03亿美元。最后,在过去的6个月时间里,内部人士已经出售了其现存一半的股份,甚至正在经营该公司的人也不喜欢他们的处境!所以,维克托在2005年11月卖空了该公司,价格为18.40美元，停价水平是 21.10 美元。所以 2005 年 12 月 WON 的 CEO 辞职的消息一点都没有令维克托感到奇怪，这正证实了维克托对该公司的看法。维克托预测该公司到 2006 年年中会降到一位数的价位。到 2006 年 2 月 17 日，他每股获得了 4.10 美元的利润，即 1.5R 多一点。他期待着从这一空头中获得至少 5R 的利润。

(4) **艾琳的反应**。艾琳预测到 2 月 24 日该股票会出现一次大的波动。她是利用自己的方法来确定这一次大的波动会在什么时候发生的，结果非常惊喜地得知这一天和公司计划宣布第四季度的收益正好吻合，但是，艾琳不能确定这次波动是上涨还是下跌，而且也没有充分的信息来确定什么将会成为她的入市信号。不过，如果 WON 的跌势没有穿透 13.80 美元，她预测任何低于 13.80 美元的移动都会成为她做空的移动。

(5) **肯的反应**。肯对 WON 也是看跌的，因此，他卖出了 3 月份的 12.50 美元的看涨期权，期权费为 2.45 美元。为了保护自己，他又买进了 3 月份的 15.00 美元的看涨期权，期权费为 0.35 美元，这样每一笔价差交易他就可以赚到 2.10 美元的贷方价差。如果 WON 的价格涨到 15.00 美元以上，他每笔价差交易将损失 2.50 美元减去其贷方价差 2.10 美元，因此，他最坏情形下的损失是 40 美分。然而，如果 WON 降到 12.50 美元以下，他就可以赚到全部的贷方价差 2.10 美元。如果这笔交易按照他所期望的方向发展，他就有可能赚到 4.25R。他非常喜欢这样的交易。

(6) **南希的反应**。南希的业务通讯之一建议她在 16.00 美元卖空 WON，跟踪停价水平为 20%，即 19.20 美元，结果她遵循了这一建议。到 2 月 17 日，WON 收盘于 14.30 美元，每股获得 1.70 美元的利润。停价水平是 15.66 美元，因此她在该头寸上还承担了 34 美分潜在的损失（大约等于 -0.1R）。

(7) **埃里克的反应**。埃里克看看走势图，自言自语道：这只股票已经跌了很多，也许不会再进一步下跌了，我想我可以买 400 股。结果当埃里克在 17 日看到股票大幅度上升时，就买了 400 股，价格为 14.43 美元。埃里克这一次仍然没有预定风险，因此 1R 的风险对埃里克来说就是他投资在 WON 上的全部的 14.43 美元。他的全部风险是 5 800 美元或者说是他所剩资产组合的 16.8%，因为埃里克不明白在投资金额和在投资的金额中他应该承担风险的金额之间存在重要的区别。

2 月 17 日的情景对各自有着不同观点的七位投资者来说，结果到底怎样呢？见表 12-3。

表 12-3 七位投资者或交易商对 WON 反应的结果

| 投资者或交易商 | 采取的行动 | 在 2 月 17 日收盘时的结果 |
| --- | --- | --- |
| 玛丽（长期趋势跟踪者） | 在 24.80 美元卖空 | 有 2.5R 的利润并锁定了 2R 的利润 |
| 迪克（摆动交易商） | 如果得到机会就在 13.70 美元做空 | 没有结果 |
| 维克托（价值交易商） | 在 18.40 美元卖空 | 有 1.5R 的利润 |
| 艾琳（预测者） | 没有头寸，但是等待 2 月 24 日下跌的可能 | 没有结果 |
| 肯（价差交易商或套利交易商） | 买进三月份看涨期权的贷方价差，净利为 2.10 美元 | 最大风险为 40 美分的损失，潜在的利润为 4.25R |
| 南希（业务通讯） | 在 16.00 美元卖空 | 有 0.5R 的利润，但是在该头寸上仍有少量亏损的风险 |
| 埃里克（没有方法） | 在 14.43 美元买进 | 在收盘时每股获得 13 美分 |

注意这些不同的方法都导致了对该股票做空，埃里克除外，因为他的方法是"让我们现在就行动"。除埃里克之外，他们都是有利可图的，因为他们都以 R 乘数的视角来思考，因此在该头寸上都有成功的潜力。

## 4. 情景 4：Toll 兄弟公司（TOL）

现在来看另外一只处于下跌趋势中的股票——Toll 兄弟公司——一家建筑公司。建筑公司有一段时间业绩非常好，直到短期利润上涨了很高（到 2005 年 7 月），接着它们就开始走下坡路。Toll 兄弟公司是这种走势图最具代表性的例子。图 12-11 显示了该股票每周波动的蜡烛图，同时还显示该股票在 36 美元受到很大的支撑力量。

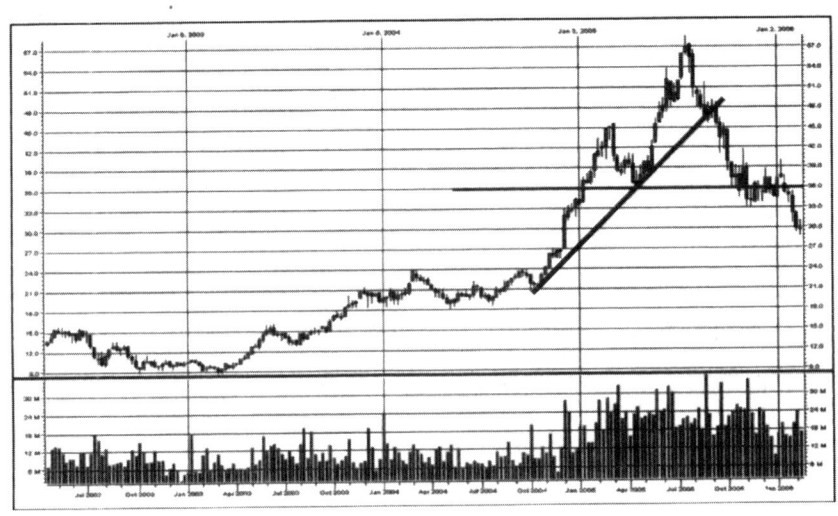

图 12-11 Toll 兄弟公司每周波动蜡烛图

- 在这种情形下，你会建立头寸吗？
- 如果建立头寸，它是一个多头交易（我预测市场会上涨）还是一个空头交易（我预测市场将下跌）？
- 你将止损指令置于什么位置？
- 给定这一止损指令，你的1R将会是多少？
- 你认为在接下来的六周时间里，这笔交易以R表示你能赚到多少？
- 这笔交易的潜在的回报—风险比率是多少？
- 假如你对该笔交易移动方向的判断有可能错误的概率是50%，那么做这笔交易还有意义吗？
- 你愿意把自己全部资产组合的多少冒险投到这笔交易上？0.5%？1%？2%还是更多？

看看走势图，在接着读下去之前写下你的答案。现在，来看看这七位投资者对此如何反应。

（1）**玛丽的反应**。玛丽看着这只股票走来。当走势图在47美元突破其趋势线时，她的多头被截住，获得了不错的利润。此外，在该股票打破其支撑价位36美元时，她对卖空该股票非常感兴趣。她在35.30美元获得做空的入市信号，停价水平为44.88美元。到2月17日，该股票收盘于29.75美元，所以获得大约0.6R的利润。她目前的停价水平是38.20美元，因此在这只股票上她依然要承担大约3个点的损失（0.3R）。

（2）**迪克的反应**。图12-12描述了迪克对TOL的思考。他已经在上波段卖空TOL，并在它穿透下波段时结清了头寸。不过，对下波段强有力的穿透又恢复了他跟踪趋势的风格，所以他在31.60美元卖空。

迪克总是有停价和目标。这次他的停价是先前的下波段，在33.40美元。为了确定如何对下一步进行预期，迪克设置了一些15分钟的蜡烛图，见图12-13。

走势图显示29.60美元是一个强有力的价格支撑点。因为在2月17日收盘之时价格已经接近这一水平，所以迪克以29.90美元的价格抛出了一半的头寸，获得比1R稍少的利润。他希望在第二天价格下跌到28.80美元或者更低的时候抛出剩下的头寸。他目前对其余头寸设置的停价是30.80美元，因此还是锁定了80美分的利润。

（3）**维克托的反应**。维克托考察了TOL背后的经济状况，结果他大为震惊。TOL在最近一个财政年度，每股盈利4.78美元，市盈率达到6.97。这一点就足够令维克托从价值的角度对这只股票很感兴趣了。不过，他打算在它开始上涨时才买进。

图 12-12　TOL 每日蜡烛图显示的管道突破

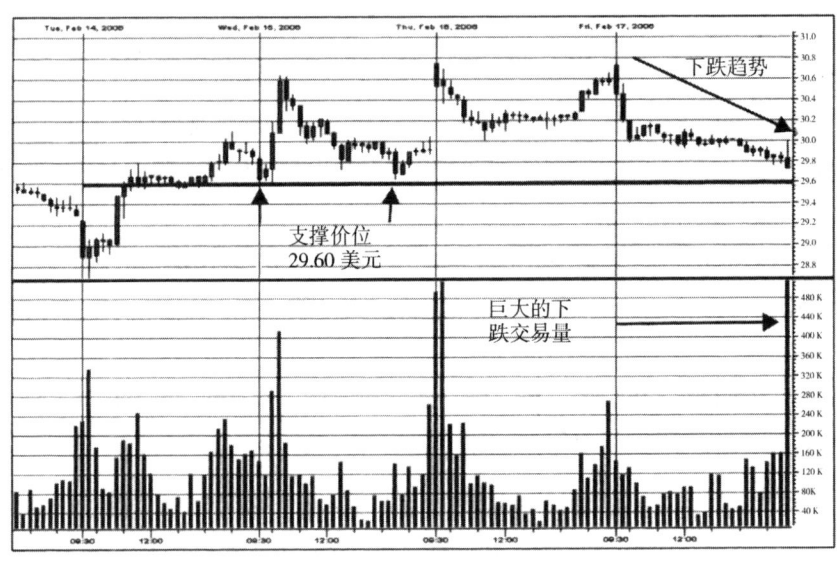

图 12-13　15 分钟蜡烛图显示的 TOL 的支撑位

维克托还考察了该公司的资产负债表。⊖公司的当前资产接近 60 亿美元，而总负债是 35 亿美元，这意味着该公司可以清算变现为大约 25 亿美元。公司目前发行在外

---

⊖ 公司的当前资产是指如果在下一年内卖掉其所有的资产，能卖到多少钱。衡量公司价值的指标之一是，从公司的当前资产中扣除其所有的债务。由此你可以大致了解公司的清算价值，对大多数公司来说，这个数甚至是负的。

的股票是 1.55 亿股，每股的清算价值应该为 15.48 美元。维克托虽然喜欢这一数字，但它并没有吸引力，因为股票实际的售价接近这一水平的两倍。因此，TOL 并不是特别廉价的股票，至少现在还不是。不过，维克托已把这只股票列在自己观察的股票里，如果开始上涨或每股再跌 20 美元，维克托就有可能买进。

出乎意料的是，在周末（2 月 18 日）《巴伦周刊》来了以后，上面有一篇文章，说 TOL 的价值被大大低估了，其表现非常有可能超过市场平均水平。维克托不喜欢看到他的价值股票出现在媒体上。这就证实了他的看法：现在也许不是考虑这只股票的时候，至少现在还不是。

（4）**艾琳的反应**。虽然艾琳还没有预测到 TOL 发生一次大的波动的时间框架，但是她认为这只股票应该能比较容易地在当前的水平停止下跌的趋势，并出现一个显著的回升。艾琳这种想法背后的道理见图 12-14，它显示了从斐波纳契折回水平的角度预测到的下跌，TOL 大概就在这个折回的底部。有时股票会从这些折回处出现大幅度的反弹，尤其是在《巴伦周刊》的文章中提及时。

图 12-14　TOL 长期趋势蜡烛图显示的折回

当星期六看到《巴伦周刊》的文章时，她决定，如果开盘时价格在 30 美元以下就买进 TOL。她预测价格会移动到 34～35 美元。而且由于她的停价只会与此相差 1.50 美元左右，即 28.50 美元，与她的最低目标 34 美元就有一个 4.50 美元的移动，对她来说将是 $2.6R$ 的收益。

（5）**肯的反应**。肯也注意到了这个斐波纳契折回水平，因此在2月14日当TOL价格是29美元时，他花了1.10美元买进了三月份30美元的看涨期权。到2月16日，当TOL几乎涨到31美元时，他以0.70美元的价格卖出了三月份35美元的看涨期权。买卖价差花去他0.40美元，如果到期时TOL收盘于35美元或者更高，这笔价差交易就值5美元。因此，40美分的风险，即$1R$可以转变成4.60美元的利润或者说是一个$11.5R$的利润。肯对这笔交易很满意。

（6）**南希的反应**。南希所有的业务通讯都没有提及TOL，所以这只股票也就没有引起她的注意。

（7）**埃里克的反应**。埃里克一直在听人谈论房地产市场有可能出现泡沫，而且当他注意TOL时，它正呈明显的下跌趋势。埃里克也听说过卖空股票，所以他想了解卖空最好的方法就是去做。他有一个保证金账户允许他在市场中做空头，因此他按30.15美元卖空了100股的TOL股票。因为TOL到2月17日收盘于29.75美元，所以在这一天结束时，他实际上获得了一个25美元的利润（扣除佣金后）。因为他的$1R$是3 030美元（因为他冒着全部资金的风险），现在埃里克的利润相当于是$0.008R$。

2月17日的情景对各自有着不同观点的七位投资者来说，结果到底怎样呢？见表12-4。

表12-4　七位投资者或交易商对TOL反应的结果

| 投资者或交易商 | 采取的行动 | 在2月17日收盘时的结果 |
| --- | --- | --- |
| 玛丽（长期趋势跟踪者） | 按35.30美元卖空，$1R$的亏损为9.58美元 | 表面的利润为$0.6R$，但是仍然有亏损$0.3R$的可能 |
| 迪克（摆动交易商） | 按31.60美元卖空，$1R$的亏损为1.80美元 | 卖掉一半的头寸，获利$1R$，新的停价锁住了$0.8R$的利润 |
| 维克托（价值交易商） | 认为TOL是一只潜在的价值股票，但是现在还不是 | 没有结果 |
| 艾琳（预测者） | 将在开盘时以30美元的限价买进，$1R$的损失将是1.50美元或更少 | 没有结果，但是她的目标将给她一个多达$3R$的利润 |
| 肯（价差交易商或套利交易商） | 买进三月份看涨期权的借方价差，价格是0.40美元，因此$1R$的损失就是40美分 | 如果股票在到期日高于35美元，就可以获得潜在收益$11.5R$ |
| 南希（业务通讯） | 对TOL没有想法 | 没有结果 |
| 埃里克（没有方法） | 按30.15美元卖空TOL | 有一个$0.008R$的利润，因为其头寸承担全部的风险 |

在这个例子中,不同的想法导致不同的头寸。三个人做空并已经获得了少量的利润,其中一位买进借方价差,如果 TOL 在到期时收盘价高于 35 美元,他将获得 11.5R 的巨额利润。另外一位希望在开盘时按照低于某一水平的价格买进。另外两位没有建立头寸,尽管其中一位认为它是一只潜在的价值股票。注意无论他们如何从 R 乘数的角度思考其交易,都有机会获得不错的利润或只遭受较少的损失,只有埃里克例外,因为他是在冒着全部投资的风险。

## 5. 情景5:Phelps Dodge(PD)

现在转向一只纯商品股票,因为有关大环境的分析认为,今后 10 年可能是商品繁荣的时代。图 12-15 描述的 Phelps Dodge(PD)就是这样一只股票。自 2003 年以来它就一直处于强劲的上涨趋势之中。你怎么看待 PD 的走势图呢?

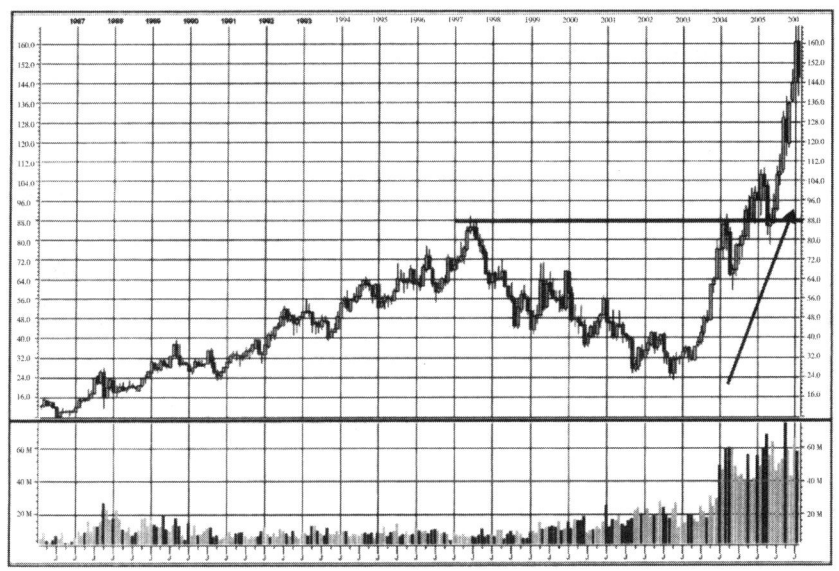

图 12-15　Phelps Dodge(PD)的月蜡烛图

- 在这种情形下,你会建立头寸吗?
- 如果建立头寸,它是一个多头交易(我预测市场会上涨)还是一个空头交易(我预测市场将下跌)?
- 你将止损指令置于什么位置?
- 给定这一止损指令,你的 1R 将会是多少?
- 你认为在接下来的六周时间里,这笔交易以 R 表示你能赚到多少?
- 这笔交易的潜在的回报—风险比率是多少?

- 假如你对该笔交易移动方向的判断有可能错误的概率是50%，那么做这笔交易还有意义吗？
- 你愿意把自己全部资产组合的多少冒险投到这笔交易上？0.5%？1%？2%还是更多？

看看走势图，在接着读下去之前写下你的答案。现在，来看看这七位投资者对此如何反应。

**(1) 玛丽的反应。** 玛丽目前就在 Phelps Dodge 里，而且在这之前就有两次捕捉到了很好的趋势。她的三笔交易见图12-16。她在2003年8月买进了第一笔，在2004年3月被截住，获得一个7R的收益。又在2004年9月买进了第二批股票，差一点在接下来的三个月里被截住，但她还是努力持有股票直到2005年春天被截住，稍微损失0.5R。她在2005年7月29日又以108.20美元的价格做了第三笔交易，初始停价与之相差12个点。到2月17日，PD收盘于145.02美元，因此获利37个点，即稍微高于3R。因为波动幅度剧烈增大，她的停价比较远，在118.77美元，但是这一停价水平能让她留在这笔交易里。她的停价水平到目前为止只锁定了一个稍微小于1R的利润。不过，玛丽相信坚持几年这有可能成为一笔有20R利润的交易。

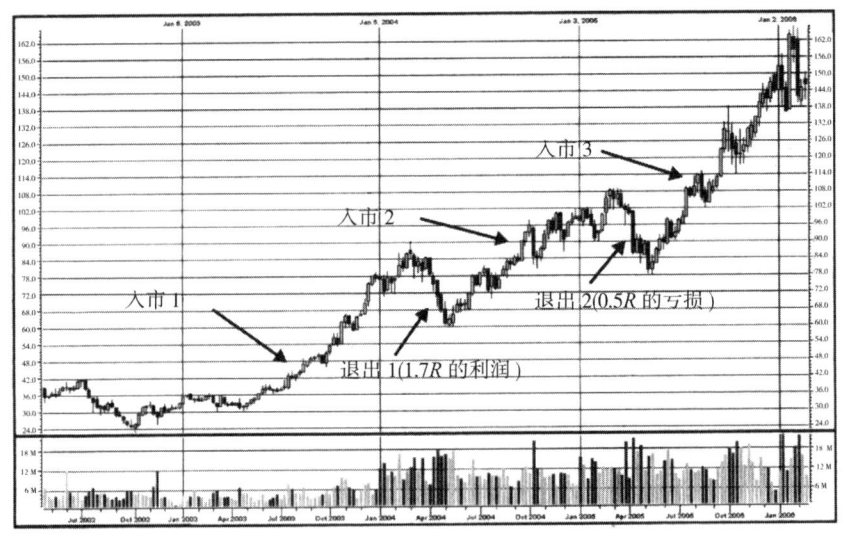

图 12-16　玛丽的 PD 股票交易

**(2) 迪克的反应。** 图 12-17 描述了迪克对 PD 的思考。他的每小时波段设置得非常不错，迪克于2月15日在下部波段（图12-17的点1处）买进了PD，在点2处卖出了这一头寸，获利5R。到2月17日，当价格下跌到上波段以下时，迪克在点3处卖空。其入市是在145.90美元，停价水平在147.60美元。他正在期待着PD下跌到下波段，并打算在大约 140 美元时抛出。因此，一个 1R 的损失对迪克来说就是 1.70 美元，所以他有一个潜在的 6 个点的收益，即大约 3.5R。一旦波段设立，他对从任一波段中获得 8R 的利润将会非常满意（从以前和目前的交易中）。这通常最多只在 1~2 笔交易中才能做到的。

图 12-17　迪克对 PD 的波段设置

（3）**维克托的反应**。维克托考察了大环境，他预测商品市场的繁荣会持续 10 年或者更长的时间。在联储贴现率降到 2% 以下时，维克托决定买进几种商品股票，PD 是其中之一。他在 2003 年以 44.50 美元的价格买进。他实际上没有停价标准，因为他认为它不会走低而抛出这只股票。这对他太有价值了。不过，在强烈要求下，他说他愿意假定可能损失是 50%。因此，可以认为维克托的潜在损失是每股 23 美元。

即使停价水平很远，PD 现在的价格是 145.20 美元，维克托目前也已经获得了超过 100 个点的利润，相当于 4R 左右。维克托打算至少再继续持有 PD 股票五年。不过，他不想把目前已经获得的利润返还市场太多，所以他把目前的停价设在 104 美元，在这只股票某一强有力的支撑点 126 美元和 108 美元之下。

（4）**艾琳的反应**。艾琳考察了 PD 自其最高价 167.12 美元以来的斐波纳契折回水平，这在图 12-18 中清晰地显示了出来。当观察这一走势图时，她感觉这个斐波纳契水平正清晰地出现折回。此外，在艾琳看来，好像这只股票在 142 美元左右处就要跳出 50% 的水平。艾琳在 16 日一大早就以 142.10 美元的价位对该股票做多，保护性停价水平在 140.10 美元。因此，她 1R 的损失是 2 美元。

图12-18 艾琳考察的PD的斐波纳契折回水平

到17日收盘之时,上涨了大约3个点,即1.5R。她的目标是在接下来的5天里,至少要上升到150美元,而且现在的停价水平就是她的入市点即142.10美元。

(5)**肯的反应**。肯对PD是看涨的,而且以7.20美元的价格买进了3月份140美元的看涨期权。几天后,他可以以6.20美元的价格卖出3月份145美元的看涨期权。因此,他花1.00美元买进了一个期权的借方价差。这个借方价差没有前面买的那个好,但是他还是很满意。他在最坏情形下的损失就是两个看涨期权到期时都毫无价值,那么他将会损失1美元,因此,1R的损失就是1.00美元。可是,如果PD在期权到期时收盘于145美元以上(肯认为这是非常有可能的),那么他就可以收到5.00美元的价差,获得一个4.00美元的利润。因此,他是在冒着1R的风险获取一个潜在的4R的利润。肯对这笔交易非常满意。

(6)**南希的反应**。南希的业务通讯之一建议她在73美元的价位买进PD,设立一个25%的跟踪停价。她乐意做这笔交易,因此第二天一早就按72.80美元买进了PD。她的初始停价是根据业务通讯所建议的25%之外,因此初始风险就是每股18.20美元。到2月17日,PD涨到了145.02美元,她获得了一个72.22美元的利润,即几乎是4R的利润。她的停价水平于是就调整为最近的最高价167.12美元的25%之外,即125.34美元。因此,即使在这一点被截住,她仍然可以获得一个大约3R的利润。

(7)**埃里克的反应**。PD对埃里克来说太贵了。他不能忍受自己花100多美元买一股股票,但是PD确实有期权。而它看起来就像一只要下跌的股票。

这一次埃里克决定买进 3 月份执行价格为 145 美元的看跌期权，价格是 6.20 美元，结果埃里克花了 1 240 美元买进了两手期权合约。如果这两手期权合约没有让埃里克赚到钱，他也许就要让它们到期变得一钱不值了。这一次，他的风险还是比较合理的，当然只是相对来说，因为它只相当于其资产组合的 3.5%。这对大多数人来说，已经是相当高的风险了，但是对埃里克来说，已经很低了。

2 月 17 日的情景对各自有着不同观点的七位投资者来说，结果到底怎样呢？见表 12-5。

表 12-5　七位投资者或交易商对 TOL 反应的结果

| 投资者或交易商 | 采取的行动 | 在 2 月 17 日收盘时的结果 |
| --- | --- | --- |
| 玛丽（长期趋势跟踪者） | 按 108.20 美元做多头，1R 的亏损为 12 个点 | 有另外两笔交易获利 6.5R，目前的一笔获利 3R（其中 1R 受停价保护） |
| 迪克（摆动交易商） | 按 145.90 美元卖空，1R 的亏损为 1.70 美元 | 有前一笔获得 5R 的收益，这一笔获益 0.5R |
| 维克托（价值交易商） | 按 44.50 美元做多头，1R 的亏损为 23 美元 | 有 4R 的利润，其中 3R 是受停价保护的 |
| 艾琳（预测者） | 跳离斐波纳契折回；按 142.10 美元做多头，1R 的亏损为 2 个点 | 上涨了大约 1.5R |
| 肯（价差交易商或套利交易商） | 买进 3 月份的 140 美元和 145 美元的 PD 看涨期权的借方价差，价差为 1 美元 | 承担 1 美元损失的风险，潜在的利润是 4 美元 |
| 南希（业务通讯） | 在 72.80 美元买进，1R 的损失等于 18.20 美元 | 上涨 4R，其中 3R 受停价保护 |
| 埃里克（没有方法） | 买进 2 个 3 月份 145 美元看跌期权，价格为 6.20 美元 | 在这一天收盘时损失 35 美元 |

除埃里克之外，每个人都在这只股票上获得了利润，尽管每个人的做法都不同。大多数人都是做多头，只有埃里克和迪克除外。同样，除埃里克以外，他们都从回报—风险方面进行考虑，所以都有获得成功的可能。

在你阅读下一部分之前，注意这些优秀的交易商—投资者在分析各种交易情形方面都各自做了多少工作。出色的交易需要持之以恒以及对各种交易的理念比如回报—风险比率、期望收益和头寸规模确定等有透彻的理解。如果你想成功，就必须愿意学习这些概念，并花时间来开发好的系统。你也许可以想象这些交易商各自花费了多少时间来对每一个情景进行分析，但是如果你只分析了 100 个不同的情景，才能从中发现一个好的，你还愿意这样做吗？

## 12.3 六周以后的结果

### 1. 情景1：Google（GOOG）

从2月中旬入市起GOOG继续上涨，直到2月28日达到一个最高价397.54美元，然后又恢复了下跌趋势，到3月10日达到了最低价331.55美元。3月24日，标准普尔500指数向世界宣布，到3月31日GOOG将成为标准普尔500指数的一部分。在这一天GOOG出现跳空，接着开始攀升，到3月29日达到一个最高点399美元。到3月31日正好收盘于每股390美元。图12-19是GOOG直到3月31日的每日条形图。

来看看这几位投资者在GOOG上表现如何。为了说明问题，我们都将在3月31日收盘价390美元的基础上计算出未结清的头寸的所有R乘数结果。

（1）玛丽的结果。玛丽在GOOG上做了多头，跟踪停价水平是329美元。当3月10日GOOG达到331.55美元的最低价时，她差一点被截住，但是到3月31日，当GOOG收盘于390美元时，她仍然在里面。玛丽按照217.30美元的价格买进，停价为18个点，因此，在GOOG价格达到390美元时，她获得了一个每股172.70美元的利润，即9.6R。

图12-19　到3月31日的GOOG每日条形图

(2) **迪克的结果**。迪克在 2 月 17 日就结清了他的头寸，获利 7.4R。

(3) **维克托的结果**。维克托不喜欢 GOOG，但是当听说 GOOG 就要成为标准普尔 500 指数的一部分时，他对自己的分析表示遗憾。这意味着很多公共机构现在会买进 GOOG 的股票，而且只要资金还在投向共同基金，它就会有公共机构的支持。因此，他决定在 3 月 24 日 GOOG 向上跳空之后结清头寸。他按照 367.40 美元结清空头，获利 67.60 美元，因为其初始风险为 42 美元，所以这相当于一个 1.6R 的利润。维克托也不是沮丧，因为 1.6R 的利润相当于在大约两个月的时间里他几乎实现了 5% 的账户增长。

(4) **艾琳的结果**。当价格达到第一个目标价位 390 美元时，她卖出了 1/3 的头寸，获得一个 3R 的利润。其余的头寸在 367.50 美元被截住，获得一个 1.2R 的利润。

(5) **肯的结果**。如果肯的价差合约在到期日收盘于 350 美元以上，那么他就可以获得一个 2.65R 的利润。在 GOOG 达到 380 美元时，尽管期权合约还有两周的时间才到期，但是肯现在就可以结清他的期权头寸获取一个 2.5R 的利润，因为他只剩下很少的利润来冒险等待期权合约到期了，但他也有可能看着自己到手的利润从眼前消失。

(6) **南希的结果**。因为从不同的业务通讯中获得的观点是相冲突的，所以她没有在 GOOG 上建立头寸。

(7) **埃里克的结果**。埃里克已经在该头寸上遭受了一个 1R 的损失，相当于他账户的 11%。

## 2. 情景 2：韩国 ETF（EWY）

EWY，即韩国的 ETF，在 2006 年的第一个季度基本上停止了上升的趋势，进入了一个盘整的模式。这就意味着一个聪敏的短期交易商可能可以获取利润，但是一位长期交易商则不得不退出该头寸去寻求更好的投资，或者希望趋势会在盘整期结束后重新恢复。经过了 2 月 27 日的最高点 47.60 美元到 3 月 7 日的最低价 43.01 美元之间的震荡之后，3 月 31 日，EWY 收盘于 46.65 美元。

图 12-20 是 EWY 在 2005 年下半年到 2006 年第一季度之间的每日蜡烛图。注意其中糟糕的盘整模式。

下面来看看这几位投资者的表现。

(1) **玛丽的表现**。玛丽在 41.1 美元持有 EWY 的多头，在盘整期间没有发生任何变化。因此，在 3 月 31 日以 46.65 美元收盘时，她仍然持有 EWY 的多头。她到 3 月 31 日获得了一个 2.25R 左右的利润。

图 12-20 到 2006 年 3 月 31 日 EWY 的每日蜡烛图

（2）**迪克的表现**。迪克在 44.20 美元买进，使用一个相当紧密的停价。2 月 24 日是结清头寸的最后期限，他可以在 46.80 美元结清一半的头寸，获利 2.6R。他把停价提高到盈亏平衡点，2 月 25 日，把停价提高到 46.80 美元，到第二天被截住。结果，他的全部头寸获得一个 2.6R 的利润。

（3）**维克托的表现**。维克托在 EWY 上没有持有头寸。

（4）**艾琳的表现**。艾琳在 2 月 20 日按照 46.35 美元买进头寸，停价水平为 44.20 美元。EWY 的上涨从未超过这一水平很多，因此艾琳第二天就被截住。她发誓再也不对国家的 ETFs 进行交易，尤其是在她的预测是基于与她可能交易的国家 ETFs 处于完全不同的时区时。

（5）**肯的表现**。肯在 EWY 上没有持有头寸。

（6）**南希的表现**。南希在 41.30 美元买进了 EWY，使用一个 25% 的跟踪停价。3 月 31 日，当 EWY 的价格为 46.65 美元时，她还在里面，利润为 5.35 美元。假定她在这一天退出来，那么利润大约是 0.5R。

（7）**埃里克的表现**。埃里克 3 月 31 日在 EWY 上获利 211 美元。因为他全部的投资都在承担着风险，所以这一利润相当于大约 0.05R。

## 3. 情景 3：Westwood One（WON）

WON 的下跌一直持续到 3 月 31 日。实际上，在 2 月 24 日，正如艾琳所预测到的，它出现了剧烈的骤然下降。㊀2月17日～3月31日之间，最高点出现在2月22日，为14.66美元；最低点出现在3月30日，为10.90美元。图12-21描述了这一"漂亮"的下跌趋势。

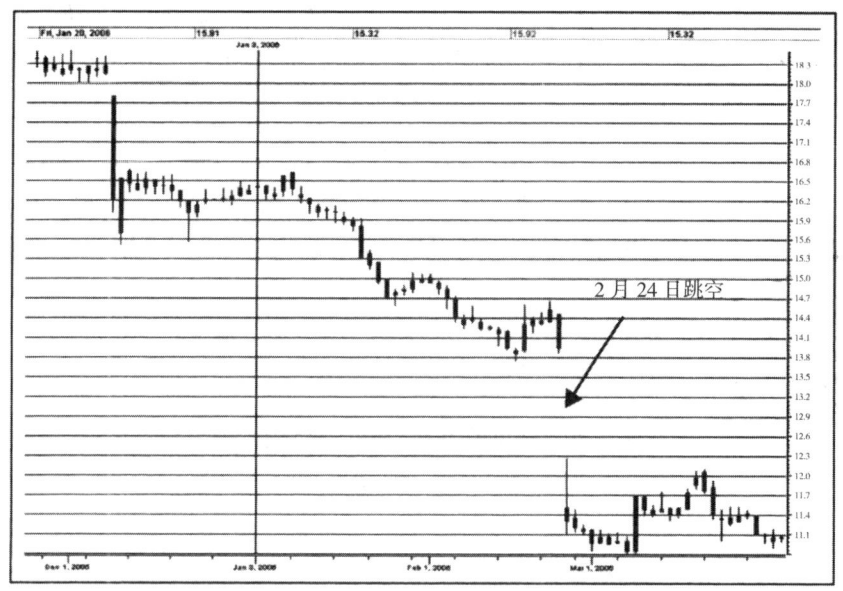

图12-21 到2006年3月31日的WON的每日蜡烛图

来看看这些投资者的表现如何。

（1）**玛丽的表现**。玛丽在24.80美元对WON卖空。因为WON在3月31日收盘于11.04美元，所以她获得了每股13.76美元的不错的利润。因为初始停价大约是4美元，所以她的全部利润大约相当于3.44R。

（2）**迪克的表现**。迪克在寻找13.70美元做空的机会。因为WON直线下跌到12美元左右，所以跳空了这一区域，因此，他从未等到入市的机会。结果迪克错过了这次交易机会。

（3）**维克托的表现**。维克托在18.40美元卖空WON，停价为2.70美元之外即21.10美元。到3月31日收盘于11.04美元时，维克托获得一个2.73R的利润。

（4）**艾琳的表现**。艾琳预测，2月24日WON会发生剧烈的价格波动，但是她不知道波动的方向。本能告诉她应该是下跌，所以她打算在出现低于13.80美元价位

---

㊀ 这些都是虚构的交易商，而且对艾琳来说那些神奇的日子都是凭空捏造的。我的目的只是对艾琳的预测开一个小小的玩笑，所以在2月24日市场出现一个向下的跳空时，我完全震惊了。不过，具有讽刺意义的是，艾琳并没有进去交易，尽管她预测到了，因为它跳空越过了她的入市点。我怀疑这对那些使用神奇数字进行市场预测的人来说是经常会发生的。

的移动时买进。像迪克一样,她错过了这笔交易,因为价格向下一下就跳空到12美元。艾琳对此着实懊恼,因为她在做空还是做多的判断上是正确的,但是却没能交易。然而,这是那些利用预测进行交易的人经常会遇到的问题之一。

(5)**肯的表现**。肯可以持有他全部的贷方价差2.10美元,获利4.25$R$。

(6)**南希的表现**。南希在16美元卖空WON,初始风险为3.20美元。到3月31日收盘时,她获利4.96美元,这是一个1.55$R$的利润。

(7)**埃里克的表现**。埃里克当然也买了WON。到3月31日,他全部的损失是每股3.39美元。然而,因为他的风险是购买股票所花的全部的14.43美元,因此,其损失是0.23$R$。在这笔交易中他冒的风险是其账户的4%,所以他的账户已经减少了1%。

## 4. 情景4:Toll兄弟公司(TOL)

TOL一直处于到2月7日才结束的下跌趋势中,接着是持续到2月14日的一个短期的盘整阶段。然后它开始上涨,但是,到底是盘整在变宽,还是一个新的上涨趋势正在开始,不是很清楚。因此,TOL可能是这五种股票里面最难交易的一种。有三位交易商在等待下跌的移动,而另两位做多头。实际上是TOL开始了一个带有上升趋势的管道移动。这个管道在2月23日、3月17日和3月27日显示出最高点,而在2月14日和3月10日显示了最低点。到3月31日TOL收盘于34.63美元。图12-22描述了TOL在这一段时间里轻微的上升趋势。

图12-22 到2006年3月31日TOL的每日蜡烛图

下面来看看七位投资者的表现。

(1) **玛丽的表现**。玛丽在 TOL 持有一个空头头寸，价格是 35.30 美元，停价在 44.88 美元。当 TOL 下跌时，她的停价低到了 38.20 美元，但当 TOL 开始上涨时，她的停价标准依然保持在 38.20 美元。到 3 月 31 日，TOL 收盘于 34.63 美元，玛丽实际上每股仍然有 0.67 的少量利润。假定她在那一天清盘，其总的利润将是 $0.07R$。

(2) **迪克的表现**。迪克已经卖出了他在 TOL 上一半的空头头寸，收益为 $1R$，而剩下的一半头寸锁定了一个 $0.8R$ 的利润，停价是 30.80 美元。到 2 月 22 日，余下的股票都被截住了。因此，迪克在这笔交易上的平均利润是 $0.9R$。

注意，尽管该股票自 3 月 10 日起就一直在上涨，但这两位投资者都在做空交易上获得了利润。

(3) **维克托的表现**。维克托在 TOL 上没有持有头寸，但是他将它看成是将来的价值股。

(4) **艾琳的表现**。艾琳在 2 月 17 日可以以 29.87 美元的价格买进该股票，然后在 3 月 23 日按照她大约 34 美元的目标价格卖出该股票从而实际获利 34.20 美元。因为艾琳的风险结束于每股 1.87 美元，所以利润相当于一个 $2.3R$ 的收益。

(5) **肯的表现**。肯可以在期权到期时获得 5 美元利润目标的几乎全部。他的净收益是 4.90 美元，而且因为初始风险是他的借方价差 0.40 美元，所以 4.90 美元的收益相当于 $12.25R$ 的收益。

(6) **南希的表现**。南希的业务通讯没有提及 TOL，所以她没有买进该股票。

(7) **埃里克的表现**。埃里克，当然是对 TOL 做了第一笔空头交易。他在 30.15 美元卖空，因此，当 TOL 在 3 月 31 日收盘于 34.63 美元时，每股损失 4.48 美元。如果将其与他所承担的全部风险 30.15 美元相比，他的损失就是 $0.15R$ 左右。埃里克把资产组合的 12% 投在了这只股票上，因此这笔交易让他的账户损失了 1.8%。

## 5. 情景 5：Phelps Dodge (PD)

PD 确实恢复了它的上升趋势，但是这也没能阻止它于 3 月 8 日在 130.28 美元附近再创新低。它在 3 月 13 日将一股分割为两股以后，又恢复了上升的趋势。到 3 月 13 日所有这些交易商或投资者都以一半的价格拥有了原来 2 倍的股票。分割后的价格见图 12-23，但是为了避免混淆，我将继续使用分割前的价格来计算盈亏和 $R$ 乘数。

下面来看看这几位投资者的表现。

(1) **玛丽的表现**。玛丽在 PD 上的多头头寸远没有达到她的停价 118.70 美元。因此，当 PD 在 3 月 31 日收盘于一个未加调整的分割价格 161.06 美元时，她获得了

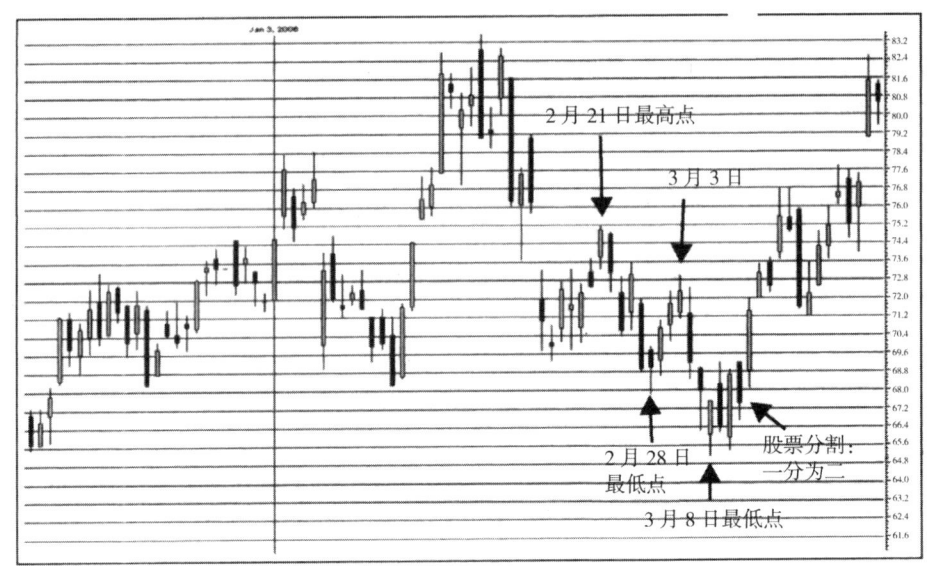

图 12-23 到 2006 年 3 月 31 日 PD 的每日蜡烛图

一个 4.2R 的利润。如果把这笔利润和其他的两笔收益结合起来，现在她在这只股票上实现了大于 10.7R 的利润。

（2）**迪克的表现**。第二天一早，迪克就非常不幸地遇到 PD 在停价点开盘。因此，他马上就以 1R 的损失抛出了空头。

（3）**维克托的表现**。在 3 月 31 日收盘时，维克托在该头寸就获得了一笔巨额利润。因为他在 44.50 美元进入，而 3 月 31 日收盘于 161.06 美元，所以他全部的利润按照分割前的价格计算，是每股 116.56 美元。这相当于一个 5.1R 的利润。

（4）**艾琳的表现**。艾琳在 142.10 美元做多 PD，初始风险是 2 美元。她可以在 2 月 21 日以 150.20 美元的价格卖出，获利 8.10 美元。因为初始风险是 2 美元，所以她的利润在 4R 以上。她对此非常满意。

（5）**肯的表现**。肯发现这是一笔非常难做的交易。到 2 月 28 日看起来他还像是要赔钱，但直到到期日之前，他都一直持有这笔期权价差，结果获得 4 美元的利润。因为风险是 1 美元，因此他获得了一个 4R 的利润。

（6）**南希的表现**。南希在 PD 上做得很好。她在 72.80 美元买进，行情从未达到她较宽的跟踪停价，所以到 3 月 31 日当市场收盘于 161.06 美元时，她的全部利润是每股 88.26 美元。她的初始风险是 18.20 美元，这相当于一个 4.85R 的利润。

（7）**埃里克的表现**。埃里克当然买了他在 PD 上的第一笔看跌期权，即 3 月份 145 美元的看跌期权，但是当 PD 打破 150 美元时，埃里克就乱了手脚，以 480 美元的亏损卖出。因为他的总投资 1 240 美元都处于风险之中，所以我们把他的亏损算为 0.4R。

##  12.4 以 R 乘数表示的结果

下面分析一下以 R 乘数表示的每一位交易商或投资者的所有结果，看看 R 乘数对他们的交易有何评价，表 12-6 归纳出了这一结果。注意，除了埃里克之外，其他所有的人都获得了利润，而他没有交易方法、没有计划、也没有停价。埃里克的交易就像是一位医生没有去医学院学习就开业行医一样。你当然不能这样做，况且还指望着赚钱，埃里克的结果就证明了这一点。

其他交易商尽管在很多情形下各自有着完全不同的想法，但是都赚到了钱。他们有些做多头，有些做空头，但都设法赚到了钱。

表 12-6 七位投资者的结果汇总

| 投资者 | GOOG | EWY | WON | TOL | PD | 总和 |
|---|---|---|---|---|---|---|
| 玛丽 | +9.6R | +2.25R | +3.44R | +0.07R | +10.7R | +26.06R |
| 迪克 | +7.4R | +2.6R | 无交易 | +0.9R | -1R | +9.9R |
| 维克托 | +1.6R | 无交易 | +2.73R | 无交易 | +5.1R | +9.43R |
| 艾琳 | +1.8R | -1R | 无交易 | +2.3R | +4R | +7.1R |
| 肯 | +2.5R | 无交易 | +4.25R | +12.25R | +4R | +23.0R |
| 南希 | 无交易 | +0.5R | +1.55R | 无交易 | +4.85R | +6.9R |
| 埃里克 | -1R (11%) | +0.05R | -0.23R (1%) | -0.15R (1.8%) | -0.4R (2%) | -1.73R |

玛丽一共增加了 26.06R 的收益，包括在这些股票上以前结清的交易。这相当于一年多的交易，但是她还有很多其他的头寸。如果她每笔交易承担的风险大约是 1%，那么她的账户在这五只股票上增加了大约 20%。

迪克是一位短期交易商，他做了很多交易，因此表中所显示的只是几个例子。他的大多数交易持续时间不会超过一周，然而他还是实现了 9.9R 的收益。即使假定他只承担了 0.5% 的风险，而且只做了这几笔交易，在这六周的时间里，他还是会实现超过 7% 的收益。这相当于一笔巨额年收益。

维克托的交易可以持续几年，他只做了 3 笔交易。尽管如此，他在这些交易上还是实现了 9.43R 的收益。而且维克托对他的交易很少判断错误，因此可以假定他在每一笔交易上承担的风险超过了 2%。因此，仅仅是这些交易就可以让他赚到 19% 以上，考虑到他的资产组合的规模，这是一大笔钱。此外，他在 GOOG 上的交易在六周的时间里达到了近 5% 的收益，这对他本身就不想持有的股票来说已经很不错了。

艾琳有一笔亏损，还有一笔交易她预测得非常好，但是没能做成。不管怎么说，她还是有她可以信任的一个方法，而且这一方法也证明了其有效性。在六周的时间里，她实现了 7.1R 的收益。以每笔交易承担 1% 的风险计算，这相当于一个非常可观的年收益。

肯是我们的星级交易商。他在六周的时间里仅从这些交易中就实现了 23R 的收益，而这些只是他的交易中很小的一部分。

南希并不期望从她的交易账户中获得六位数的收益，而且她也没有花费太多的时间来关注市场。她每一个头寸冒着大概1%的风险，因此她在一年的时间里从这些股票中实现了大约7%的收益。因为这些只是她每年交易的一小部分，因此她对此结果也是很满意的。

相比之下，埃里克没有交易方法，最为重要的是，他既没有停价也没有头寸规模确定的意识。在第一笔交易中，他就损失了其账户的11%。而这些交易一共促成了他在六周的时间里损失了账户金额的16%。然而，交易是一项事业，如果不想把它当做事业来对待，你要付出的学费确实是高昂的。

## 小　结

谁的方法最吸引你呢？由于彩票偏好的影响，一般人可能会说是艾琳的。艾琳能够很好地进行预测，但是她这样做要付出大量的努力。她的方法并不比其他任何方法更有效，而且她的预测和赚钱没有任何关系。她做的一切都只是预测市场的方向。难道玛丽不就是通过观察长期趋势而做得相当好吗？你要注意到艾琳的业绩在这五位专业交易商中是最弱的，全部利润只有 $7.1R$。

每一位成功的交易商或投资者一般都具备以上所描述的十个特征：①他们都有一个经过认真研究的、期望值为正的系统；②他们的系统都适合其个性、观点和目标以及他们都会对各自的系统使用起来感到舒服；③他们都彻底理解所进行的交易的概念；④他们明白在进入交易之前必须事先确定最坏情形下的损失；⑤他们考虑每一笔交易以确定其潜在的回报—风险比率；⑥他们都有一个业务计划来指导其投资；⑦他们明白头寸规模确定是实现目标的关键；⑧他们都花费大量时间来努力改善自我，而且都以交易业绩作为衡量其在自我发展方面的工作开展得如何的标准；⑨他们都对自己的交易结果承担全部的责任；⑩他们都向自己的错误学习。

然后我给出了七位交易商，他们是：玛丽，一位趋势跟踪者；迪克，波段交易商；维克托，价值交易商；艾琳，市场预测者；肯，价差交易商或套利交易商；南希，业务通讯追随者以及埃里克，普通交易商或投资者的代表。

然后你了解了这些交易商或投资者是如何分别走进五个不同的市场情形的。最后你又看到了六周以后这些市场情形对他们每个人的结果。

现在你应该明白每一个交易系统如何能够由它所产生的 $R$ 乘数分布来表示了，其期望收益为 $R$ 乘数的平均值。

第 13 章
Chapter 13

# 评估你的系统

> 大多数人都会错过机会，因为机会就在我们身边，却常被忽视。
>
> ——托马斯·爱迪生

到目前为止，你已经掌握了交易系统设计的精髓部分。大多数人都对到此为止本书所涵盖的内容很满足了，因为它覆盖了大多数人所关注的全部领域，但是，我尚未提及在市场中赚钱所涉及的两个最重要的方面——机会因素（以及每一次机会的成本）和头寸规模确定因素。

到目前为止，我们所涉及的实际上是有关 $R$ 乘数和期望收益的内容。你的系统从 $R$ 乘数的角度来看如何？它的平均 $R$ 乘数是多少？这就是期望收益。你需要问问自己：我怎样才能获得尽可能高的期望收益？也就是说你承担着风险的每笔交易中的每一美元怎样才能够赚到最多的钱。第 7 章所做的打雪仗的比喻，向你展示了如何确保在任何给定的时间里（平均）扔过来的白雪球（赢的数量）要大于黑雪球（亏损的数量）。

图 13-1 是一种解释期望收益的方法。这是一个二维图。x 轴代表交易的可靠度——盈利交易的百分比，y 轴代表平均回报与平均风险的相对大小——盈利交易的平均收益与亏损交易的平均收益的相对大小。

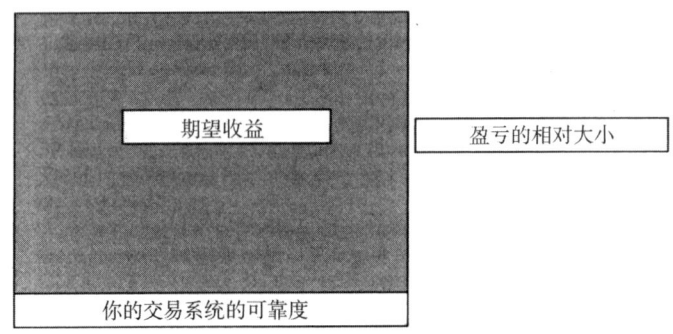

图 13-1 解释期望收益的二维图

## 13.1 可以采用的几种途径

如果你已经充分领会了前面几章的内容，应该能开发出一个期望收益为正的系统。可以有很多途径获得这一系统，下面就是一些例子。

### 1. 交易商 1：长期趋势跟踪，以较大的 R 乘数为目标

假如你决定做长期趋势跟踪者，目标是获得较大的 R 乘数的交易。你决定采用一个 80 天的管道突破方案，然后，在一个折回之后进入，将停价设在折回之下。你的初始利润目标至少是 10R。也就是说，要么你被截住而遭受损失，要么你实现 10R 的利润。一旦 10R 的利润得以实现，你的停价就成为 20% 的折回停价——意思是说，你现在愿意在退出前返还 20% 的利润。

这种交易意味着一个 1R 的风险对你来说是很小的。也就是说，你会非常频繁地被截住（会遭遇很多亏损的交易），但是收益通常会达到 10R 或更大。当你检验你的系统时，会发现你有 28% 的交易是赚钱的，但是平均收益大约是平均损失的 12 倍。这样的结果带来的估计是 2.58R 的期望收益——非常不错的期望收益。不过，还有一些关键的问题要加以考虑：你得到 12R 的利润的频率如何？是一年一次还是一周一次？你能够使用这个系统进行交易的频率如何？你在什么时候会遭受一次长期的亏损，这样的亏损以 R 来衡量会是多少？

### 2. 交易商 2：标准的长期趋势跟踪者，可靠度为 40%，回报—风险比率为 2.5:1

也许你认为自己无法忍受上面所描述的可以产生较大的 R 乘数的方法所带来的非常多的亏损交易，于是你决定采用更为标准的趋势跟踪方法进入市场。你决定采

用一个适应性移动平均作为入市信号，使用3倍于波动幅度的跟踪停价——二者都是为了保护初始资本以及作为获利退出市场的信号。

在这种情况下，你的初始风险很大，因为它是价格每天平均波动幅度的3倍。不过，经过大量的检验之后，你发现平均损失只有 $0.5R$，还发现平均收益是 $3.4R$，有大约44%的交易是盈利的。在算出期望收益后，你会发现交易平均会给你带来 $1.22R$ 的收益。同样，现在也有一些关键的问题你要加以考虑，你能够使用这个系统进行交易的频率如何？给你带来的损失以 $R$ 乘数表示会是多少？以及你对这样的结果满意吗？

### 3. 交易商3：较高的可靠度，较低的 $R$ 乘数的交易

你实在不能忍受有可能会遭受一连串失败的交易，因此，至少需要在60%的时间里是正确的。此外，你也愿意为了提高正确率而牺牲利润规模。

因此，你决定采用一个波动幅度的突破作为入市信号。你知道在得到一次大的移动时，它有可能会持续一小段时间。你决定在市场无论是上涨还是亏损达到最近5天的平均真实波幅的0.7倍时，就进入市场。

你对这样的入市做了大量的检验，而且注意到对你最大的不利偏移很少会超过平均真实波幅的0.4倍，因此，决定以它作为初始停价，而且也非常乐意把平均真实波幅的0.6倍作为一个利润目标，因为你认为这一目标至少可以在60%的时间里达到。换句话说，你要么在停价水平退出市场而遭受损失，要么就实现利润目标。

在计算期望收益时，你确定平均每笔交易你有可能获得 $0.5R$ 的收益，但这是一个非常活跃的系统，在扣除了交易成本后，你的期望收益只有 $0.4R$。你现在必须要问的问题是：期望收益只有 $0.4R$，我能坚持下去吗？与那些长期趋势跟踪者相比，你是否会产生足够多的交易来与他们在投资利润方面进行竞争？你能预测到的损失以 $R$ 乘数表示会是多少？

### 4. 交易商4：每次交易都能够获得买卖差价的做市商，但是有时会让市场一扫而空

最后一位代表了一个极端的交易商，就是做市商。这位交易商会努力攫取每次交易的买卖差价。假如买卖差价代表每笔交易有8美分左右的收益，而这位交易商在80%的时间里可以获取这一收益。另外15%的交易每笔会有大约8美分的较小的损失，但最后5%的交易代表他在遭到市场席卷一空时要承担的较大的损失。这些巨大的损失有可能达到每笔交易80美分。

这位交易商在计算期望收益时，发现只有大约 0.15R（这里 R 就是 8 美分）。在扣除交易成本后，他最后的结果是 0.11R。这样的交易商如何生存下去？与那些知道如何利用承担风险的每一美元获得超过一美元的收益的人相比，他也许没有多少机会。甚至可以说他有机会吗？最后，这位做市商能预测到的损失会是多少的 R 乘数呢？

## 13.2 期望总值：影响机会因素

表 13-1 显示了上述四位交易商的期望收益值。最初，期望收益最大的看起来好像就是我们预期会获得最大成功的交易商。的确，这位交易商的期望收益要比大多数的长期趋势跟踪者的期望收益高出很多，因此我们就预测他会取得极佳的成绩。然而，就像前面分析的一样，机会因素明显地改变了期望收益的构成，这也在表 13-1 中以该系统每天可以产生的交易次数表示出来了。

表 13-1 四位交易商的期望值

|  | 交易商 1 | 交易商 2 | 交易商 3 | 交易商 4 |
| --- | --- | --- | --- | --- |
| 期望收益 | 2.58R | 1.216R | 0.5R | 0.15R |
| 扣除成本后 | 2.38 | 1.02 | 0.4R | 0.11R |
| 机会 | 0.05 | 0.5 | 5 | 500 |
| 期望总收益 | 0.119R | 0.51R | 2.0R | 55R |

假如交易商 1 的系统平均每 20 天产生一笔交易，交易商 2 每隔一天有一次交易机会，而交易商 3 和 4 每天分别有 5 次和 500 次交易。根据这些数据，我们可以计算出每位交易商每天的平均 R 收益，见表 13-1。实际上就是期望收益乘以机会，简称为期望总值。

根据这个标准，我们发现总体优势明显属于做市商。这位做市商，如果很聪明的话，会很少有亏损的时候。如果每笔交易所承担的平均风险是每位交易商资本的 0.25%，那么交易商 4 每天可以获得 13% 的收益，而交易商 1 每天只能获得其账户金额的 0.03%。

在我的顶级交易商项目中有一些场内交易商，其中有一位从未有过亏损的年度，甚至很少有亏损的月份。另外一位在短短 3 个多月的时间里把 10 万美元变成了 170 万美元。还有一位在我的指导下，第一个月的交易就把他参加顶级交易商项目的费用全给赚出来了。这是他的优势吗？⊖

---

⊖ 大多数场内交易商从不这样做。他们在 1～2 年的时间里就走向了破产（或者至少是损失了其资本），因为他们不理解他们的优势所在，或者说不知道如何利用这一优势。此外，他们在每笔交易中很少承担其总账户资本的 0.5% 的风险。

你现在理解利润是期望总值或者说是期望收益乘以机会的结果了吗？结果是你所考察的时段内产生的总的平均 $R$ 利润。总的平均 $R$ 利润和头寸规模确定法则结合起来，就可以告诉你，在给定的时间里你有可能赚到多少钱。

图 13-2 是以深灰色的机会因素作为第三维的期望收益图。如图所示，你现在得到的是一个三维的立方体，它等于你的交易系统每天会产生的总的 $R$ 值。最后的利润不再取决于一个二维的平面，而是一个三维的立方体。

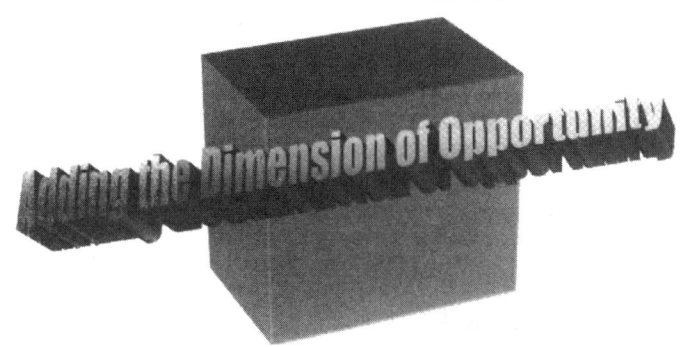

图 13-2　加入机会因素的三维立方体

## 13.3　交易机会的成本

交易肯定需要成本。做市商必须要有赚头，经纪人也有其费用，而你的利润就是将这些成本都扣除之后所剩的部分。

每笔交易的成本确实会构成期望收益等式中的一部分，而且它太重要了，所以我想在这里多讨论一些有关成本削减的问题。你所做的交易越少，每笔交易所涉及的成本就越不会成为一个因素。很多长期趋势跟踪交易商很少花费时间考虑他们的交易成本问题，因为与其能获得的潜在利润相比，这是微不足道的。例如，如果你在考虑每笔交易获取 5 000 美元的利润，那么对每笔交易 5~100 美元的成本你就不会太在意。

不过，如果你的定位是短期交易，要进行大量的交易，那么交易成本就是你要考虑的一个很重要的因素，或者说至少是你应该加以考虑的重要因素。比如，如果每笔交易的平均利润是 50 美元，那么你对 100 美元的交易成本就会特别关注。

### 1. 佣金

除非你需要经纪人提供特别的服务，否则你应该考虑以尽可能低的成本得到最佳的执行。例如，现在股票交易商可以在网上以每股低至一美分的价格进行无限制的网上交易，这与所谓的折扣交易商相比，成本已经大幅度下降，过去买 100 股股票就要收取50美元，而在卖出这100股股票时还要再收取50美元。不过，你必须确定你能以合理的价格得到较好的执行方案，并且在市场高度波动的时期，当需要立即进行交易时，你的网上经纪人可以随叫随到。

期货交易商一直以来都可以得到可观的佣金。一般来说，期货经纪人对一笔交易的买卖只收取一次费用，也就是说，建立和退出一个头寸算一笔交易。一般可以把费用谈到20美元或更低，这取决于你的交易量。

## 2. 执行成本

执行成本是除经纪人的佣金之外进入和退出一笔交易所涉及的成本，通常就是买卖价差（做市商的利润）和波动幅度较高的成本。当做市商不能确定他是否能够以获取利润的方式处理你的头寸时（因为市场是在移动的），那么你的执行成本一般会上升以弥补他的风险。

有些交易商千方百计地控制执行成本。例如，在杰克·施瓦格的《新市场奇才》一书中采访过的一位交易商在其交易方法中就要求非常低的价格差异。最初，他通过很多经纪人来执行，而且对通过每一位经纪人所执行的每一笔交易的价格差异都进行跟踪记录。在价格差异非常高时，这位经纪人通常就会被换掉。最后，他决定必须成立自己的经纪人公司以确保指令能正确地给予执行。

如果你是一位短期交易商，那么也许你就需要对执行成本给予同样的关注。为了执行一笔交易，你要付出什么？怎样才能降低这些成本？和你的经纪人好好谈一谈，要确保任何将要执行你的指令的人能够准确地理解你所要实现的目标。对短期交易商来说，执行得是否恰当意味着坚实的利润和没有利润之间的区别。

## 3. 税收

还存在第三种利润成本，即政府施加的成本。政府对证券交易行业进行管制，其介入必然会产生成本。因此，这就给每一笔交易增加了交易费用，而获得数据资料也要付出成本。另外，政府对利润征税是又一成本。

不动产投资者很长时间以来都能够通过填写表1031（Form 1031），然后再买进另外一份更昂贵的资产来避开这些对利润所征收的税。此外，像沃伦·巴菲特这样的长期股票投资者（他们很少卖出股票）也可以避开这些税收，因为不需要对未实现的股票利润付税。因此，从事市场交易所涉及的一个主要成本可以通过投资于不动产或做长期的股票投资而避开。

然而，短期交易商则必须对其利润全部付税，而这些税收可以成为很大的成本。

例如，期货交易商在年底时常盯住市场未结清的头寸，他们对未实现的利润就需要付税。因此，到 12 月 31 日如果还有 20 000 美元未实现的利润，就会被政府征税。到最后可能将这些未结清的利润返回去了 15 000 美元，但是直到第二年，当在这笔交易上的实际利润更少时，才可以将这部分税收收回。

税收显然是证券交易成本要加以考虑的一个重要部分。这个话题已经远远超出了本书的范畴。不管怎么说，这的确是一种成本，在进行计划时应该考虑进去。

## 4. 心理成本

到目前为止，我们一直关注的是货币成本，无论是经纪人还是政府带来的。不过，心理成本因素可能是所有因素中最为重要的因素。你做的交易越多，其影响就越大。

短期交易可以为你提供大量的交易机会，因此也会造成巨大的心理成本。你必须总是处于最佳状态，否则你就不能成功地开启一笔具有潜在的巨额利润的交易，要么你就会犯下大错，数年的利润付之东流。

有很多次，短期交易商对我说："我是一位日交易商。我每天都进出市场很多次，而且几乎每天都能赚到钱，感觉非常不错！可是，昨天我几乎把一年的利润都给赔进去了，我真的很沮丧。"这的确是一个心理问题。这些错误要么来自交易上重大的心理失误，要么来自所玩游戏的期望收益为负的心理上的重大失误，这种游戏在大部分时间里是盈利的，但是偶尔它也会出现不利的巨大的 $R$ 乘数的亏损结果。

日交易可以是非常有利可图的，每个月都可以不断带来两位数的利润，但是它所涉及的心理成本也可能是非常高昂的。如果你没有在自身心理素质上花费巨大的努力，那么心理错误所造成的经济成本对作为日交易商的你来说，可能是毁灭性的。

即使是长期交易商也会有心理因素要面对。长期交易商获得成功通常是因为他们每年可以获得几笔 $R$ 乘数很高的交易。这类交易商无法承受错过这些不错的交易。如果错过了一年中最大的一笔交易，那么这一年可能就没有利润了，因此，心理因素同样起作用。

我有个好朋友，是一位职业交易商，他曾经告诉我，在他和他的同伴进行交易时不存在心理因素的影响。他们把一份游戏计划做出来，一切都是非常机械化的。我说心理因素确实还是会起作用的，因为你必须执行这些交易。他同意我的说法，但是他还是认为心理因素在他的交易中并不是那么重要。然而，几年以后，他的同伴就泄气了，因为他们买卖英镑从未赚到过钱。在一次交易出现时，他们没有抓住，这笔交易后来被证明是可以让他们赚到一年的利润的大交易。不久之后，他们的证券交易就关门歇业了。这里的教训是，心理因素在任何类型的交易中都是起作用的。

假如你有一个系统，平均每年带来 80R 的利润，但是，如果你所犯的每一个错误的代价是 2R（这个数字不是来自研究结果，而是我自己假设的），而且每周犯一个错误。到年底，你所犯的所有错误总的代价是 104R，这比该系统可能产生的利润还要大。在我看来，这正是为什么很多交易商和投资者赔钱的原因。

## 13.4 最大的亏损

关于系统，你还需要理解的另外一个方面就是，在一年的交易中它将产生的最大的亏损是多少。当达到一个资本的最高点时，你能够预测到的最大亏损是多少？或者说在开始交易时，你在获取利润之前能够预测到的最大亏损是多少？希望后者不会发生，但是它是有可能发生的，而如果发生了，你能预测到什么？从 $R$ 的角度来考虑这一亏损是最好的方式。

用 $R$ 来表示亏损意味着什么呢？表 13-2 描述了从一个玻璃球游戏中选出的 40 笔交易。这个游戏中共有 10 个玻璃球，其中有 7 个都代表 $1R$ 的损失，有 1 个代表 $5R$ 的损失和 2 个代表 $10R$ 的盈利。玻璃球一次被取出一个，并放回。表13-2按照玻璃球被取出的顺序给出了结果以及所发生的亏损。

表 13-2　40 笔交易中的最大亏损

| 交易次数 | $R$ 结果 | 亏损 | 交易次数 | $R$ 结果 | 亏损 |
| --- | --- | --- | --- | --- | --- |
| 1 | $1R$ 亏损 | $-1R$ | 21 | $1R$ 亏损 | $-7R$ |
| 2 | $1R$ 亏损 | $-2R$ | 22 | $10R$ 盈利 | |
| 3 | $1R$ 亏损 | $-3R$ | 23 | $10R$ 盈利 | |
| 4 | $1R$ 亏损 | $-4R$ | 24 | $1R$ 亏损 | $-1R$ |
| 5 | $10R$ 盈利 | | 25 | $5R$ 亏损 | $-6R$ |
| 6 | $1R$ 亏损 | $-1R$ | 26 | $1R$ 亏损 | $-7R$ |
| 7 | $1R$ 亏损 | $-2R$ | 27 | $1R$ 亏损 | $-8R$ |
| 8 | $1R$ 亏损 | $-3R$ | 28 | $1R$ 亏损 | $-9R$ |
| 9 | $5R$ 亏损 | $-8R$ | 29 | $1R$ 亏损 | $-10R$ |
| 10 | $5R$ 亏损 | $-13R$ | 30 | $1R$ 亏损 | $-11R$ |
| 11 | $10R$ 盈利 | $-3R$ | 31 | $1R$ 亏损 | $-12R$ |
| 12 | $2R$ 亏损 | $-5R$ | 32 | $1R$ 亏损 | $-13R$ |
| 13 | $1R$ 亏损 | $-6R$ | 33 | $1R$ 亏损 | $-14R$ |
| 14 | $1R$ 亏损 | $-7R$ | 34 | $5R$ 亏损 | $-19R$ |
| 15 | $5R$ 亏损 | $-12R$ | 35 | $1R$ 亏损 | $-20R$ |
| 16 | $10R$ 盈利 | $-2R$ | 36 | $1R$ 亏损 | $-21R$ |
| 17 | $1R$ 亏损 | $-3R$ | 37 | $10R$ 盈利 | $-11R$ |
| 18 | $1R$ 亏损 | $-4R$ | 38 | $1R$ 亏损 | $-12R$ |
| 19 | $1R$ 亏损 | $-5R$ | 39 | $10R$ 盈利 | $-2R$ |
| 20 | $1R$ 亏损 | $-6R$ | 40 | $1R$ 亏损 | $-3R$ |

因为这一系统的期望收益是 0.8R，因此可以期望 40 笔交易带来 32R 的利润。然而，期望收益只是平均的 R 值，这意味着一半的样本将是比较好的，而有一半将会是比较差的。让我们来看看这一样本的结果。结果有 7 次取出了盈利为 10R 的球（比平均期望取到的少了一次），有 5 次取出了亏损为 5R 的球（比平均期望取到的多了一次），还有 28 次取到了亏损为 1R 的球，这和按照平均所期望的完全吻合。然而，少了一个盈利为 10R 的球和多了一个亏损为 5R 的球，其结果就相去甚远了。最后的结果是，全部的样本产生的是一个 7R 的结果[⊖]，而不是 32R。不过要记住的是，这只是一个样本。实际上，当我根据这一 R 乘数分布，模拟进行这样的 40 笔交易的样本达 10 000 次时，发现在 15% 的时间里我得到的是负的期望收益。因此，如果每月进行 40 笔这样的交易，你就会预测到你 85% 的月份是盈利的，而有 15% 的月份是亏损的。

现在来看亏损。交易 1~4 都是亏损的，一共导致 9R 的亏损[⊜]；交易 6~10 也是亏损的，导致更为严重的 13R 的亏损；交易 12~15 导致 4R 的总亏损[⊜]；交易 17~21 导致一个 5R 的亏损。然而，要注意的是盈利的交易 11 和 16 不足以弥补亏损。因此交易 6~21 总的来说是亏损的，我们必须能够支撑下去。然而，这 16 笔交易还不是最坏的。最惨的亏损出现在交易 24~交易 36，期间经历了总共 21R 的亏损。最后的结果是，为了最终实现从该样本中获得正的期望收益，我们必须能够在 21R 的亏损下支撑下去。

我还对该系统的 40 笔交易模拟了 10 000 次来确定最坏的亏损是什么。表 13-3 给出了这一模拟的结果。平均亏损是 17R，因此 21R 的亏损比平均水平稍微差一点。不过，要注意的是，对于该系统，我们得到 4R 的亏损的可能性是 100%，而得到大于 29R 的亏损的可能性是 10%，而在 10 000 次模拟中最大的亏损是 72R。

表 13-3 用 R 表示的系统的期望亏损

| 亏损 | 概率（%） |
| --- | --- |
| 4R | 100 |
| 12R | 78 |
| 17R | 50 |
| 23R | 24 |
| 29R | 10 |
| 35R | 5 |
| 72R | 最大值 |

因此，这告诉我们什么呢？基于期望收益和平

---

⊖ 应该为 17R，少一个正的 10R，多一个负的 5R，前后应该相差 15R。这一部分内容怀疑有很多错误，在表 13-2 中第 12 笔交易还出现了 2R 的损失，应该是 1R。——译者注

⊜ 应该是 4R 的亏损，怀疑书中有错误。——译者注

⊜ 应该是 8R 的亏损，因为根据上下文，表 13-2 中第 12 笔交易应该是 1R 的损失。所在表 13-2 中自第 12 笔交易开始到第 21 笔交易，对应的亏损都是错误的，表中分别为 -5R，-6R，-7R，-12R，-2R，-3R，-4R，-5R，-6R，-7R，正确的应为 -4R，-5R，-6R，-11R，-1R，-2R，-3R，-4R，-5R，-6R。——译者注

均的亏损水平，我们可以估计出，如果每笔交易冒 1% 的风险，那么在 40 笔交易最后将获得 32% 的收益，但是为了得到这样的结果，可能必须忍受 17% 的亏损。你不认为从亏损的角度了解你对系统有何期望是非常有价值的信息吗？

看看表 13-1 给出的四位交易商在 100 次交易中可能产生的亏损。这一信息在表 13-4 中给出。

表13-4 四位交易商100次交易后的可能亏损

|  | 交易商1 | 交易商2 | 交易商3 | 交易商4 |
|---|---|---|---|---|
| 期望收益 | 2.58R | 1.216R | 0.5R | 0.15R |
| 亏损 | 11R | 3.5R | 16R | 21R |

这里要注意的是，在 100 次交易后，日交易商亏损的可能性是最大的。亏损的可能性越大，你就越要小心可能的毁坏性损失。

## 13.5 利用业务通讯的推荐作为样本系统

为了总结本章，我想，了解以各种业务通讯作为样本交易系统所给出的建议应该是挺有意思的。我这样做的目的是看一看业务通讯总体来看是否代表好的系统，看一看某些交易思想是否比其他的要好，同时让你了解如果遵循了各种业务通讯的建议，你能期望什么。为此目的，我接触了三组业务通讯。我告诉他们我只会提及表现良好的业务通讯的名字，其中有两组非常急切地要与我合作，并寄来了我需要计算和分析多年来它们的 R 乘数所需的数据。其中一组的负责人，波特·斯坦斯伯里甚至对我说，你可以提及我们所有业务通讯的名字，如果其中有一个表现一点都不好，我们就把它停了。相比之下，另一组的领导说，我们不了解我们的表现如何，所以如果业绩看起来不是很好，当然不想让你提到这些业务通讯的名字了。这些业务通讯都涉及期权战略，所以我决定不去理会它们。

### 1. 数据分析

对每一个业务通讯，我采用了其所推荐的入市日期和价格以及停价。我所考察的大多数业务通讯都采用 25% 的跟踪停价，如果某业务通讯没有停价，就假定其初始风险是入市价格的 25%。因此，如果股票降到零，它就代表一个 4R 的损失，如果股票价值翻一番，就代表一个 4R 的收益。有些业务通讯每月（或更短的时间）只推荐一只股票，而且往往一直坚持它所推荐的。因此，假定所有的频繁交易的头寸都在 2006 年 6 月 30 日结清，我将这一天的收盘价作为退出价格。其中有一些，我只有到 2006 年 3 月 31 日的数据，因此这一日期就被作为收盘日期。

对每一个业务通讯，我计算了几个关键的变量。从拥有的全部数据来看，所推荐的期望收益是多少呢？平均来看每个月有多少个头寸建立？我使用这一数据来确定在两年的时间里可以预测到多少次交易，以便计算出每一个业务通讯的期望总值。最后，我使用一个专有的方法来确定，为了实现目标，你对所推荐的股票如何较好地使用头寸规模确定方法。

## 2. 业务通讯

我一般是看由牛津俱乐部、斯坦斯伯里研究中心出版的业务通讯，另外还有我的客户之一乐意为我评估的两份通讯。以下是关于每一个业务通讯具体的信息，按照字母顺序列表如下。

《蓝筹增长》（*Blue Chip Growth*）这一业务通讯由一位资产组合经理每月出版。它旨在为你挑选最好的股票，而这些被选中的股票都是你应该至少持有一年的。这一业务通讯自2003年12月底至2006年3月被跟踪观察。在这期间，有32只被推荐的股票已经清盘。在这种情况下，我就不去管它未清偿的头寸。这一业务通讯没有提供停价标准，因此假定一个25%的亏损相当于$1R$。这一业务通讯也没有通过给出它最初建议的价格和目前的价格来对自己的表现进行跟踪。

《勤勤恳恳》（*Diligence*）。《勤勤恳恳》让我想起股票分析师挑选的最好的股票，其编辑寻求有新产品的（也就是说，通常在研究的阶段）微型股票，他相信这些微型股票会对消费者产生大的影响。一旦该股票被推荐，他就会给公司的CEO和其他代表每月召集一次电话会议。《勤勤恳恳》没有推荐任何止损（因此采用入市价的25%来确定$1R$），而且如果编辑认为仍有潜力（在它已经亏损了很长时间之后），输了的人还将会被套牢很长时间。我自2001年1月至2006年3月一直在追踪该业务通讯。在此期间，有36只被推荐的股票，其中有44.4%是赚钱的。在最初被推荐的股票中，仍有22只在资产组合中。不过，为了计算的目的，假定他们都在2006年3月31日清了盘。这一业务通讯在我做完分析之后不久就停办了。

《极端价值》（*Extreme Value*）。《极端价值》为挑选股票而关注各种价值模型，其最基本的投资思想就是发现价值被极端低估的股票。例如，编辑发现在其账簿上列出的股票，价格是每亩120美元的土地却被卖到了几千美元。这些股票没有给出停价，因此假定$1R$就是25%的价格下跌。我自2002年9月至2006年6月追踪了该业务通讯。在此期间，编辑推荐了37只股票，而且仍然还在推荐其中的21只，因此我就采用2006年6月30日的价格来评估这些交易的$R$乘数。

《内部战略家》（*Inside Strategist*）。这一业务通讯认为当一些大公司的内幕人在大量地买进其股票时，这一股票有可能是非常值得买的。我们自2004年3月至2006年6月追踪了该业务通讯。在此期间，它每月都推荐一笔交易，一共27个头寸，还包括了编辑对另外6个头寸所推荐的"特别持有"的股票。在两年中，该业务通讯仍然坚持其所推荐的58%的股票。同样，我采用25%的价格下跌作为初始风险。

《微盘射月》(*Microcap Moonshots*)。这一通讯最初是由一位年轻人开始创办的，他决定寻找有效率的股票，即微盘股票。小盘股票往往比大盘股票移动多得多，因此这一想法对某些真正的"本垒打股票"⊖是很有潜力的。我自2003年10月至2006年6月追踪了该业务通讯。原来的编辑于2005年3月18日离开该业务通讯，留下了这样的话："最近几个月市场的动荡不定让人心神不宁，谁和我在一起？"几周以后，他被另外一位编辑替代，自那时起，这位编辑就一直在负责这一通讯。这一业务通讯有非常清楚的停价，我在评估其R乘数时就遵循了这一停价。

《牛津俱乐部公报》(*Oxford club Communique*)。这一业务通讯代表了很多不同的人所给出的建议，因此它有点折中的特点。这是我所知道的第一份制定了清晰的止损策略的业务通讯，它采用25%的跟踪停价（只在收盘的基础上）来控制损失并告诉读者何时获利。该通讯有几个不同的资产组合，然而，我只追踪了其中之一，牛津俱乐部交易资产组合。此外，其中有一位定期向该通讯提出建议的人总是建议买进一只股票并同时卖出一笔看涨期权。我并不赞成这一战略，因为你的利润仅限于从看涨期权中得到的金额，而下跌损失却是股票的总价格减去看涨期权的成本。因此，在我的分析中就没有包括这些交易。我追踪了从1999年9月到2006年6月30日之间所推荐的股票。在这些头寸中，有27个头寸仍未结清，所以我就采用2006年6月30的价格来确定这些头寸的R乘数。

《波特·斯坦斯伯里投资顾问》(*Porter Stansberry's Investment Advisory*, PSIA)。波特所推荐的股票大都是他喜欢的里程碑式的股票。我们自1998年7月至2006年6月追踪了他所推荐的股票。在这93个月的时间里，我追踪了175只他所推荐的股票，而且还包括了到2006年6月30日在其价位尚未结清的12只。这里我采用了波特的停价。

《真正的财富》(*True Wealth*)。《真正的财富》在美国是非常受欢迎的业务通讯之一，有70 000多个订阅者。其编辑是史蒂夫·斯格瑞德，他和我一起写作了《财务自由的安全策略》。我非常理解史蒂夫的投资战略，因为我几年前为自己的业务通讯曾经采访过他。从根本上说，史蒂夫是在寻找其他人都憎恨的、下跌的潜力有限而上涨的潜力很大的投资。而且他还采纳了我的一个观点，在推荐一些股票之前，

---

⊖ 本垒打是指投资者在很短的时间内获得大量利润。企图进行本垒打投资的投资者通常寻找潜在的收购目标进行投资，因为收购行为会导致该公司的债券价格出现突然性的暴涨。——译者注

这些股票必须正在上涨。

一份昂贵的不知名的业务通讯。我们要看的最后一个业务通讯我不想提及它的名字，因为它的业绩记录糟糕得很。可以说它是我所追踪的最为昂贵的业务通讯，要比其他所有的业务通讯加起来还要贵。它每周用电子邮件给出所推荐的交易，其思想就是追求100%甚至更高的增长。其编辑非常擅长营销，因此，如果你是他的客户，他会告诉你：①他掌握着挑选股票的秘密系统；②虽然他的其他一些业务通讯可能实现100%甚至更高的增长，但是这一份业务旨在成为最好中的最好；③根据独立的信息渠道，他是世界上排名前几位的业务通讯撰稿人之一。他的一个典型的营销广告会这样说，"我们在XYZ上上涨了50%，在ABC上上涨了67%，而在QRF上上涨了42%！"接着说他的订阅者对其业绩是如何激动不已。我还真的在一次电话会议上和他联系过，我问了他两个问题：①你的业绩这么好，为什么不在业务通讯中进行追踪报道呢？②你为什么有时候会把停价从一周降到下一周呢？他完全不理睬我的两个问题。

## 3. 业务通讯的业绩

表13-5给出了这些业务通讯的总体表现。它给出了这一方法在两年里的总的交易次数、期望收益和期望总值以及我对利用头寸规模确定如何有可能实现目标进行的独有的评估。⊖利用这一指标，能明显地在0.05%的水平上赚钱的系统等级大约等于1。等级在2以上的就非常好了，而在3以上的就超级好了。然而，在我的研讨班中，我所讲授的系统等级甚至在5以上。

表13-5 业务通讯评估分析

| 业务通讯 | 交易次数 | 盈利概率（%） | 期望收益 | 期望总值（两年内） | 专有的方法 |
|---|---|---|---|---|---|
| 《蓝筹增长》 | 32 | 36.5 | 0.05 | 1.37R | 0.21 |
| 《勤勤恳恳》 | 36 | 44.4 | 1.67 | 22.37R | 1.17 |
| 《极点价值》 | 37 | 89.1 | 1.40 | 27.06R | 2.99 |
| 《内部战略家》 | 27 | 48.1 | 0.35 | 8.4R | 1.47 |
| 《微盘射月》 | 79 | 49.4 | 0.28 | 16.09R | 1.59 |
| 《牛津俱乐部公报》 | 168 | 54.2 | 0.79 | 38.84R | 2.17 |
| 《PSIA》 | 174 | 48.0 | 0.61 | 26.68R | 1.65 |
| 《真正的财富》 | 77 | 67.5 | 0.68 | 21.68R | 2.54 |
| 一份昂贵的不知名的业务通讯 | 241 | 36.5 | -0.01 | -2.2R | -0.05 |

---

⊖ 在本书中，我不想揭示我专用的指标，它和夏普比率（Sharpe Ratio）高度相关。另外，我的研究表明这一指标的排序越高，利用头寸规模确定实现目标就越容易。

两个价值倾向的业务通讯的盈利比率和评估等级都是最高的，这意味着利用这些业务通讯加上适当的头寸规模确定有可能实现目标。这两个业务通讯的活跃交易的百分比也是很高的——《极端价值》是57%，《真正的财富》是29%，我对它们都进行了很长时间的追踪。

《牛津俱乐部公报》两年来的期望总值是最高的。它显示两年来总的$R$收益是38.84$R$。因此，利用这一业务通讯，在每一头寸冒1%的风险，或许每年就能很轻易地赚到20%的利润。

《勤勤恳恳》显示了最高的期望收益为1.67。这是因为它打败了几只本垒打股票，这也是它本身的意图。不过，它也有很多股票损失在50%甚至更多，而仍然保留在资产组合之中。因为业绩参差不齐，所以它在其他任何类别的排名中都没有居于前列。如果它采用了本书所推荐的一些技巧的话，应该可以成为一份好得多的业务通讯。然而，如果这些停价已经出现，一些股票有可能在其成为本垒打股票之前就被截住了。《勤勤恳恳》不再是一份活跃在股市的业务通讯，因为在我做完这份分析之后不久它就停办了。

这些业务通讯都代表了不同的观点，而且大多数都实现了很不错的利润。价值偏好的业务通讯看起来表现最好，但是，这并不意味着价值投资是比趋势跟踪更好的理念。回顾一下，图9-2所描述的打破历史新高的购买股票的系统。这一系统在两年的时间里产生了429$R$的期望收益。然而，你将要面对的关键问题是大量同时进行的交易，每笔交易你可能只能冒0.1%甚至更少的风险。我也见过一些趋势跟踪系统，其系统质量数字都在图表之外（在0.5以上）。因此，我并不认为业务通讯的数据就证明了价值理念要比任何其他理念更好。

更令人吃惊的是，被评估为最昂贵的业务通讯带来的是负的期望收益，从中我们可以知道些什么呢？这种业务通讯对其自身的业绩不进行跟踪。如果你决定订阅一份业务通讯，一定要当心那些不定期更新其业绩的业务通讯。顺便要说的是，昂贵的业务通讯只是在向你促销，它向你"保证"，如果你在下一年（2007年）交易其建议的股票没有赚到100万美元，那么，一年后你可以把你的钱取回。考虑到它在这241笔交易中的成绩记录，你可以想一想赚到100万美元的机会究竟有多大？此外，在2005年，我有三次努力想把我的钱要回，但每次都遇到了阻挠。

如果你需要一个业务通讯跟踪系统，就必须找到一份具有符合你的看法的交易理念和全盘的策略的业务通讯。我也建议你对要跟踪的每一份业务通讯都要做和我在此所做的一样的分析。这就意味着你必须可以获得它以前发行的业务通讯，以及它必须记录自己的业绩。如果你和一位业务通讯的编辑交流，他甚至不知道他的业绩记录（也就是说，他不可能告诉你这些），那么你就要避开了。最好是，看看这份业务通讯是否公布它过去所建议购买的股票清单以及入市价格、初始风险和退出价格。你自己可以由此确定其 $R$ 乘数和期望收益。

如果你确实决定要遵循某一份业务通讯的建议来进行投资决策，还要记住，大多数业务通讯不会告诉你有关头寸规模确定的策略（见第14章），而且没有一份业务通讯能够告诉你，你的心理因素对交易的影响。如果这份业务通讯每年能够带来相当于 $20R$ 的利润，但你犯了 10 个错误，而每一个错误都让你损失 $2R$，那么你遵循这样的建议将不会赚到任何钱。

## 小 结

本书的大部分内容是关于开发一个期望收益很高的交易系统。期望收益是一个二维的平面，它与你的交易系统的可靠度和盈利与亏损的相对大小有关。

交易的机会是给你带来利润或亏损大小的第三维因素。必须用期望因子乘以机会因子才可以得到你每天可能获得的潜在收益。因此，如果你所做的交易并不多，那么，一个较高的期望收益并不一定必然转化为每天较大的收益。

在你每天所赚到的美元中，还必须扣除交易成本，这一成本通常包括在期望收益之中。当然，交易成本也有很多，每一种成本都应该给予考虑。任何一种成本的降低都会对你的结果产生很大的影响。其中四种主要的成本是经纪人佣金、执行成本、税收成本和心理成本。对每一种成本我们都进行了简要的讨论。

在本章中，我再次强调了交易系统是由其期望收益所表示的 $R$ 乘数的分布这一观点。为此，我对各自代表不同的交易理念的九份不同的业务通讯所推荐的交易进行了评估。我从其期望收益、在两年中所达到的期望总值，以及对通过头寸规模确定这些系统能够如何很好地实现你的特定目标方面的评估向你展示了每一业务通讯的业绩。业务通讯的分析表明，正像我在本书自始至终所认为的那样，市场中有很多不错的赚钱的方法。

第 14 章
Chapter 14

# 确定头寸规模：
# 实现目标的关键

> 当我获得30%的利润时，我拿走1/3；当我获得50%的利润时，我拿走另外一个1/3。反过来，我将拿走所有剩下的利润。
>
> ——引自一次股票交易研讨会上有关资产管理的演讲

系统开发最为重要的方面，除了心理因素以外，就是在给定的头寸投资多少。然而，绝大多数讨论交易或系统开发的书籍都完全忽视了这一问题，即使确实谈到了这一话题，也通常将其称之为资产管理或资产配置。然而大多数情况下，这两个术语在使用的时候，往往是指别的，而不是"多少"的问题。这就等于告诉我们，大多数"专家"真的不明白在市场中取得成功要具备的最为重要的方面。

看一下本章开始时的引言。在一次培训经纪人的股票交易研讨会上，这位教练作了题为"资产管理"的演讲，他告诉我这段话就是他进行资产管理的原则。然而，在我看来，他所说的和资产管理没有任何关系，这些都是有关市场退出的问题[一]。后来，在研讨会结束之后，我去问他，他所说的资产管理是什么意思。他的回答是："你提的问题很好，我认为资产管理指的就是一个人如何做出交易决策。"

资产组合经理往往谈到"资产配置"对他们的成功是非常重要的。现在你可以

---

[一] 像在市场退出一章所分析的，它甚至都不是一个好的退出法则，因为你在一个完全的头寸上承担亏损，而只在一部分头寸上获取最高利润。

想一想资产配置这个词的意思。它对你意味着什么？你可能会认为，它指的就是如何将资产在各种资产类别中进行选择。对大多数资产组合经理来说，就是这意思，因为按照章程的要求，它必须进行充分投资（至少是95%）。因此，他们认为资产配置就是进行资产分类选择的决策。这是你的理解吗？

布林森（Brinson）和他的同事们将资产配置定义为一个人将其资本的多少投资于股票、债券或现金。[⊖] 当这样定义资产配置时，他们发现是资产配置而不是买什么的决策，导致了10年期间82个养老金计划的业绩表现相差91.5%。因此，资产组合经理和学术界开始强调资产配置的重要性。尽管布林森和他的同事们发现股票选择和其他类型的决策对业绩并不是很重要，但是彩票倾向依然造成很多人继续认为资产配置就意味着挑选正确的资产类别。然而，重要的是"多少"的决策，而不是投资选择的决策。

再次强调，以下任何一个方面在有关资产管理或资产配置中都是不重要的：

- 系统中告诉你在给定的交易中你将亏损多少的部分；
- 如何退出一笔盈利的交易；
- 投资多元化；
- 风险控制；
- 风险回避；
- 系统中告诉你投资什么的环节。

相反，有关资产管理或资产配置重要的是，在整个交易过程中，你的交易系统中用以回答"多少"这个问题的那一部分。"多少"的问题从本质上意味着在整个交易过程中，在给定的时间你应该持有多大的头寸。此外，它还是决定你作为交易商，能否实现目标的关键因素。为了避免任何混淆，我在本书自始至终一直称之为"头寸规模确定"。

> 有关资产管理或资产分配中重要的是，在整个交易过程中，你的交易系统中用以回答"多少"这个问题的那一部分。

在回答"多少"这个问题的过程中，你可能必须考虑上面提到的一些问题，但这些问题都不是你进行头寸规模确定的法则。对有些人来说，诸如风险控制这样的因素，看起来也许比确定多少的问题还要重要[⊖]，但是"多少"的问题导致了各种职

---

⊖ Gary Brinson, Brian Singer, and Gilbert Beebower, "Determinants of Portfolio Performance II: An Update," *Financial Analysts Journal* 47 (May-June 1991): 40-49.

⊖ 进行头寸规模确定最好的方法之一是利用百分比风险法则，比如在给定的头寸承担总资本1%的风险，这样头寸规模确定就确实控制了全部的风险。不过，你可以使用和风险没有什么关系的法则来进行头寸规模确定。

业交易商在业绩表现方面的大部分区别。

1997年，我代表道·琼斯在遍及亚洲的主要城市向数以百计的职业交易商做头寸规模确定和心理因素的演讲。我表演了一个游戏来解释头寸规模确定的重要性，就是把玻璃球从一个袋子里随机取出再放回的取球游戏，这里的玻璃球代表一个交易系统的 $R$ 乘数。其中，有7个玻璃球代表亏损 $1R$ 的交易，1个玻璃球代表亏损 $5R$ 的交易，2个玻璃球代表盈利 $10R$ 的交易。这个游戏尽管在80%的时间里是亏损的，但是它的期望收益是 $0.8R$。我给每位观众10万美元的游戏资本，并告诉他们，在40次交易中可以在每次取玻璃球时去承担他们认为合适的风险。换句话说就是，他们得到的都是相同的交易，从袋子中随机取出的是相同的玻璃球。然而，在游戏结束时，每位观众手中最后的资本是不同的，这些资本小到破产大到100万美元以上（在40笔交易中实现了10倍的增值）。这就证实了布林森和他的同事们的观察结果，即"多少"这一因素造成了90%以上的业绩差异，因为在这个游戏中只涉及"多少"和参加者的个人心理因素。而且我对这些结果重复了几百次。

我的演示通常能让观众信服，确定头寸规模是很重要的。然而，当我向亚洲的交易商建议，有效地进行头寸规模确定的合理的方法是将头寸大小建立在他们的资本基础之上时，我发现这些职业交易商中没有一位知道自己在交易多少钱。他们只是在交易"公司的"钱，不知道它有多少。因此，我问他们，"那么，你要亏多少钱才会丢掉工作呢？"将头寸规模确定建立在会导致丢掉工作的亏损金额之上也是一个合理的方法，但是我发现，在这些职业交易商观众中，只有大约10%的人知道他们要亏损多少钱就会丢掉工作。这就意味着，数以千计的职业交易商没有任何方法来进行头寸规模确定，然而，他们每个人也许都在交易着数百万美元的资金，而且我在一个城市接着一个城市，一次演讲接着一次演讲之后观察到的结果都是一样的。

大概在3年前，我在世界各地为那些套期保值基金经理和资产组合经理做类似的演讲。我发现他们大多数，至少是那些资产组合经理，或者原先是资产组合经理后来进入了套期保值基金的那些人，以前没有接受过有关头寸规模确定的培训。事际上，他们很多人认为确定头寸规模不是一个重要的因素，因为他们认为在市场中至少要达到90%的投资率。

如果你想在市场中获得成功，确定头寸规模和你的个人心理是必须掌握的两个关键的因素，然而，还是让我来强调一下华尔街、主街（Main Street）或学术界对这一点强调得是多么不够。

- 如果你被培训为任何一家大的经纪公司的经纪人，你将不会得到有关头寸规模确定或者进行市场交易的心理方面的任何培训。你的主要培训是有关股票交易所的规章制度，公司可以提供的产品类别以及如何把这些产品类别卖给顾客或者潜在的顾客。例如，你必须通过系列考试，以取得执业经纪人资格，但是考试的内容没有一点和头寸规模确定或者交易的心理有关。

- 如果成为了注册金融策划师（CFP），你还是不会接受任何有关个人心理或者头寸规模确定方面的培训。

要注意的是，最后两种交易商是被公众视为市场中的专家的人，这些人正是人们寻求建议的渠道，因此，你还能向谁寻求建议呢？

- 如果从一所名牌大学里获得有关市场运作专业的MBA，你不会受到有关头寸规模确定方面的培训，只会接触到有关交易心理的很少的培训。
- 如果从一所名牌大学获得金融专业的博士，你还是不会受到头寸规模确定方面的任何培训。你可能会受到一些行为金融方面的培训，但是就是这一点，也和你的个人心理因素对交易结果的影响没有多大关系。
- 如果成为了一名注册金融分析师（CFA），你也不会受到任何有关头寸规模确定或者你的个人心理因素对交易业绩影响方面的培训。大多数分析师甚至不知道如何进行市场交易，因为培训旨在帮助他们搞明白一个公司在将来是否会做得很好。
- 如果你被培训为一家银行或一家大公司的职业交易商，结果是一样的。是的，你可以猜得出来：你不会受到有关头寸规模确定方面的任何培训，也很少得到有关个人心理对你在市场中的成功的影响方面的建议。实际上，正像我前面提到的一样，大多数交易商甚至不知道他们赔掉多少钱才会失去工作。

因此，大多数有关投资的书籍以及从媒体中看到的几乎所有有关成功投资的报道都忽视头寸规模确定和个人心理的关键话题就不足为怪了。

你已经知道了头寸规模确定如何造成职业交易商业绩方面的主要差异了，但是假如你还是不相信，那么让我来对头寸规模确定进行逻辑分析。还记得第7章所描述的打雪仗的模型吗？从这个比喻中我们知道头寸规模确定模型包括两个因素：初始保护的大小（雪墙的大小或者说初始资本）和一次向雪墙扔过来的雪球的数量（一次拥有多少头寸）。

图14-1解释了在确定可获得的总金额时，头寸规模确定如何成为你必须考虑的另外一步。回顾一下，图13-2描述了把机会因素加入期望收益的一个三维的箱体。图14-1表明头寸规模确定必须作为第四维因素加进去——市场中同时存在的多个头寸这一维。画出四维的图形相当困难，因此图14-1只是通过向你展示在一个时间点

上会有很多三维的箱体影响你的头寸来解释头寸规模确定的效果。期望收益带来的是一个二维的正方形，机会因素带来的是一个三维的立方体或是箱体，而头寸规模确定带来的是很多箱体一起涌向你。这就是头寸规模确定的重要性。

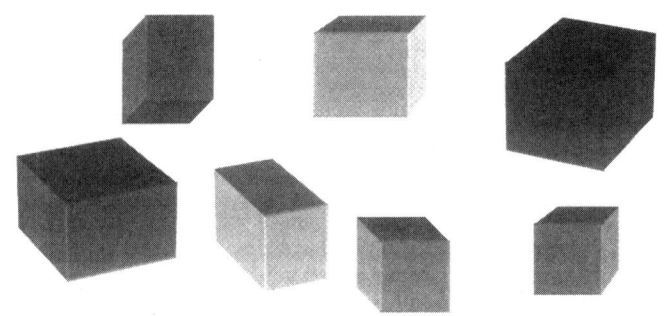

图14-1　头寸规模确定具有在同一时间将很多同时发生的三维箱体加总的影响

如果你还不相信头寸规模确定的重要性，让我们再来看看其对一个人的交易业绩重要性的解释。还记得第2章介绍的拉尔夫·文斯的研究吗？在他的研究中，40位博士玩一个期望收益为正的头寸规模确定的游戏，其中95%的人赔了钱。为什么？原因在于他们的心理以及低水平的头寸规模确定。

假如你一共有1 000美元，以承担100美元的风险来开始这个游戏。实际上，你连续做了三次这一游戏，结果三次都输了——在这样的游戏里，这是非常可能的。现在你就剩下700美元了，你就想：我已经连续输了三次，因此，现在真到我该赢的时候了。这就是赌徒的谬论；你赢的机会依然只有60%。不过，你还是决定下300美元的赌注，因为你非常确信你会赢。然而，你又输了，只剩下400美元。现在，你在这个游戏中赚钱的机会已经很小了，因为即使是达到盈亏平衡，你都必须赚到150%。尽管在一个赢的概率为60%的游戏中，连续4次都输掉的可能性是很小的，只有0.025 6，但是，在100次的试验中，它还是几乎确定无疑地至少要发生一次。

还有一种玩法会使得这些博士最后破产。假如他们一开始就下250美元的赌注，连续输掉了三次，共计750美元，现在就只有250美元了。现在，他们仅仅是为了恢复盈亏平衡，就必须实现300%的盈利，也许还没做到这一点就破产了。

在以上两种情形下，在这个很简单的游戏中之所以没能赚到钱，是因为他们冒了太大的风险。之所以会过度冒险，源于心理的原因——贪婪、不理解概率的概念以及在有些情况下甚至是失败的渴望。不过，从数学的角度来说，亏损之所以发生，是因为他们冒了太大的风险。例如，如果10个黑雪球加起来比雪墙还大，它们同时向雪墙扔来，那么雪墙就会坍塌。无论白雪球相对于黑雪球的比例占多大优势——10个加起来比雪墙还大的黑雪球将会毁掉雪墙。

你的资本的大小就相当于打雪仗比喻中雪墙的大小。比较普遍的现象是，一般人都拿着太少的资金就进入了最具有投机性的市场。5万美元以下的账户是很小的，但是一般的账户只有1 000~10 000美元之间。结果，很多人因为账户金额太小而在头寸规模确定方面表现较差。就因为太小的账户规模，其失败的数学概率是非常高的。

见表14-1，注意，在各种规模的亏损之后，你的账户要恢复多少才能实现盈亏平衡。例如，亏损20%只需要一个稍微大一点的收

表14-1 亏损后的恢复

| 亏损（%） | 恢复所需的收益（%） |
|---|---|
| 5 | 5.3 |
| 10 | 11.1 |
| 15 | 17.6 |
| 20 | 25.0 |
| 25 | 33.0 |
| 30 | 42.9 |
| 40 | 66.7 |
| 50 | 100.0 |
| 60 | 150.0 |
| 75 | 300.0 |

益（不会大于25%）就可以恢复平衡，但是亏损40%需要66.7%的收益才能恢复平衡，而亏损50%则需要100%的收益，而亏损50%以上则需要巨大的、完全不可能的收益才能恢复平衡。因此，在冒了太大的风险输了以后，你恢复盈亏平衡的可能性是非常小的。

## 14.1 基本的头寸规模确定策略

职业赌徒很长时间以来声称有两种基本的头寸规模确定策略——输后加倍下注和赢后加倍下注。输后加倍下注的策略是指在亏损之后（连续输掉期间）增加赌注规模的策略。而赢后加倍下注的赌法则相反，是在连续赢的期间或在资本增加时，增加赌注规模的策略。

如果你玩过轮盘赌或者掷骰子赌博游戏，肯定采用过纯粹形式的输后加倍下注的策略，即在你输了以后把赌注翻一倍。比如，如果输了1美元，你就赌2美元；如果输了这2美元，那么就再赌4美元；如果输了这4美元，就再赌8美元。当你最后赢了时（最终你总会赢的），你所得到的就会远远大于最初所下的赌注。

卡西诺赌场当然喜欢玩这种输后加倍下注的策略。首先，任何机会游戏都会出现连续输的可能，而在赢的概率小于50%时，出现连续输的可能就非常大。假如你连续输了10次。开始下的赌注为1美元，那么在连续输了10次之后，一共就输掉2 047美元。为了赢回最初的1美元，你现在要下赌注2 048美元。因此，到此时赢与

输的比例——小于 50∶50 的赌博中——只有 1∶4095 了。为了实现 1 美元的利润，你要冒 4 000 美元以上的风险。然而，更糟的是，因为有些人可能没有资金问题，所以卡西诺赌场就有了赌注的限制。在一个赌桌上，如果允许最小的赌注为 1 美元，你下的赌注就不能超过 100 美元。因此，输后加倍下注的策略一般就行不通了——无论是在卡西诺赌场上还是在市场上。

在连续输掉期间，如果你的风险还在继续增大，最终将会有一大笔亏损会令你走向破产的境地。即使你的资金是没有限制的，最终也会遭受人类心理上无法承受的一种回报—风险的策略。

而在连续获胜时要求承担更大风险的赢后加倍下注的策略则是行得通的——无论是在赌场还是在投资领域。精明的赌徒在获胜时，懂得在一定的限度内增加赌注，对交易或投资来说是同样的道理。有效的头寸规模确定要求你在赚钱时增加头寸。对赌博是这样，对交易和投资也是同样的道理。

头寸规模确定告诉你，在给定账户规模时，你要增加多少个单位（股票或期货合约）的投资。例如，头寸规模确定的决策可能是，你在任何头寸上没有足够的钱来增加投资，因为你的分配方案对账户来说太大了。它让你通过结合资产组合来确定你在给定的交易上将分配多少个单位的方式来确定你的回报及风险的特点。它还有助于你把资产组合中的各交易要素等同起来。最后，某些头寸规模确定模型还将所有市场 1R 的风险等同起来。

有些人认为他们有"资产管理止损"，所以在头寸规模确定方面做了非常充分的工作。这样的止损就是，在亏损了一个预定的限额如 1 000 美元时，你就会退出头寸。然而，这样的止损并没有告诉你"多少"的问题，因此它实际上和头寸规模确定毫无关系。通过确定在被截住时所亏损的金额来控制风险和通过一个用来确定你在每一个头寸上应持有多少或者你是否还有能力持有一个头寸的头寸规模确定模型来控制风险是不同的。

你可以采用的头寸规模确定策略有很多。在本章接下来的部分，你可以了解到效果很好的各种不同的头寸规模确定策略。其中有一些可能会比其他一些更适合你的交易或投资风格。有些在股票账户上运作效果极好，而有些是为期货账户设计的。它们都是赢后加倍下注的策略，因为它们都是建立在资本的基础上的。之所以是赢后加倍下注的策略，是因为它们用来确定"多少"的法则在你的账户规模扩大时，你的头寸规模也在增加。但是要记住的是，很多在银行和各个公司工作的职业交易商甚至不知道他们要赔掉多少钱就有丢掉工作的危险，更不用说知道他们在交易多少资金了。

关于头寸规模确定的内容有些复杂。不过，我还是避免使用比较难的数学表达，对每一个策略都给出比较清楚的例子。因此，你只需要认真阅读这些内容，反复阅读直到你彻底理解为止。

## 采用的系统

在展示所有这些策略的结果时，我决定采用一个单一的交易系统：在相同的时间里，交易相同的商品。这个系统是一个55天的管道突破系统，也就是说，在市场出现一个55天的历史新高时，就按照停价指令进入市场做多，而在市场出现一个55天历史新低时就进入市场做空。对于初始风险和获取利润来说，都是使用一个市场另一方向的21天的跟踪停价。

为了解释清楚，假如原油的价格打破了一个55天的新高，你就做多，直到市场出现一个21天的新低之前，你一直保留头寸。如果21天的新低出现得很快，那么你可能就会被截住，结果亏损 $1R$。然而，如果价格上涨100天，结果又回落打破21天的最低点，那么你可能就会获得一笔可观的利润。反过来，如果市场出现了一个55天的最低点，你就做空，当市场出现一个21天的新高时，你就退出头寸。

每天都对这一20天的管道突破停价重新进行计算，而且也要总是向着对你有利的方向移动，以便降低风险或者增加利润。如果有充足的资金进行交易，这样的突破系统可以实现超过平均水平的利润。

对这一系统的检验是以100万美元的启动资本和10年期间包括一揽子10种商品进行的。本章所给出的所有期货数据都是基于对相同的时间里相同的商品进行检验的同样的55/21天的突破系统。表中的唯一不同在于所使用的头寸规模确定模型。然而，所选择的每一个系统和每一组数据对不同的模型都可能产生不同的结果。为了讨论分析的目的，我选择了这一系统，因为为了解释模型之间的差别，该系统比较容易程序化而且可以方便使用。

## 📈 14.2 模型1：每一固定金额资金交易一个单位

从本质上来说，这个方法是通过确定对账户中的每 $X$ 美元的资金应该进行一个单位的交易的方式来回答"多少"这一问题的。例如，对总资本的每5万美元你可以交易一个单位（如100股股票或者一手合约）。

在着手交易或投资时，你也许因为本章前面所提及的一些原因而从未听说过有关头寸规模确定的观点。因此，像"我只能交易得起1个单位"这样的想法对你来说就是最富有逻辑性的想法了。如果你了解一些有关头寸规模确定的观点，你的知识也许是从某一本书上获得的，而书的作者对这一问题并没有很好地理解。大多数讨论资金管理或者资产配置的书都不是关于头寸规模确定的，相反，它们告诉你的是关于多元化或者让你的交易收益最大化的问题。有关系统开发或者技术分析的书甚至还没有开始恰当地讨论头寸规模确定的问题。结果，大多数交易商和投资者都根本无处学习其职业中最为重要的方面。

因此，带着这样的困惑，你开立了一个20 000美元的账户，并且决定对得到交易信号的任何工具进行一手合约的交易（一个股票投资者可能就交易100股股票）。接着，如果你比较幸运，账户涨到了40 000美元，你决定将交易量提高到2手合约（或200股股票）。注意，为了加大头寸，账户不得不翻一倍，因此，大多数确实进行某种形式的头寸规模确定的交易商都使用这一模型。它比较简单，而且直接告诉你多少。

这个方法有一个"优点"就是，你永远不会因为一笔交易过于冒险而拒绝它。举一个例子，它是我所认识的两位交易商的经历。其中有一位每5万美元的资本交易一手合约，另一位利用模型3，即百分比风险模型，他承担的风险还是比较大的，相当于资本的3%，但是如果一个头寸会承担超过其账户3%的风险，他就不会建立这一头寸。每一位交易商都根据各自的趋势跟踪系统发现了一次交易日元的机会。不论是什么都进行一手合约交易的那位交易商做了这笔交易。随后日元发生了剧烈的波动，因此该交易商能够获得他所经历的在一个月里最大的一次收益——20%的月收益。

相比之下，第二位交易商没能做成这笔交易。他的账户规模是100 000美元，但是如果交易对它是不利的，所涉及的风险就会超过他所设的3%的最高限，结果他没有做这笔交易，因此他在这个月里没有获利。

当然，总是进入交易的因素也会反过来起作用。如果日元交易的走势是不利的，第一位交易商就会承担巨额的（20%或者更多）亏损，而第二位交易商则可以避免。

表14-2给出了这一系统在利用第一个头寸模型时的结果。注意该系统在每20 000美元的资本交易一笔合约时就失效了。在30 000美元时，不得不忍受亏损80%，而如果想要避免亏损50%，你就必须有至少70 000美元的资本。如果你的目标就是要避免大额亏损，而且决定如果亏损大于20%就终止交易，结果会怎样呢？你对表中所显示的所有金额都会停止交易，并都以亏损告终。因此，它看起来不像是一个很好的模型，但是要真正评估这个头寸规模确定模型，还得将它与利用其他

模型所得出的表进行比较（见表 14-4 和表 14-6）⊖。

表 14-2　每 X 美元的资本交易 1 手合约的 55/21 天的突破系统

（启动资本为 100 万美元）

| 每 X 美元的资本交易<br>1 手合约（美元） | 利润（美元） | 拒绝的交易 | 年收益 | 追加保证金<br>（通知次数） | 最大的<br>亏损（%） |
| --- | --- | --- | --- | --- | --- |
| 100 000 | 5 034 533 | 0 | 18.20 | 0 | 36.86 |
| 90 000 | 6 207 208 | 0 | 20.20 | 0 | 40.23 |
| 80 000 | 7 725 361 | 0 | 22.30 | 0 | 43.93 |
| 70 000 | 10 078 968 | 0 | 25.00 | 0 | 48.60 |
| 60 000 | 13 539 570 | 0 | 28.20 | 0 | 54.19 |
| 50 000 | 19 309 155 | 0 | 32.30 | 0 | 61.04 |
| 40 000 | 27 475 302 | 0 | 36.50 | 0 | 69.65 |
| 30 000 | 30 919 632 | 0 | 38.00 | 0 | 80.52 |
| 20 000 | (1 685 271) | 402 | 0 | 1 | 112.00 |

尽管每一固定资金交易一个单位的头寸规模确定模型具有让你总是可以建立头寸的优点，但是我认为它是有局限的，因为不是所有的投资都是一样的，对小额资金你无法快速增加你的交易规模，而且你总是会建立头寸，即使当风险过高时。这种头寸规模确定方式是危险的！最后一点是，每一固定金额交易一个单位的模型对于小额账户来说，等于是最小的头寸规模确定。让我们来解释这些原因。

不是所有的投资都是一样的，而模型 1 却把它们看成是一样的。假如你是一位期货交易商，决定利用 5 万美元交易 20 种不同的商品。你基本的头寸规模确定策略就是，对这一资产组合中的任何一种商品在得到交易信号时就交易一手合约。假如你得到了债券和玉米的信号，因此，头寸规模确定策略告诉你，可以买一手玉米合约和一手债券合约。假如国库券的价格是 112 美元，而玉米的价格是 3 美元。

对于价格为 112 美元的国库券期货合约，你控制着相当于 11.2 万美元的产品。另外，此时每日的波动范围（波动幅度）大约是 0.775，因此，如果市场在一个方向上的移动幅度达到每日波动范围的 3 倍，你就会赚到或者赔掉 2 325 美元。相比之下，对于玉米合约，你控制着相当于 1.5 万美元左右的产品，如果它向着对你有利或者不利的方向移动达到每日波动范围的 3 倍，你的收益或亏损大约只有 550 美元。因此，你的资产组合会发生什么，80% 左右将取决于债券，而只有 20% 左右取决于玉米。

---

⊖ 在这个 55/21 天的系统中所给出的数据向你展示的是 10 年的数据，因此看起来应该是相当可靠的。然而，该系统给你的是一系列的 R 乘数，即使你认为该系统所产生的交易样本充分代表了该系统的效果，它也只是代表了这一数据的重复。表示相同的 R 乘数的顺序有很多，其结果各不相同。再说，这一系统中也许有很多 R 乘数很大的亏损，只是你还没有看到。因此，我只能从本章所展示的各表中给出的数据得出非常粗略的结论。

显然，这一头寸规模确定模型和总的风险无关。

有人可能会争辩说，在过去，玉米波动性曾经很大，也很昂贵，这种情形还会再现的。但是你需要根据市场现在的情况来将你的机会多样化，现在，根据上面给出的数据，一份玉米合约对你账户的影响只相当于一份债券合约的大约20%。

模型1让你无法快速增加交易量。赢后加倍下注策略的目的就是在赢时增加赌注。当每5万美元进行一手合约的交易时，如果你只有5万美元，那么就必须首先将资本翻一番才能增加你的合约规模。因此，在遇上一连串的盈利交易时，它不是一个增加交易量的非常有效的方法。实际上，对于一个5万美元的账户而言，它几乎就没有头寸规模确定可言。

部分解决方案要求最小账户规模达到100万美元。如果账户金额达到了这一规模，那么从20手合约（每5万美元一手合约）升到21手，你的账户只需要增加5%就可以了。

在模型1中，你总是要建立头寸，即使在风险很高时也是如此。每$X$美元交易一个单位的模型使得你对任何标的都进行一个单位的交易。例如，你可能买一手标准普尔合约，利用1.5万美元的账户资金控制着价值12.5美元的股票。⊖假如标准普尔每日的波动幅度为10个点，而你采用一个3倍于每日波动幅度的停价，即30个点，潜在的亏损是7 500美元，或者说是你的资本的一半。这仅针对一个头寸来讲风险是巨大的，但是你在采用每$X$美元交易一个单位的头寸规模确定模型时就有可能承担这样的风险。

采用头寸规模确定策略的一个原因就是使得资产组合中各组成要素具有相同的机会和相同的风险。你需要资产组合中各组成要素带来的赚钱的机会是相等的，否则，你为什么要交易那些不可能带来很多利润的部分呢？此外，你也需要在资产组合各组成要素之间平等地分散风险。

当然，假定资产组合各要素在进入每一笔交易时具有相等的机会和风险，它们获利的可能性是一样的。你可能会有某些办法来确定某些交易将比其他一些更有利可图。如果是这样，你就需要一个头寸规模确定计划来加大成功概率更高的交易的规模——也许是一个随意决定的头寸规模确定计划。不过，在本章接下来的部分，我将假定资产组合中所有的交易从一开始就具有相等的成功机会。这正是你为什么选择它的原因。

每一固定金额的资金交易一个单位的模型，在我看来，没有让你的机会或风险

---

⊖ 一手标准普尔合约每个点的价值为250美元，因此，如果标准普尔500指数的价值为1 000点，那么合约价值就为25万美元。这个例子还假定经纪人允许你以如此小的账户交易该合约。

均等,但是大多数好的头寸规模确定方法确实能让资产组合各要素的机会或风险均等化。这些模型包括模型2——令资产组合各组成要素的价值相等;模型3——令资产组合各组成要素的风险相等(当为了保存资本而退出一个头寸时,你会亏损多少)和模型4——令资产组合各组成要素的波动幅度相等。模型3还具有1R对每个市场的意义相同的价值,尽管事实上你可以针对不同的头寸设定不同的风险水平。

## 14.3 模型2:股票交易的等价值交易单位

等价值交易单位模型通常用于股票或者其他没有杠杆功能或只有很小的杠杆效果的工具。该模型通过把资本分为5~10等份来确定"多少"的问题,每一等份就是告诉你可以买进多少产品。例如,对于50 000美元的资金,可以把它分成5等份,每份为10 000美元。因此,你可以买进价值10 000美元的投资产品A,买进价值10 000美元的投资产品B,买进价值10 000美元的投资产品C,等等。你也可以买进100股价格为每股100美元的股票,200股价格为每股50美元的股票,500股价格为每股20美元的股票,1 000股价格为每股10美元的股票和1 428股价格为每股7美元的股票。该策略涉及的头寸规模确定模型就是确定你将资产组合中的多少分配给在任何给定的时间都可以兑换成现金的部分。表14-3描述了这5种股票在其投资总额都为10 000美元时可以分别买进多少股。

表14-3 在等价值交易模型中的资金分配(每单位1万美元)

| 股票 | 每股价格(美元) | 股票总数 | 总价格(美元) |
|---|---|---|---|
| A | 100 | 100 | 10 000 |
| B | 50 | 200 | 10 000 |
| C | 20 | 500 | 10 000 |
| D | 10 | 1 000 | 10 000 |
| E | 7 | 1 428 | 9 996 |

注意这个头寸规模确定步骤有些不便之处。例如,股票的价格可能不一定正好能被10 000美元整除——更不用说被100股为单位整除了。表中所示的股票E,就只能买进1 428股,总金额加起来还是不到10 000美元。其实,在这个例子中,你可能想取整到最接近的100股为单位的倍数而买进1 400股。

对于期货来说,等值单位模型可能被用来确定你想对每手合约控制多少价值。例如,对于50 000美元的账户金额,你可能决定想控制每一种期货合约达250 000美元。假如你随意地决定将其分成5个单位,每个单位为50 000美元。

如果一份债券合约价值为112 000美元,在该头寸规模确定标准下就无法买进任何债券，因为你将控制超过一个单位的投资产品，但是，你可以买进玉米，玉米是以5 000蒲式耳为交易单位的，在每蒲式耳玉米的价格为3美元时，一手玉米合约的价值大约为1 5000美元。所以，50 000美元的资金可以让你买进3手玉米合约，或者说价值45 000美元。黄金在纽约是以每手合约100盎司为单位进行交易的，在每盎司的价格为490美元时，一手合约的价值就为49 000美元。因此，在这个模型下你也可以交易一手黄金合约。

等值单位方法使得你赋予资产组合中各投资产品大致相等的权重。它还有一个好处，就是可以准确地知道你使用了多大的杠杆作用。例如，如果你在50 000美元的账户上建立了五个头寸，每个价值50 000美元，你就知道你投资了价值大约为250 000美元的产品。此外，你还明白自己利用了5∶1的杠杆功能，因为你用50 000美元的资金控制着250 000美元的投资。

在使用这一方法时，你必须决定打算使用多大的杠杆功能，然后再把它分成等份。这是非常有价值的信息，因此我建议所有的交易商都要记录其控制着的总的产品价值和杠杆比例。这些信息真的可以令人茅塞顿开。然而，杠杆作用并不必然等于移动的波动幅度或风险，因此这里要注意。

等值单位方法也有一个缺点，因为在赚钱时，这个方法只能让你非常缓慢地增加"多少"。在账户金额较小的大多数情形下，为了增加1个单位的交易量，资本需要翻一番。因此，对小账户来说，实际上还是等于没有头寸规模确定。

有些职业股票交易商不仅利用等值模型来控制其初始头寸规模，还在整个交易过程中利用某种形式的等值模型，也就是说，他们主张应该定期对资产组合进行再平衡，以便所有的头寸继续保持均等的平衡。这就意味着你应该廉价出售盈利的产品（至少要达到再平衡你的股票的水平）以及增加亏损的产品。在我看来，这是在利用头寸规模确定以确保你不去遵守交易的黄金法则。从根本上来说，你是在利用该策略定期地削减盈利的交易，增加亏损的交易。本书前面评估的一些业务通讯采用的就是这种形式的头寸规模确定。此外，没有接受过头寸规模确定培训的很多共同基金资产组合经理也使用这一方法。

## 14.4 模型3：百分比风险模型

当建立一个头寸时，为了保存资本，知道将在什么水平退出该头寸是至关重要的，这就是你的风险。这是你最坏情形下的亏损——除了价格差异和一个对你不利的失控的市场之外的情形。这就是我在本书自始至终称之为1R风险的概念。

最常见的头寸规模确定系统之一就涉及将头寸规模作为这一风险的函数来进行控制。来看一个该头寸规模确定模型如何发挥作用的例子。假如你想以每盎司380美元的价格买进黄金，系统建议，如果黄金的价格降到370美元时，你就需要退出头寸。因此，你最坏情形下每手黄金合约的风险就是10个点乘以每个点100美元，即1 000美元。

你有50 000美元的账户。你想将黄金头寸的总风险限制在该资本的2.5%，即1 250美元以内。如果你用每手合约的风险1 000美元去除你可以承担的总的风险1 250美元，就会得到1.25手合约。因此，百分比风险头寸规模确定法则只允许你买进1手合约。

假如在同一天你得到了一个卖空玉米的交易信号。黄金的价格依然是每盎司380美元，因此对于这个未结清的头寸，你的账户依然是50 000美元。玉米头寸允许承担的风险仍然是基于全部资本的1 250美元。

假如玉米的价格为4.03美元，你决定可以接受的最大风险是允许玉米向着对你不利的方向移动5美分到4.08美元。你可以接受的5美分的风险（乘以每手合约5 000蒲式耳）就相当于每手合约250美元的风险。如果用250美元去除1 250美元，就会得到5手合约。因此，在百分比风险头寸规模确定模式下，你可以卖空5手玉米合约。

## 1. 风险的CPR模型

有些人到这里就会感到困惑了。如果 $R$ 是每股的风险，那么总的风险是什么呢？不是有时也称总的风险为 $R$ 吗？对这一问题的回答是，在使用百分比风险模型来进行头寸规模确定时，每股的风险和总的风险具有同样的比率。因此，你可以利用总的初始风险和总的利润或亏损来确定 $R$ 是多少。为了帮助你更好地理解，我把每单位的风险称为 $R$，而把总的风险称为 $C$ 即现金，并把头寸规模确定称为 $P$。这些变量之间的关系很简单，我在交易商和投资者面前称之为CPR。⊖

假如你想以每股50美元的价格买入一只股票，而且决定在股票价格每股下跌2美元达到48美元时就抛出头寸，因此，$R$ 现在就是2美元。再假设，你现在利用的就是一个头寸规模确定的百分比风险模型，而且决定把总的风险控制在50 000美元资产组合的1%之内，即500美元。因此，总的风险（$C$）就是500美元。为了确定头寸规模，你可以使用以下的公式：

$$P（头寸规模）= C（现金）/R（每股的风险）$$

---

⊖ 我要感谢我的朋友Ron Ishibashi首先为交易商和投资商提出了CPR的交易思想。

下面将该公式应用到例子中。我们不知道头寸规模，但是知道 $R = 2$ 美元以及 $C = 500$ 美元。因此，

$$P = 500\text{ 美元}/2\text{ 美元} = 250\text{ 股}$$

利用上面的头寸规模确定公式对模型 1 进行头寸规模确定的决策结果就是，可以买价格为 50 美元的股票 250 股。注意这样总的投资就将是 12 500 美元或者说是账户金额的 25%。不过，每股的风险只有 2 美元，而总的风险只有 500 美元即账户金额的 1%。

现在，假如股票上涨到了每股 60 美元，每股就有 10 美元的利润。因为初始风险只有 2 美元，因此总的收益就是其 5 倍即 5R。我们也可以同样简单地把总的利润 2 500 美元（10 美元乘以 250 股）和总的初始风险 500 美元相比，还是可以看出获得了一个 5R 的利润。因此，总的风险和每股的风险都可以用来确定 R 乘数。

注意，这里 5R 的利润等于是 5% 的收益，因此，如果有一个系统在 100 次交易后平均带来 80R 的利润，那么，利用 1% 的风险模型就可以期望获得 80% 利润（或者因为综合的结果获得更高的利润）。

## 2. 模型的比较

表 14-4 描述的是同一个 55/21 天的突破系统，其头寸规模确定法则是建立在风险作为资本的一定百分比的基础上的。起始资本还是 100 万美元。

注意，最高的回报—风险比率出现在每一头寸的风险大约为 25% 时，你为此必须要忍受资本会减少 84% 的代价。此外，在风险为 10% 时，开始出现了追加保证金（它是按照当前的比例设定的，从历史的角度来看是不准确的）。

表 14-4　在等价值模型中的资金分配（每 1 单位代表 10 000 美元）

| 风险（%） | 净利润（美元） | 拒绝的交易 | 年收益 | 追加保证金通知次数 | 最大的亏损（%） | 比率 |
| --- | --- | --- | --- | --- | --- | --- |
| 0.10 | 327 | 410 | 0.00 | 0 | 0.36 | 0.00 |
| 0.25 | 80 685 | 219 | 0.70 | 0 | 2.47 | 0.28 |
| 0.50 | 400 262 | 42 | 3.20 | 0 | 6.50 | 0.49 |
| 0.75 | 672 717 | 10 | 4.90 | 0 | 10.20 | 0.48 |
| 1.00 | 1 107 906 | 4 | 7.20 | 0 | 13.20 | 0.54 |
| 1.75 | 2 776 044 | 1 | 13.10 | 0 | 22.00 | 0.60 |
| 2.50 | 5 621 132 | 0 | 19.20 | 0 | 29.10 | 0.66 |
| 5.00 | 31 620 857 | 0 | 38.30 | 0 | 46.70 | 0.82 |
| 7.50 | 116 500 000 | 0 | 55.70 | 0 | 62.20 | 0.91 |
| 10.00 | 304 300 000 | 0 | 70.20 | 1 | 72.70 | 0.97 |
| 15.00 | 894 100 000 | 0 | 88.10 | 2 | 87.30 | 1.01 |
| 20.00 | 1 119 000 000 | 0 | 92.10 | 21 | 84.40 | 1.09 |
| 25.00 | 1 212 000 000 | 0 | 93.50 | 47 | 83.38 | 1.12 |
| 30.00 | 1 188 000 000 | 0 | 93.10 | 58 | 95.00 | 0.98 |
| 35.00 | (2 816 898) | 206 | 0.00 | 70 | 104.40 | 0.00 |

如果用 100 万美元利用该系统进行交易，且采用 1% 的风险标准，那么赌注大小和采用 10% 的风险交易 10 万美元的账户是一样的。因此，表 14-4 建议你，除非你至少有 10 万美元，否则就不应该利用该系统进行交易，而且每笔交易所冒的风险也不应该超过大约 0.5%。在风险为 0.5% 时，利用该系统的回报将是很低的。从根本上来说，你现在应该理解为什么在利用该系统交易 10 种商品时至少需要 100 万美元了。

在利用风险头寸规模确定法则时，你每个头寸应该接受多大的风险？在利用风险头寸规模确定法则时的总体风险取决于你的系统的优劣和你的目标。不过，一些普遍遵守的原则是：如果你在交易别人的钱，利用 1% 或更低的风险；如果在交易自己的钱，可以是 0.5%~2.5% 的风险，取决于你的目标和系统的优劣；如果你是在寻求巨额回报并且愿意承担较大可能的毁灭，可以利用 2.5% 以上的风险。

大多数股票交易商根本不会考虑使用一个百分比风险模型，他们往往会更多地从等值单位模型的角度进行考虑。再看一个股票交易的例子。

你想买 IBM 的股票，而账户中有 50 000 美元。假如 IBM 股票的价格是每股 141 美元左右。你决定在价格为 137 美元，即每股下跌 4 美元时抛出该头寸。头寸规模确定策略告诉你应该把风险限制在 2.5% 以内，即 1 250 美元。利用公式 $P = C/R$，用每股 4 美元的风险去除总的风险 1 250 美元，就会得到 312.5 股。

如果你在 141 美元的价位买进了 312 股，它要花掉 43 392 美元——超过了你账户总额的 80%。同样要注意的是，你总的投资和初始风险无关。在不超过账户保证金价值的前提下，你只能这样做两次，这让你更好地理解了 2.5% 的风险的真正意义。实际上，如果你的停价只是下跌 1 美元到 140 美元，根据这个模型就可以买进 1 250 股，但是，这 1 250 股要花掉 176 250 美元——这是将你的账户金额全部作为保证金也做不到的。不管怎么说，你还是把风险控制在了 2.5% 以内。当然，风险的计算都是建立在初始风险之上的——也就是买进的价格和初始止损水平之间的差额。

百分比风险模型是第一个为你提供合理的方法以确保 1R 的风险对你所交易的每一个产品都意味着相同的风险的模型。假如你在股市上做着 100 万美元资产组合的交易，而且你愿意利用完全保证金，使用的是 1% 的风险模型，因此，你在每个头寸上所承担的风险是 10 000 美元。表 14-5 描述了这一过程。

表 14-5　在股票的投资组合中利用 1% 的风险

| 股票 | 价格（美元） | 止损停价（1R 风险，美元） | 承担 1 万美元风险的股数 | 资产价值（美元） |
|---|---|---|---|---|
| GOOG | 380.00 | 10.00 | 1 000 | 380 000 |
| INTC | 21.00 | 2.00 | 5 000 | 105 000 |
| TXN | 32.00 | 0.20 | 50 000 | 1 600 000 |
| SUNW | 4.50 | 0.50 | 20 000 | 90 000 |
| VLO | 63.00 | 3.20 | 3 125 | 196 875 |
| 总和 | | | | 2 271 875 |

表中所显示的停价是随意给出的，它代表一个 1R 的风险。你也许会认为表中的停价对如此高价位的股票来说过于紧密了，尤其是对 TXN 来说，只有 0.20 美元，但如果你是在追求 R 乘数很大的交易，也许就不会觉得紧密了。表 14-5 显示甚至不能买入 5 只股票，因为这些股票的价值超过了 200 万美元保证金的限制。不管怎样，如果能够严格遵守事先预定的停价，每一个头寸的风险只有 10 000 美元。所以，在 100 万美元的资产组合上，总的资产组合风险只有 50 000 美元加上价格差异和各种交易成本。如果你是一位股票交易商，请好好研究一下表 14-5。它可能会改变你进行股票组合交易的思维方式。

但是，尽管在你只购买了几只股票后就充分利用了保证金，如果你在持续地获得购买股票的新的信号，你会如何处理呢？你只有几种可能的解决方案：第一，你可以限制新的购买；第二，在增加新的股票之前，消除业绩最差的头寸；第三，为了继续购买新的股票，可以将头寸规模确定得小一些；最后，你可以将以上三种方案相结合。

## 14.5　模型 4：百分比波动幅度模型

波动幅度是指，在任意一段时间里，基本金融工具每日的价格波动量。它直接用来衡量在任何给定的头寸有可能面对的对你有利的或不利的价格变化。如果通过将建立的每一个头寸的波动幅度规定为资本的一个固定百分比的方式而把它们等同起来，那么你基本上就把近期内所面对的每一资产组合要素可能发生的市场波动幅度等同起来了。

在大多数情形下，波动幅度就是当日最高价和最低价之间的差。如果 IBM 在 141 和 143.5 之间波动，那么它的波动幅度就是 2.5 个点。不过，利用平均真实波幅将任何跳空开盘都给予了考虑。因此，如果 IBM 昨天收盘于 139，而今天它在 141 和 143.5 之间波动，为了确定真实波幅，就需要把今天跳空开盘的 2 个点加上，因此，今天的真实波幅是在 139 和 143.5 之间，即 4.5 个点。这基本上就是本书后面的专业词汇中所列的威尔斯·怀尔德的平均真实波幅的计算。

下面是百分比波动幅度如何进行头寸规模确定的计算。假如你的账户上有50 000美元,你想用来买黄金。黄金的价格是每盎司600美元,它在过去20天里每天的波动幅度是3美元。我们将使用平均真实波幅的一个20天的简单移动平均来衡量波动幅度。那么可以买进多少手黄金合约呢?

因为每日的波幅是3美元,一个点是100美元(一手合约是100盎司),这就等于每手黄金合约每日的波幅是300美元。假如允许最大的波幅为账户资本的2%,50 000美元的2%就是1 000美元。如果用每手合约的波幅300美元去除允许的最大波幅1 000美元,就得到3.3手合约。因此,基于波动幅度的头寸规模确定模型就允许买进3手合约。

表14-6解释了在过去11年中,当你根据作为资本一定百分比的市场波动幅度为基础进行头寸规模确定时,上面所述的55/21系统对有10种交易商品的资产组合结果会如何。这里,波动幅度定义为平均真实波幅的一个20天移动平均。这里的系统和数据和在其他模型中所用的是一样的。表14-2、表14-4和表14-6之间的差别是由于头寸规模确定法则不同所致。

**表14-6  利用波动幅度确定头寸规模的55/21突破系统**

| 波动幅度<br>(%) | 净利润<br>(美元) | 拒绝的交易 | 年收益<br>(%) | 追加保证金<br>通知次数 | 最大的亏损<br>(%) |
|---|---|---|---|---|---|
| 0.10 | 411 785 | 34 | 3.30 | 0 | 6.10 |
| 0.25 | 1 659 613 | 0 | 9.50 | 0 | 17.10 |
| 0.50 | 6 333 704 | 0 | 20.30 | 0 | 30.60 |
| 0.75 | 16 240 855 | 0 | 30.30 | 0 | 40.90 |
| 1.00 | 36 266 106 | 0 | 40.00 | 0 | 49.50 |
| 1.75 | 236 100 000 | 0 | 67.90 | 0 | 60.70 |
| 2.50 | 796 900 000 | 0 | 86.10 | 1 | 85.50 |
| 5.00 | 1 034 000 000 | 0 | 90.70 | 75 | 92.50 |
| 7.50 | (2 622 159) | 402 | 0.00 | 1 | 119.80 |

注意,在表14-6中,一个2%的波动幅度头寸规模确定方案每年带来的收益67.9%~86.1%之间,每年带来的亏损69.7%⊖~85.5%之间。该表建议,如果对该系统采用波动幅度头寸规模确定法则,你或许希望采用0.5%~1%之间的一个数作为每一头寸的最大波幅,这取决于你的目标。在该系统中,最高的回报—风险比率出现在2.5%的方案,但是很少人能够忍受86%的亏损。

如果将表14-4和表14-6进行比较,你会发现系统发生失效的百分比大不相

---

⊖ 表中数据是60.70,而文中的数据是69.7,疑有误。——译者注

同。这些不同是由在使用资本的一定百分比的方法来进行头寸规模确定之前（就是说，相对于 20 天的波动幅度，目前 21 天的极点对你是不利的）必须考虑的数字的大小引起的。因此，一个基于 21 天的极点停价基础上的 5% 的风险模型看起来等同于使用 20 天平均真实波幅的资本的大约 1% 的模型。这些百分比基于的数字是至关重要的。在确定计划用来确定头寸大小的这些百分比之前，必须对它们加以考虑。

波动幅度头寸规模确定法则具有控制风险的一些非常突出的优点，是可以使用的最为成熟的模型之一，但是很少有交易商使用这一法则。

## 14.6 模型小结

表 14-7 对本章所介绍的四个模型进行了总结，并归纳出了它们各自的优缺点。注意，缺点最多的模型也是大多数人都采用的模型——每一固定金额的资金交易一个单位的模型。让我们再次强调这些缺点，因为它们太重要了。

**表 14-7 四个头寸规模确定模型的比较**

| 模型 | 优点 | 缺点 |
| --- | --- | --- |
| 每一固定金额资金交易一单位 | 不会因为一笔交易风险太大而拒绝它<br>可以用有限的资金开立一个账户并使用这一模型<br>给每笔交易带来最低的风险 | 将不同的投资看做是一样的<br>对小的交易单位无法快速扩大交易规模<br>小账户有可能承担过大的风险 |
| 等值单位模型 | 赋予资产组合中每一个投资项目相等的权重 | 小的投资者只能缓慢地扩大交易规模<br>对每一个单位而言，风险无须一样<br>投资通常不能分成相等的单位 |
| 百分比风险模型 | 允许大账户和小账户都能稳定地增长<br>通过实际的风险承担将资产组合中各组成要素的业绩拉平 | 有些交易因为风险太大不得不拒绝考虑<br>由于价格差异的存在，所承担的风险不是实际的风险，而且加拉赫还会说风险是不等的 |
| 百分比波动幅度模型 | 允许大账户和小账户都能稳定地增长<br>通过波动幅度将资产组合中各组成要素的业绩拉平<br>在使用紧密的停价时无须增加大的头寸就可以将各交易拉平 | 有些交易因为风险太大你不得不拒绝考虑<br>每日的波动幅度不是实际的风险 |

首先，假定你开立了一个30 000美元的账户，这用来做期货交易是不够的，除非你只在为数较少的几个农产品市场上交易，然而，很多人还是会做的。在这个账户中，你也许可以交易一手玉米合约、一手标准普尔合约和一手债券合约——尽管保证金的要求可能不允许你同时做这些交易。然而，这个模型存在瑕疵，因为它的确允许你同时交易所有这些合约。相比之下，一个百分比风险模型或者一个百分比波动幅度模型可能会拒绝标准普尔和债券交易，因为它们的风险太大。

其次，这个模型会允许你对每一种合约都购买一手。这是很荒唐的，你会把所有的注意力都集中到标准普尔合约上，因为它的波动幅度和风险都太大。所有的投资项目都是不一样的，因此，你也许应该拒绝任何一种确实将所有的投资看做一样的头寸规模确定法则。该模型的确就是这样一种头寸规模确定法则，因为每一种合约你都持有一手。

再次，如果头寸规模确定模型是要每30 000美元买进一手合约，那么你将会遇到两个问题。一是如果账户下跌了1美元，你就不能建立任何头寸。大多数人不会遵守这一点，因为他们假定无论账户里有多少钱，都可以买进一手合约。二是如果足够幸运，你的账户会上涨，那么账户规模必须得翻一番，你才可以买入另一手合约。这根本上就没有头寸规模确定！

注意，后三个模型在平衡资产组合方面要比第一个模型好得多，为什么不从中选择一个呢？

我们可以创造出和入市法则一样多的头寸规模确定法则。这里有数以百万计的各种可能，本章只是对该问题讨论了一些皮毛。⊖ 不管怎样，如果你已经开始理解头寸规模确定的影响，那么我的目的就达到了。

## 14.7 其他系统使用的头寸规模确定法则

在我看来，世界上最杰出的交易商的业绩是由头寸规模确定驱动的，让我们来看看本书一直在讨论的系统和它们所使用的头寸规模确定方法。在大多数情形下这都是很简单的，因为它们甚至都不谈及头寸规模确定。

---

⊖ 要想更详细地了解有关如何利用头寸规模确定来实现目标的内容，见 Van Tharp's *The Definitive Guide to Position Sizing and Expectancy* (Cary, N. C.：International Institute of Trading Mastery)。也可以由以下网址获得：www.iitm.com。这是一本充分讨论这些问题的书，这远远超出了本书的范围。

## 1. 股票市场模型

（1）**威廉·欧奈尔的 CAN SLIM 模型**。威廉·欧奈尔没有谈到过在任何给定的头寸持有"多少"的问题，只谈到了拥有多少股票的问题。他说即使一个几百万美元的资产组合也只能持有 6 或 7 只股票，拥有的资产组合资本在 2 万~10 万美元之间的投资者应该把股票的数量限制在 4 或 5 只，5 000~20 000 美元之间的投资者应该限于 3 只股票，而资本更少的投资者或许应该只投资 2 只股票。

这种观点听起来有点像是稍作改变的等值单位方法。这种方法建议你把资本分成相等的单位，但是单位的数量应该取决于你拥有的资金数量。一个非常小的账户或许应该只分成 2 个单位，每个单位为 1 500 美元或更少。在拥有大约 5 000 美元的资金时，可以增加到 3 个单位。现在你想让每个单位都增加到至少 4 000 美元（你能买得起 100 股 40 美元 1 股的股票），在能把 5 个单位都增加到这个水平时（20 000 美元），那就这么做吧。直到你能够将 1 个单位的规模增长到大约 25 000~50 000 美元时为止，你可以保持一样的单位数量。到 50 000 美元时，你也许希望增至 6 或 7 个单位。

（2）**沃伦·巴菲特的投资方法**。巴菲特只对几家特别出色的公司有兴趣，即那些能够满足他非同一般的标准的公司。他想尽可能多地拥有那些为数不多的公司，因为它们会给他带来非常不错的回报，而且他也从未打算抛售出去。既然他支配着几十亿美元的资产，可以拥有多家公司，因此，只要这些公司能够满足他的标准，他就在资产组合中加入更多的公司。

这是一个相当独特的头寸规模确定风格。然而，巴菲特是美国最富有的职业投资者（也是比尔·盖茨之后的第二大富翁）。谁能对这种成功进行质疑呢？或许你应该考虑一下这种风格的头寸规模确定策略！

## 2. 期货市场模型

（1）**考夫曼的适应性移动平均方法**。考夫曼在他的《精明交易者》一书中实际上并未讨论头寸规模确定的问题，但是谈到了影响头寸规模确定的一些因素如风险和回报，这里，他采用的是这些术语的学术定义。他说的风险是指资本变化的年标准差，而回报是指年复合回报率。他建议在两个系统具有相同的回报时，理性的投资者应该选择风险较小的系统。

考夫曼在他的讨论中还提出了另外一个有趣的观点——50 年法则。他说密西西比河大堤的建造保护了他们免遭最近 50 年来最大的一次洪涝灾害。这就是说河水会漫过大堤，但是并不是经常这样，或许一生会遇到这么一次。类似地，适当地设计其系统的职业交易商也可能会面临类似的情形。他们精心地设计系统，但说不定一生当中可能会有那么一次极端的价格变化将其利润一扫而光。

安全问题，正像我在各种头寸规模确定模型里指出的一样，它直接和你持有的资本数量和你愿意承受的杠杆作用大小有关。随着资本的增长，如果你做多样化的投资并且降低杠杆作用，那么资本就会更加安全。如果继续把利润作为杠杆使用，那么你就会面临全部亏损的风险。

考夫曼建议，可以在对所选择的杠杆水平进行风险测试时，通过考察风险的标准差来控制最坏情形下的风险。例如，如果回报率是40%，而亏损的变化范围表明1个标准差是10%，那么你就知道在任何给定的年份：

- 亏损10%的可能性是16%（1个标准差）；⊖
- 亏损20%的可能性是2.5%（2个标准差）；
- 亏损30%的可能性是0.5%（3个标准差）。

这些结果是不错的，但是如果你认为损失20%或者更多，你将陷入非常严重的困境，考夫曼建议你只用一部分资金来交易。

考夫曼还谈到了资产配置，他将其定义为：资产配置就是将投资基金分配到一个或者多个市场或工具以创造带来最好的回报—风险比率的资产组合的过程。资产配置可以是将一半的资本用于进行一种频繁交易的投资（一个股票资产组合），而剩下的资本投资于短期生息工具如政府债券；也可以是以一种动态的方法将很多投资工具结合起来，比如频繁交易的股票、商品和外汇市场。这是资产配置所说的另外一种情形和"多少"的话题容易混淆。

尽管考夫曼没有直接阐述头寸规模确定，但是从他的分析中可以清楚地看出，他是习惯于使用第一种头寸规模确定模型的，即每一定金额的资金交易一个单位。他用来降低风险的方式就是增加交易1个单位所需的资本。

**（2）加拉赫的基本面交易**。加拉赫在他的《赢者通吃》一本书中实际上有一章深入讨论了头寸规模确定的问题。他说风险和在市场中的交易直接相关，而且看起来他好像不喜欢前面所介绍的百分比风险模型，因为该模型不控制风险。例如，任

---

⊖ 你可以这样计算：有68%的变化范围落在一个正的和一个负的标准差范围内，所以还剩下32%。这意味着有16%的结果（32%的一半）在一个标准差10%以上。同样的方法是，95%的回报落在正负两个标准差之间，因此，5%的一半即2.5%落在了负的两个标准差之外。最后，99%的结果落在正负三个标准差之间。同样的逻辑，只有0.5%的结果会在负的三个标准差之外。不过，考夫曼是假定回报服从正态分布的，但因为市场价格并非服从正态分布的，所以回报也不会服从正态分布。

何规模的账户3%的风险可以是1个单位，也可以是30个单位，取决于停价设在什么水平。加拉赫认为，1个单位的风险不可能不小于30个单位的风险。例如，他说，一个账户交易某种商品的一手合约、承担500美元的风险与一个账户交易相同商品的两手合约，而每手合约都承担250美元的风险相比，是一个风险更小的交易计划。加拉赫的观点是对的，所有接受百分比风险模型的交易商都应该理解这一点。停价只是你指示经纪人将你的指令变成市场指令的价格水平，但是无论如何该价格是无法保证的。这也是我们建议任何想利用紧密停价的交易商采用百分比波动幅度模型的原因之一。

加拉赫还指出风险不仅随着交易量的增加而增加，也随着时间的延长而增加。在市场中交易的时间越长，暴露在巨大的价格冲击中的机会就越大。加拉赫认为，一个利用世界上所有的钱进行1个单位交易的交易商最终会全部赔掉。这种观点对大多数交易商来说或许是对的，但是不全对。

加拉赫声称，交易不同的投资产品只是加快了时间的影响。他认为1年交易N个头寸和N年交易1个头寸就潜在的亏损而言是一样的。

加拉赫建议你要找到你可以容忍的预期的最大的亏损幅度（LEED）——或许是25%，或许是50%。他要求假定这个LEED明天就会发生。它或许不会发生，但是你需要这样假定。

他继续利用系统的期望收益和各种商品每日波幅的可能分布计算了潜在亏损的分布，然后，对各种商品提出了最小交易金额的建议，为的是你的资本不至于减少50%。换句话说，加拉赫是在建议你采用典型的每一固定金额的账户资本交易一个单位的模型，但是该固定金额的大小要根据该投资每日的波动幅度不同而有所不同。

每单位交易所需要的金额还要依据你是否同时在交易1个单位、2个单位还是4个单位而有所不同。例如，如果你只用一种工具进行交易，那么对每1 000美元的每日波幅，他建议你每40 000美元交易1个单位。如果你同时在利用另外一种工具进行交易，那么他建议你对每1 000美元的每日波幅，每28 000美元交易1个单位。最后，当你同时利用三种其他的工具进行交易时，他建议对每1 000美元的每日波幅，每20 000美元交易1个单位。

来看一个玉米交易的例子。假如目前每蒲式耳玉米的价格每天的波动幅度为4美分，这就等于1个单位每天波动幅度为200美元（因为一个交易单位是5 000蒲式耳）。按照加拉赫的模型，因为200美元是1 000美元的20%，你可以每40 000美元的20%即每8 000美元交易1个单位。如果你还在利用另外一种工具进行玉米交易，就可以每5 600美元交易1个单位。如果你同时在利用三种其他的工具进行玉米交易，那么可以每4 000美元交易1个单位。

加拉赫的方法是对每一固定金额交易1个单位的很好的变形，因为它根据各种交易工具的波动幅度将其等同起来，因此，他的模型克服了该模型的基本局限之一。它在改进的同时使得模型变得稍微有点复杂，但是不管怎么说，它都是一个很有意思的交易方式。

（3）**肯·罗伯茨的1—2—3方法**。罗伯茨的头寸规模确定第一原则就是不需要太多的钱来进行商品交易。[一]他对"多少"问题的回答就是只做一手合约的交易。遗憾的是，他只考虑了那些账户中只有1 000～10 000美元的人的需要，因此，他最主要的头寸规模确定原则就是只做一手合约的交易。

罗伯茨说一个人不应该承担1 000美元以上的风险，这就意味着他会避开某些商品如标准普尔、各种货币甚至避开咖啡，因为这些商品所涉及的风险一般都会大于1 000美元。这样的说法让罗伯茨听起来很保守。罗伯茨在他的系统中没有包括一个头寸规模确定的计算法则。在我看来，这是很危险的，因为在大多数头寸规模确定计算法则告诉你不应该在市场中建立头寸时，如果按照罗伯茨的方法你可能仍然会建立头寸。

## 小 结

在我看来，任何交易系统设计中最为重要的部分都是和在每一个头寸上投资多少有关的部分。资产管理和资产配置一直都用来表述"多少"的问题，但是这些术语多年来一直被错误地使用，让人混淆不清。因此，我决定在本书中使用头寸规模确定这一术语来消除这种混淆。

头寸规模确定从本质上在可靠度、回报—风险比率和机会构成的三维空间上又加上了一维，大幅度增加了整个交易过程中可能发生的潜在的利润或亏损。实际上，在我看来，头寸规模确定造成了各资金经理业绩的最主要的差距。从本质上说，期望收益和机会形成了决定利润量的立方体，而头寸规模确定决定了一次有多少个立方体在增加利润量。

头寸规模确定还指出了基本资本的重要性。对于较大的资本额，可以利用头寸规模确定做很多交易，而在资本额很小时，就很容易被一扫而尽。

赢后加倍下注的系统是指在资本增加时增加赌注大小，它是主要的、有效的模型。本

---

[一] 在我看来，这样的假定会让很多人进行交易，而且使得交易看起来似乎不会涉及太多风险。本书的读者在这一点上应该能够自己判断这一假定的风险。

章给出了几个这种系统使用的头寸规模确定模型,包括以下几个:

每一固定金额的资金交易1个单位。这个模型让你每一定金额的资金持有一个头寸,它从根本上将所有的投资都看成是一样的,而且让你总是持有一个头寸。

等值单位模型。这个模型根据资产组合中所有投资的基本价值赋予它们相等的权重。它被投资者和股票交易商普遍使用。

百分比风险模型。这个模型是作为最好的模型推荐给长期趋势跟踪者的,它赋予所有的交易相等的风险并允许资产组合稳定增长。

百分比波动幅度模型。这个模型对使用紧密停价的交易商来说是最好的,它可以在风险和机会(期望收益)之间提供合理的平衡。

# 第 15 章
# Chapter 15

# 结　　论

> 从非常长的时间来看，你在牌桌上的结果将会接近你的对手所有错误的总和，再减去你自己所有错误的总和。
>
> ——丹·哈林顿（Dan Harrington），
> 1995 年世界扑克系列大赛
> （WSOP）冠军

如果你理解了系统设计的心理基础，那么我就达到了写作本书的主要目标之一。圣杯的源泉在于你自身，你必须为自己的行为及其结果承担全部的责任。你必须基于自己的观点确定要从系统中得到什么，然后，详细制订一个目标适当的计划。

我的第二个目标是帮助你理解任何系统都可以表示成 $R$ 乘数的分布，而这一分布又可以由该系统的期望收益（平均的 $R$ 值）、其分布的特点和为你提供的机会因素来描述。让我重申一次：系统是具有某些特征的 $R$ 乘数的分布。事实上，当某人向你描述一个交易系统时，你应该努力想象其 $R$ 乘数分布看上去是怎样的。当你这样做时，你将开始真正地理解交易系统。

此外，为了获得一个正的期望收益，你必须有办法通过市场退出来"止住亏损，滚动利润"。退出是开发一个具有较高的正的期望收益系统的主要部分，而且，最为重要的是，为了实现目标，你必须非常充分地理解头寸规模确定。

我的第三个目标是帮助你理解你要通过确定头寸规模来实现你的目标，因此，在市场上赚钱的问题就完全是确保你的头寸规模保持在一个足够低的水平，这样你才可以实现系统长期的期望收益。例如，如果系统的期望收益为 0.8，每年给你 100 次机会，那么你在一年里必须能够实现大约 80R 的收益。不过，你还会发现一年中有些时候，你会经历一个平均 30R 的账户价值亏损。如果每笔交易承担 0.5% 的风险，你或许每年能够实现至少 40% 的收益，或许不会经历一个大于 15% 的账户价值亏损。大多数人对此将会非常满意了。如果利用该系统每笔交易承担 1% 的风险，你每年或许能够实现 100% 的收益，但是在这一过程中你可能会遭受一些严重的账户价值亏损。如果以 30% 的账户价值亏损开始（这在你承担 1% 的风险时是可能的），那么你可能就会在该系统下放弃交易。最后，如果利用该系统承担高达 3% 的风险，你可能会获得一个巨额收益（如 300%～500%），但是也可能在这一年中较早时候就遭遇一次足够大的账户价值亏损，使得你放弃交易。如果你理解了确定头寸规模的重要性，那么我就实现了写作本书的第三个目标。

我记得我曾与一位交易商交换过意见，并开始着手研究他确定头寸规模的方法。当我看到他在奉公司之命做什么时，我就要求和他的老板谈谈。我告诉他的老板，如果他的公司在确定头寸规模方面还继续做他们现在正在做的事情，他们会很快破产。他的老板笑着说：“我知道我们在做什么。”结果 6 个月以后，该公司就破产了。如果他把赔掉的一小部分钱付给我，可能就会听从我的建议，而现在仍然还在开业。

我写作本书的第四个目标是帮助你理解你自己的个人心理因素对系统开发的影响。心理是很重要的，因为：①你自己造成了你得到的结果；②你只能利用一个在心理上适合你的系统进行交易；③在试图开发一个系统之前，如果不解决主要的心理问题，那么你就会把这些问题带入你的系统之中。例如，如果你不能顺利地进行交易，是因为条件从来就没有合适过，你或许就有完美主义倾向。在没有解决这一问题的情况下就试图开发一个系统，你就会把你存在的完美主义倾向带入开发系统的工作之中，而你的系统永远也不会足够好。

如果你理解了在市场中赚钱的六个关键因素，那么我就实现了写作本书的第五个目标。这六个关键因素包括：①系统的可靠度；②回报—风险比率；③交易成本；④交易机会；⑤资本的大小；⑥头寸规模确定法则。你应该理解每一个因素的相对重要性，以及为什么成功的交易不是有关"追求正确"或者"控制"市场。

最后，关于如何开发一个能够实现目标的交易系统，如果你脑中已经有了一个周密的计划，那么我就实现了写作本书的最后一个主要目标。你应该理解一个交易系统的组成部分以及每一个部分所起的作用，如果还没有理解，那么请重温第 4 章。你应该知道方案、时机、保护性停价和有利可图的退出是如何结合起来创造一个期望收益很高的系统的；你应该理解机会因素所起的关键作用以及它是如何和交易成本联系起来的；最为重要的是，你应该理解交易资本规模的重要性以及它是如何和各种赢时加倍下注的头寸规模确定法则相联系起来的。

## 15.1 避免错误

如果理解了这些关键的概念，你就已经有了一个良好的开端，然而，我想提一下本章开始时所引用的丹·哈林顿的话，因为它对交易和投资来说是非常恰当的。不过，我想换一种说法：作为交易商或投资者，从非常长的时间来看，最终结果将是你的系统的期望收益减去你所犯的错误的函数。让我来解释这个定义以便你能更清楚地理解。

> 作为交易商或投资者，从非常长的时间来看，最终结果将是你的系统的期望收益减去你所犯的任何错误的函数。

首先，你必须明白，在你不遵守规则时，错误就会产生。如果你没有遵守本书所建议的开发一个计划、一个系统或者一套准则来指导你的行为的某些过程，那么你所做的一切都是错误的。没有一个指导你的计划和一个指导你的交易的系统而进行交易是在犯很大的错误。

丹·哈林顿所指出的玩牌的一个方面就是，你的任务就是要促使你的对手犯错误，而你的对手的任务就是促使你犯错误。不过，在交易中，不需要其他人促使我们犯错误，因为自然倾向就会使得我们犯很多错误。此外，交易发展了一个系统，凭此系统，不管你的业绩如何都要向他们付费，他们就赚了，以及你在市场中每采取一次行动，他们也赚了，因为你必须支付佣金和执行成本。

其次，你需要明白对于交易商和投资者来说，错误最普通的源头是什么。它包括以下方面：

- 关注投资或者交易的选择而不是交易潜在的回报—风险比率。例如，埃里克购买某企业的期权，因为他看到了一笔巨大收益的潜力，但是没有想到也有可能赔掉这么多（如果不是赔掉更多的话）。
- 匆匆忙忙开始一笔交易，因为它看起来很激动人心，而不是利用精心筹划的一个计划。
- 听到别人推荐一笔交易，不去理解这笔交易的潜在回报—风险就着手。如果你认为你的交易方法是在遵循一个或几个业务通讯的建议，那么尤其危险。
- 追求必须正确，而且为了正确立即实现利润。
- 追求必须正确，而且为了正确不去承担损失。

- 在做一笔交易时，没有一个保底的点，换句话说就是，在建立市场头寸时不知道1R的损失是多少。
- 在任何给定的头寸冒了太大的风险。
- 在交易中让你的情绪无视规则。
- 在资产组合中持有过多的头寸，导致你不能足够重视关键的问题。
- 一遍又一遍地重复相同的错误，因为你对自己得到的结果不承担责任。

还有很多其他的错误，我想你已经明白了。想象你所犯的每一个错误都让你付出比如3R的代价。㊀ 你有一个系统，期望收益为0.8R，每年产生100次交易，应该平均每年赚到大约80R的收益，但是，假如你每个月犯下两个错误，因为错误损失了72R，最终的结果是，你把一个相当不错的系统变成了一个处于盈亏边界的系统。而且如果系统带来的是一般的损失，当你把错误因素加进去之后，你或许会发现自己最终放弃了一个非常不错的系统。错误是如此至关重要。不过，如果你在交易中集中关注"你"这一因素，那么你就真的会有机会获得系统每年为你产生的这一80R的收益。你开始明白了吗？这就是为什么你要努力改进自己的状况、消除错误如此重要了。不要像前面提到的那位交易商那样，他说："心理因素不会影响我的交易！我们完全是机械化的。"他最终走向了破产的境地，因为他无视这一非常重要的因素。

## 15.2 最后的部分：采访撒普博士

在你的交易生涯中还有很多需要学习，但是这超出了本书的范围，因此，我想在本书最后一章对其中某些领域的问题提供一个简要的综述。因为要涉及的内容太多，所以我决定采取问答的形式来加以概述，这样可以让我突出重点。

**如果有些人理解了本书所说的所有内容，那么还有别的什么吗？你在本书中所包括的内容似乎已经相当广泛了。**

还有很多领域未涉及。我们讨论了交易系统中会涉及的因素以及每一因素的相对重要性，然而，我们并没有深入讨论数据、软件、测试步骤、指令执行、资产组合设计以及经营别人的钱。我们触及了这些问题，但是没有深入。我们也涉及了确定头寸规模的问题，但是如何利用头寸规模确定来实现目标的深入研究远远超出了本书的范围。最为重要的是，我们完全没有讨论交易的过程，也没有讨论交易所涉

---

㊀ 我最初的研究表明人们所犯的错误平均要让其付出2R和5R的代价。不过，这只是对错误代价的R价值的初步研究。

及的应该严格遵守的所有的心理因素以及交易或投资的日常细节。

那好，就让我们逐个讨论这些问题。读者从哪里可以获得更多的信息？他们需要了解什么样的信息？让我们从数据开始。

数据是一个涉及非常广泛的问题，本身就够写一本书。首先，你必须明白数据只是市场的代表，它本身不是真实的市场。其次，数据实际上可能不是它看上去的那样。在一般人都得到了市场数据时，其中往往存在大量的潜在错误的来源。因此，如果你从两个不同的数据出售方买到数据，对完全相同的市场和年份运行完全相同的系统，你会得出不同的结果。其原因就在于数据的差别。显然，这既会影响你的历史测试，又会影响你日复一日的交易。

你最后会对数据得出两个基本的结论：第一，在交易中没有非常精确的东西；第二，你需要找到可靠的数据出售方，并确保他们提供可靠的数据。

**好的，那么软件又如何呢？人们应该从软件中得到些什么呢？**

遗憾的是，大多数软件是为吸引人们的心理弱点而设计的。多数软件都对结果进行了优化，以使你相信你拥有的是一个非常好的系统，而实际上你的系统甚至都不能带来利润。这些软件一般都是在一个时间点对一个市场多年的表现进行测试，这不是职业人士交易的方式，但是它让你得到非常乐观的结果，因为这些结果可以对市场拟合得很好。

我强烈建议，你至少要意识到这是多数软件的特点。这不是软件出售者的错误，因为他们只是在卖给人们想要的东西。

最后一点，你需要能够帮助你把注意力集中到交易或投资中更为重要的部分，如头寸规模确定的软件。市场中的确有些软件可以有所帮助，如 Trading Blox、Trading Recipes 和 Wealth Lab，但是它们的设计都不能帮助你在长期里以你应有的方式进行资产组合的决策。这样的软件实际上是不存在的，除非你愿意自己开发。

**测试如何呢？关于测试人们需要了解哪些？**

测试是不精确的。我们采用了一个众所周知的软件程序，在一个两天的突破点进入市场并在一天后退出，运行了一个简单的程序。这个程序确实很简单，因为我们只是看一看收集在线数据的准确性。我们用的是一些非常有名气的、非常流行的软件来做数据收集和运行简单的系统的，但在该软件实时运行时，它得到一套结果，而对其所收集的相同的数据以历史的模式再进行运行时，它又产生了一套不同的结果。这是不应该发生的，但是却发生了。在我看来，这是很可怕的事情。

如果作为一位完美主义者走进这个交易和投资的世界，你会一次又一次的受挫。没有什么是精确无误的，你永远无法知道它真实的结果是什么。相反，交易更像是一场讲究纪律、追随市场趋势和能够利用市场趋势的游戏。能够这样做的人就可以在市场中赚到很多钱。

测试问题的出现通常是因为有些人需要大量的测试，为的是他们在利用一个系统进行交易时感到足够的舒服，但是测试是不准确的。多数软件本身就存在错误，因此，我认为你的软件至少存在10%的错误因素，而且你利用该软件所运行的数据也可能会存在显著的错误。可以尝试利用两套不同的数据（从不同的数据出售方购买数据）来测试你的系统，你或许会对结果有可能的大相径庭感到吃惊。此外，你可以只测试一套历史数据，但是它并没有告诉你市场将来会怎样。如果你需要做某种测试以使你在利用一个系统进行交易时感到舒服，而且你知道所有这些错误的源头，那么就尽最大努力做吧。

**这听起来很悲观，那为什么还要测试呢？**

因此你应该明白哪些是有效的，哪些是无效的。你不要相信我所告诉你的一切，相反，你需要向你自己证明有些方面是正确的。当有些方面看起来确实是正确的时候，你就会有使用它的信心。必须要有这样的信心，否则你在市场中交易时就会迷失方向。进行系统测试以及培养对系统的信心，即使它不是准确无误的，也是很多人在利用一个系统进行交易时需要感到舒服的一部分。

**你建议做什么？**

确定你在利用一个系统进行交易时感到舒服的标准是什么。它适合你这个人吗？它适合你的观点吗？你对它理解吗？它适合你的目标吗？多数人甚至在进行以上评估之前就进行测试，但是，如果它满足以上所有的条件，那么你就必须问问自己：我还需要进一步的实证数据来向自己证明它确实满足我认为它会满足的这些条件吗？你感到舒服的标准是什么？

就我个人而言，我想要一个适合我的观点、我的目标和我这个人的系统。我希望真正明白该系统是如何运作的，这通常对我利用该系统进行非常小的头寸规模进行交易是足够的。而且通过真实的交易，我可以得到交易的 $R$ 乘数以及确定这一 $R$ 乘数分布的质量。理解这些以后，我就将开发一个不错的头寸规模确定法则以确保该系统会实现我的目标。

你或许永远不会准确无误，没有一门科学是准确无误的。人们习惯上认为物理是准确无误的，但是现在我们知道测量事物的行为本身会改变所观察的结果。不管它是什么，你是其中的一部分，你对此无能为力，因为这也许就是现实的本性，而且它也再次解释了我的观点，即对"圣杯"系统的寻找是一个内在的发现。

**好的，下面让我们来讨论指令的执行。**

指令执行从沟通的角度来看是非常重要的。如果执行是你如何进行交易的一个重要的组成部分，那么经纪人必须理解你的需求和你要实现的目标。如果你对此可以很好地进行沟通，那么经纪人就会有助于你实现自己的目标。

**这是什么意思呢？**

首先必须彻底了解你的系统。你必须理解你的概念：它是如何工作的以及在不同类型的市场上可以对它有何期待。然后，你必须向场内经纪人传达你正在做的工作以及你对他的期待。例如，如果你是一位趋势跟踪者，在对突破点进行交易，那么你会希望对真正的突破点进行交易。把你的意图传达给经纪人，找到某个经纪人比较认真地执行你的指令。如果市场的确在移动，你的指令会得到执行，但是如果只是几位交易商在考验新的高价，那么你就不想让指令得到执行，因为市场不会坚持下去。如果你和经纪人就此进行过交流和沟通，你就可以得到这样的服务，即只在你希望执行的市场上执行你的指令。如果你没有与经纪人交流你的想法，就不会得到这种服务。

经纪人同样需要知道你付给他执行指令的报酬是多少。我刚才所说的对长期趋势跟踪者而言是不错的，但是对日交易商来说就是非常可怕的了。一个日交易商需要的只是以最低的成本和最小的价格差异得到好的执行，然而，你将永远不会得到最小的成本，除非你就此与经纪人进行交流，并给他合理的赔偿。

**资产组合测试和多元系统又如何呢？**

同样，对这个话题也可以专门写一本书。你可以考虑一下本书中所讨论的机会因素。当你在一组市场中进行交易时，你有机会开辟更多的交易机会，就是说你可以获得成功的交易——也许一年中可以获得几次。这就意味着你可能有足够的机会在一个季度里都不会亏损，或者也许是一个月都不会亏损。

多元系统给你同样的优势——更多的机会。多元系统如果是互不相关的则尤其好，它意味着你总会有些盈利的交易，你的账户价值亏损会更少或者不存在。如果是这样的话，在一次盈利巨大的交易来临时，你就可以有一个大得多的资本基础来进行交易（为了确定头寸规模）。

我想，理解了这些原则的人们每年可以轻易地赚到50%或者更多，和我一起工作过的很多交易商做得比这好得多。如果你理解了一个系统可以表示成 $R$ 乘数的分布以及如何调整头寸以实现目标的话，你就应该明白这为什么是可能的。不过，这一切能够发生的关键前提之一是你要有足够的资金，如果你的雪墙太小，它就会被第一个砸过来的大的黑雪球摧毁，而且不管你的系统有多么好或者你准备得有多么充分，这都是要发生的。

**但是很多职业交易商会说，经常超越市场平均水平几乎是不可能的。**

你必须记住大多数职业交易商是从哪里来的。就像我所指出的那样，他们不理解风险——在市场中任何给定头寸的初始停价；他们不理解期望收益，也不理解期望收益是由止住亏损、滚动利润带来的；他们不明白确定头寸规模在帮助你实现目标方面的作用；他们不理解，让这一切运作起来的关键是要有做这一切的内在力量和约束，要理解一切结果都是你自己带来的。以上这些都是本书的主要观点，但是在任何别的地方你无从知晓。

**但是大多数共同基金都没能超越市场平均水平。**

你刚才所说的存在两个重要的问题。共同基金本身的设计就是在市场中总是做多头。它们的目标就是超越一些基准，如标准普尔500指数，而且能够确保它们不会过于远离这一基准的唯一的办法就是从根本上持有这些指数包括的股票。因此，这些基金的85%可能就是这些标准普尔500指数中的股票。现在，如果你拥有这一指数，而且收取管理费，真的进出市场进行交易，结果也会导致交易费用，那么你就不可能超越你的基准指数。

在本书中，我主张绝对业绩，而不像共同基金那样追求相对业绩，这是完全不同的观点。假如你有一个系统一年做100次交易，其期望收益是$0.7R$，这就意味着你每年平均应该实现$70R$的收益。如果每笔交易都承担1%的风险，复合计算的结果应该每年实现接近100%的收益。每年$0.7R$的收益对于一个可以交易100次的系统来说并不是不可以实现的期望收益。

然而，规模是一个重要的因素。一位一天做20次交易的日交易商每月可以实现50%的收益。大多数人没有做到这一点，因为其系统停止了工作或者犯了重大的心理错误，但是对他们来说做到这一点是可能的。假设该日交易商的系统可以达到$0.4R$的期望收益，一个月做200次交易，到该月底能够轻易地增加$80R$的收益。如果每个头寸承担0.5%的风险，他会增加50%的收益。

每个月做20次交易的摆动交易商能够轻而易举地实现10%~15%的收益。假如这些摆动交易商的系统具有$0.6R$的期望收益，这意味着他们平均每月将能实现$12R$的收益。如果承担1%的风险，那么他们就能轻易地实现15%的收益。然而，大多数短期交易商每个月会犯一个能够把他们一个月的全部利润洗劫一空的错误。

接着让我们来看一位每年做50次交易的长期头寸交易商。假如这位交易商的系统可以带来$1.3R$的期望收益，到年底，他可以轻易地增加$65R$的收益，而且如果每笔交易承担1%的风险，那么他每年能够实现75%的收益。然而，一两个心理错误就能够把全部的收益化为乌有。

我知道有些学术界的人想对这些观点进行检验来看看它们是否真起作用。头寸规模确定在真实的世界里真的有用吗？那些充分进行头寸规模确定的人获得较高的回报了吗？好的，我已经可以给予回答了。你需要找到那些理解期望收益，理解如何进行头寸规模确定以实现他们的目标以及如何控制自己的人。前两个特质已经很稀有了，但是当你加上第三个因素后，我们也许是在谈论着世界上不到1%的交易商和投资者。

**你的账户大小不也在起作用吗？**

绝对正确，规模是很重要的。如果账户太小，那么你就有可能在进行着过大的交易，从而很容易地将你的账户化为乌有。

如果你的交易规模在1 000万美元以下，那么我所建议的数字是很现实的，但是，当规模变得更大，比如0.5亿～10亿美元之间时，你就会面临执行的问题。有些经营着50亿美元的大的套期保值基金如果能够每年实现20%的收益，则确实是不错的，但是在这些情况下，扩大规模往往会摧毁你的期望收益。

对于多数共同基金来说，50亿美元是很小的。如果市场没有显著的移动，它们就会在进出市场时遇到巨大的问题。你可以想象数以万亿计的美元试图对我在本书中所给出的观点进行交易的影响。它们或许无法这样做。这就是它们为什么要让你相信赚钱的秘密就是"买进并持有"的原因。而且这也是它们为什么追求相对业绩，努力超越他们的基准，而不是绝对业绩的原因，而就是这样的追求，它们也很少能够做到。

**好吧，交易的约束和过程又如何呢？**

这是我在20多年前首先进行模型化的领域。如果理解了这一领域的内容，你就真正拥有了成功的机会，但是如果你不理解，那么成功的机会是很小的。

我首先通过询问大量优秀的交易商做了什么来开始我发现好的交易的过程。我认为，普通的回答就是成功的"真正"秘密之所在。

**给我们一个概括。为了在交易中能够更加训练有素，通常可以遵循的一些步骤是什么？**

多数交易商会告诉我一些他们的交易方法。在我采访了50位交易商之后，我知道了50种不同的方法。因此，我的结论是交易方法对成功并非很重要。这些成功的交易商都具有低风险的观点，但是低风险的观点也有很多不同的类型，这才是答案之一，我现在想把它表示为：具有一个较高的正的期望收益，同时还要有大量的机会，充分理解如何利用头寸规模确定在长期来实现这一期望收益。不过，要做到这一点必须遵守大量的约束。我已经开发了有关顶级业绩交易的一套完整的课程，不过,该课程和本书并无太多交叉之处。

第一步就是要有一个交易计划并对它进行检验。你应该知道如何从本书所包含的信息进行大部分这种检验。你的基本目标就是培养信心和对你所交易的概念有充分的理解。如果你想获得有关开发一个交易计划的更多的信息,请访问我的网站:www.iitm.com。

第二步就是要对发生在你身上的一切承担全部责任。即使有人卷走了你的钱,或者说经纪人偷了你的钱,你也要认为你在某种程度上参与制造了这种局面。我知道这听起来很苛刻,但是如果这样做了,你就会改正自己在这一结果中的作用。当你不再一次又一次地犯相同的错误时,你就有了成功的机会。

我所犯的最大的一个错误是相信了我最大的一位客户,后来证明他是个骗人的老手。我为此付出的惨痛代价不仅是很多钱,还有一些名誉的损失。不过,如果你遵循这样的哲学,像我一样,那么你就必须问自己:我做了什么以至于像这样的人伺机走进了我的生活?我犯了什么错误?一旦你理解了这一点,就能够采取步骤确保此类事件不会再发生。如果不这么做,那么你往往会重复错误,这是很令人厌恶的。

第三步,就是发现你的弱点并努力加以改进。我有几位教练来帮助我像一个生意人那样交易,此外,我在超级交易商项目中还是很多人的教练。这一项目的关键是开发一个交易的强有力的业务方法以及发现弱点并加以消除。对发生在你身上的事情制定一份日志,你在制造这些情绪,因此,你要对所发生的一切承担责任,而不要成为外部环境的牺牲品。

第四步是制定一些最坏情形的应急方案。列出一份在你的业务中有可能会出错的所有方面的清单,并且确定你会对这些情景做何反应。这将是你成功的关键——知道如何应对突发事件。对你能够想到的有可能会出问题的所有方面,制定几种行动方案,并对这些行动方案不断地进行演练,直到它们成为你的第二本能为止。这是成功至关重要的一步。

第五步,每天剖析自己。在交易和投资中你是最重要的因素。花一点时间用来剖析自己不值得吗?你感觉如何?你的生活如何?你对这些方面越了解,它们对你的生活的影响就越小。你还要问问自己:我渴望交易成功吗?没有渴望,什么也做不成,但是有了渴望,一切都是可能的。

第六步是在交易的一天开始,就确定交易有可能会出现什么样的差错,你将对此如何反应?对每一种选择进行心理演练直到彻底理解。每一位运动员都会进行大量的心理演练,这对你也同样重要。

第七步，在一天结束之时，对当天的交易做个盘点。问自己一个简单的问题：我遵循我的规则了吗？如果答案是肯定的，那么就称赞一下自己。实际上，如果你遵循了自己的规则，但是还是输了钱，那么就称赞自己两次。如果答案是否定的，那么你必须找出原因！你在将来可能会如何把自己置于类似的境地？当你发现了类似的情景时，必须对此情景进行一遍又一遍的心理演练直到确保你知道将来如何合适地进行反应为止。

以上七个步骤对所有人的交易都应该有相当大的影响。

**交易商或投资者为了提高业绩，能够做的最为重要的事情是什么？**

这问题问起来很容易，但是回答就没那么容易了。对发生在你身上的一切要承担全部的责任——在市场中是如此，在生活中也是如此。我已经说过很多次了。你要对所发生的一切承担责任，而不要成为外部环境的牺牲品。

我已经提到过那个让我付出了一大笔钱的骗人老手的例子。确保此类事件不再发生的关键步骤不是责备这个骗子，而是找出我自己做了什么导致这个人走进了我的生活以及确保我永远不会再犯这样的错误。有些人赔了钱只是责备他人和走向法庭，然而，你这么做就什么也没有学到，而且往往会把同样的事件再次引入自己的生活，因为你没有改变。例如，当地报纸报道，某些被这个骗人老手骗过的投资者在此之前就曾经被另外三个骗子骗过。

如果你对这个例子不能很好地理解，那么我再讲一个我在研讨班上玩过的玻璃球游戏的例子。假如观众有10 000美元的玩资，而且可以对每一次取出的球（并且放回）承担这一金额以内的风险。假如60%的球是输的，而且其中一个输的比例是5:1（一个5R的乘数）。这个游戏继续100次，这样，一些较大的连续失利就会发生。在100次取球中，在某一点或许会连续输掉10或12次，此外，连连失利中也包括这个5:1的损失。

我耍了一点小伎俩。当有人取出一个输的球时，我要求那个人继续往外拿球，直到最后取出一个赢钱的球。这就意味着观众中总有人会取出这一长时间的全部的输球系列。

在游戏结束时，一半的观众都输了钱，而且很多人最后都一文不剩。当我问他们"你们有多少人认为这个人（就是那个取出一连串输的球的人）要对你们的损失负责"时，很多人都举起了手。如果他们真的这么认为，就意味着他们从这个游戏中没有学到任何东西。破产是因为糟糕的头寸规模确定，但是他们宁愿责备他人（或他事），比如去责备那个取出了一连串输球的人。

最精明的交易商和投资者是那些早就知道了这个教训的人，他们总是针对自己改正错误。这就意味着他们最终将会清除妨碍其赚到很多钱的心理问题。结果，他们将继续从自己的错误中获益。

因此，我对任何人的第一忠告就是要从自身寻找发生在你生活中的一切的根源。一般的模式是什么，你怎样才能改正那些不好的方面？如果你这样做，成功的机会就会急剧上升。突然地，你就可以对自己的生活负起责任来了。

**您还有什么别的高见吗？**

我在本书前面就谈过有关观点的问题，但是我愿意再次重申，因为我认为它们太重要了。

首先，你无法对市场进行交易，而只能对自己有关市场的观点进行交易。因此，明确你的观点对你来说是非常重要的。

其次，某些和市场毫无关系的重要观点将仍然会决定你在市场中能否成功。这些都是关于你自身的观点，你对自己了解多少？你认为你能胜任什么？交易或者成功对你是否很重要？你认为自己成功的把握有多大？对自己了解不够会削弱你利用一个非常好的系统进行交易的结果。

在此，我想提醒你一些有助于你往下一步走的东西。我有一个游戏，你可以从以下网址下载：www.iitm.com。这个游戏给你一个正的期望收益，它只强调确定头寸规模，并可以让你的利润滚动起来。我建议你将这个游戏作为交易的培训场地，看看玩这个游戏能否赚到钱。前三个水平的游戏你可以免费玩。制定一个没有太大风险就可以通过这三个水平游戏的方案，这是有可能的。看看自己能否通过全部的游戏而不冒太大的风险。这个游戏有助于你理解本书一直在讨论的原则。请你反复玩这个游戏，因为据此：①你会了解作为一位交易商需要处理的各种不同的情形；②你会对自己有更多的了解；③通过尝试不同的东西，你会对确定头寸规模有更多的了解。

向自己证明你能够做到。游戏反映的是你的行为，如果在这个游戏中不能做到，那么市场中你就不会有机会。在面对市场时出现的大多数心理问题，你在玩游戏时也会存在。游戏是你学习的便宜的渠道。

作为最后的建议，我建议你将本书读上四五遍。我的经验是，人们是根据其观念系统来对事物进行过滤的。因此，你第一次读它，或许有大量的信息被你忽略了；再读一遍可能会向你揭示一些新的精华；而多读几遍这些信息会成为你的第二本性。

# 术语表

**adaptive moving average** **适应性移动平均** 依靠市场移动的效率发出一个入市信号的不快也不慢的移动平均。

**algorithm** **计算法则** 就是一个或者一套计算规则,即计算数学函数的一个过程。

**anti-martingale strategy** **赢时加倍下注的策略** 一种头寸确定的策略,在盈利时加大头寸规模,而在赔钱时减少头寸规模。

**arbitrage** **套利** 利用价格的差异或者系统的漏洞来赚取持续的低风险的利润。这一策略通常会涉及相关产品的同时买进和卖出。

**asset allocation** **资产配置** 很多职业交易商决定如何分配其资本的过程。由于彩票倾向的存在,很多人认为它就是对要选择什么类别的资产(诸如能源股票还是黄金)进行决策。然而,其真正意义是人们利用它来决定在每一类别的资产上投资"多少"。因此,它实际上是"头寸确定"的另外一种表达。

**average directional movement,ADX** **平均定向移动** 一个测度市场趋势的指标。看涨和看跌趋势都以正的变化量来表示。

**average true range,ATR** **平均真实波幅** 指过去 $X$ 天的真实波幅的平均数,它是以下指标中最大的取值:①今天的最高价减去今天的最低价;②今天的最高价减去昨天的收盘价;③今天的最低价减去昨天的收盘价。

**band trading** **波段交易** 一种交易类型,认为所交易的工具在价格的一定范围内移动,因此,当价格达到过高的水平(超买),就假定价格将会下跌;而当价格跌到过低水平时(超卖),就假定价格可能会上涨。

**bearish** **熊市** 认为市场在将来会呈下跌趋势。

**best-case example** **最佳情形的例子** 代表可能结果的最佳水平的一种情形。很多书都向你展示它们对关于市场(或指标)关键点的解释,看上去它们能完美地预测市场。然而,这些点的大多数例子都很难和所选的例子一样好,这个所选的例子就被称为"最佳情形的例子"。

**bias** **倾向** 以特定的方向移动的趋势,它可以是市场倾向,但是本书所讨论的大多数倾向是指心理倾向。

**bid-ask spread** **买卖价差** 做市商对要建立头寸的潜在的投资者报出的价差。一般而言,这一价差就是做市商获取利润的途径。如果你想卖出,就会得到较低的价格(做市商的买入价),而如果你想买进,就会得到较高的价格（做市商的卖出价）。

**blue-chip companies 蓝筹股公司** 排名最靠前的公司。

**breakout 突破** 由盘整或横向移动的波段出现的价格上涨。

**bullish 牛市** 认为市场在将来将呈上涨趋势的观点。

**call 看涨期权** 一种选择权，在到期之前有权利按照特定的价格买进基础工具。它是一项买的权利，不是义务。

**candlestick 蜡烛图** 日本人发明的一种条形图，介于开盘和收盘之间的价格波动范围要么是白色的矩形（如果收盘价较高），或者是黑色的矩形（如果收盘价较低）。这种图形将价格移动表示得十分醒目。

**capitalization 资本总额** 一家公司发行的优先股的总金额。

**channel breakout 管道突破** 见突破。

**chaos theory 混沌理论** 一个认为物理系统一般是由稳定走向混乱的理论。该理论最近被用于解释市场的爆发性移动以及市场的非随机性。

**climax reversal 极点反转** 在剧烈的价格上涨之后出现的价格剧烈下跌。当一个位置在上涨时，它经常是在移动结束之际出现急剧的上涨，这被称为极点上涨。随后通常是价格的下跌，称为极点反转。

**commodities 商品** 在期货交易所交易的实际产品。这样的产品有谷物、食品、肉类和金属。

**congestive range 拥挤的波幅** 见盘整。

**consolidation 盘整** 市场的间歇期，期间价格移动范围非常有限，看上去没有趋势。

**contract 合约** 商品或期货的一个单位。例如，玉米的一个单位或一手合约是5 000蒲式耳。黄金的一个单位是100盎司。

**credit spread 贷方价差** 期权交易的一个策略，投资者通过买进一种工具和卖出另一种相关的工具并由此交易收到一笔钱，这被称为贷方价差，因为投资者通过这笔交易得到了钱。

**debit spread 借方价差** 期权交易的一个策略，投资者通过买进一种工具和卖出另一种相关的工具并为此交易付出一笔钱，这被称为借方价差，因为投资者为这笔交易付出了一笔钱。

**degree of freedom 自由度** 统计学术语，它等于自变量的个数减去要估计的参数的个数。更大的自由度一般有助于表述过去的价格移动，但是不利于预测未来的价格移动。

**Delta phenomenon Delta现象** 由吉米·斯洛曼发展和注册并由威尔斯·怀尔德进行推广的理论，它声称可以通过太阳系所发生的事情来预测市场的移动。

**Dev-stop Dev-停价** 由辛西娅·凯斯开发和注册的一个依靠价格移动的标准差的停价标准。

**directional movement 定向移动** 一个要归功于威尔斯·怀尔德的指标，它利用超出昨天波动幅度范围的今天的波幅的大部分。

**disaster stop 灾难性停价** 一个用来确定头寸中最坏情形损失的停价指令。见停价指令。

**discretionary trading 随意交易** 指依赖于交易者的本能进行的交易，与依赖系统方法相反。最优秀的随意交易商是那些开发了系统的方法，然后随意地进行市场的退出和头寸确定以提高其业绩的交易商。

**divergence 分歧、背离** 一个用来描述两个或者更多的指标未能显示互相证实的信号的术语。

**diversification 分散化** 投资于相互独立的市场以降低总体风险。

**drawdown 亏损** 由于亏损交易或者仅仅因为未结清头寸的价值下跌而可能出现的"纸面损失"造成的账户价值的减少。

**Elliott Wave 艾略特波浪** 由 R. N. 艾略特发展的理论，它认为市场的移动是由一系列的 5 个上涨的波浪再接着一系列 3 个纠正性的下跌波浪组成的。

**entry 入市** 系统中发出信号表明应该如何或者何时进入市场的部分。

**equal units model 等值单位模型** 一个头寸确定模型，指在每一个头寸都买进相等的金额。

**equities 公司普通股** 在公司里靠所有权获得的股票。

**equity 资本** 账户的价值。

**equity curve 资本曲线** 由图形表述的账户随时间变化的价值。

**exit 退出** 交易系统中表明如何或者何时退出市场的环节。

**expectancy 期望收益** 通过很多交易可以预测的平均可以获得的收益。期望收益最好的表述是以投资的每一美元能够赚到多少钱来表示。期望收益是一个交易系统所产生的 $R$ 乘数分布的平均 $R$ 值。

**expectunity 总期望值** 本书所用的一个表示期望收益乘以机会的术语。例如，一个期望收益为 $0.6R$，每年产生 100 次交易的系统将会产生 $60R$ 的总期望值。

**false positive 伪正** 给出一个未发生的预测的东西。

**Fibonacci retracements 斐波纳契折回** 在折回分析中所使用的最普通的水平，即 61.8%、38% 和 50%。当移动开始反转时，可以利用移动的最低价到最高价来计算这 3 个价格水平（并利用水平线画出）。这些折回水平然后就被解释为反移动将要停止的可能水平。希腊和埃及的数学家都知道斐波纳契比率，这一比率被称为黄金分割并应用于音乐和建筑中。

**filter 滤嘴** 指只选择符合特定标准的数据的指标。太多的滤嘴往往导致过于优化。

**financial freedom 财务自由** 根据撒普的定义，它是指潜在收入（产生于所运作的资产的收入）大于支出的一种经济状态。例如，如果每月的总支出为 4 000 美元，所运作的资产每月带来 4 300 美元的收入，那么这在账上就是自由的。

**floor trader　场内交易员**　在商品交易所大厅交易的交易员。当地人一般都利用自己的账户进行交易，而交易所里的经纪人往往为经纪公司或一家大公司进行交易。

**forex　外汇**　由世界各地的大银行组成的庞大的外汇市场。今天也有一些小得多的公司允许客户交易外汇，但是它们会从客户手中获得买卖价差。

**fundamental analysis　基本面分析**　指对市场进行分析以确定其供求特征。在股票市场，基本面分析确定一特定股票的价值、收益、经营和相关的数据。

**futures　期货**　一种要求其持有者按照特定的时间和价格买入某一特定资产的合约。当商品交易所把股票指数合约和货币合约加进去以后，期货一词的内涵就发展到已经包括这些资产了。

**gambler's fallacy　赌徒谬论**　在赌博时相信在一连串的赢之后会出现输，和/或者在一连串的输之后会出现赢的观点。

**Gann concepts　甘氏理论**　预测市场移动的各种概念。这些概念都是由著名的股市预测人 W. G. Gann 发展的。其中一个概念就是 Gann 平方，它是一个在一定时间的极端最高价和最低价的基础上发现支撑位和阻力位的数学系统。根据 Gann 的说法，在该平方中获得一个特定的价格水平就可以预测下一个可能的价格峰值。

**gap　缺口、跳空**　在价格图形上没有交易发生的一个区域，它一般出现在第一天收盘和第二天开盘之后。很多事情可以造成这一缺口的出现，如在一天的股市收盘后收益报告出来了。

**gap climax　缺口极点**　在开盘时存在缺口开始的极端移动。

**hit rate　命中率**　在交易或投资中赢的交易的百分比，也称做系统的可靠性。

**Hooly grail System　圣杯系统**　一个能完美地追随市场以及总是正确的神秘的交易系统，可以带来巨大的收益但是没有损失。这样的系统是不存在的，但是圣杯的真正含义在于它告诉你秘密就在你自身。

**indicator　指标**　以一种被认为有意义的方式帮助交易商和投资者做决策的数据的总结。

**inside day　内部日**　一天的价格波动范围全部都落在了前一个交易日的价格波动范围之内的交易日。

**intermarket analysis　市场间分析**　利用一个市场的价格移动来预测另外一个市场的变化。例如，美元的价格可能会根据国库券、英镑、黄金和石油的变化而变化。

**investing　投资**　多数人遵循的一种买进并持有的策略。如果进出很频繁或者既愿意做多头又愿意做空头，那么就是在交易。

**judgmental heuristics　判断的启发性思维**　人类大脑用来做决策的捷径，这些捷径使得决策快捷和综合,但是它们往往导致决策的倾向性,进而使得人们赔钱。第 2 章讨论了很多这种倾向性。

**laryest expected equity drop,LEED 预期的最大的亏损度** 加拉赫用来描述风险限制的术语,它是指交易商或投资者能够忍受的最大的资本下跌。

**leverage 杠杆** 用来描述某人为了拥有某种东西而必须付出的金额和它的基本价值之间关系的术语。较高的杠杆,即一笔小额的定金就可以控制大额的投资,提高了利润和损失的潜在规模。

**limit move 有限移动** 价格的变化达到了合约所交易的交易所设定的限制。在有限移动出现时交易通常被停止。

**limit order 限价指令** 向经纪人发出对想买进或者卖出一个头寸的多少规定一个限度的指令。如果经纪人不能获得这一价格或更好的价格,该指令就不会被执行。

**liquidity 流动性** 交易对优先股或期货合约的容易度和可获得性。当交易量很大时,通常具有很大的变现性。

**long 多头** 预期将来的价格要上涨而拥有一种叫交易的产品。见空头。

**low risk idea 低风险的思想** 一个具有正的期望收益,在一个允许短期出现最坏的可能情形的风险水平进行交易以便能够实现其长期期望收益的交易思想。

**MACD** 见平滑异同移动平均线。

**marked to market 盯住市场** 用来描述以下事实的术语,即未结清的头寸是以它尚未结清的这一天的收盘价为基础而记入借方资金或贷方资金的。如果有一个未结清的头寸,其价值就被认为是当天交易结束时收盘的价值。

**market maker 做市商** 通过买进或卖出证券、货币或者期货合约而赚取双向价格的经纪人、银行、公司或个体交易商。

**market order 市场指令** 以目前的市场价格买进或卖出的指令。市场指令通常很快被执行,但是并不必然按照可能的最好的价格。

**martingale strategy 输时增加赌注的策略** 一个在输钱后增加头寸规模的头寸确定策略。经典的输时增加赌注的策略是在每一次输了后将赌注翻倍。

**maximum adverse excursion,MAE 最大的不利偏移** 在一次交易过程中由于不利于该头寸的价格波动而造成的最大亏损。

**mechanical trading 机械化交易** 所有的行为都是由计算机决定的,没有额外的人类决策影响的一种交易。

**mental rehearsal 心理演练** 在实际行动之前预先在大脑中筹划一个事件或策略的心理过程。

**mental scenario trading 心理情形交易** 交易商利用对市场变化的宏观评估来开发交易思想的一个交易概念。

**modeling 模拟** 确定某些形式的顶级业绩(如最高的交易业绩)如何实现,

然后将这一培训传授给其他人的过程。

**momentum 动量** 表示从过去某一固定的时间段到现在的价格变化的指标。动量是不多的领先指标之一。动量作为一个市场指标,和物理学中表示的质量乘以速度的动量是有很大区别的。

**money management 资金管理** 一个经常被用来描述头寸确定的术语,但是它有很多含义,人们并未理解其全部的意义或重要性。例如,该术语也指管理他人的资金、控制风险、管理个人的钱财以及实现最大的收益。

**moving average 移动平均** 一种利用所有价格条形图的一个平均数来表示很多价格条形图(表示在一个特定的时间段里的最高价、最低价、开盘价和收盘价)的方法。当一个新的条形图出现时就被加进去,而原来最早的一个就被删除,然后计算出一个新的平均数。

**MACD 平滑异同移动平均线** 由杰拉尔德·阿佩尔(Gerald Appel)开发的一个追随一系列的移动平均差异的技术指标。该指标有两条线,一条 MACD 线和一条信号线。当 MACD 线上升到信号线以上时,就产生一个买进的信号;当 MACD 线落到信号线以下时,就产生一个卖出的信号。因为 MACD 是由移动平均产生的,所以它具有捕捉市场中摆动幅度比较大的移动的独特能力。发散、趋势线和支撑线同样可以应用到 MACD 中来传递更多的信号。

**negative expectancy system 负期望收益系统** 一个在长期里永远不会赚到钱的系统。例如,所有的卡西诺游戏都被设计成具有负的期望收益的游戏。负期望收益系统也包括一些具有很高的可靠性(命中率很高的系统)但是倾向于偶尔产生巨额损失的系统。

**neuro-linguistic programming,NLP 神经语言程序** 由系统分析师理查德·班德勒(Richard Bandler)和语言学家约翰·格林德(John Grinder)共同开发的一种心理训练形式。它构成模拟人类最佳行为科学的基础。然而,在 NLP 研讨会上通常讲授的是由模拟过程发展而来的技巧。例如,范 K. 撒普的机构模拟了最高水平的交易、系统开发、头寸确定和财富积累。研讨班上所教的是做以上事情的过程,而不是模拟过程本身。

**opportunity 机会** 见交易机会。

**optimize 优化** 所谓优化,是指在历史数据中找到能最好地预测价格变化的参数和指标的过程。一个高度优化的系统在预测未来价格方面一般都不尽如人意。

**option 期权** 到将来某个确定的时间按照固定的价格买进或卖出基础资产的权利。买进的权利称为看涨期权,卖出的权利称为看跌期权。

**options spread 期权价差** 在同一时间建立两个期权头寸并从这两个头寸的价

格差异中获取利润的交易策略。见借方价差和贷方价差。

**oscillator 摇摆指数** 一个用来描述价格的指标,大多数摇摆指数取值往往在 0~100 之间。分析师一般假定在指数值接近于 0 时,是超卖价格,而在价格接近于 100 时,是超买价格。然而,在一个有趋势的市场上,价格在长时间里都可以是超买或超卖的。

**parabolic 抛物线** 该指标是建立在函数 $y = ax^2 + bx + c$ 基础上的 U 形函数。因为随着时间的延伸它以加速度上升,所以有时就被用做跟踪止损,防止返回太多的利润。此外,如果一个市场在开始上升时,几乎是接近垂直地上升,这样的市场也叫做抛物线,就像在 1999 年很多高科技股票所表现的一样,有时每个月都翻倍。

**passive income 潜在收入** 钱在经营时产生的收入。

**peak-to-trough drawdown 最高点到最低点的亏损** 用来描述资本在到达一个新高之前,从最高点到最低点的最大减少量。

**percent risk model 百分比风险模型** 一个通过将每个头寸上的风险控制在资本的一定百分比之内来确定头寸规模的头寸确定模型。

**percent volatility model 百分比波动幅度模型** 一个通过将每个头寸的波动幅度控制在资本的一定百分比之内来确定头寸规模的头寸确定模型。

**position sizing 头寸规模确定** 成功交易六个关键要素中最为重要的一个。这个是本书第 1 版新创的术语,指的是系统中真正决定能否实现目标的那一部分。这个要素决定了在整个交易过程中要有多大的头寸。在多数情形下,用来确定头寸规模的法则是以目前的资本为基础的。

**positive expectancy 正的期望收益** 在长期里如果在足够低的风险水平进行运作就可以赚钱的一个系统(或游戏)。

**postdictive error 事后错误** 将可能不知道的未来数据加以考虑时所犯的错误。例如,如果每天都在开盘时买进,收盘价格涨了,就可能会有一个不错的系统,但这只是因为在犯一个事后错误而已。

**prediction 预测** 对未来的猜测。多数人想通过猜测未来的结果即进行预测来赚钱。大家雇用分析师来预测价格,然而,优秀的交易商通过"止住损失,滚动利润"来赚钱,这和预测毫无关系。

**price/earnings (P/E) ratio 市盈率** 股票的价格与其收益的比率。例如,如果一只价值 20 美元的股票每年可以赚到 1 美元的利润,那么其市盈率为 20。在过去 100 年中标准普尔 500 指数的平均市盈率大约是 17。

**price-to-sales ratio 价格—销售额比率** 股票的价格与其销售额的比率。例如,如果一只股票卖 20 美元,而在总的销售额中每股是 1 美元,那么其价格—销售额比率为 20。

proprietary methodology  **专有方法**  交易商藏在自己心里不告诉别人的方法，因为（1）他不想让别人知道他的秘密或者（2）他不想回答有关他在做什么的问题。

put option  **看跌期权**  给某人在一个具体的到期日之前有权利按照事先确定的价格卖出所订立的资产的期权。它是卖出的权利而不是义务。

R multiple  **R 乘数**  以初始风险来表示交易结果的术语。所有的利润和损失都可以表示为所承担的初始风险（R）的乘数。例如，一个 10R 的乘数表示利润是初始风险的 10 倍。因此，如果初始风险是 10 美元，那么一个 100 美元的利润就是一个 10R 的利润。任何系统都可以由它所产生的 R 乘数分布来表示。

R value  **R 值**  用来表示在给定的一个头寸所承担的初始风险的术语，定义为初始止损。

random  **随机事件**  由可能性确定的事件。在数学中是指一个不能预测的数字。

relative strength index，RSI  **相对强弱指数**  是由威尔斯·怀尔德描述的一个期货市场指标，用来确定超买和超卖情形。它是以收盘到收盘的价格变化为基础的。

reliability  **可靠度**  指一个事件的准确性有多高以及赢的频率如何。因此，60% 的可靠度意味着一个事件在 60% 的时间里可以赢。

resistance  **阻力位**  在某个时间段内，在图形上股票可以交易但是看起来似乎不能超越的一个区域。

retracement  **折回**  在与先前的趋势相反的方向上的价格移动。折回通常是对价格的纠正。

reward-to-risk ratio  **回报—风险比率**  一个账户的平均收入（一般以一年为基础进行计算）除以从最高点到最低点的最大损失。由这一方法确定的任何大于 3 的回报—风险比率都是很不错的。它也可以指平均盈利交易的大小除以平均损失交易的大小。

risk  **风险**  指在一个头寸上的入市点的价格和在该头寸愿意承担的最坏情形损失的价格之间的差异。例如，假如某人买了一只股票，价格为 20 美元，决定在价格跌到 18 美元时就抛出，那么其承担的风险就是每股 2 美元。注意这里风险的定义和学术界通常对风险所下的定义有很大的不同，学术界对风险的定义是所投资的市场的波动性。

round turn  **交易来回**  用来描述进入和退出期货合约过程的一个术语。期货佣金通常是以一个交易来回为基础收取的，而不是以对进入和退出都收费为基础的。

scalping  **转手倒卖**  通常是指场内交易商以很快的速度买进和卖出以获得买卖价差或迅速获得利润的行为。递价是其将要买进的价格（也就是卖家从他们手中得到的价格），而要价是其将要卖出的价格（也就是买家从他们手中得到的价格）。

**seasonal trading 季节性交易** 建立在由于一年中生产周期或需求周期的变化而导致的持续、可预测的价格变化基础上的交易。

**secular bull or bear market 长期（牛或熊）市** 描述市场中价值增加（牛）或减少（熊）的长期趋势的术语。长期趋势可以持续几十年，但是它并不能告诉你在接下来的几个月时间甚至几年的时间里市场会如何变化。

**setup 方案** 它是表示交易系统中的一部分的术语，是在寻求入市机会之前，某些标准必须具备的部分。人们过去曾用系统的方案来描述其交易系统。例如，CAN SLIM 就是威廉·欧奈尔所提出的方案标准的缩写。

**short 空头** 指并非真正拥有要卖出的资产。假如某人在利用这样的策略，那么他会为了以后能够以更低的价格买进而卖出一项资产。在尚未真正买进一项资产之前卖出它，就被认为是在卖空市场。

**sideways market 横向市场** 市场既不上涨也不下跌的移动。

**slippage 价格差异** 在进入市场时预测要支付的价格和实际支付的价格之间的差异。例如，如果某人打算在 15 美元的价位买进而最后是以 15.5 的价格买进的，那么其价格差异就是半个点。

**specialist 专家** 被指定在没有来自场外的相互抵消的指令时，执行特定股票指令的场内交易员。

**speculating 投机** 在被认为是波动性非常大的市场进行投资的行为，因此从学术的角度来看这个词指的是风险很大的投资。

**spreading 价差交易** 在两个相互存在关系的市场上进行交易以利用这种新的关系获利的过程。因此，可以用英镑交易日元，这样做，就是在对两种货币的关系进行交易。

**stalking 潜步追踪** 描述准备进入头寸的过程的术语。这是撒普博士模型中的十大交易任务之一。

**standard deviation 标准差** 某一随机变量与其平均值之差的平方的正的平方根。它是以正态分布表示的测度变动幅度的指标。

**stochastic 随机** 由乔治·莱恩推而广之的一个超买—超卖的指标，它是基于以下的观察：在呈上涨趋势的一天收盘价格接近该日的最高价，而在呈下跌趋势的一天收盘价格接近该日的最低价。

**stop loss，stop order 停价指令（止损，止损指令）** 向经纪人发出的指令，在价格打破止损点时就变为一个市场指令。它一般被称为停价（或止损指令），因为大多数交易商利用它来确保他们在一个未结清的头寸发生不利变动时能够抛出。它一般能够防止损失扩大。然而，当停价价格被打破时，即当市场价格等于或者超过停价价格时，停价指令就变成了市价指令，因此，不能保证就一定能得到该价格。结果就有可能更坏。多数电子交易系统允许客户向计算机发出一个止损指令。然后，在该价格被打破时，计算机就把它作为一个市价指令发出。因此，止损指令不一定能进入市场以停价价格被执行。

support **支撑位** 从历史的观点来看，股票很难跌破的价格水平。它是图中看上去买家要进入市场的区域。

swing trading **摇摆交易** 用来描述旨在捕捉市场中的迅速移动而获利的短期交易的术语。

system **系统** 一套交易规则。一个完整的系统一般包括一些计划条件、一个入市信号、为了保护资本最坏情形的灾难止损、获取利润的退出以及头寸确定法则。不过，很多通过商业性获得的系统不能全部满足这些标准。一个交易系统也可以由它所产生的 $R$ 乘数分布来描述。

tick **最小波动点** 指证券交易中价格波动的最小幅度。

timing technique **时机选择技巧** 试图帮助人们在价格上涨之前进入市场或者在价格下跌之前卖出的交易技巧。

trade distribution **交易分布** 描述盈利交易和亏损交易随着时间的推移而实现的方式的术语。它可以展示一连串的盈利交易和一连串的亏损交易。

trade opportunity **交易机会** 交易获利的六个关键因素之一，是指一个系统在市场中建立头寸的频率。

trading **交易** 在市场中建立头寸，可以做多头，也可以做空头，期望要么以获得可观的利润而结清头寸，要么在交易不成功时止损。

trading cost **交易成本** 交易成本通常包括经纪人佣金、价格差异加上做市商的成本。

trailing stop **跟踪止损** 随着市场当前趋势而调整的止损指令，它一般用于退出市场获取利润。该止损只有在市场向着有利的方向移动时才移动，从来不会以相反的方向移动。

trending following **趋势跟踪** 捕捉市场极端移动的系统性过程，其出发点是只要市场继续移动就一直待在市场里。

trending day **趋势日** 自开盘到收盘从总体上来看向着一个方向移动，要么上涨要么下跌的一个交易日。

trendline **趋势线** 连接上涨或下跌趋势的最高点（或最低点）的直线，这样的直线被认为反映了市场的趋势。市场技术分析者往往认为当价格"突破"了趋势线，该趋势或许就要结束了。不过，这通常意味着他们只需要再画一条新的趋势线。

turtle soup **乌龟汤** 建立在"市场在20天的管道突破之后往往会发生反转"这一假设基础上的入市技巧，该技巧已经注册。

units per fixed amount of money model **每一固定金额的资金交易一个单位的**

**模型** 对于账户，一般每一固定金额的资金买进一个单位的产品的头寸确定模型。例如，可以每25 000美元买进一个单位（100股或一个合约）。

**validity  有效性** 表示某事物有多大"真实性"的术语。它是否能够测量它被认为能够测量的东西？其准确性有多大？

**valuation  估价** 基于某种用来确定价值的模型对股票或者商品的价格给出某种价值的做法。见价值交易。

**value trading  价值交易** 指这样一个概念，即市场中的头寸不结清，因为它们具有很高的价值。衡量价值的方法有很多。考虑价值的一种不错的方式是，如果一家公司的资产每股值20美元，某人以每股15美元的价格买入了该公司的股票，那么他就获得了很高的价值。不同的价值交易商有不同的方法来定义价值。

**volatility  波动幅度** 指在给定的时间段里价格的波动范围。波动性很大的市场价格每天变化的范围很大，而波动性很小的市场价格每天变化的范围很小。这是交易中最有用的概念之一。

**volatility breakout  波动幅度突破** 一种入市技巧，它是根据市场以前每天的波动范围，在市场自开盘价移动一个特定的量时就建议入市。例如，一个 1.5$ATR$ 的波动幅度突破，意思是在市场自今天的开盘价移动了（上涨或下跌）最近 $X$ 天的平均真实波幅的1.5倍以上时，该技巧就建议入市。

# 推荐阅读

| 序号 | 书号 | 书名 | 作者 | 定价 |
|---|---|---|---|---|
| 1 | 30250 | 江恩华尔街45年（珍藏版） | （美）威廉 D. 江恩 | 36.00 |
| 2 | 30248 | 如何从商品期货贸易中获利（珍藏版） | （美）威廉 D. 江恩 | 58.00 |
| 3 | 30247 | 漫步华尔街（原书第9版）（珍藏版） | （美）伯顿 G. 马尔基尔 | 48.00 |
| 4 | 30244 | 股市晴雨表（珍藏版） | （美）威廉·彼得·汉密尔顿 | 38.00 |
| 5 | 30251 | 以交易为生（珍藏版） | （美）亚历山大·埃尔德 | 36.00 |
| 6 | 30246 | 专业投机原理（珍藏版） | （美）维克托·斯波朗迪 | 68.00 |
| 7 | 30242 | 与天为敌：风险探索传奇（珍藏版） | （美）彼得 L. 伯恩斯坦 | 45.00 |
| 8 | 30243 | 投机与骗局（珍藏版） | （美）马丁 S. 弗里德森 | 36.00 |
| 9 | 30245 | 客户的游艇在哪里（珍藏版） | （美）小弗雷德·施韦德 | 25.00 |
| 10 | 30249 | 彼得·林奇的成功投资（珍藏版） | （美）彼得·林奇 | 38.00 |
| 11 | 30252 | 战胜华尔街（珍藏版） | （美）彼得·林奇 | 48.00 |
| 12 | 30604 | 投资新革命（珍藏版） | （美）彼得 L. 伯恩斯坦 | 36.00 |
| 13 | 30632 | 投资者的未来（珍藏版） | （美）杰里米 J.西格尔 | 42.00 |
| 14 | 30633 | 超级金钱（珍藏版） | （美）亚当·史密斯 | 36.00 |
| 15 | 30630 | 华尔街50年（珍藏版） | （美）亨利·克卢斯 | 38.00 |
| 16 | 30631 | 短线交易秘诀（珍藏版） | （美）拉里·威廉斯 | 38.00 |
| 17 | 30629 | 股市心理博弈（原书第2版）（珍藏版） | （美）约翰·迈吉 | 58.00 |
| 18 | 30835 | 赢得输家的游戏（原书第5版） | （美）查尔斯 D.埃利斯 | 36.00 |
| 19 | 30978 | 恐慌与机会 | （美）史蒂芬·韦恩斯 | 36.00 |
| 20 | 30606 | 股市趋势技术分析（原书第9版）（珍藏版） | （美）罗伯特 D. 爱德华兹 | 78.00 |
| 21 | 31016 | 艾略特波浪理论：市场行为的关键（珍藏版） | （美）小罗伯特 R. 普莱切特 | 38.00 |
| 22 | 31377 | 解读华尔街（原书第5版） | （美）杰弗里 B. 利特尔 | 48.00 |
| 23 | 30635 | 蜡烛图方法：从入门到精通（珍藏版） | （美）斯蒂芬 W. 比加洛 | 32.00 |
| 24 | 29194 | 期权投资策略（原书第4版） | （美）劳伦斯 G. 麦克米伦 | 128.00 |
| 25 | 30628 | 通向财务自由之路（珍藏版） | （美）范 K. 撒普 | 48.00 |
| 26 | 32473 | 向最伟大的股票作手学习 | （美）约翰·波伊克 | 36.00 |
| 27 | 32872 | 向格雷厄姆学思考，向巴菲特学投资 | （美）劳伦斯 A. 坎宁安 | 38.00 |
| 28 | 33175 | 艾略特名著集（珍藏版） | （美）小罗伯特 R. 普莱切特 | 32.00 |
| 29 | 35212 | 技术分析（原书第4版） | （美）马丁 J. 普林格 | 65.00 |
| 30 | 28405 | 彼得·林奇教你理财 | （美）彼得·林奇 | 36.00 |
| 31 | 29374 | 笑傲股市（原书第4版） | （美）威廉·欧奈尔 | 58.00 |
| 32 | 30024 | 安东尼·波顿的成功投资 | （英）安东尼·波顿 | 28.00 |
| 33 | 35411 | 日本蜡烛图技术新解 | （美）史蒂夫·尼森 | 38.00 |
| 34 | 35651 | 麦克米伦谈期权（珍藏版） | （美）劳伦斯 G. 麦克米伦 | 80.00 |
| 35 | 35883 | 股市长线法宝（原书第4版）（珍藏版） | （美）杰里米 J. 西格尔 | 48.00 |
| 36 | 37812 | 漫步华尔街（原书第10版） | （美）伯顿 G. 马尔基尔 | 56.00 |
| 37 | 38436 | 约翰·聂夫的成功投资（珍藏版） | （美）约翰·聂夫 | 39.00 |